久保田 和男 著

汲古叢書70

宋代開封の研究

汲古書院

目次

第二部　禁軍軍営の変遷と首都人口の推移

第三部 都市空間の構造と首都住民の生活

第四部　北宋後期の政治と首都の変容

宋代開封の研究

序章　考察の端緒

はじめに

まず、開封という都市の起源と、名称の由来について若干述べておきたい。

開封の歴史は古く、その起源は伝説の夏王朝に遡る考え方もある。文献的に確実なところでは、春秋時代には現在の開封市は、衛国の領域で、儀邑という邑が存在していた。ここから都市開封の歴史が始まると言えよう。やがて魏国はこの地を占領して、国都大梁を建設して、国都を中心に運河網を整備する。こうして孟子が恵王に遊説した舞台としても知られるこの都市は、戦国時代の名城の一つとなっていった。ただし、一〇〇年余りの後、秦の水攻めの前に大梁は陥落し、一旦、廃墟となる。前漢時代、故地に浚儀県がおかれ、陳留郡に所属した。南北朝時代、この県城の行政ランクは上昇していく。北魏時代に陳留郡治となり、東魏では数郡を束ねる梁州の治所が置かれる。北周時代、梁州が汴州と改名される。隋では、郡制が廃止されたが、浚儀県は依然として汴州の治所であった。さらに、新たに建設された大運河が県域を通過したため、交通の利便性は飛躍的に高まり、経済的に繁栄したのである(1)。

開封という地名は、前漢時代に浚儀とは別の場所に与えられたものである。明清時代、四大鎮の一つとして繁栄した朱仙鎮は、現在の開封市街から約三〇キロの地点にある。付近に古城村という小村があるが、この名前の由来となった古城壁が、古代の「啓封」城である。もともと、春秋期に、鄭国がこの地に新たな耕地を切り開き「啓封」城を置いたことに由来する。(2) 啓封は「啓拓封疆」の意をもつという。漢代になり県治がおかれた。また景帝（劉啓）の諱をさけて、「開」字があてられ、「開封」県となった。開封県は、漢代は河南郡に属し、東魏の時、開封郡治となり梁州に属し、隋代には汴州に属した。七一二年（唐延和元年）には、開封県の県治が汴州城（汴州の治所＝宣武軍の治所が存在する城郭）内に移転された。これ以後、汴州城内外は浚儀県と開封県が分治することとなる。唐代中期・貞元元年（七八五）、汴州は、宣武軍節度使の治所となった。五代の首都になると、二県を附郭とする開封府が設置される。北宋真宗時代、浚儀県は祥符県と改名されるが、二県による分治体制は継続する。

つづいて宋都の城郭規模を述べておこう。宋都は、宮殿を取り囲む皇城を含めて三重の城壁を持っていたが、内城・外城ともに、版築による夯土《こうど》がむき出しの城郭である。皇城は磚によって築かれていた。内城は、唐の宣武軍節度時代に築かれた城壁で、やや東西が長めの正方形をしている。周囲約一一キロである。城壁には一〇カ所の門と二カ所の水門が設けられていた。五代が統一に向かった後周世宗時代に手狭となったため、唐代の城壁の周囲に建設されたのが、外城である。南北壁が約六キロ、東西壁が約七キロ、総周囲は約二九キロに及ぶ。(3) 城壁の高さは、北宋後期で一二メートルほどだったという。(4) 外城には水門・城門併せて計二一カ所の門があったという。北宋盛時には外城の中は勿論、外部にも都市空間が広がっていた。これが本論が主として考察の対照とする空間である。

北宋時代の開封は現在、地下数メートルに埋もれている。まず、首都の地位を失うと、都市は衰退する。靖康の変に際し、激しい攻城戦の後、開城し、略奪を受けた開封の人口は激減し、金代の開封の都市的空間は、北宋の内城の規模に縮小した。(5) 金の最末期、モンゴルの鋭鋒を避けるため、開封に都が移されるが、この時に、金朝は北宋の内城のプランを南北方向に拡張した上で城壁を改修した[6]。この平面プランが、基本的には現在の開封の城壁に踏襲されている。明代、周王が封建された開封は地方都市としては破格の繁栄を見せたが[7]、やはり、都市空間は金代の城郭内に止まった。当時、宋代の外城は存在はしていたが、要塞としてではなく、黄河の奔流から都市を守る護城堤として機能していた。

北宋時代は、黄河が北に向かって流れていたため、洪水による大きな被害はなかったが、北宋滅亡後、黄河は南に向きを変え、開封に何度も洪水がおそいかかった。明代には少なくとも五八回は、近郊まで洪水が襲い、八度にわたって城内が水浸しになったという。特に明の末期、崇禎一五年（一六四二）の水害は未曾有のものであった。これは人災であった。開封を包囲する李自成の農民反乱軍を撃退するために、開封から五キロほどの場所で黄河の堤防が切られた。濁流は開封城内をも襲い「数丈」の深さに達し、多くの市民が溺死した。清代に復興した開封も、道光二一年（一八四一）の洪水によって壊滅的な被害をうけた[8]。現在の城郭はこの洪水の後、再建されたものである。

洪水により土砂が堆積したため、北宋の遺蹟は、鉄塔・繁塔の両仏塔をのぞき、地上には存在しない。一〇数メートルの高さを誇った宋都外城ですら、現在では、削られ、埋もれてしまい、地上には存在していない。金・明代の開封も地下に埋もれている。しかし、開封の発掘に長年取り組んだ丘剛氏（現海南省博物館館長）によると[9]、現在の開封市のメインストリート・中山路は、北宋時代の御街と位置は同じだという。それのみならず、金や明代のメインストリートも層をなして埋まっているそうである。

北宋の開封の地形は西が高く東が低かったため、洪水による土砂の堆積は、東に向かうに従って厚くなっている。現存城壁の東部では、一〇メートルあまり、一方、西側は〇・三メートルのところもあり、西側において発掘作業がより進展している。しかし、なにぶん市街地で家が建て込んでいる部分が多いこと、地下水位が浅いこともあって、作業は困難を極めている。

現在までのところ、宋代の外城と内城の位置がほぼ確認され、内外城の一部の門についてもその構造も含め検討が進んでいる。(10) また、蔡河の河道や、汴河の河道のうち御街から西側の部分については位置が確認されている。ただし、残念ながら本稿が問題とする、社会状況や都市構造をうかがうような遺物の発見はあまりない。そのため、本論はおもに文献資料に基づき論を進める。まず、序章では、この都市研究がどのような観点から行われるのか明示してみたい。

一　首都と都市

この都市をテーマとした絵画：張択端『清明上河図』(11) や都市繁盛記：孟元老『東京夢華録』は、開封についての様々な情報を我々に提供する。しかし、この両資料は、北宋末のものであり、導き出される開封像は一断面にすぎない。もちろんこのような資料は希有のものであり、北宋末以外の北宋諸時期には存在しない特殊なものである。しかし、現実の都市社会は存在した。在来の文献資料を分析することによって、先の両資料を通して浮かび上がる北宋末の開封像に対して、相対的な意義が与えられるべきであろう。

このような観点から、開封の都市空間に生じた諸現象の歴史的変遷を検討する研究は、すでに行われている。ただし私見では、宋都の研究としては、限界もあるように思われる。その理由は本論中で詳細に検討することになるが、まず第一に開封を都市として論を進めている論者が多いことである。一般都市の事例が論証過程で援用されていたりする。開封は「首都」である。「首都」とは、その国において一つしかない特殊な都市なのである。開封に生じた諸現象は、都市に起きたものではあるが、「首都」において起きたものである。都市一般の現象として考察する事はできないのではないか。開封は「首都」である、一旦この前提に立って、検討することが必要なのではないだろうか。

a 首都

まず問題としなければならないのは「首都」の概念の如何である。「首都」とおなじような言葉として、「国都」・「首府」などがある。また、君主制国家では「王都」や「帝都」という言葉が使われることもある。「都城」も日本の古代史家がよく使う。これらの言葉は、平生の言語生活においては広い意味では共通性をもつが、厳密に学術用語として使用されるときには、互換不可能とみなす場合もある。

たとえば、朝鮮史の吉田光男氏は「「首都」という Capital に対応する用語は、近代国民国家＝主権国家の政治中心をあらわす概念として定立している」とのべられ、「近代国家は政治の一元化に一つの特色を持っていますから、一国の政治中心は一カ所になり、その所在地が「首都」と呼ばれる存在ということになります。」「近世朝鮮における「首都」を問題にすること自体近代社会で定立した概念でもって前近代社会を解釈するという非歴史的試行になりかねない危険性をもっているのではないでしょうか。」と論じられる。[12] 氏は李朝が明・清朝からの冊封を受けており、郊祀などの祭天儀礼は、自ら行うことができなかったことを指摘される。それゆえに、郊祀が行われる北京が朝鮮にとっても「帝都」であり、ソウルは「王都」であり、日清戦争後、李朝が、冊封から離脱し、大韓帝国を称した時点で、ソウルは初めて「首都」と位置付けられるという。氏の論理は、厳密な概念規定に基づいており、ソウルの歴史的意義を説明するために有効な議論である。「王都」の武断的な権力と「帝都」の宗教的な権威という秩序をもたらす機能の分別、そして、「王国」時代は、両者を一つの「首都」にまとめることができなかった政治状況を明快に論じる。しかし、「首都」の範囲を近代における国家レベルの政治的中心都市に限定することに若干の疑問が残る。

妹尾達彦氏は、国家レベルの政治的中心都市に「国都」という言葉を使用されている。「首都」を使用されていないが、吉田氏と同様に、前近代の国都と近代の国都は明白な違いがあると説く。近代国家の国都は「経済的中枢管理機構も集中している場合が多いが、何よりも、国都は、軍事統帥権が一極集中した場所（中央軍としての国民軍の形成）によって特色づけられる。国都は都市機能のなかで、国内的・国際的な軍事政治機能が突出していることで他の都市と区別されるのである。」これに対し「前近代国家の王都は、多数の軍事拠点の一つに過ぎず、軍事・政治の権力が唯一集中する場所ではなかった。」[13]と述べられ、近代と前近代の国都を性格の異なるものと見なしている。

しかし、それほど明確に区別できるのであろうか。吉田氏の説く、「近代国家は政治の一元化に一つの特色をもって」いるという点を取ってみても、中華帝国やオリエントの古代帝国などでは専制的支配が行われていたので政治の一元化という面から言うと当てはまる。妹尾氏は、「前近代は、権力（特に軍事力）の分散に特徴がある。」という点を強調されているが、本論が取り上げる宋都開封などは、軍事力の一極集中が明白なのである。

逆に近代国家であっても政治や軍事力が分散している例も見られる。ある地理学者が分離首都と呼んでいる現象である。[14]オランダは、政治的中心都市と呼べるものが二つ存在する。国会はハーグに在り、王宮はアムステルダムにあるのである。憲法上の首都はアムステルダムであるが政府の所在地はハーグである。南アフリカでは、国政上の三権が、三つの都市に分離している。すなわち、連邦議会は、ケープ植民地の管理都市であったケープタウンに置かれ、行政府は、かつてのボーア人のトランスバール共和国の首都だったプレトリアに置かれた。最高裁判所は、おなじくかつてボーア人のオレンジ自由国の首都であり、両市のほぼ中間にあたるブルームフォンテンに定められた。

このように、首都機能を有する都市とは、必ずしも一つとは限らない。南アフリカなどの近代の例もあるが、古代オリエントの専制国家、アケメネス朝にも当てはまる。ペルセポリスに新しい王城を建設したが、従来の大都市、スーサ、エクバタナ、バビロンもまた王都として利用され、とくにスーサは事実上の首都の役割を果たした。大王が一カ所に常駐せず、規則的な移動をしたのである。また、サファビー朝では、イスファハーンでシャーが生活している期間は一年の半分もなく、その他の期間は、「都」(ダール＝アル＝サルタナ)を冠して呼ばれる都市を巡幸していた(15)。イスファハーンに中央官衙などの首都機能が集中して布置されていたわけでもなく、官僚や軍隊はシャーに従って移動したという。

以上のような理由から、本論では、「首都」という言葉を、前近代／近代の別なく、首都機能を有する都市に用いることとする。ところで、唐朝や宋朝をはじめとして中国の伝統王朝でも、「複数都制」が取られることが普通である。複数都制が取られていた場合も、形式的な「都」である場合は、首都機能を有していないため、首都と見なすことが困難である場合もある。また、その逆に、首都機能を有しているため、先述の「分離首都」のケースも論理的にはありうる。

b　首都と都市

首都は都市である。しかし、都市は必ずしも首都ではない。それに対し都市でない首都はあり得ない。

都市とは、その土地にある求心力が生じて人々が集住することから形成される社会である。第一次的な定住形態である農業にはよらない仕方で定住するため、「二次的定住」とよぶ論者もいる(16)。その「二次的定住」にあたっての人々の動機は、それぞれの都市によって異なったものになり、それが都市の個性となる。それぞれの都市を論ずるには、まずその都市の求心力の源泉が検討されるべきであろう。換言するとその都市の成立事情を説明することから始めなければならない。

首都とは、その国家の都市群のなかで、もっとも特殊な都市である。なぜならば、国家は首都に様々な国家統治のための機能を植え付けるからである。これらは一般の都市には存在しないものだ。これを本論では「首都機能」と称する。首都機能は、一般の都市にない求心力を生み出す。それゆえ、都市の首都への昇格は、人口や都市空間の拡大という結果を生む。都市の無い場所に首都を新築することもある。つまり首都機能が新たな都市を生み出す。首都の新築は都市の新築でもあるのである。首都機能は都市をどう変えるのであろうか、あるいはどのような都市を生み出すのであろうか。この問いかけが、首都を検討の俎上に載せる際に必要な問いかけではないだろうか。

新築によって新たな首都が建設される。改造によって都市は首都に改造される。この新築／改造の過程を経てその首都の都市構造や都市社会が構成／再構成される可能性がある。「首都機能」と首都の都市空間の間に、如何なる関係があるのかを問うことが必要なのではないか。すなわち、首都の都市構造・都市社会の検討は、首都の新築／改造の過程が明らかにされた上での作業となる。首都はこのような特殊な「都市」なのである。

都市発達史や比較都市史の対象として首都を扱うことは、つまり、首都と一般の都市との比較を行ったり、首都の都市空間に当該時代の典型的都市像を求めることは、以上のような意味で、その方法が誤謬であるとは言えないまでも、相当に注意深く行わなければならない作業であるといえる。

c　首都機能と首都施設

国家とは、一定の地域に秩序や結合を確立する組織である。首都は国家全体の秩序確立のためある種の役割を与えられる。それを本稿では首都機能と称する。秩序や結合は、国家の権威と権力によって、生み出される。(17) それゆえ、首都機能も権威のための首都機能と権力のための首都機能の二つに区分して考えることが可能であろう。

「権威」とは、暴力的あるいは強制的にひとびとを服従させる「権力」とは異なり、人々が自発的に服従してしまうような力をいう。たとえば、首都の景観は、他の都市のそれとは異なり、政府によって計画的に創造される。首都の都市プランもふくめて、国家の支配を象徴する機能を与えられるのである。また、国家的な儀礼は宗教的な色彩を帯びながら国家の支配を象徴的に表現する。このような行事は首都で行われることが多い。首都の空間がこの目的のために、布置されることもよく見られる。人々は、首都の景観・空間配置・プラン・儀礼などによって、国家の「権威」を視覚的に理解させられる。そのための仕掛けは、首都機能を有した施設、すなわち首都施設と呼ぶことが許されよう。たとえば、支配者の住居の一部は、ある「権威」のメッセージを象徴するために非実用的、装飾的な外見を有する。日本の天守閣などはその好例であろう。武断的な「権威」の象徴なのであり、望楼あるいは武器倉庫以上の実用性はないが、存在感は大きい。

近現代に於いても首都の空間は、同様の機能を付与されているケースが多い。幾つか例を挙げると、合衆国の首都には、ワシントン記念塔やリンカーン記念堂など、この国の「伝統」を記念する建造物が立ち並び、見るものに一種の高揚感をあたえる。今日の北京も、天安門広場の周辺は、新しい伝統と古い伝統によって調和がとれた景観が構成されており、訪問者は国家の権威を十分実感させられる。またそこで実施される軍事パレードや各種行事は国家の権威を高めるためにおこなわれることは言うまでもない(18)。国家による権威のメッセージの発信源である首都施設は、古今東西さまざまな形態をとるとはいえ、前近代と近代に共通して存在する。

自発的服従を促す力を「権威」と称するのに対し、強制的服従を強いる政治的な力を、「権力」と称する。「権威」はどちらかというと非合理な様相を帯びるのに対し、「権力」は現実的で合理的な組織力である。そして、首都には権力を生み出すための、軍事力や行政・官僚機構、警察機構の中心の建物が首都施設として配置される。

軍事力や官僚機構、警察機構など権力装置のあり方は、国家毎に多種多様であるし、それが個性でもある。必ずしも権力機構が首都に於いて首位性を持たない場合もある。たとえば、いわゆる「封建国家」の場合は、軍事力や警察力は地方に分散しており、首都機能として発達しない。中央集権国家の場合は、まさに権力が、中央：首都に集中しているため、首都に軍事力・警察力が集中し、中央から地方を統治するための官僚機構が発達する。それにより首都の都市空間は、人口・生活・文化などさまざまな面で影響を受ける。また、権力は腐敗するし、制度は疲労する。それゆえ、絶えず手直しが必要であり、それが改革と呼ばれる。これによって、首都空間は再編されるのである。

首都施設の多くは、「聖」と「俗」の両カテゴリーに分けることができる[19]。「聖」なる首都施設は、宗教的で超自然的なものであり、首都機能としては権威として機能するケースが多い。それに対し、「俗」のカテゴリーに属するものは、非宗教的な首都施設である。元来、権力を実現するために造営された施設・空間が、結果的に権威を表現することになったケースもまま見られる。

『周礼』冬官、考工記、匠人、営国には中国の伝統的な、首都の都市プランが提示されている。ここにはどのような首都施設がいかなる首都機能を付与されて記述されているのであろうか。原文は「方九里、旁三門。国中九経九緯、経涂九軌。左祖右社、面朝後市。」である。九里四方の四角い都市空間に三つずつの門が配置され、内部はグリット状に街路が配置され、左側に宗廟、右側に社稷が位置し、「朝」：政庁が前側、「市」が後ろに所在する、といったプランである。

まず、宇宙論的な観点から、空間が幾何学的に配置されている。宗廟・社稷は、国家の重要な祭祀儀礼の舞台である。グリッド状の空間と「聖」なる祭祀儀礼によって権威を人々に印象づける。「朝」は行政府として、「俗」権を司る。「市」は諸地域の特産品を媒介する市場であり、経済的権力の中心である。また、治安を保つため公開処刑を行う刑場の機能も併せ持っている。それぞれの「聖俗」の首都施設が、権威と権力のための首都機能を分掌しているのである。

『周礼』考工記は、元々の『周礼』では逸していて、前漢末に戦国斉の文献が編入されたものとされているが、この首都プランは、中国では伝統的のものと見なされ、首都施設の配置にあたって参照された[20]。ただし、このプランを全面的に用いて、首都が造営されることはまれであった。極論すれば元の大都の登場まで、イデアの首都であった。そもそも、この考工記に示された首都施設は限られている。各王朝は様々な首都施設を必要としていた。そのため、考工記のプランは棚上げされたのであろう。

本書では、以上のような「権威」「権力」の両首都機能と、それを担う「聖」「俗」の首都施設という二重の対概念を用いて、首都空間の変化を分析する。

二　本書の問題と構成

歴史上、多くの国が遷都を経験している。遷都はなぜ起こるのだろうか。端的に言って、首都機能を十分果たせなくなり、国家の存立に影響を及ぼすと政策決定者が判断した場合、「遷都」が実行される。また、王朝交代の際に、首都も変更されることもまま見られる。これを本論では「奠都」と呼ぶ。中国では、「七大国都」（安陽・洛陽・長安・開封・臨安・南京・北京）[21]という言い方があるように、多くの都市が首都になっている。どこに奠都するかは、新国家にとってもっとも重要な問題の一つである。遷都にしても、奠都にしても、その都市や地点が地理的に、首都機能が果たせるかどうかが、問題の焦点であり、政策決定者の能力が試される場面であろう。とりわけ国家の支配力において首都機能が及ぼす影響が大きい中央集権体制を持つ中華帝国にとっては、存亡に関わる大問題であり、常に大きな論争になっている[22]。

共同主観的要素の変動によって、首都として不適切とみなされるようになる場合もある。たとえば、朝鮮の高麗王朝は、開城を首都としていたが、開城の風水が余り良くないと見なされたため、遷都が検討されている。また李氏朝鮮でも、はじめ開城に奠都したが、ソウルに遷都する。この場合も、風水の善し悪しという共同主観的な要因が首都決定に大きな役割をはたしている。

それに対し、「権力」によって国家統合を実現するための首都機能は、たとえば軍隊の食糧や情報を集めることなどであり、統治のための合理的な効果を期待されている。要求に応えることができる地理的条件を優れて備えていることが首都には求められる。その要求は当該時代特有の問題から派生する。そのため、従来の国都がその要求を実現できないと見なされたとき、遷都が提案されるようになる。

さて、このように考えてみると、その都市が首都になった事情なり、その地方・地点に首都が新設された事情（奠都問題）は、本論が主題とする首都の都市構造、都市社会などを研究するために、まず手がけなければならない問題であるといえる。

北宋が開封に奠都したのは、北宋が五代中原国家の後継国家として創業したことによるといえよう。そのため、本論第一部第一章では、五代に於いて開封が首都に擬せられた事情を中心に考察する。

五代中原国家において、皇帝居住地は、開封と洛陽の二都市を往復した。結局開封が首都として北宋に受け継がれる。興味深いことに、郊祀や太廟など「聖」の首都施設は、後周に至るまで一貫して洛陽にあった。開封には、皇帝や政府そして親衛軍・禁軍などが移動しただけなのである。つまり、「俗」の首都施設と「聖」のそれが二つの首都に分置された、いわゆる分離首都の体制が取られたのである。第一章では、この要因を探って行くことにする。

第二章では、唐末五代の洛陽の都市空間について考察し、首都機能としての都市景観を考えてみたい。


第二部の論点は以下の通りである。

本論において、開封の首都機能を考察する上で、注目したのが、軍事問題である。伝統中国に於いて、軍隊は広大な領土を防衛し国内の秩序を維持するために重要な国家の部門であり続けた。ただし軍隊は諸刃の刃である。軍隊の力が創業に必要である。しかし、軍隊の力は、守成の時代には、統一に対する阻害要因ともなり得る。そのバランスを取るため腐心したのが五代・北宋の為政者達であった。

唐中期以降、傭兵制と地方の節度使支配が進行した藩鎮の時代となった。唐の滅亡後は、分裂時代となるが、藩鎮は依然として地方政府の単位であり続け、その武断的で遠心的な政治姿勢は、時代の混乱に密接に結びついていたのである。それ故、五代の後半以降、地方の藩鎮勢力の削減が行われるようになり、それを基礎として、藩鎮の軍事力を押さえるための軍事力が首都に集中されるようになった。いわゆる皇帝親衛軍（禁軍）の拡大である。首都は元来皇帝の居住地であり、皇帝を警護する禁軍兵士の存在は当然といえば当然である。しかし、五代後期から北宋政権下では、禁軍が地方軍を吸収する形で拡大し、名前は禁軍ではあるが、事実上は国軍そのものになるに及ぶ。

北宋の兵制の上で、主要な軍隊単位は禁軍と廂軍である。禁軍は元来、皇帝親衛軍であり、廂軍は地方に置かれた部隊である。この両者には明確な区別が存在していた。藩鎮体制を崩壊させるために行われたのが、第一に藩鎮における支郡の直属州化である。その結果藩鎮は、通常の州と同じような規模になる。藩鎮の軍事力も解体され、有能有力な兵士は禁軍に高給をもって迎えられ、地方には弱兵が残された。これが廂軍なのである。廂軍は軍と言っても、軍事訓練は基本的には施されず、土木作業に当てられることが多かった。また刑罰として犯罪者が役につくことを「配軍」というが、廂軍に充当されるのである。このように、廂軍の軍事的ならびに社会的な地位は非常に低いものだったのである。以上のように、禁軍・廂軍の兵制が確立し藩鎮体制が有名無実のものになった頃には、全国の主たる暴力装置が原則的に首都に集中されていたのである。

唐末五代は暴力装置が、地方に分散した時代といえる。それを改善するために取られたのがいわゆる軍事力の「強幹弱枝」政策だったのである。北宋前半もこの政策が継続された。そのため、首都開封には、膨大な数に上った禁軍とその家族の存在に対応した首都施設が必要となる。これは北宋独特の首都機能である。この首都機能はいかなる影響を、開封の都市空間に与えたのだろうか。これが第二部の主要な問題である。まず第三章では、禁軍集中によって開封にどの程度の禁軍数が存在したのか明らかにし、かれらの居住する軍営について検討をする。さらに北宋の禁軍配備計画の変遷を明らかにし、北宋後半に行われた在京禁軍削減が、開封の都市空間に与えた影響について考察する。

第四章では、開封の人口問題を扱う。禁軍兵士の多くは家族を伴っていた。この家族の人数を正確に計測した上で、開封の都市人口に加算することによって、開封の人口数を計測し、その人口数が生存できるだけの食料がほぼ供給されていることを確認する。また、禁軍数の変遷を通じて、開封の都市人口の増減を確認する作業を行う。

第三部は、軍事問題だけに止まらず、政治や経済などに関わる首都としての特殊性が、開封の市民生活にどのような影響を及ぼしていたのか、考察を加える。

多民族王朝の性格が強い王朝では、首都にも多民族が雑居する。治安維持上、民族の棲み分けが強制され、都市構造はより複雑で閉鎖的な空間が構成される。よく知られているように、北魏の洛陽や隋唐の長安などでは、坊牆によって都市空間が区画される坊制が採用され、ひいては首都の威容を表現することにもなった。清の北京でも、内外城で満人と漢人の棲み分けが行われた。それに対して、北宋の開封や、南宋の臨安などでは、坊城制は実施されなかった。これは、商工業の発達にとって、壁門の存在が不便だということもある。また、漢民族を中心とする国家の首都なので、首都空間において坊城制が必要なかったと考えることも可能である。しかし、北宋の首都も、やはり問題を抱えた集団を多数抱えこんでいた。それは禁軍兵士である。彼らは旧十国あるいは地方藩鎮から、集められたものを多く含む危険分子だったのである。彼らの存在は、開封の治安に影響する問題だった。禁軍集中を行うという首都機能に対して、首都の治安体制は対応しなければならない。市民生活もこの治安体制に制約されることになるのである。ではどのような治安体制が取られたのか。本当に坊城制は必要なかったのであろうか。すなわち第五章では禁軍問題と、都市構造、市民生活などを関連づけて論じてみたい。

第六章では、第五章の結論をうけて、軍営地が開封城のどのあたりを中心に設置されていたのか、乏しい史料を読み込んで、解明する試みである。いくつかの方法を利用して類推していったが、あくまでも試論に過ぎない。基本的なデータとしては、編戸の人口数の各廂に於ける差を使用した。しかしそれだけでは充分とはいえない。また、上元観灯という国家的祝祭の舞台装置を分析する。そして、太祖が制定した禁軍管理制度のなかにも解明の鍵が存在する。

第七章では、開封の朝がどのように始まるのか、官僚の出勤を中心として考える。その前提として、宋代に行われていた時法をまず検討し、前近代の市民生活がどのような時刻制度によって制約されていたのか提示したい。その上で官僚の出勤時間や出勤の有様を明らかにする。出勤する官僚たちを顧客として市民も動き出す。朝の人々のさまざまな行動に注目しつつ、開封の都市空間の独特のあり方を考察する。

さて、北宋は、新法期以降、政治的な党争が激しさを増し、その中でさまざまな政策が浮上と沈降を繰り返した。そのような時代に首都はどのような影響を受けたのか、政策の有為転変の中で、首都機能も変化していったと考えられる。そのような観点から、三つの問題を考察したのが、第四部である。

全国的商業の中心の機能を担った開封では、商業の繁栄を背景として、市民生活に軽薄奢侈の雰囲気が広がったことは容易に想定できる。第八章では、このような状況を当時の士大夫官僚がどのように見ていたのか、王安石の認識を提示する。その上で王安石新法の一つとして開封の商業に対する管理を目的として真っ先に施行された、市易法の内容と実施状況を検討し、市易法が開封市民の生活に与えた影響について考える。さらに政治闘争の過程で発生した、市易法の大幅な変質にともなう開封の変化についても追究する。

第九章では、開封の最重要の防衛施設である外城修築問題を扱う。神宗時代に大規模な外城の修築が行われている。これは改築と言ってもいいくらいの変更をともなった大工事であった。引き続き哲宗時代には、外城の城壕が新設されている。開封の外見はこれによって一変したと考えられる。これらの一連の工事と完成した防衛施設の首都機能を、当時の官僚たちの賛成論・反対論の言説の中から解明する。

第一〇章の主要なトピックスは、艮岳（万歳山・寿山）と呼ばれる徽宗時代に開封の都市空間に出現した園林である。この広大な「聖」なる首都施設が作られたことも含めて、この徽宗時代は首都空間には、改めて注目すべき変化が有ったと言える。この変化の出発点は、やはり首都機能の変化に求められるべきで、そこにはどのような要因が想定されるのでろうか。本章は、徽宗時代の政局すなわち、繰り返される蔡京の宰相就任と罷免問題の背景を出発点として、首都空間の変化を考察する試みである。結果として、『東京夢華録』とは別の観点から、北宋最末期の首都の諸相を記述することになろう。

付章一は、第四部で問題としている、北宋皇帝の政治と開封の都市空間の関係を扱ったのであるが、空間の変容を全面的に扱ったものではないので、付章とした。この文章は皇帝の政治行為として行われる行幸に注目した。行幸の目的地は、北宋中期から、首都の空間に限定される。そのような行幸の政治的な意味を考察するとともに、首都機能として行幸を位置付ける試みである。

付章二

二十年ほど前から、開封では発掘作業がはじまった。宋代開封の姿を明らかにする作業は現在も進行中である。ここに訳出した、現地の考古学者の発掘報告は、外城、内城の位置が明らかになった段階のもので、外城をめぐる問題を扱った第九章を理解するために有益なものである。そこで、第四部の末尾に付して、読者の便を図ることとした。

以上のように本書は、四部一〇章（二付章）によって構成されている。開封の都市空間には、「聖」と「俗」の首都施設が、興亡し移動した。「権威」あるいは「権力」を表現する首都機能を付与されて、首都空間を編み上げた。この過程を分析することが本書の目的なのである。（なお、本書中において頻出する『続資治通鑑長編』・『宋会要輯稿』・『資治通鑑長編紀事本末』はそれぞれ『長編』・『宋会要』・『紀事本末』と略称する。）

注

（1）程子良他主編『開封城市史』（社会科学文献出版社、一九九三）を参照。

（2）丘剛「啓（開）封故城遺址的初歩勘探与試掘」ならびに「啓（開）封故城的興廃与勘探」（ともに開封市文物考古隊編『開封考古発見与研究』中州古籍出版社、一九九八）

（3）「開封宋城考古述略」（『史学月刊』一九九九年第六期。本書付章二に拙訳）を参照。

（4）『宋会要輯稿』方域一之一六によると、元豊の大改修後の城壁は、高さ四丈、幅五丈九尺だったという。

（5）王曾瑜「金代的開封城」（『史学月刊』一九九八年第一期）

（6）丘剛氏前掲「開封宋城考古述略」

（7）王晟「明代開封周王府」（『河南大学学報　哲学社会科学』一九八六年第一期）
范沛濰「周王与明代開封」（『史学月刊』一九九四年第四期）

（8）程子良他主編『開封城市史』（社会科学文献出版社、一九九三）

（9）丘剛氏前掲「開封宋城考古述略」

（10）この成果が前掲、開封市文物考古隊編『開封考古発見与研究』である。また劉春迎『北宋東京城研究』（科学出版社、二〇〇四）も考古学の成果をまとめたものである。

（11）周宝珠『「清明上河図」与清明上河学』（河南大学出版社、一九九七）に内外研究者の論文目録が掲載されており参考になる。『清明上河図』そのものについては、本書においては河南美術出版社一九九六年出版の写真版や李松『張択端』（中国巨匠美術叢書、文物出版社、一九九八）に附属する図版によった。

（12）吉田光男「朝鮮近世の王都と帝都」（『年報都市史研究』7、山川出版社、一九九九）

（13）妹尾達彦「近代国家と国民広場」（『環太平洋における現代都市空間と国家と宗教の意味について』研究代表者　荒木美智雄、平成九年度～平成一一年度科学研究費補助金：（基盤研究（A）（2））研究成果報告書）

（14）横山昭市『首都』（大明堂、一九八八）一〇七頁参照。

(15) 羽田正「イラン・イスラム世界の都城」（板垣雄三・後藤明編『イスラームの都市性』日本学術振興会、一九九三）

(16) 若林幹夫『熱い都市・冷たい都市』（弘文堂、一九九二）

(17) なだいなだ『権威と権力』（岩波新書、一九七四）、藤田弘夫・西尾和久編『権力から読みとく現代人の社会学・入門』（有斐閣、一九九六）などを参照。

(18) 妹尾氏前掲「近代国家と国民広場」を参照。

(19) 「聖俗」の概念については、ミルチャ＝エリアーデ『聖と俗』（風間敏夫訳、法政大学出版局、一九六九）を参照した。

(20) 後周で太廟を開封に設置した際、考工記が参照され、城内での位置関係が定められている。『旧五代史』一四二、礼志上、広順三年九月の条を参照。

(21) 妹尾達彦『長安の都市計画』（講談社選書メチエ、二〇〇一）六九頁を参照。

(22) たとえば、本書　第一章では、宋朝初代皇帝が、洛陽に遷都しようとし、二代皇帝となる皇弟と議論を交わす場面を検討する。また、明朝の国都決定過程については細野浩二氏の「元明交替の論理構造――南京京師体制の創出とその様態をめぐって――」（『中国前近代史研究』雄山閣、一九八〇）や新宮学『北京遷都の研究－近世中国の首都移転－』（汲古書院、二〇〇四）に所収の諸論考によって政策としての国都決定過程が伺われる。

図1　『清明上河図』（北京故宮博物院蔵）部分

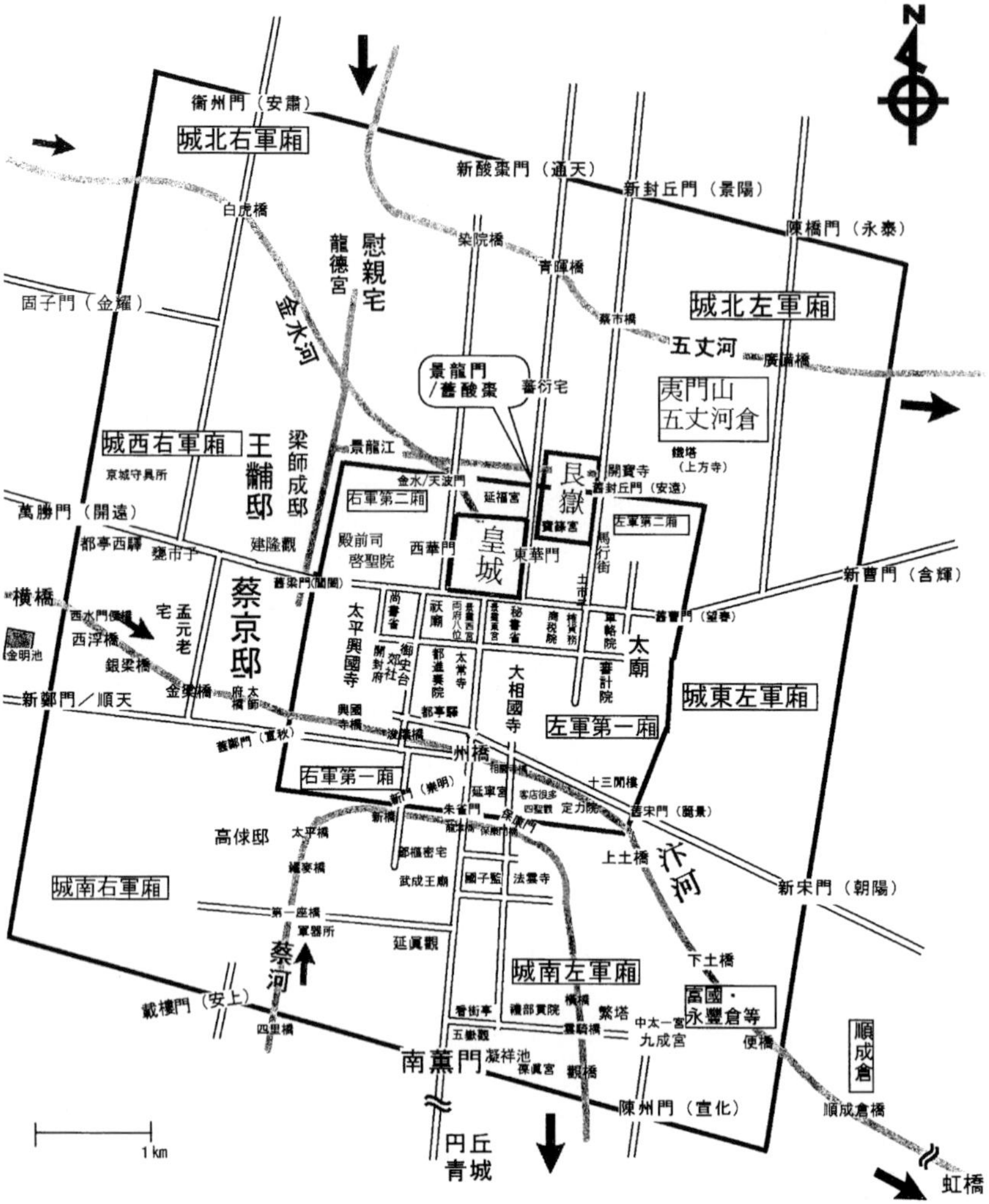

図 2　『北宋開封概略図』（徽宗時代後期）

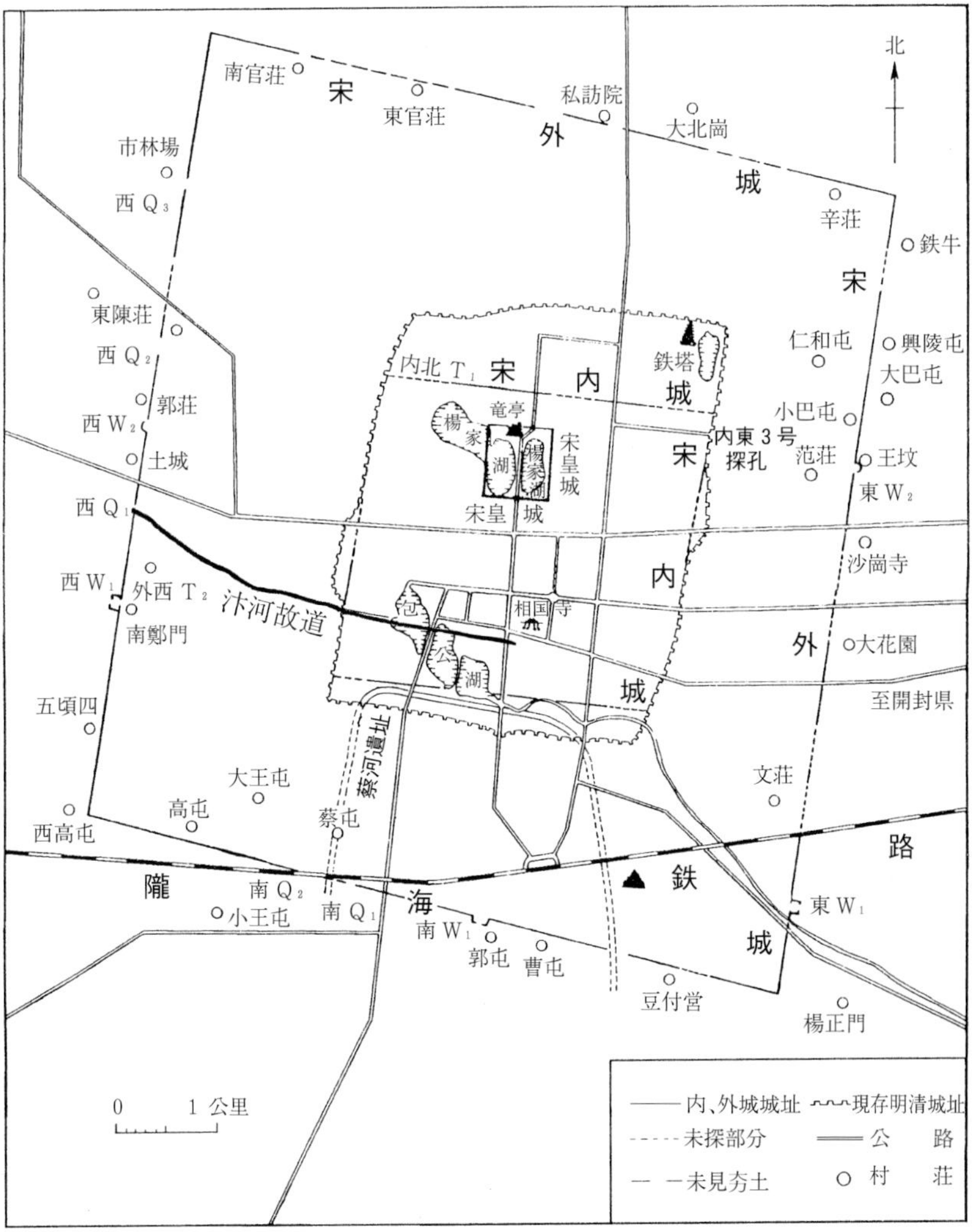

図3 『北宋東京外城平面実測図』
（本図は、丘剛氏作成の図に、氏の指示に従い汴河故道の西半を書き加えたものである。本文付章二を参照。）

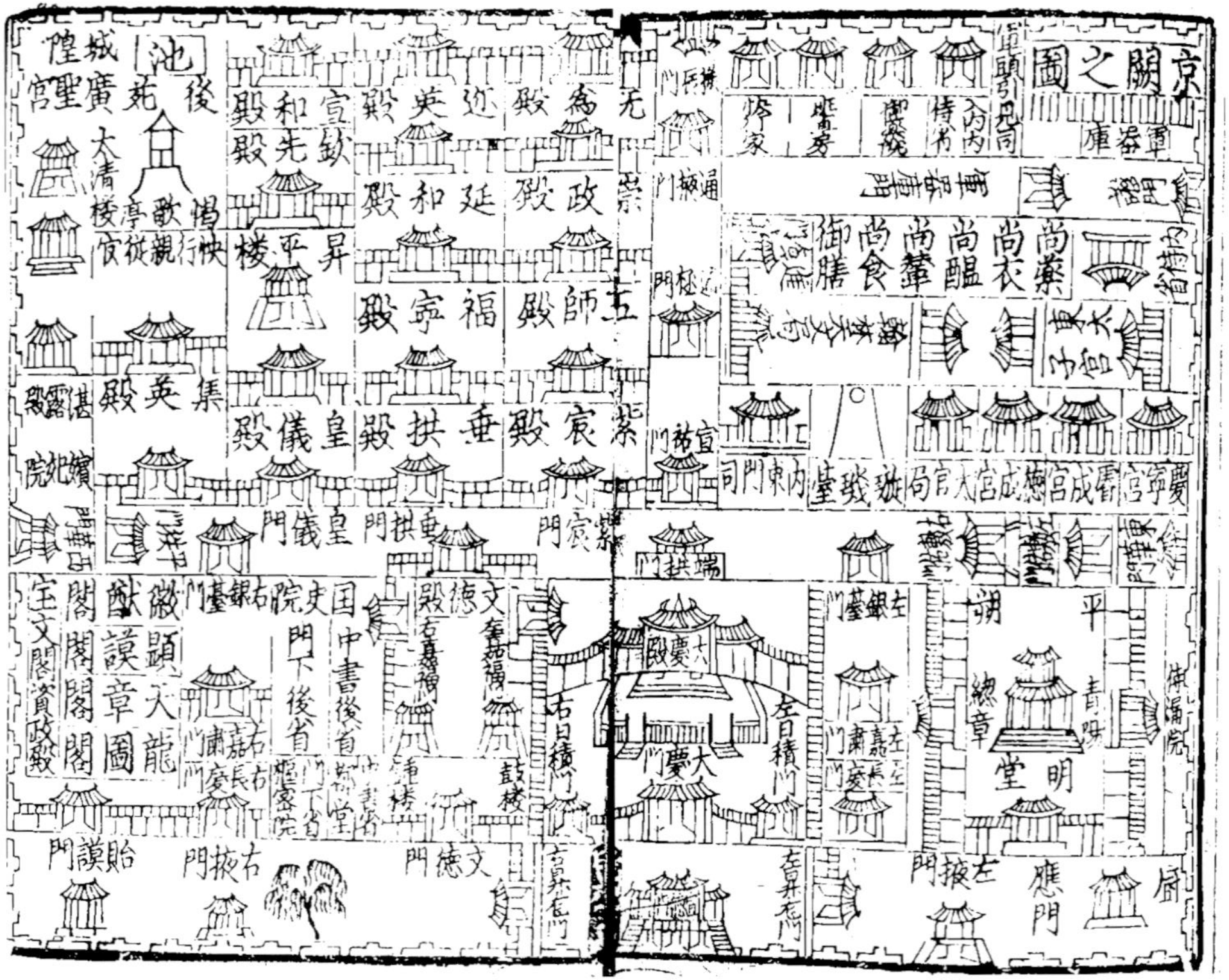

図4 『宮城図』
（陳元靚『（新編纂図増群書類要）事林広記』（元、西園精舎刊本　国立公文書館蔵：旧内閣文庫）後集六）

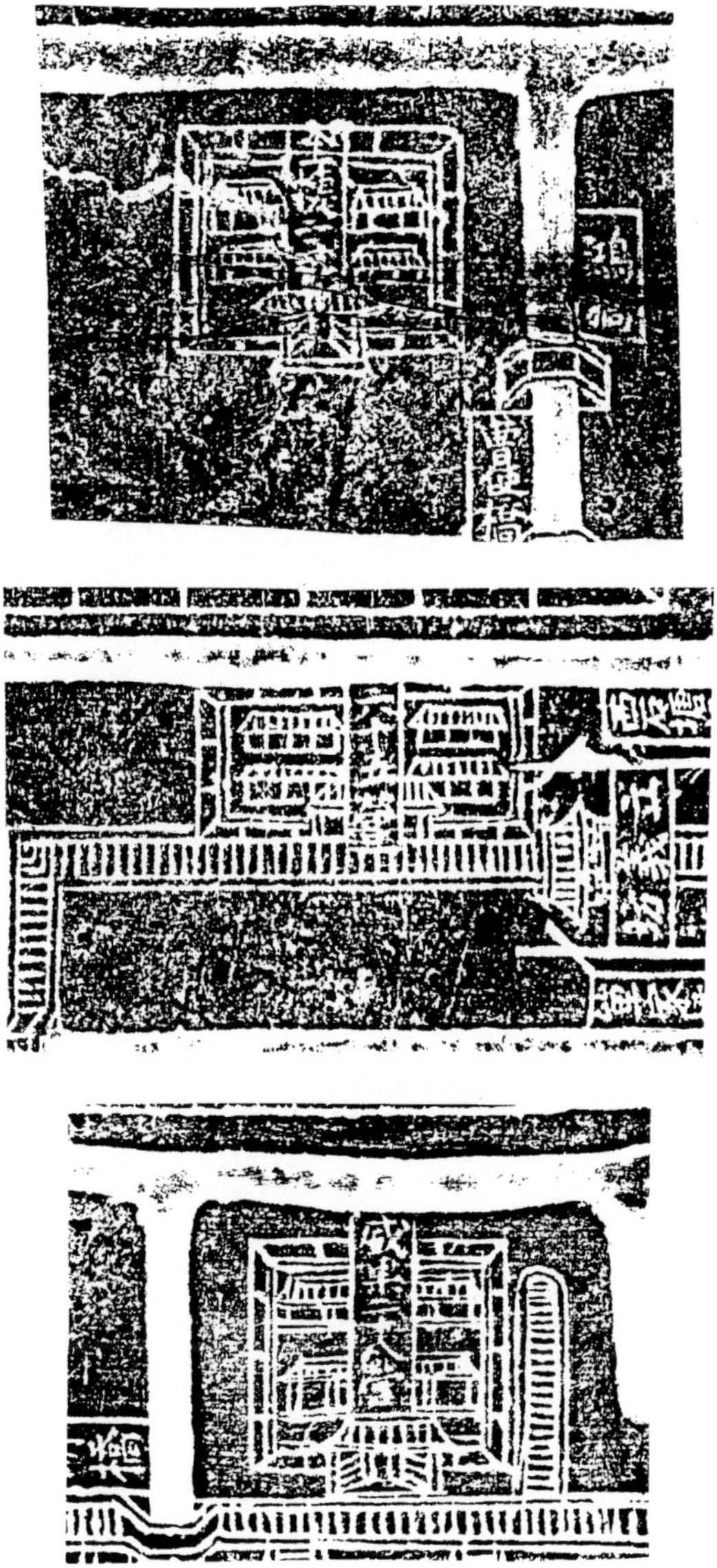

図5　『宋平江図』部分　軍営（威果軍第二四営その他）
本図は石田肇氏所蔵拓本（1917年の深刻以前のもの）を複写したものである。

図6　『武経総要』前集一二、守城より。
甕城が表現されている。(本文第九章を参照)

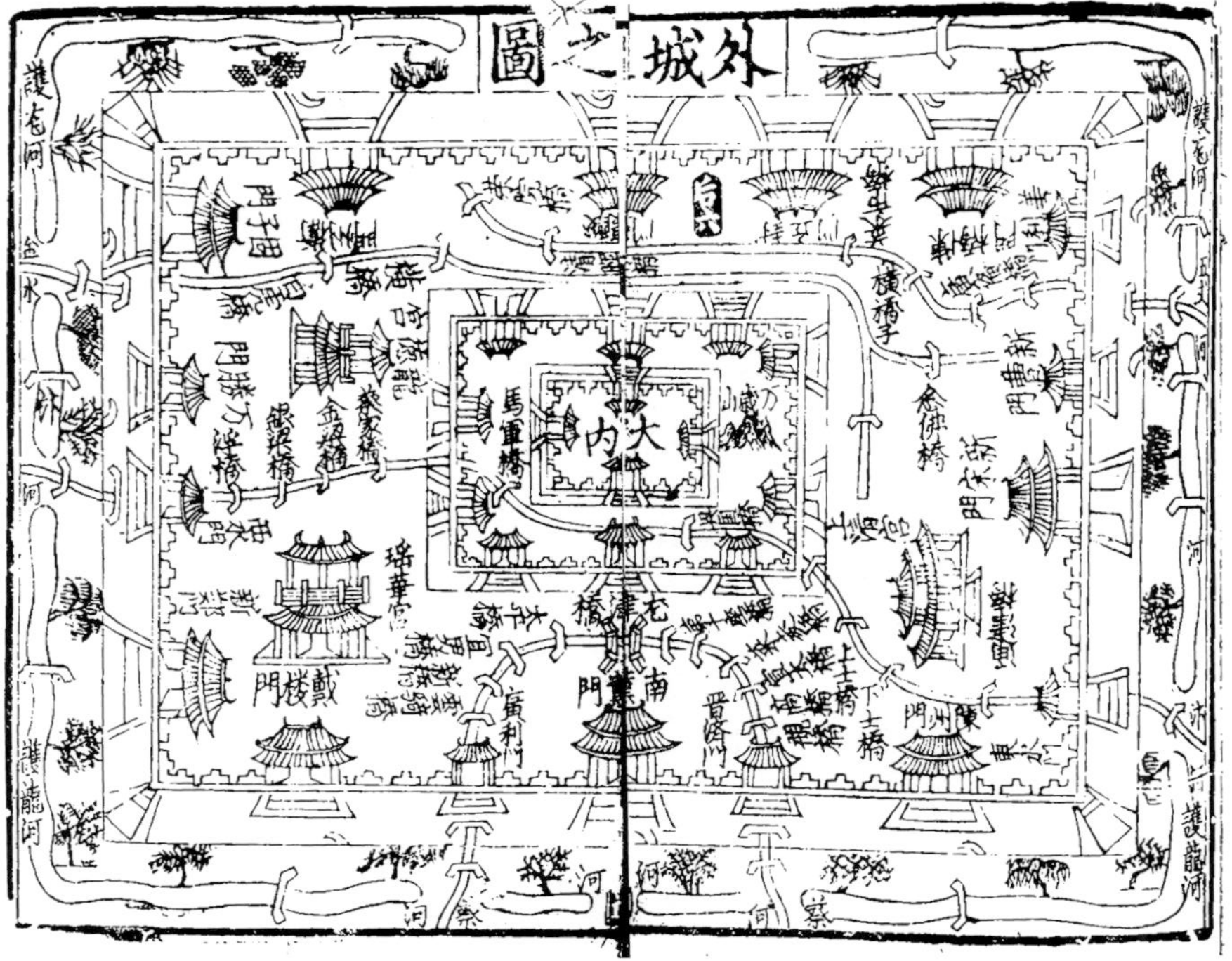

図７　「外城之図」
（陳元靚『（新編纂図増群書類要）事林広記』（元、西園精舎刊本　国立公文書館蔵：旧内閣文庫）後集六））竜徳宮や万歳山などが書き込まれており、徽宗時代の外城の図であることが分かる。蔡京邸付近の橋の名称が、蔡家橋となっており、『東京夢華録』と異なる。本文第一〇章を参照。

図8　『瑞 鶴 図』（遼寧省博物館蔵）本文336頁を参照

第一部　五代首都考

第一章　五代宋初の首都問題

はじめに

五代の首都の推移については宮崎市定氏の論考[1]が戦前にあって、それ以来疑義を挟まれることなく定説となっている。それゆえ今更詮索すべきこともないのではないかと思われるが、やはり若干の疑問点がなくはない。

その第一は、後梁の太祖朱全忠が洛陽に遷都したという事実に余り注意が払われていないことである。朱全忠は九〇七年の即位当初自分の根拠地である開封を首都とするが、二年後の九〇八年一月に開封から洛陽に遷都し、九一二年に死ぬまでそこを首都としていた[2]。そのことは五代の首都の推移を考える場合、不問に付して済まされることではないのではあるまいか。

第二に、定説は開封が首都となった要因を大運河が通っていたことに帰しているようであるが、五代において、そのように考えることは不可能であろう。たしかに北宋時代の開封の繁栄は、汴河による東南六路からの年額六〇〇万石に上る上供米に象徴される南北交通の盛況によるものであった。しかし、『通鑑』二九二、後周世宗顕徳二年（九五五）一一月乙未の条には、

汴水、唐末より潰決し、埇橋より東南は、悉く汚沢と為る。(3)

とあり、唐末五代において汴水は使用不能だった。(4) 埇橋とは、当時宿州にあった橋である。(5) また、北宋の統一時代と違い五代は分裂の時代である。江南には富強を誇る呉（後に南唐）が割拠していて五代中原国家と対立していた。大運河による物資の行き来はなかった。

以上の観点を出発点として、開封が首都に選ばれた理由を、再検討する。

一　後梁太祖の洛陽遷都と五代の郊祀

a　天復修都(6)（唐末の洛陽復興）

五代中原国家の首都となったのは洛陽と開封である。この二つの都市は現在の河南省に属しているが、この地域は唐末の戦乱の被害が最もひどかった所のひとつである。この戦乱の中から身を起こした朱全忠と張全義はそれぞれ荒廃した開封と洛陽を根拠地として復興した。とくに唐の東都であった洛陽は『資治通鑑』二五七、唐僖宗光啓三年（八八七）六月壬戌の条に、

初め、東都、黄巣の乱を経しに、遺民、衆まりて三城を為り以って相い保つ。継ぐに秦宗権・孫儒の残暴を以てすれば、僅に存するは壊垣のみ。全義、初めて至るのとき、白骨、地を蔽い、荊棘、弥《あまね》く望まれ、居民、百戸に満たず。全義の麾下、纔かに百余人、あいともに中州城を保つ。四野みな耕者無し。…(7)

とあるように、建造物はほとんど壊滅し、住民も流散してしまっていた。張全義は、徹底した勧農政策を取り、厳刑

を無くし、租税を減免した。そのため人々は洛陽に集まり、数年の後には、おおむね旧来の戸数を回復したという(8)。初め張全義は李克用の影響下にあったが、後に朱全忠の元に参じた。『洛陽縉紳旧聞記』二、斉王張令公外伝には、

梁祖、覇業を経営す。外は則ち干戈しばしば動き、内は則ち帑庾多く虚たり。斉王（張全義）、心を悉くし力を尽くし、財資を傾竭し、これを助く(9)。

とあり、洛陽周辺の生産力が、朱全忠の覇業を支えていた側面を伝える。

さてこの洛陽は、唐の最晩期の数年間（九〇四～九〇七）首都となっている。朱全忠は当時すでに唐朝の実権を掌握しており、皇帝の昭宗は彼の傀儡にすぎなかった。朱全忠の対抗勢力であった李克用や李茂貞は比較的長安に近い地域を占拠しており、しばしば昭宗の身辺が脅かされた。そのため朱全忠は唐室を洛陽に移すことになった(10)。まず張全義に首都機能の復興を命じる。その事業は乾寧三年（八九六）ごろからはじまったようだ（『資治通鑑』二六四、天祐元年（九〇四）正月己酉）。天復四年（四月に天祐元年と改元。九〇四）、いよいよ朱全忠は昭宗に迫って、洛陽に遷都させる（『資治通鑑』二六四、天祐元年（九〇四）正月丁巳）。皇帝の東遷に先だって、長安の士民が洛陽に移され、その列は「月余不絶」という状況だった（『資治通鑑』二六四、天祐元年正月戊午）。続いて長安の宮殿・官衙・民居などが解体され、用材は渭水から黄河に下され洛陽の工事に使用された。この結果、長安は廃墟（「丘墟」）となった。『資治通鑑』二六四、唐昭宗天祐元年（九〇四）正月壬戌の条には、

…長安の官室・百司及び民間の廬舎を毀ち、その材を取り、渭河に浮べて下す。長安、これよりついに丘墟たり。全忠、河南・北の諸鎮の丁匠数万を発し、張全義をして東都の官室を治せしむ。江・浙・湖・嶺の諸鎮、全忠に附す者、皆な貨財を輸して以てこれを助く(11)。

とある。しかしながら洛陽の宮殿工事は、なかなか進展しなかった。正月に長安を出発した昭宗は陝州で閏四月まで

の滞在を余儀なくされる。その間、全国的に資金などの徴発が行われた（『資治通鑑』二六四、天祐元年正月壬戌）。たとえば、太廟は魏博節度使が担当した（『旧五代史』一四、羅紹威伝）。最後には全忠もみずから工事を監督し（『資治通鑑』二六四、天祐元年三月乙卯）、廃墟と化していた宮殿が復興した。

金子修一氏によると、(12)唐最後の皇帝、哀帝（昭宣帝）は天祐二年（九〇五）一〇月に洛陽で郊祀の準備を行った。唐後半における皇帝親祭は、太清宮（長安の老子廟）・太廟・南郊の順で一日ごとに祭礼を行った。太微宮（洛陽の老子廟）は破壊されていたので、哀帝は北山の玄元観を解体して移築したという。これは、「天復修都」の実態をよく表している。万事不如意の乱世にあって、唐の文化遺産を収集する形で洛陽に伝統的首都機能が復興されたのである。ただし朱全忠は、昭宣帝が天命の存在を示す郊祀を実施することを許さなかった。洛陽の郊祀施設は彼自身のために使われる。

行論の都合上、簡単に郊祀の概念を提示しておこう。(13)儒家の礼説では皇帝は自分の居所の南郊で天を祀ることになっている。天命がみずからに存することをアピールするのが原初の目的であろう。郊祀とは本来、北郊で行われる地の祭祀もあわせて、南北両郊での祭祀を指すが、実際には天の郊祀である南郊が重要視され、皇帝みずから祭祀を主催したケースが多い。そのため郊祀といえば南郊を指すことが一般的となった。郊祀に欠かせない施設が首都南郊の円丘であり、この壇上にさまざまな神位が並べられ、祭祀が行われる。これは中国前近代において伝統的な「聖」なる首都施設である。また、郊祀に先だって、祖先に天の祭りの報告をする儀礼が行われるので、宗廟（太廟）も必要となる。

b　朱全忠の洛陽遷都

九〇七年四月、朱全忠は後梁を建国し、根拠地の汴州を開封府に昇格し、東都と称し、洛陽は西都とされた。(14)ただ

し、『冊府元亀』二〇五、閏位部、巡幸、開平元年一〇月の条には、

帝、軍を用いるを以って、未だ西幸に暇あらず。文武百官等、久しく東京に居り、漸く疑訝に及ぶ。令して便に就きて各々帰安するを許す。ただし宰臣韓建・薛貽矩・翰林学士張策・韋郊・杜暁・中書舎人封舜卿・張衮並びに左右御史・司天監・宗正寺、あわせて要当の諸司の節級を留めるの外、その宰臣張文蔚已下の文武百官は、並びに先に西京（洛陽）において祗候せよ。[15]

とあり、文武百官は、開封が首都であることを不自然に感じていたことが明らかになる。また、文武百官を先に洛陽に行かせている。洛陽遷都が既定方針だったことを示していよう。それは、『五代会要』二、廟儀、開平元年（九〇七）四月の条に、

太祖初めて受禅す。すなわち四廟[16]を西京に立つ。近古の制に従うなり。[17]

という記事からも裏付けられる。[18]さて、翌年四月二四日に西京で南郊することが決定された（『冊府元亀』一九三、閏位部、崇祀、開平二年正月）。しかし下文三月の条には

帝おもえらく、魏博・鎮・定、西都を修するを助くるも、宮内の工役、はじめて興り、礼容未だ備わらず。その郊天・謁廟は宜しく秋冬において別に良日を選ぶべし。[19]

とあるように、工事の遅延を理由として、再三延期され、結局、郊祀は開平三年（九〇九）の一月に行われた。その後、太祖は開封には帰らなかった。開封に残された首都機能はほとんどなく、陪都「東京」ではあるが、首都とは呼べなくなる。

つまり、覇業を達成する際の軍事的拠点として開封を中心としていたが、儀礼や壮麗な宮殿といった伝統的な「権威」を背景として君臨するために、洛陽に移ったのである。洛陽には、張全義が復興した宮殿と郊祀施設、そして後

梁の太廟が存在し、なによりも伝統的な中国の首都という権威性があった。自らの脆弱な政権基盤を特に権威面から補強するためだったのではないだろうか。

c　洛陽と開封への首都機能の分離

朱全忠は乾化二年（九一二）六月、洛陽で病床にある所を、息子の朱友珪に弑され、朱友珪も、東京馬歩軍都指揮使であった末弟の朱友貞の軍に急襲されて自殺し、朱友貞が帝位を継承する。後梁の末帝である。

この末帝は東京（開封）で即位するや、部下の洛陽奠都の建策を退けて首都を開封に戻す。『旧五代史』八、梁末帝紀、乾化三年二月一七日の条には次のように記されている。

事定まり、（袁）象先、趙巌をして伝国の宝を齎って東京に至らしめ、帝に洛陽において即位せんことを請わしむ。帝これに報じて曰く「夷門（開封）は、太祖、創業の地にして、天下の衝に居る。北のかた并・汾を拒み、東のかた淮・海に至る。国家の藩鎮は多くその東に在り。命将出師は、便近を利とす。洛下に都するが若きは、良図に非ざるなり。公等如し推戴を堅くせんとせば、冊札は宜く東京に在べし。賊平ぐの日、即ち洛陽の陵廟に謁せん。[20]」

彼は内憂外患の中で帝位に即いた。焦眉の急は、後梁の「賊」である晋王李存勗の河北経略に対抗することだった。父李克用の死後、その軍団を引継いだ李存勗は、初め沢・潞方面で梁太祖の軍と交戦したが、その後は河北に鋭鋒を向ける。九一一年、鎮・定に自立する王鎔の趙と同盟し河北経略の足掛りとし、九一三年には劉守光の燕を併合する。末帝の開封遷都はこのような李存勗の河北に於ける勢力拡大への対抗策として位置づけられよう。[21]「命将出師」するには、親藩が付近に多い開封に居るほうが便利であるし、地政的にも攻防の焦点である魏州を援護するのに開封は適当な地であると考えていたようだ[22]。末帝の言葉はこのような事情をふまえたものなのである。以来、開封遷都から後梁の滅亡（九二三年）まで、一〇年間にわたって中原の覇権をめぐって梁晋両国の戦闘は続いた。

史料の最後の部分に、「賊平ぐの日、即ち洛陽の陵廟に謁せん。」とあるが、末帝時代にも国家的宗教儀礼を実施する「聖」なる首都施設は依然として洛陽にあった。しかも、末帝は貞明三年（九一七）一一月に郊祀を実施するため、洛陽に行幸している。実際は、李晋軍が、要衝の地を奪い開封に迫っているという報が至り、郊祀を中止して開封に戻る[23]。劣勢の中で開封をはなれ郊祀を執行しようとしたのは、内外に天命の所在を示し、勢力の回復を意図したためだろう。当時、郊祀は洛陽で行わなければ意味を持たなかったのである。

九二三年四月、李存勗は帝位に即き、国号を唐と称した。彼はその年の一〇月後梁を滅ぼし華北を統一すると、暮れの一二月、首都を洛陽に移した[24]。その南郊で荘宗と明宗が一度ずつ親祭している[25]。その制度は、唐制を踏襲し、老子の廟（太微宮）・太廟・郊壇の順で祭礼を行うものであった。後唐は、洛陽を洛京あるいは東都、長安を西都、太原を北都、魏州をを鄴都とした[26]。開封は、宣武軍の治所に戻された。

続く、後唐の二代目である明宗時代には、戦乱で荒れ果てた洛陽の都市景観を、首都にふさわしく壮麗なものにするため、官僚たちの提案がなされ、それに準じた詔勅も出されている。ある上奏によると、首都の景観は、「華夷をしてともに壮麗を観せしむ」ことが重要であるという。権威を視覚的に表現するために、景観を整頓するという思想が述べられており興味深い。後唐の洛陽整備は、いわゆる坊制の崩壊という中国都市史上の一問題と関連して、第二章で詳論する。ここでは政府の権威を浸透させるための首都機能が、五代後唐の洛陽で復興されつつあったことだけを述べておきたい。

後晋・後漢では再び開封に宮廷・政府が移る。しかし依然として太廟や南郊は洛陽に置かれていた。ただし、皇帝親祭は行われず、いわゆる有司摂事（宰相などが代理で執り行う）で太廟や南郊の儀礼が行われた[27]。後周でも建国当初、郊壇・太廟以下の祭礼施設は洛陽に置かれており、宰臣を遣わして太廟で礼を行わせた記録も残っている。開封で郊祀が初めて行われたのは、後周太祖の広順三年（九五三）に至ってからである[29]。

後晋・後漢・後周においても、聖俗の首都施設が分離している状況：「分離首都」といえるのではないだろうか。翻ってみるとこれは異常事態である。一つの都市に「右祖左社、面朝後市」という位置関係で、太廟や社稷、政庁などが配置されるのが『周礼』に見られる理想的な首都の形態なのである。太廟・社稷・郊壇が洛陽に置き去りになり、朝廷だけが開封に移動するのは、おかしい。なぜそのような異常な体制が発生したのであろうか。

二　五代における禁軍の発達と首都問題

後唐の明宗（李嗣源）の治世八年は五代の中では比較的安定した時代であり、五代の転期とも考えられている。五代の過渡性とは唐末の藩鎮跋扈の時代と北宋の君主独裁的中央集権制の時代との間にあって、唐末の時代相が衰退し、中央集権的国家秩序が建設されつつあったことにある。すなわち五代の転期とは唐末の時代相から断絶すべく、中央集権的国家秩序の建設が始まった時代を指すといえよう。藩鎮体制の終息のために明宗をはじめ五代の有為の諸帝がとった施策は、禁軍と呼ばれる皇帝親衛軍を拡大強化して、地方の藩鎮の軍事力を相対的に弱体化させるというものだった。軍事面の権力を中央に集中する体制の確立なのである。この傾向は、五代の首都問題と密接に関連するのではないかと考えられる。本節では諸先学の論考[30]に教えられつつ五代禁軍の発達と首都問題との関連を考えてみたい。

北宋禁軍の指揮系統は三通りに分かれており三衙と呼ばれていた。殿前司・侍衛馬軍司・侍衛歩軍司である。殿前司は五代の末期に創設されたものである。残りの二つはもともとは侍衛司という一つの軍政機関であり、その指揮下にある軍隊が侍衛親軍である。五代に於ける禁軍の発達とはこの侍衛親軍の強化拡大である。

従来、侍衛親軍の起源は後梁にあるとされているが、後梁の侍衛親軍はまだ皇帝の親衛軍の域を脱していなかった。冨田孔明氏の指摘によれば(31)後梁の侍衛親軍馬歩軍都指揮使の職掌及び地位は、後唐明宗以降のそれに比べると限定されたものであった。具体的に言うと、侍衛親軍馬歩軍都指揮使の職掌は、後唐明宗期以降では本来の「宿衛」の任務に加えて「招討」と呼ばれる外征や内乱鎮圧の際の軍隊指揮任務も帯びることになっていた。地位もその多く（一〇名中八名）が同平章事と節度使を兼任して強大な権力を保有していた。ところが後梁の侍衛親軍馬歩軍都指揮使の職掌は「宿衛」だけであり、地位も相対的に低く小さな権力を持つに止まった。このような事情から後梁の軍事力の中に占める侍衛親軍の位置も推測できると思われる。前引した後梁末帝の開封遷都の際の言葉に、

…国家の藩鎮、多くはその東に在り。命将出師、便近を利とす。…

とあった。後梁の軍事力は「国家の藩鎮」の兵力に頼ったものだったようである。

後唐の荘宗は対後梁戦の過程で河北等の諸藩鎮の兵士を随時、牙軍の中に繰り入れていった。そのため華北統一の時点では、地方に対して中央が兵力の面で優位に立った。ただし荘宗時代の禁軍は、まだ形成過程にあって、未整理不統一の状態であった。後梁討滅後、新附の軍は地方駐留に出されたが、かれらはこの冷遇に不満を持ち、地方禁軍は、いわば反乱の温床となった。対後梁戦で華々しい活躍をしたのは魏博の牙軍であった銀槍效節都であったが、かれらも故地に返され不満をつのらせていた。同光三年（九二五）に河南を中心として起こった飢饉をきっかけとして、銀槍效節都は反乱を起す。魏州を囲んだ討伐軍の中にも荘宗の統治に不満な者が多く、城内の反乱軍と合流して、李

克用の義児、李嗣源（明宗）を擁立する。洛陽の荘宗の親衛軍も、食糧の供給不足を初めとする諸問題に対して無為である主君に離反し、明宗の即位を受入れ、かくして混乱のなかで荘宗は殺されてしまうのである。(32)

後唐の明宗はこのように禁軍の反乱に乗じる形で即位したため、登極後、禁軍改革を漸進的に断行していくことになる。明宗の禁軍改革は堀敏一氏・菊池英夫氏の論考に触れられているが、(33)堀氏のそれは、主として侍衛親軍馬歩軍都指揮使の地位向上と馬歩軍の指揮系統の整備に重点が置かれている。本書では、菊池氏の論考に沿って、この禁軍本体にどのような改革が加えられたかを考えることにする。

菊池氏によれば、明宗が「その経験に照して何よりも意を用いたのが統一ある軍隊管理機構指揮系統の確立であった。而してその方法の第一は、禁軍内部に於ける強幹弱枝体制の回復であり、あらゆる機会を利用して在京以外の諸軍の勢力分解をはかり中央に回収する事(34)」であり「第二には、京師に集中せる諸軍の内部に改革の手を伸ばし、最賴親軍を強化する一方それ以外の諸隊は漸次解体再編して行く事」であった。すなわち、暴力装置の一元化が図られた。

この政策を遂行するには、まず親衛軍の強化が不可欠である。明宗の親衛軍には、捧聖・厳衛の二軍があった。先の魏博の反乱討伐時には、反乱軍に協調する諸軍を抑え込むほど強大でなかった両軍も、諸軍の精鋭が編入される事により最精鋭となった。この両軍を中核とした諸軍を一括として統率する官として侍衛親軍馬歩軍都指揮使が置かれ強大な指揮権を持つようになり、その下に侍衛親軍馬軍指揮使・侍衛親軍歩軍指揮使が併置された。

このような禁軍の指揮系統の統一の障害になっていたのが、荘宗時代に地方に分駐されていた諸軍であった。彼等は地縁と血縁等により徒党性を持つにいたっており、それが時に不軌につながるのである。それを未然に防止するためには、中央に吸収し分解するしかなかった。『五代会要』一二、京城諸軍には、

後唐長興三年（九三二）三月。勅すらくは「衛軍の神威・雄威及び魏府広捷已下の指揮は、宜く改めて左右羽林

と為し、四十指揮を置くべし。十指揮ごとに、立てて一軍と為し、一軍ごとに都指揮使一人を置き、兼せて分ちて左右廂と為せ。(35)」

とあり、その例として注目される。

このように拡大された在京禁軍の兵士数は『長編』三、建隆三年（九六二）一一月甲子の条に、

上、群臣に謂いて曰く「晋・漢以来、衛士数十万を下らず、…(36)

とあることからうかがわれるように、膨大なものになっていた。

さて、在京禁軍の膨張は首都の問題とどのように関わるのであろうか。『宋史』一七五、食貨志、漕運の項に、

太祖兵間に起ち、天下を有す。唐季五代藩鎮の禍を懲《おそ》れ、京師に蓄兵し、以って強幹弱支の勢《かたち》を成す。故に兵食を重と為す。(37)

とある。宋の太祖により軍事力の強幹弱枝策が採られたため、開封に対する兵士の食糧の運搬（漕運）が重要となった、という。我々は、太祖が後唐明宗以来の禁軍改革の方針を踏襲していることに気付かされる。とすると後唐明宗朝でも当然京師の漕運問題が生起したであろう。たとえば、明宗は、自立して間もない天成二年（九二七）一〇月に、陪都ですらなかった開封に巡幸している。開封での就食がその目的であることは、『冊府元亀』四九八、邦計部、漕運の項に、

（明宗天成二年）十二月、車駕、汴に在り。時論おもえらく、運糧百万は、民の労《つか》れること稍や甚し、と。近臣、これを奏す。帝ただ東地数州に命じて、十万石を搬して、汴州に至らしむのみ。なお諸軍に促し、家口に搬取せしむ。(38)

とあり、軍人家口（家族）が同行していることから明らかである。この時代の兵士は傭兵であり、家族を有していた

ため、食料が家族分も必要となった。府兵制時代とはその点が異なる。それゆえ首都の食糧問題は重要性を増した。

荘宗もその治世の末年、開封への就食行を思い立ったことがあったが、諫官に「節倹し以って用を足すに如かず。古より就食せし天子なし。今楊氏未だ滅びず。示すに虚実を以ってすべからず。(39)」といわれ断念し、洛陽の食糧不足から禁軍に離反され、死んでいったのである。明宗はこの前者の轍を踏まず、開封への就食行を実行した。明宗は前掲史料のように、天成二年一二月に開封に百万石の食糧を運ばせ禁軍とその家族に供給しようとした。しかし、治世の初期ということもあり、民心の動揺をおそれた明宗はその規模を縮小したのである。一方洛陽では、行幸の期間中、食糧の備蓄が行われており、(40)天成四年（九二九）には洛陽に還幸している。しかし洛陽よりも開封のほうが食糧が集めやすかったようだ。そのわけは節を改めて論じたい。

ところで、後唐は明宗末年から継嗣問題から内乱となり、大原で挙兵した明宗の女婿石敬瑭は、明宗時代に整備強化された後唐の侍衛親軍に対抗するため契丹の支援を仰ぎ、後晋を建国する。この契丹との連合が、後代に禍根を残すが、とにかく後唐の侍衛親軍はそっくり彼に受継がれ、後晋は太原の牙兵をも合せた強大な禁軍を持つことになった。この禁軍の糧食を賄うため、石敬瑭も明宗と同様に開封に行幸している。『旧五代史』七六、晋高祖本紀、天福二年（九三七）三月丙寅の条に、

念うに京城、俶擾の後、たまたま舟船焚爇の余なり。饋運、頓虧し、支費殊に欠す。将に別に飛輓を謀るも、うたた生霊を困しめんことを慮り、これを以って心に疚みて、未だ嘗って席に安んぜず。今、夷門は重地にして、梁苑は雄藩たり。水陸交通し、舟車必ず集らん。爰に経度にあたえ、須く按巡を議すべし。寧ぞ暫しの労を免れん。期するところは克済なり。今月二十六日を取りて、汴州に巡幸せん。(41)

とある。開封巡幸に先立っての事情説明である。そして翌天福三年の一〇月、汴州において遷都の詔が下されたので

ある。

数朝戦伐の余、これ兆庶傷残の後に当たり、車徒すでに広く、帑廩みな虚し。経年の輓栗飛芻は、日を継ぎて民を労し衆を動かし、常に漕運を煩すも、須《もと》むるを供するに給《た》らず。今汴州は水陸要衝、山河形勝、乃ち万庾千箱の地、これ四通八達の郊たり。爰に按巡してより、ますます宜便を観る。都邑に升らしめ、以って兵民に利せん。汴州を宜く升して東京と為し、開封府を置くべし。(42)(『旧五代史』七七、天福三年一〇月庚辰の条)

「車徒」とは、『周礼』夏官、大司馬に使用されている、戦車と歩兵の総称である。「車徒既広」とは禁軍の増大を指摘している。それに対し「帑廩みな虚し」と洛陽の穀物倉庫が心細いことと並べている。また、過去の洛陽の漕運の実績は「須むるを供するに給らず」とし、それに対して開封には漕運の便があることを述べて、遷都の理由としている。

後梁の末帝の時代は、諸藩鎮を動員するのに便利なように、また敵対勢力の侵攻ルートに対応して、開封に宮廷と政府といった「俗」に分類できる首都施設を移したが、聖的首都施設は、洛陽に残され、分離首都の体制となった。すべてを開封に移動させなかったのは、臨時的な措置でありいずれは洛陽に戻ることが予定されていたからであろう。強制的権力を生み出す（「俗」の）首都施設についていうと、藩鎮体制という分権度の高い政治が政治体制だったため、中央集権の程度が低く優先度が高くなかったと考えられる。

開封は、明代の南京のように都市風水的に優れているわけではない。平原の中央に位置する開封は、長安のように防衛に適した都市でもない。洛陽のような伝統的な権威性もない。それにも関わらず、後晋時代から開封に宮廷・政府・禁軍が移動し、太廟・社稷・郊壇は洛陽に残されるという異常事態となったのは、権力を生み出すための（「俗」

の）施設・空間が首都にとって優先順位が高かったからである。軍事力の中央集権化を確立するため、漕運に便利で食料が集めやすい都市に移動せざるを得なかった。

聖的首都施設が洛陽に残されたことから伺われるように、開封への移動は、この時点でも臨時的なものだったと思われる。つぎの事実はこの見方を補強する。この三年後さらに石敬瑭は鄴都に百官六軍を引き連れて移動する（『旧五代史』八〇、晋高祖天福六年七月）。この都市は開封とならぶ、当時の華北に於ける有力な経済都市だった。[43] この行幸は遷都に準ずるものだったらしい。百官も移し政治の中心はここに遷る。[44] 大赦が行われ、迎賓館にあたる都亭駅が設けられたりした（『旧五代史』八〇、晋高祖紀天福六年八月戊午以下）。開封尹だった後継者の石重貴は、広晋尹となり、開封尹には臣下が任命された（『旧五代史』八〇、晋高祖紀天福六年十二月丙戌）。なにより、禁軍とともにその家族も移転している。[45] すなわち開封が有していた、首都機能（洛陽にあった礼制的なもの以外）は根こそぎ鄴都に移転したのである。高祖は翌天福七年六月にこの地で没し（『旧五代史』八〇、晋高祖紀天福七年（九四二）六月乙丑）、つづいて即位した石重貴は様々な危機のなかで、天福八年二月に開封に戻る。[46]

ちなみに鄴都は後周広順三年（九五三）に地震に襲われ大きな被害を出した（『旧五代史』一一三、周太祖紀広順三年十月壬申）。翌年顕徳元年、「鄴都」は廃され天雄軍節度使に戻される（『旧五代史』一一三、周太祖紀顕徳元年（九五四）正月戊寅）。この措置は地震による被害が原因であろう。興味深いことに、開封の首都としての基盤整備が本格的に行われるようになるのは丁度この時期である。

ところで、はじめに指摘したように大運河の使用は五代に於いては不可能であった。とすると石敬瑭の詔勅等に見られる開封の長所である、「漕運の利」とは何を指したものであろうか。次に節を改めて考えてみたい。

三　山東の穀物と五丈河の漕運

五代の国際関係は厳しい対立関係にあったが、民間にあっては国境を越えての商人の往来は多少行われていたらしい。(47)ただし、欧陽修の「初食車螯」(48)に、

…五代の昔、乖隔す。九州、剖瓜の如し。東南は淮海に限り、はるかに夷華は通ぜず。時に北州の人、飲食は陋として加うるなし。鶏豚をもて異味と為す。貴賤に等差なし。聖人の出づるより、天下は一家となり。南産、交・広をまじえ、…(49)

とあり、北宋が統一政権を確立してより、南方の産物が北方に出回ったことが詠われている。五代の開封の生活物資は、ほとんどは中原国家の領域の産物で賄われていたと考えてよさそうである。軍需物資である穀物などは南唐は輸出を控えたであろう。とすれば、それらは中原各地からの漕運に頼らなければならない。

さて、洛陽は洛水の「陽《きた》」に位置することに由来する地名であり、唐宋の洛陽城には洛水が城内を東西に貫流していた。漕運の最終行程は洛水を遡ることであった。しかしながら、唐の開元一八年（七三一）の裴耀卿の上奏の中に

…洛に入れば即ち漕路、乾浅にして、船艘隘鬧、船載停滞し、みな艱辛を極む。…(50)

とあるように、漕運路としては甚だ障害のあるものであった。これは自然河である洛河の水量不足が原因であろう。そのことは、北宋後期の「清汴」が廃止された原因の一端が、やはり洛河の水量不足にあったことからも裏付けられる。(51)洛水による洛陽への漕運は、前掲の後晋高祖の勅（『旧五代史』七七、晋高祖紀、天福三年一〇月庚辰）にみられるように、増大する禁軍の需要に応えることのできるものではなかった。

宋都開封の漕運の利について、『宋史』一七五、食貨志、漕運の項の冒頭に「宋都大梁、有四河以通漕運。曰汴河。曰黄河。曰恵民河（蔡河）。曰広済河（五丈河）。」とある。しかしながら繰返し言うように唐末以来、汴河すなわち大運河による物資の移送は行われていなかった。ただし、上流は運河の形を成していたようなので(52)、黄河の漕運船が開封に至るルートとしては使用可能であったようである。残りの三河は中原を流域としている。だから五代開封への中原各地からの漕運はこの三河に因ったものと仮定できよう。

黄河は北宋の中頃より漕運を止められてしまう(53)。しかし五代においては、黄河は重要な漕運路とみなされていた。『旧五代史』一四、羅紹威伝には、

紹威嘗て、臨淄・海岱は罷兵すること歳久しく儲庾山積し、ただ京師は軍民多くして食ますます寡きをもって、願らくは、太行に於いて木を伐り、安陽・淇門にくだして、船三百艘を斲《き》り、水運を置きて大河より洛口に入らしめ、歳ごとに百万石を漕運して以って宿衛に給さんことを。（梁）太祖深くこれを然りとす(54)。

とある。この建策は羅紹威の死によって沙汰止みにはなったが、百万石の漕運が可能とみられていたのは注目される。ほかにも黄河が現在の山東省方面からの漕運路として用いられた記事が存在する(55)。羅紹威伝によれば、北宋時代京東路とよばれた、現在の山東省地方は五代の兵火をある程度まぬがれたため食糧が豊富だったようである(56)。この地域と開封を直結していたのが他ならぬ五丈河である。

北宋では、五丈河は京東路の一七州の、蔡河は京西路の一部である淮北の六州の穀物を漕運するために使われていた(57)。この地域は、ほぼ五代中原国家の領域内であり、五代に於いても北宋時代の図式があてはまるだろう。北宋が南中国を統一するのは太祖晩年から太宗朝初めの時期であり、それまでは五代中原国家とほぼ同規模の領域を支配するに過ぎなかった。その時期の漕運事情が、『王文正筆録』（不分巻）に次のように記されている。

国初は方隅いまだ一ならず。京師の儲廩、給をただ京西・京東の数路に仰ぐのみ。河渠の転漕、最も急務と為る。京東の濰・密より以西の州郡の租賦は、悉く沿河の諸倉に輸し、以って上供に備う。清河は青・淄に起ち東阿に合し、斉・鄆を歴し、梁山濼を渉り、済州にて五丈河に入り汴都に達す。歳ごとに百余万石を漕す。……(58)

建国当初には開封の食糧は、「京西・京東数路」に頼っていた。このうち京西路から開封に至る漕運路は、蔡河であり、五代後漢のときその漕運力の増加が図られている。(59)ところで、王曾は京東路からの五丈河による漕運を特筆している。これは五丈河流域の京東路が京西路の蔡河流域の三倍近くの州を擁し、穀物の豊富な地域であったことによるのであろう。百万石の漕運額は先の羅紹威の献策と同額であり、必ずしも誇張とはいえないのではないだろうか。(60)

宋初、五丈河の漕運が開封にとって重要だったことを裏付けるもう一つの事実は、太祖時代に於ける京畿東路発運使の存在である。周知のように発運使は北宋盛期、真州と泗州に駐在して、全国各路の転運使を指揮統轄する重要な官署だった。ところが、建隆二年（九六一）に任命された京畿東路発運使が宋代に於ける発運使の初見であり、(61)乾徳元年（九六三）には五丈河沿岸の曹州定陶鎮に発運務が置かれているのである。(62)

以上のような宋初の五丈河による山東地方からの漕運は、五代に於いても同様に重要だったと見倣されよう。ただし、前引の『王文正筆録』の下文には、

いわゆる清河は即ち済水なり。而して五丈河は常に淤浅に苦しむ。毎春初めの農隙に、衆夫を調発し、大いに力役を興し、これを以て開濬して始めて舟楫の通利、壅遏する所なきをう。(63)

とあり、清水の流れる済水に対し、五丈河には黄河の濁水が導かれているので泥が溜まりやすく、絶えず浚渫が必要であった。(64)五代の史料中にもその記録が散見されるが、『資治通鑑』二九四、後周紀、世宗、顕徳六年（九五九）二月甲申の条の、

歩軍都指揮使袁彦に命じ、五丈渠を浚し、東のかた曹・済・梁山泊を過ぎ、以って青・鄆の漕を通ぜしむ。……(65)

という記事が、管見の限り最初のものである。それ以前に、『冊府元亀』四九七、邦計部、河渠二、顕徳四年（九五七）四月の条には、

詔「汴水を疏《わか》ち一派して北のかた五丈河にいれ、また東北して済に達せしむ。」ここに至り斉・魯の舟楫、みな京師に達す。(66)

とある。この記事はおそらく開封の北にあった五丈河に対して汴河を分流してバイパス路線を作ったときのものであろうが、その工事の規模等をうらづける史料は見当たらず、果たしてそれが五丈河にとって画期的な工事であったかどうかは不明とせざるをえない。これに対し、梁山泊以下の水路、つまり済水は比較的安定したものであったから、五代を通じて舟行に利用されていたであろう。

以上のことを総合的に判断すると、後周になってからの五丈河の水利改良以前に於いては、山東地方からの漕運には黄河と五丈河が併用され、後周になって五丈河の重要性にかんがみ、本格的な改良工事が加えられたと考えられよう。

山東地方は五代に於いて開封の食糧の供給地域として重要であったが、それ以外にも五代中原国家にとっていくつかの点で注目しなければならない地方であった。たとえばD・トキチェット氏は「その地域が一〇世紀を通じて、重要な産業地区であったことは、たしかである。」と述べられ、また、唐代の中国に於いて兗州が冶金業の最大の中心地であったことも指摘されている。(67)

ところで五代の国際関係の機軸となったのは、呉（後、南唐）と中原国家との対立であり、両浙の呉越は前者への対抗上、後者に不断に款を通じていた。しかし、そのルートは海上に求めざるをえなかった。『旧五代史』二〇、司

馬鄴伝には、

（開平）三年、両浙に使す。…復命は則ち舟楫を備え、東海に出、登・莱に至る。しかれども揚州の諸歩は賊船多く、過ぎるものは敢て岸に循《そ》わず、必ず帆を高くし遠く海中に引《すす》む。これを「入陽」と謂う。故を以って損敗多し。(68)

とあるように、呉（南唐）の沿岸を避け、外洋に出て、中原側の登州や莱州といった山東半島の諸港にいたるルートが採られた。山東半島には天然の良港が多く、この他にも密州・青州の濰口などが挙げられる。それらの港には呉越の出先機関である回易（図）務(69)が置かれていた。『五代史補』五、契盈属対には、

僧契盈、閩中人なり。内外の学に通じ、性は尤も敏速たり。広順の初め銭塘に遊戯し、一旦呉越王に陪《したが》い、碧波亭に遊ぶ。時に潮水初めて満ち、舟楫輻輳す。これを望むにその首尾を見ず。王喜びて曰く「呉越国、地は京師を去ること三千里余なり。しかして誰れか知らん一水の利のかくの如き有るかを」と。…時に江南いまだ通ぜず。両浙の貢賦、海路よりして青州に至る。故に三千里と云うなり。(70)

とあり、当時、呉越と中原国家間の海上貿易が盛んに行われていたことがわかる。この貿易はいわゆる「朝貢貿易」の形式を取った。呂咸休（後唐・後晋・後周につかえた官僚）(71)の上奏（「請令閩浙貢物自出脚乗奏」）には、

臣見るに、前朝にて閩・浙、物色を入貢するのとき、下船の後、官、脚乗を差し、搬送して京に到る。臣悉く諳知す、民を害すること尤も甚しを。ちかごろ貢奉するは、自らこれ勤王なり。差して貧民を擾せば、貢はこれ何の益あらん。臣の管見をもってするに、凡そこの数処の貢物、並びに令して自ら脚乗を出さしめよ。貧民を困しめず、理においても爽《たが》わず。(72)（『全唐文』八五六）

とある。この上奏の年代は特定できないが、前朝とあることから後晋以降のものであろう。また、閩は九四五年（後

晋の開運二年）に滅亡していから、後晋高祖時代（九三六～九四四）の上奏である可能性が高い。閩の朝貢路は両浙（呉越）と同じく、山東半島に至る海路であった。山東に陸上げされた貢物を京師に運ぶため、「脚乗」が給されたことが述べられている。「脚乗」とは、船や車・役畜などの運送手段の総称、あるいは、運送費のことである。この場合どれを指すのか特定する資料はない。京師に至る交通手段として最も便利なのは済河（↓五丈河）の水運であり、このことをさす可能性は高い。とすると、大運河不通のため、迂回路として両浙・閩↓海上↓山東海港↓済河↓梁山泊↓五丈河↓京師（開封）という、朝貢ルートが形成されていたことになる。

さて、汴河の復旧は後周の世宗によって行われた。『資治通鑑』二九二、顕徳二年（九五五）一一月乙未の条には、

汴水、唐末より潰決し、埇橋より東南は悉く汚沢となる。上、唐を撃たんと謀り、先に武寧軍節度使武行徳に命じ、民夫を発し、もとの堤に因りてこれを疏導す。[73]

とある。これは南唐討伐の準備作業であった。彼は明くる顕徳三年（九五六）から三度親征し、顕徳五年の三月に南唐より淮南一四州を割譲させることに成功する。ただし、当時この地方は長期にわたる戦争による荒廃に加え、大飢饉に見舞われてしまい、国家財政に寄与するどころか逆に国有食糧の貸出しを行わなくてはならなかった。[74]宋代に、淮南からの穀物の漕運が史料上に初めて確認されるのは、開宝五年（九七二）のことで、その量も一〇万石程であった。南唐を滅亡させた開宝八年（九七五）の翌年の九月に汴河漕運は一〇〇万石を越えるようになり、呉越がその地を献じた太宗の太平興国六年（九八一）に四〇〇万石を教え、やがて一歳六〇〇万石が定額となり、汴河中心体制が確立してゆくのである。[75]

国土統一に伴う大運河ルートの復興に対して、五丈河の水運は五代宋初に持っていた重要性を失っていった。汴河の漕運量が一〇〇万石を越えた開宝九年（九七六）、京東路には他の路と同格の転運司が置かれており、[76]五丈河がその

歴史的役割を静かに終えたことを示しているといえよう。

四　後周による首都開封の整備と宋太祖の洛陽遷都計画

以上のように、重兵を抱え込むようになった五代中原国家の政府は「漕運の便」を有する開封から、移動することが難しくなる。皇帝が居住している期間が長くなると、首都として人々から重んじられるようになるであろう。太祖の広順三年（九五三）に、太廟の神主は開封に移され[77]、円丘や社稷壇をはじめとする諸儀礼の施設も開封に築かれる[78]。『周礼』考工記に定められた方角に従って諸施設は開封城内に配置された[79]。その上で、開封でのはじめての郊祀が行われた。『資治通鑑』二九一、広順三年九月癸亥には、

> 帝（後周太祖）南郊に祀らんと欲す。また梁より以来、郊祀常に洛陽に在るをもって、これを疑う。執政曰く、天子の都する所なれば、すなわち以て百神を祀るべし、何ぞ必ずしも洛陽ならん、と。ここにおいて、始めて円丘・社稷壇を築き、太廟を大梁（開封）に作る[80]。

とある。人々の意識の変化がみられ、興味深い史料である。後梁時代には洛陽で郊祀を行わなければならなかったが、後周に至ると皇帝も政府高官もなぜ洛陽でなければならないのか理解できなくなっていた。「郊祀は洛陽で」という共通意識が消滅していたのである。こうして開封と洛陽に分かれていた首都機能は後周太祖の晩年に至って開封に統一された。

つづく世宗時代には首都としての体裁が整えられる。まず周囲二七キロ余りの外城が建設される。これで都市空間の規模は唐の洛陽や長安に匹敵するものとなった。旧来の城内の道路整備も実施され、侵街をある程度許容し限度を

越えるものは厳禁するという、後唐の洛陽で実施された政策が継承された[81]。また禁軍軍営が建ち並び、強大な武力を視覚化した都市景観も形成された。このように世宗は幾つかの都市政策をうちだし宋都開封の都市構造の基礎を築くのである。先述したように漕運路の整備も行われた。後周時代に開封の首都機能は十全たるものになる。

それにも関わらず宋の太祖は開宝九年（九七六）に洛陽で郊祀を実施しそのまま遷都しようとした。宋初、洛陽で郊祀を行うことは異例である。太祖はこのときまでに三度、開封で南郊を行っている（乾徳元年（九六三）・開宝元年（九六八）・開宝四年（九七一））[82]。開封での郊祀は常態化していた。とするとこの郊祀は特別な意味を持ったものと見なさなければならない。われわれは後梁の太祖や後唐の荘宗が洛陽で郊祀を行なって後、洛陽に遷都した故事を想起せざるを得ない。これらの故事に類似する、遷都を実施するための郊祀だったと思われる。なぜ太祖はこのような政策決定をしたのか、またなぜ中止されることになったのだろうか。

李燾の『長編』一七、開宝九年（九七六）四月には、太祖の洛陽遷都の顛末が一つの記事にまとめられている。

①上洛陽に生まれ、その土風を楽しむ。嘗て遷都の意有り。

②始め西幸を議すに、起居郎李符上書し、八難を陳べて曰く。「京邑凋弊す、一難也なり。宮闕完からず、二難なり。郊廟未だ修せず、三難なり。百官備わらず、四難なり。畿内民困す、五難なり。軍食充たず、六難なり。壁塁未だ設けず、七難なり。千乗万騎、盛暑従行す、八難なり」と。上、従わず。

③既に祀事畢わる。なお之に留居せんと欲す。群臣敢えて諫むるなし。鉄騎左右廂都指揮使李懐忠、間に乗じて言いて曰く「東京は汴渠の漕有り、歳ごとに江・淮の米数百万斛を致す。都下の兵数十万人、みなこれに給を仰ぐ。陛下ここに居らば、将に安にか之を取らん。且つ府庫重兵、皆大梁にあり。根本安固すること已に久し。動

揺すべからず。若しにわかに遷都すれば、臣実に未だその便を見ざるなり」と。上、亦従わず。④晋王（太宗）また従容として言いて曰く「遷都未だ便ならず」と。上曰く「河南に遷るも未だ已まず。久しくして当に長安に遷るべし」と。王叩頭して切諫す。上曰く「吾れ将に西遷せんとするは它無し。山河の勝に拠りて、冗兵を去り、周・漢の故事にしたがい、以て天下を安んぜんと欲すればなり」と。王また言う「徳に在り。険に在らず」と。上答えず。王出づるに、上左右を顧みて曰く「晋王の言固より善し。今姑く之に従わん。百年を出ずして、天下の民力、殫《つ》きんかな」と。

【原注】李懐忠の節度使と為るは、太平興国二年（九七七）冬に在り。この時はただ富州団練使を領するのみ。三朝聖政録、節度使と称するは誤りなり。晋王の事、王禹偁の建隆遺事による。正史之を欠く。[83]

①から③は『正史』と石介『三朝聖政録』を相互に校勘して成立し、④は王禹偁『建隆遺事』によったという。①から③は来歴の比較的確かな史料に基づいている。それに対して④にはやや問題がある。『建隆遺事』は、太祖の故事で実録・正史から洩れたり、太宗によって削られた記事を、王禹偁が後世のために記録したものという。[84]ただし、南宋時代から偽書説が有力な書物なのである。[85]また、①から③は宮崎氏ものべられているように『涑水記聞』一に、『三朝聖政録』の記事として引用されている。ここでは李懐忠の反対により、太祖は遷都を断念したことになっている。同様に『宋史』（正史を編集して成立したといわれる。）二六〇、李懐忠伝では、李懐忠の反対論を太祖は嘉納したとされる。曾鞏の『隆平集』一六では、李懐忠の発言により「上悟り、亟に還京す」とある。つまり、太宗の反対と太祖の議論は、フィクションの可能性が有るのである。この問題について以下検討してみよう。

実は、李燾も『長編』一七、開宝九年十月壬子の条の注に於いて、この書の内容面での問題点と、文章の卑俗な点を指摘し、王禹偁の著作とすることに疑念を示している。そのうえで、当時の士大夫がこの書を重んじるのを戒めている。ただし、全ての章が完全に偽作であると認定はせず、「特にその信ずべきものを信ずるのみ」という姿勢を表明している。それゆえ、開宝九年四月の条では、④の記事を「信ずべき」として採用し本文に載せたのであろう。ここでの李燾の史料採択の判断を信頼するかどうかが問題の焦点となる。宮崎氏は『建隆遺事』中の太祖の最後の発言は「或いは著者の事後予言かも知れぬが、兎に角適中している。」とのべられ、若干の疑念を差し挟んではおられるが、一応④を事実として議論を進められているようだ。ただし史料的問題に関しては触れられていない。

『長編』では省略されているが、『建隆遺事』に記録された太宗の反対論は『邵氏聞見録』七に引用されている。

開宝末、洛に遷都せんと議す。晋王言う「京師屯兵百万、全て汴渠の東南の物を漕運して之を贍養するに藉《よ》る。若し洛に遷都すれば、恐らく水運艱阻し、軍儲を欠かん」と。上、表を省みて報ぜず、留中を命ずるのみ。異日、晋王宴見す。従容として又遷都の便ならざるを言う。上曰く、洛に遷るも未だ已まず。久しくして当に雍に遷るべし、と。王その旨《ママ》を叩く。[86]（以下④と同文）

実際は、太祖末年の在京禁軍数は、府界も含めて一二万程度である。[87]一〇〇万とするのは多すぎる。これをもって後世の偽作と判断することは可能である。また、伝写による誤り、或いは誇張とも見なせよう。一方、汴河による漕運量は、この年（九七六）「米百余万石」、翌年の太平興国二年（九七七）に「米数百万石」に上っている。[88]太宗等が言うように、在京禁軍の軍糧は、当時すでに汴河に頼っていたといえよう。そこで、別の観点から、この問題を考えてみよう。

周知のように即位前の太宗は開封府尹として勢力を拡大していた。[89]それに対して、河南府の長官は焦継勲である。

『長編』一七、開宝九年（九七六）三月辛巳の条には、

上、西京に至り、洛陽の宮室壮麗なるを見て、甚だ悦ぶ。知河南府・右武衛上将軍焦継勲を召し、之を面奨し、

彰徳節度使を加う。継勲の女、皇子徳芳の夫人たり。再び旄鉞を授かるは、また徳芳の故を以てなり。[90]とあり、洛陽の宮殿修復の恩賞として知河南府と彰徳節度使（相州）を兼任することになったという。藩鎮の削減を断行している当時に於いては異例の恩典であろう。焦継勲の娘が嫁した皇子徳芳は太祖の次男である。当時一八歳。この歳の九月、太祖が崩じた際、宋皇后がまずこの皇子を太祖の後継者に擬したことで知られている（『長編』一七、開宝九年十月癸丑）。王瑞来氏は、太祖自身が徳芳を後継者と認定していたと述べられている。[91]王氏は慎重な史料操作によっており、この説は蓋然性が高い。とすれば、つぎの帝位に野心のある太宗は、徳芳やその係累の勢力拡大に対して神経質にならざるを得ないであろう。太祖の洛陽遷都策は太宗にとっては、政治的に容易には受け入れがたい問題といえよう。とすると、はじめに郊祀に反対した李符はいわゆる「藩邸の股肱」に近い人間であるから、太宗の意を受けた反対ではなかったのかという蔣復璁氏の推測もリアリティを増す。[92]そして最終的にはみずからも反対意見を述べ、太祖との間に激しい対立があったのである。『長編』の注によると、『正史』には、太祖と太宗のやりとりが見られないという。この数ヶ月後、不自然な形で帝位を継承した太宗が、後継者を装うためには、太祖との意見対立の記事は不都合だったのではないか。そこで太宗が実録・正史編纂の過程で削除し、王禹偁が『建隆遺事』に記したのであろう。つまり、李燾の判断を是としたい。ただし、『東都事略』一八、李懐忠伝では、『長編』と同じ史料を使っているものと思われるが、『長編』のように李懐忠の上奏は退けられず、両者は同時期に上奏しているかのごとく記載されている。これが実際の状況だったのかも知れない。

史料④が有る程度真実を伝えているとすると、④の太祖の発言が注目される。在京禁軍の増加と開封の漕運の便利さを理由とする太宗側の強硬な反対に対して、太祖は冗兵を無くし、重税や綱運により民を苦しめないため、「地形が堅固」な、洛陽や長安を都にするという「政策」を打ち出している。宮崎市定氏は別の論文で太祖と太宗の政策の違いに次のように言及されている。「太祖が北辺防備の為に残し置きたる終身官的武将を取りつぶして、兵馬財政の全面的な中央集権を計りたるも太宗である。太祖は財政的には緊縮政策を採ったが太宗は寧ろ放漫政策を用いた」と。[93]募兵制に於いては兵制のあり方が財政状況を決定する。中央集権的な兵制、つまり在京禁軍の増大を図れば、漕運の便利な開封が首都となる。地方にある程度兵権を委ねていた太祖は、一方で在京禁軍の増加は極力抑えていた。とすると、首都の漕運は重要度が低くなる。それにくわえ史料の①にあるように洛陽の風致を愛していたので住みたかった。太祖の真意はそんなところであろう。それに対して太宗は政治的にも政策的にも開封でなければならなかった。

五代十国の最終的な統一者は北宋の太宗である。北漢の併合より、むしろ太平興国七年に完成したとされる藩鎮の支郡の廃止のほうが重要な結論ではないかと思われる。[94]これによって唐末五代の藩鎮体制が形骸化したからである。旧藩鎮の軍事力は禁軍や厢軍として再編された。特に精兵は禁軍に編入され開封に集中された。太宗は修復なった大運河を利用して東南の富を開封に集中し禁軍集団を養い統一を維持する。それゆえ太宗時代、在京禁軍は急速に膨張する。つまり、開封が首都でなければ不可能な体制を太宗は確立するのである。[95]

小結

朱全忠の統治時代および後唐時代は、祭天儀礼のための聖の首都施設と、宮廷／政府機関の所在地とが同じ都市（洛陽）にあった。もっとも後者は、藩鎮体制であったため、顕著な発達を見なかった。前者が首都選択にとって優先された。後梁の末帝の時代は、敵対勢力の侵攻ルートに対応して、藩鎮勢力の糾合に便利な、開封を宮廷の所在地としたが、第二の首都機能は洛陽に残され、分離首都の体制が取られた。

ただし、五代初期には希薄だった軍事力や政治力の中心性が、皇帝の親衛軍の拡大という改革によって徐々に大きくなっていった。そのため、地方を圧倒する中央の軍事力を維持することが、首都機能として重大となった。これは中央の権力を強化するための首都機能である。藩鎮跋扈の時代からの過渡期とされる当該時代独特のものである。この首都機能を果たすために、漕運路が効果的に集中している開封が政府の所在地として選択される。

後晋・後漢・後周の皇帝は強化された禁軍（およびその家族）とともに、漕運の便利さが長所である開封に居住した。つまり権力のための首都機能が優先されて、政府は開封に移動した。しかし伝統的な中国首都に特有の宗教的首都施設は、依然として洛陽にあった。このように「分離首都」の状況にあったのである。

軍事力の中央集権体制が確立し、統一戦争に乗り出した後周時代、開封の首都性は動かしがたいものになる。太祖郭威は、晩年、初めて洛陽の太廟から皇帝の祖先たちの神位を開封に運ばせる。開封に郊壇を築き、郊祀を挙行する。この時点で開封に聖俗の首都施設が集中され、権力と権威の首都機能が具わるのである。

本章では、行論の明解さを求めて、首都の都市プランの問題を避けた。この問題も首都機能と深い関係にある問題であり、章をあらため検討したい。

注

（1）　五代の首都を扱った専論は宮崎市定「読史箚記七、五代の国都」（『史林』二一・一、一九三六、『アジア史研究』一、同朋舎、一九五七、再録）がある。また日野開三郎「五代史概説」（『日野開三郎東洋史論集』二巻、三一書房、一九八一）七二頁にも簡単に触れられている。趙翼『陔余叢考』一八「汴都始末」は後梁末帝の時、開封の首都としての地位が確立したと説く。

（2）『資治通鑑』二六七、梁太祖開平二年（九〇八）には、「帝将遷都洛陽。」とあり、『旧五代史』四、梁太祖開平三年正月己卯の条には、「詔曰、近年以来、風俗未泰、兵革且繁、正月燃打、廃停已久。今属創開鴻業、初建洛陽、方在上春、務達陽気、宜以正月十四・十五・十六日夜、開坊市門、一任公私燃灯祈福。」とある。また『五代会要』二四、諸使雑録参照。

（3）汴水自唐末潰決、自埇橋東南、悉為汚沢。

（4）宮崎氏は、このことは指摘されているが、後周の世宗以前の漕運事情についてはまったく触れられておらず、唐代の大運河漕運の中での開封の重要性を述べ、開封奠都の原因と見なしている（「読史箚記七、五代の国都」前褐）。日野氏も汴河の貫流を首都になった要因としている（「五代史概説」前掲）。

（5）埇橋については、近藤一成「西園雅集考」（『史観』第一三九冊、一九九八）五六頁を参照。

（6）洛陽の首都復興事業は「天復修都」と称されている（『冊府元亀』一四、帝王部、都邑二）。

（7）初、東都経黄巣之乱、遺民衆為三城以相保、継以秦宗権・孫儒残暴、僅存壊垣而已。全義初至、白骨蔽地、荊棘弥望、居民不満百戸、全義麾下纔百余人、相与保中州城、四野倶無耕者。…

（8）『資治通鑑』二五七、光啓三年（八八七）六月壬戌の条には「全義乃於麾下選十八人材器可任者、人給一旗一牓、謂之屯将、使詣十八県故墟落中、植旗張牓、招懐流散、勧之樹藝。惟殺人者死、余但笞杖而已、無厳刑、無租税、民帰之者如市。又選壮者教之戦陳、以禦寇盗。数年之後、都城坊曲、漸復旧制、諸県戸口、率皆帰復、桑麻蔚然、野無曠土。其勝兵者、大県至七千人、小県不減二千人、乃奏置令佐以治之。全義明察、人不能欺、而為政寛簡。出、見田疇美者、輒下馬、与僚佐共観之、召田主、労以酒食、有蠶麦善収者、或親至其家、悉呼出老幼、賜以茶綵衣物。民間言「張公不喜声伎、見之未嘗笑、獨見佳麦良繭則笑耳。」有田荒穢者、則集衆杖之。或訴以乏人牛、乃召其鄰里責之曰「彼誠乏人牛、何不助之。」衆皆謝、乃釈之。由是鄰里有無相助、故比戸皆有蓄積、凶年不飢、遂成富庶焉。」とある。

（9）梁祖経営覇業、外則干戈屢動、内則帑庾多虚。斉王悉心尽力、傾竭財資助之。

（10）『資治通鑑』二六四、唐昭宗天祐元年（九〇四）正月丁巳の条には、「上御廷喜楼、朱全忠遣牙将寇彦卿奉表、称邠・岐兵逼畿甸、請上遷都洛陽。…」とある。邠・岐州は当時、李茂貞の根拠地であった。

(11)…毀長安宮室百司及民間廬舎、取其材、浮渭河而下。長安自此遂丘墟矣。全忠発河南・北諸鎮丁匠数万、令張全義治東都宮室、江・浙・湖・嶺諸鎮附全忠者、皆輸貨財以助之。

(12)金子修一「中国の皇帝制」(『講座前近代の天皇制』五、青木書店、一九九五)七二頁参照。

(13)金子氏前掲「中国の皇帝制」。

(14)『旧五代史』三、梁太祖紀、開平元年四月戊辰。

(15)帝、以用軍、未暇西幸。文武百官等、久居東京、漸及疑冴《ママ》。令就便各許帰安。只留宰臣韓建・薛貽矩・翰林学士張策・韋郊・杜暁・中書舎人封舜卿・張衮並左右御史・司天監・宗正寺、兼要当諸司節級外、其宰臣張文蔚已下文武百官、並先於西京祗候。

(16)創業時の宗廟は隋の文帝が四廟に定め、唐の高祖もそれに従った。朱全忠もそれに倣って四廟としたようだ。『文献通考』九三、宗廟考三および『長編』一、建隆元年(九六〇)正月己巳の条参照。

(17)梁開平元年夏四月、太祖初受禅、乃立四廟于西京。従近古之制也。

(18)ただし、『旧五代史』三、梁太祖紀、開平元年六月己亥の条には「帝御崇元殿、内出追尊四廟上謚号玉冊宝共八副、宰臣文武百官儀仗鼓吹導引至太廟行事。」とあり、『旧五代史』四、梁太祖紀、開平三年正月己巳の条に「太廟の四室の神主を奉遷し、西京に赴かしむ。」とあり、この時点までは太廟の神主は開封の太廟にあったことがわかる。

(19)帝以、魏博・鎮・定、助修西都、宮内工役方興、礼容未備。其郊天・謁廟宜於秋冬別選良日。

(20)事定、(袁)象先遣趙巌齎伝国宝至東京、請帝即位於洛陽。帝報之曰「夷門、太祖創業之地、居天下之衝、北拒并・汾、東至淮・海、国家藩鎮、多在厥東、命将出師、利於便近、若都洛下、非良図也。公等如堅推戴、冊札宜在東京、賊平之日、即謁洛陽陵廟。」

(21)『資治通鑑』二六六、開平二年(九〇八)三月壬寅、同書二六八、乾化元年(九一一)七月、同書二六八、同年一〇月癸亥の各条を参照。

(22)『資治通鑑』二八一、天福二年(九三七)三月丙寅には、「范延光聚卒繕兵、悉召巡内刺史集魏州、将作乱。会帝謀徙都大

梁、桑維翰曰「大梁北控燕、趙、南通江、淮、水陸都会、資用富饒。今延光反形已露、大梁距魏不過十駅、彼若有変、大軍尋至、所謂疾雷不及掩耳也。」丙寅、下詔、託以洛陽漕運有闕、東巡汴州。」とあり、後晋においても開封は魏州への出兵がしやすい地点であると見られていたことが分かる。

(23)『旧五代史』九、梁末帝紀、貞明三年一二月己巳の条には、「帝幸洛陽、為来年有事於南郊也。遂幸伊闕、親拝宣陵。時租庸使趙巖勧帝郊天、且言「帝王受命、須行此礼、願陛下力行之。」宰臣敬翔奏曰「国家自劉鄩失律已来、府蔵殫竭、箕斂百姓、供軍不暇、郊祀之礼、頒行賞賚、所謂取虚名而受実弊也。況晋人圧境、車駕未可軽動。」帝不聴、遂行。是月、晋人陷楊劉城、帝聞之懼、遂停郊礼、車駕急帰東京。」とある。

(24)この時、張全義の洛陽遷都の建策があった。『資治通鑑』二七二、同光元年（九二三）一一月癸卯の条には「張全義請帝遷都洛陽。従之。」とある。また、『旧五代史』六三、張全義伝を参照。

(25)『旧五代史』六三、張全義伝・『旧五代史』四一、唐明宗紀長興元年（九三〇）二月己巳。

(26)『旧五代史』三二、唐荘宗紀同光三年三月辛酉を参照。

(27)『旧五代史』七六、晋高祖紀天福二年七月壬申には、「帝御崇元殿、備礼冊四廟、親授宝冊於使攝太尉、守司空、門下侍郎平章事馮道、使副攝司徒、守工部尚書裴皞、赴洛京行礼。」とある。

同書八三、晋少帝開運二年四月丙子には、「以車駕将還京、差官往西京告天地宗廟社稷。」とある。

同書一〇一、漢隠帝紀乾祐元年十二月壬午には、「帝被衮冕御崇元殿、授六廟宝冊、正使宰臣蘇禹珪及副使大府卿劉皞赴西京行礼。」とある。

また、『五代会要』一、雑録には、「晋天福七年八月、中書門下奏、山陵礼儀使状「高祖尊謚号及廟号、伏准故事、将啓殯宮前、択日命太尉率百僚奉謚冊、告天於円丘畢、奉謚冊跪読于霊前。」此累朝之制、蓋以天命尊極、不可稽留。今所上高祖聖文章武明德孝皇帝尊謚宝冊、伏縁去洛京地遠、宝冊難以往来、当司詳酌、伏請祗差官往洛京、奏告南郊太廟。」とある。

(28)『旧五代史』一一一、周太祖紀広順元年秋七月辛酉には「帝被衮冕、御崇元殿、授太廟四室宝冊于中書令馮道等、赴西京行礼。」とある。

(29) 木田知生「北宋時代の洛陽の士人達」(『東洋史研究』第三八巻第一号、一九七九)、小島毅「郊祀制度の変遷」(『東洋文化研究所紀要』第一〇八冊、一九八九年)を参照。

(30) 五代禁軍に関する論考には堀敏一「五代宋初における禁軍の発展」(『東洋文化研究所紀要』四、一九五三)、菊池英夫「五代禁軍の地方屯駐に就いて」(『東洋史学』一一、一九五四)、同「五代禁軍に於ける侍衛親軍司の成立」(『史淵』七〇、一九五六)、同「五代後周に於ける禁軍改革の背景」(『東方学』一六、一九五八)、同「後周世宗の禁軍改革と宋初三衙の成立」(『東洋史学』二二、一九六〇)冨田孔明「五代の禁軍構成に関する一考察」(『東洋史苑』二六・二七合併号、一九八六)、同「五代侍衛親軍考」(『東洋史苑』二九、一九八七)などがある。

(31) 冨田孔明「五代侍衛親軍考」(前掲)四〜一〇頁。

(32) この経緯は堀敏一「五代宋初における禁軍の発展」(前掲)九八〜一〇二頁、菊池英夫「五代禁軍に於ける侍衛親軍司の成立」(前掲)六六〜七〇頁、同「五代禁軍の地方屯駐に就いて」(前掲)二五〜二九頁を参照。

(33) 堀敏一「五代宋初における禁軍の発展」(前褐)、菊池英夫「五代禁軍に於ける侍衛親軍司の成立」(前掲)。

(34) 菊池英夫「五代禁軍に於ける侍衛親軍司の成立」(前掲)七一〜七二頁。

(35) 後唐長興三年三月。勅「衛軍神威・雄威及魏府広捷已下指揮、宜改為左右羽林、置四十指揮。毎十指揮、立為一軍、毎一軍置都指揮使一人、兼分為左右廂。」

(36) 上謂群臣曰「晋・漢以来、衛士不下数十万、…。」

(37) 太祖起兵間、有天下。懲唐季五代藩鎮之禍、蓄兵京師、以成強幹弱支之勢、故於兵食為重。

(38) 十二月、車駕在汴、時論以運糧百万、労民稍甚。近臣奏之。帝只命東地数州、搬十万石、至汴州、仍促諸軍、搬取家口。

(39) 不如節倹以足用、自古無就食天子。今楊氏未滅、不宜示以虚実(『資治通鑑』二七四、後唐荘宗同光三年一一月庚子)。又、『旧五代史』三三、後唐荘宗光同三年閏十二月甲午の条には開封巡幸の建策も見える。

(40) 『冊府元亀』四九八、邦計部、漕運、後唐明宗天成二年(九二七)十一月壬子には「三司使張朗奏『於洛中預備一・二年軍糧。除水運外、深冬百姓稍閑。請差運糧一転』帝然之。」とある。

(41) 念京城俶擾之後、属舟船焚爇之余。饋運頓虧、支費殊欠。将別謀於飛輓、慮転困於生霊、以此疚心、未嘗安席。今夷門重地、梁苑雄藩、水陸交通、舟車必集。爰資経度、須議按巡。寧免暫労、所期克済。取今月二十六日、巡幸汴州。置開封府。

(42) 当数朝戦伐之余、是兆庶傷残之後、車徒既広、帑廩咸虚。経年之輓粟飛芻、継日而労民動衆、常煩漕運、不給供須。今汴州水陸要衝、山河形勝、乃万庾千箱之地、是四通八達之郊。爰自按巡、益観宜便、俾升都邑、以利兵民。汴州宜升為東京、

(43) 『旧五代史』七五、晋高祖紀、長興元年二月には、「…時鄴都繁富為天下之冠、而土俗獷悍、民多争訟、帝令投函府門、一一覧之。…」とある。

(44) 『旧五代史』八〇、晋高祖紀天福六年八月戊子には「放文武百官朝参、取便先赴鄴都。」とある。

(45) 『旧五代史』八一、晋少帝紀天福八年正月癸巳には、「発禁軍万人並家口、赴東京。」とある。これは、鄴から開封に禁軍とその家族が戻った記事である。

(46) 『旧五代史』八一、少帝紀天福八年春正月辛巳には「盗発唐坤陵、荘宗母曹太后之陵也。河南府上言「逃戸凡五千三百八十七、餓死者兼之。」詔「諸道以廩粟賑飢民、民有積粟者、均分借便、以濟貧民。」時州郡蝗旱、百姓流亡、餓死者千萬計、東都人士僧道、請車駕復幸東京。」とある。同庚戌二月庚戌には「御札取今月十一日車駕還東京、沿路州府、不用修飾行宮、食宿頓遞、並以官物供給、文武臣僚除有公事合隨駕外、並先次進発。」とある。

(47) 宮崎市定『五代宋初の通貨問題』（星野書店、一九四三）第三章、全漢昇「北宋汴梁的輸出入貿易」（『国立中央研究院歴史語言研究所集刊』八・二、一九三九）参照。

(48) 『居士集』六。尚、この詩の題名には「一本題上云京師」と注されている。

(49) …五代昔乖隔、九州如剖瓜。東南限淮海、邈不通夷華。於時北州人、飲食陋莫加、鶏豚為異味、貴賤無等差。自従聖人出、天下為一家、南産錯交広、…

(50) 『旧唐書』四九、食貨志下。…入洛即漕路乾浅、船艘隘鬧、船載停滞、備極艱辛。…

(51) 『宋会要輯稿』方域一六之十七、汴河、紹聖四年（一〇九七）五月二二日の条。

(52)『冊府元亀』四九七、邦計部、河渠、後唐荘宗同光四年七月乙卯、後漢隠帝乾祐二年の各条参照。
(53)嘉祐四年（一〇五九）のこと（『宋史』一七五、食貨志、漕運）。
(54)紹威嘗以臨淄・海岱罷兵歳久、儲庾山積、唯京師軍民多而食益寡、願於太行伐木、下安陽・淇門、斲船三百艘、置水運自大河入洛口、歳漕運百万石、以給宿衛。太祖深然之。
(55)『冊府元亀』四九八、邦計部、漕運、後唐荘宗同光二年（九二四）三月の条に「勅鄆州、差兵二千、自黎陽開河、以通漕運。」とあり、『旧五代史』三五、後唐明宗紀同光四年三月一一日の条に「帝乃趨白皐渡、駐軍於河上、会山東上供綱載絹数船適至、乃取以賞軍、軍士以之増気。」とある。
(56)『長編』三四八、元豊七年（一〇八四）八月丙戊の条には「都大提挙汴河隄堤岸使言。京東地富穀粟。可以漕運。…」とある。これは北宋の状況である。
(57)『宋史』一七五、食貨志、漕運。
(58)国初方隅未一。京師儲廩、仰給唯京西・京東数路而已。河渠転漕最為急務。京東自濰・密以西州郡租賦、悉輸沿河諸倉、以備上供。清河起青・淄合東阿、歴斉・鄆、涉梁山濼、済州入五丈河達汴都。歳漕百余万石。…
(59)『冊府元亀』四九七、邦計部、河渠、漢隠帝乾祐三年（九五〇）の条には「…令鄭州疎引郭西水、入中牟渠、以増蔡水漕運。」とある。
(60)日比野丈夫氏はこの史料の数字を誇張の言とする（「北宋時代の京東路」『青山定雄博士古稀記念論叢』省心書房、一九七四）。しかし、氏がその論拠としてあげられる史料は太平興国年間の大運河漕運が復活した時点でのものであり、事情が違うはずである。
(61)青山定雄『唐宋時代の交通と地図地誌の研究』（吉川弘文館、一九六三）三四五頁参照。
(62)『元豊九域志』一〇、省廃州軍に「広済軍。乾徳元年（九六三）、以曹州定陶鎮置為発運務。」とある。
(63)所謂清河即済水也。而五丈河常苦於浅《ママ》、毎春初農隙、調発衆夫、大興力役、以是開濬始得舟楫通利無所壅遏。
(64)『新唐書』三八、地理志、汴州開封県の条に「有湛渠、載初元年（六九〇）引汴注白溝、以通曹、兗賦租。」とあり、『汴京遺蹟志』の著者李濂はこれを五丈河の起源と考えている（『汴京遺蹟志』七）。尚、白溝とは済水の故道であり（『河南通志』一七、水利上、開封府、陽武県）、開封の北の陽武、封丘両県を通っていた（『元豊九域志』一）。湛渠とはそれに向けて開封から掘られたものであろう。北宋時代の五丈河については青山氏前掲書、三四四頁以下、日比野氏前掲「北宋時代の京東略」を参照。

(65) 命歩軍都指揮使袁彦浚五丈渠、東過曹・済・梁山泊、以通青・鄆之漕。…

(66) 詔「疏汴水一派北入五丈河。又、東北達済。」至是斉・魯舟楫皆達於京師。

(67) D・トヰチェット「唐末の藩鎮と中央財政」（『史学雑誌』七四・八、一九六五）

(68) 三年、使于両浙。…復命則備舟楫、出東海、至於登・萊。而揚州諸歩多賊船、過者不敢循岸、必高帆遠引海中、謂之「入陽」、以故多損敗。

(69) 日野開三郎「五代呉越国の対中原貿易」（日野氏前掲『日野開三郎東洋史論集』一〇巻）。山東の海港については同書二一七〜三一一頁、回易務については一六四〜一七二頁に詳述されている。日比野氏前掲論文には北宋時代の山東の海港についての記述がある。

(70) 僧契盈閩中人、通内外学、性尤敏速。広順初遊戯銭塘、一旦陪呉越王、遊碧波亭。時潮水初満、舟楫輻輳。望之不見其首尾。王喜曰「呉越国、地去京師三千里余、而誰知一水之利有如此耶。」…時江南未通。両浙貢賦自海路而至青州。故云三千里也。

(71) 呂咸休は、後唐明宗時代、『荘宗実録』の修撰に任じられている（『五代会要』一八、修国史）。後晋高祖時代には、礼部郎中として、『大晋政統』の編纂に参加（『旧五代史』七八　高祖本紀、天福四年正月甲寅）。後周では給事中となっている（『旧五代史』一一二、広順元年一〇月癸巳）。詳しい伝記は不明である。

(72) 臣見、前朝閩浙入貢物色、下船之後、官差脚乗、搬送到京。臣悉諳知害民尤甚。比来貢奉、自是勤王。差擾貧民、貢之何益。以臣管見。凡此数処貢物、並令自出脚乗、不困貧民、於理無爽。

(73) 汴水自唐末潰決、自埇橋東南悉為汚沢。上謀撃唐、先命武寧軍節度使武行徳発民夫、因故堤疏導之。

(74)『資治通鑑』二九四、後周世宗顕徳六年（九五九）二月丁亥の条および『旧五代史』一一九、後周世宗紀、顕徳六年三月己巳の条。
(75)青山氏前掲『唐宋時代の交通と地図地誌の研究』三五三頁参照。
(76)『元豊九域志』一〇、省廃州軍、広済軍の条には、「開宝九年（九七六）、置為転運司。」とある。
(77)『資治通鑑』二九一、広順三年九月癸亥には「遣馮道、迎太廟社稷神主于洛陽。」とあり、同書同巻一二月丁未には、「神主至大梁、帝迎于西郊、祔享于大廟。」とある。
(78)『資治通鑑』二九一、広順三年一一月己丑には「太常請準洛陽築四郊諸壇。従之。」とある。
(79)『旧五代史』一四二、礼志上、広順三年九月には、「将有事於南郊、議於東京別建太廟。時太常礼院言「准洛京廟室一十五間、分為四室、東西有夾室、四神門、毎方屋一間、各三門、戟二十四、別有齋宮神廚屋宇。准礼、左宗廟、右社稷、在国城内、請下所司修奉。」従之。」とある。
(80)帝（後周太祖）欲祀南郊。又以自梁以来、郊祀常在洛陽、疑之。執政曰、天子所都、則可以祀百神。何必洛陽。於是、始築円丘・社稷壇、作太廟於大梁。
(81)拙稿「五代宋初の洛陽と国都問題」（『東方学』第九十六輯、一九九八）。本書第二章を参照。
(82)北宋時代の郊祀については山内弘一「北宋時代の郊祀」（『史学雑誌』第九二編第一号）および梅原郁「皇帝・祭祀・国都」（中村賢二郎編『歴史の中の都市』ミネルヴァ書店、一九八六、所収）を参照。
(83)①上生於洛陽、楽其土風。嘗有遷都之意。
②始議西幸、起居郎李符上書、陳八難曰。「京邑凋弊、一難也。宮闕不完、二難也。郊廟未修、三難也。百官不備、四難也。畿内民困、五難也。軍食不充、六難也。壁塁未設、七難也。千乗万騎、盛暑従行、八難也。」上不従。
③既畢祀事。尚欲留居之。群臣莫敢諫。鉄騎左右廂都指揮使李懐忠、乗間言曰「東京有汴渠之漕、歳致江・淮米数百万斛。都下兵数十万人、咸仰給焉。陛下居此、将安取之。且府庫重兵、皆在大梁。根本安固已久。不可動揺。若遽遷都、臣実未見便。」上亦弗従。

④晋王又従容言曰「遷都未便。」上曰「遷河南未已。久当遷長安。」王叩頭切諫。上曰「吾将西遷者無它。欲拠山河勝、而去冗兵、循周・漢故事、以安天下。」王又言「在徳。不在険。」上不答。王出、上顧左右曰「晋王之言固善。今姑従之。不出百年、天下民力殫矣。」

【原注】李懐忠為節度使、在太平興国二年冬。此時但領富州団練使。三朝聖政録称節度使者、誤也。晋王事、拠王禹偁建隆遺事。正史欠之。

(84) 『郡斎読書志』後志二、太祖実録の項に所引の「篋中記叙」を参照。『篋中記』とは『建隆遺事』のことである。

(85) 王明清『揮麈前録』三にも『建隆遺事』偽作説が詳述されている。陳振孫は『直斎書録解題』五においてこの説を紹介している。また、『郡齋読書志』二〇には、この書の誤りを指摘した後、「世多以其所記為然、恐不足信也。」と記している。

(86) 開宝末、議遷都於洛。晋王言「京師屯兵百万、全藉汴渠漕運東南之物贍養之。若遷都洛、恐水運艱阻、欠於軍儲。」上省表不報、命留中而已。異日、晋王宴見、従容又言遷都非便。上曰、遷洛未已。久当遷雍。王叩其旨《ママ》。……

(87) 拙稿「宋都開封と禁軍軍営の変遷」（『東洋学報』第七四巻第三・四号、一九九三。本書第三章）を参照。

(88) 青山氏前掲『唐宋時代の交通と地図地誌の研究』

(89) 蒋復璁「宋太宗晋邸幕府考」（『大陸雑誌』第三〇巻第三期、一九六五）を参照。

(90) 上至西京、見洛陽宮室壮麗、甚悦。召知河南府右武衛上将軍焦継勲、面奨之、加彰徳節度使。継勲女為皇子徳芳夫人。再授旄鉞、亦以徳芳故也。

(91) 王瑞来「〝燭影斧声〟事件新解」（『中国史研究』一九九一年第二期）

(92) 蒋復璁氏前掲「宋太宗晋邸幕府考」を参照。

(93) 宮崎市定「宋の太祖被弑逆説について」（『東洋史研究』第九巻第四号、一九四五）

(94) 日野開三郎「藩鎮体制と直属州」（『東洋学報』第四三巻第四号、一九六一）を参照。

(95) 前掲拙稿「宋都開封と禁軍軍営の変遷」（本論第三章）を参照。

第二章　五代洛陽の治安制度と都市景観

はじめに

前章では、五代中原国家における首都問題を、儀礼の問題と禁軍・漕運の問題を中心に論じてきた。それぞれ、権威と権力のための首都機能に属すると思われるものである。ところで、前章でも述べたように、朱全忠は張全義に命じて洛陽の宮殿を復興させた。つづいて洛陽を首都とした後唐は、都市空間に関しても首都としてふさわしいように整備を行っている。本節では後唐の事業の意図や方法を首都機能との関連の中で考察する。また唐から五代への都市空間の変遷史においても検討を試みたい。

一　後唐の都市景観の整備

唐末にさかのぼって都市景観を物語る史料を提示してゆこう。唐末の洛陽城内を訪問する者の目に映るのは農地であった。それは、軍閥張全義が開墾させた農地である。唐哀帝天祐二年（九〇五）一〇月の詔勅には、雒城坊曲内、旧と朝臣および諸司の宅舎有り。乱を経て荒榛す。張全義の葺理以来、皆以って耕墾し、既に軍賦に供す。即ち公田に係る。…[1]（『冊府元亀』一四、帝王部、都邑二、天祐二年一〇月）

とある。盛唐には、確かに存在した殿閣は、黄巣の乱から始まるうち続く内乱で荒廃してしまった。そこに住み着いた張全義一党が農地として再開発を行ったことは前章でも述べた。この農業生産力は唐末の混乱期には貴重な資源となり、朱全忠の覇業の一助となっている。

後唐、明宗天成年間（九二六〜九二九）の左諫議大夫崔憓の上言には、

臣伏して見るに、雒都このごろ制葺の初めに当たり、荒凉甚だしきに至る。わずかに行逕を通ずるのみ。あまねくこれ荊榛たり。この際、人を集め開耕せしめ、すなわち主と為るを許す。あるいは農しあるいは圃すこと、[2]三十年を逾ゆ。…[3]（『冊府元亀』一四、帝王部、都邑二、同光三年六月[4]）

とある。唐末・後梁時代を経てその間、三十数年が経過したが、状況は余り変わらなかった。後梁太祖時代、洛陽には皇帝が居住し、宮殿の復興が熱心に行われた。しかし、都市空間の景観整備は行われなかったようだ。少なくとも管見のかぎり、その事実を示す史料は存在しない。（都市空間内の中の農地というと矛盾した表現のようだが、本章では城壁内として論を進めたい。天祐二年詔勅の「雒城坊曲内」とは、城壁内の空間である。）

崔憓上奏の下文には、

近歳、居人ようやく多し。里巷、頗る隘たり。須らく居室を増し、宜く街坊をただすべし。都邑の制度既に成らば、夏華の観瞻ますます壮んならん。因循して未だ改めざれば、汚濁増すます深からん。窃かに惟うに、旧制、宮苑の側に、穢汚の物を停めるを許さず。今、菜園を以って宗廟・祠宇・公府・民家に相接す。穢気薫蒸するは、甚だ蠲潔にあらず。請う条制を議し、四方をして之に則らしめよ。[5]

とある。崔憓は引き続いて、後唐になってから都市人口の増加していること、そして住宅地がいっぱいになってしまったことを指摘する。そのため、住宅を増築すること、区画整理をすることが必要であることを述べる。また、首都としての制度が整えば、洛陽は「夏華」に対して壮麗な「観瞻《イメージ》」を与えることができる、という。区画整理の障害になるのは、前段で指摘されている農地である。この段では農地は、「穢気」を薫蒸するため、「宗廟・祠宇・公府・民家」といった都市的なものと隣接している状況は好ましくないと主張する。

この提案がどうなったのか、直接、『冊府元亀』から知ることはできない。しかし、数年後に出されたと思われる、後唐明宗のつぎの詔勅は、崔憓の首都論の流れをくむ政策であろう。

…ならびに果園・池亭の外、余の種蒔せし菜園・空間の田地、もし本（主）、自ら弁ずれば、すなわち三月内を限り、蓋造すべからく畢るべし。もし自ら弁ぜざれば、並びに人の収買を許す。勅旨あり。伊雒の都は、皇王の宅する所にして、乃ち夷夏心を帰するの地なり。農桑取利の田は非なり。…[6]（『冊府元亀』一四、帝王部、都邑、長興二年（九三一）六月）

都城内の農地は、果樹園・庭園を例外として、持ち主が自弁できるならば、三ヶ月以内に建物を建て終えよ、それができない場合は他人の買い取りを許す、という。さらに詔勅はその理由を述べる。皇帝の居住する首都洛陽は、「夷夏」（漢民族と異民族）が、心から服従するような魅力的な空間・景観を持っていなければならない、そのためには農地が景観の要素となっていては宜しくない、と。

同じ月の河南府上奏には、

…ただ舎屋を増修し、閭閻を添益すべし。貴きは華夏をしてともに壮麗を観さしむことなり。朝廷、邦本興隆の計を以って、駢闐せしむるに務む。…[7]（『冊府元亀』一四、帝王部、都邑二、長興二年六月）

とあり、「華夏」に「壮麗」な景観を印象づけるため、建物によって都市空間を充たすことが提案されている。すなわち、後唐政権は、首都の繁華な景観を訪問者に「見せびらかす」ことによって、国家の権威を感じさせようと企図する。つまり、権威のための首都機能を首都景観に付与しようとしているのである。そのため、これまで洛陽城内に広がっていた農地に建物を建てる命令を出した。首都城郭内での農業は禁止されたのである。

さて、中国前近代の首都において城郭内に農地が広がっている例は間々見られる。特に、唐の長安では一〇八坊のうち南側の四〇坊は人煙まれで、坊内に阡陌を連ねたところもあったという。(8) 唐朝がこれを意識的に宅地化したり、農耕を禁止したことはないようだ。私見では、次のように考える。唐前期の長安では、坊制が施行され坊牆が厳格に管理されていた。長安を訪問するものは、数十メートルにおよぶ大街を通行する。かれらの目に映る物は、唐の国家権力が律令によって維持する、(9) 整然とした両側の坊牆であろう。農地は坊牆によって隠蔽されるのである。それゆえに坊内に農地があっても権威の妨げにはならなかったのではないだろうか。

それに対して、後唐政権は洛陽城内の農地を相当意識している。崔懐に至っては「穢汚の物」と決めつけていた。唐の長安で禁止されなかった農耕が、後唐の洛陽では一部を除いて事実上禁止された。それはなぜであろうか。唐の長安の都市構造との比較からは、後唐の洛陽には坊牆が無かった、だから農地が広がる都市景観が問題となったのではないか、という仮説が立つ。とすると、後唐の洛陽で、坊制は施行あるいは残存していたかどうか確認する作業が必要となろう。

二　五代の洛陽と唐代の坊制

唐代の副都洛陽には、首都長安に準じて坊制が施行されていた。後唐の唐制復興という宮崎氏の見解[10]からすると、坊制が復活されても良さそうである。一方、梅原郁氏は[11]、都市プランは唐代のものが復旧されたが、その一方で人戸の官街侵占が広く既成事実化していたことを理由として「そうした回帰が、同時に唐の坊制そのままの形を伴っていたとは限らない。」と述べられ、後唐の洛陽では名称や町割りに坊の名残りがのこっていたとしても、実態は唐と異なる都市形態であったと想定されている。

さて、首都の坊制とは、おそらく二つの役割を持っていたであろう。①国家の権威を象徴するような景観を現出する。②首都の治安維持を図るという権力の側面。二つの坊制の機能に着目して、五代洛陽の坊制存否問題を検討してみたい。

a　権威と首都

まず、国家の権威を象徴する景観としての「坊制」の側面において検証する。長興二年（九三一）六月の詔勅には

およそ京城の六街および、諸坊間、先に人の屋室を修建するを許す。聞くならく、地を侵すことはなはだ多く、乃ち車駕を通ぜざるに至る。今後蓋造するの外、須らく車馬を通ずべし。或いは衆を越えて牽蓋するあらば、並びに須らく画時《ただち》に毀折すべし。…[12]（『冊府元亀』一四、帝王部、都邑二、長興二年六月）

とある。「六街」とは大街を指すと思われる。大街や坊の間に、舎屋を作ることを許したところ、次々と侵占され、

ついには車駕が通過できない地点も出現した。唐代には律令の規定によって禁止されていた侵街を[13]、後唐では政府が許可していた。つまり、後唐政権は坊制に基づく象徴的景観を復元しようとは考えていなかったことが分かる。それにかわる権威のための首都機能としての都市景観が、前節で述べたような形でイメージされるようになっていた。

街路に面した農地は特に問題となった。長興二年（九三一）六月の左右軍巡使の上奏には、

見に定めて已に居人有るの諸坊曲内に空間、田地及び種蒔并びに菜園等有り。かくの如き街に臨みて店を蓋するにたえるの田地は、一間ごとに明間七椽を破せ、その間ごとの地価は、宜しく河南府に委ねて価を估《みつも》らせ、収買せよ。…[14]（『五代会要』二六、街巷）

とあり、街路に臨み、「店」（ここでは邸店を指すと思われる。）を建設するのに適当な田地を河南府を通じて国家が買収する計画が述べられている。臨街の農地が有るくらいだから、坊牆は既に存在していない部分も多かったと思われる。律令時代の坊制の下では、臨街の店肆は考えられない。これは、唐と後唐では、「首都」の都市景観に対する思想が全く異なったことを明らかにする注目すべき史料である。

b　治安制度

つぎに、治安制度の側面から検討してみよう。首都の治安を安全なものにすることは、首都機能として重要な問題である。治安維持は、強制力を伴う警察業務であり、権力のための首都機能である。

唐代の（すくなくとも）両都においては、夜間には、坊門が閉鎖され街路の通行が禁止された。ひとびとは、周囲を坊牆で囲まれた坊内で過ごした。これが坊制にもとづく一種の治安機構である。

長興二年（九三一）六月の左右軍巡使の上奏には

…それ未だかつて蓋造あらざるの処は、宜く御史台・両街使・河南府をして已前の街坊田地によりて大街及び逐坊の界分を分劈画出し、各々坊門を立てあわせて名額を挂けしめよ。…[15]（『五代会要』二六、街巷）

とある。かつての坊の区画に従って坊門を再建せよという提案である。この上奏は、行き過ぎた侵街を取り締まる詔勅（前掲）と同じ月に出されている。裁可されたかどうかは明らかではない。しかし、この史料によって判明することは、長興二年以前には坊門開閉による治安制度（坊制）を実施できなかったことである。また、前掲した同じ月の詔勅の検討によって明らかなように、以後は侵街を交通の障害にならない限りに於いて容認している。だから、坊制によって治安維持を実施したとは思えない。では、どのように軍・民が雑居する首都の治安維持を行ったのであろうか。

室永芳三氏によると、京城の治安機関として五代後梁朝に在京禁軍長官に統括される左右軍巡使が創設され、京城の警備・防衛に当たったという[16]。軍巡院は、五代を通じて治安維持活動をしていた。この機関が坊という物理的な装置を使って治安維持活動を行っていたかはあきらかではない。ところで「天復修都」（九〇四）後の皇城使の上奏には、

伏して乞う、勅條に准じ、漏鼓の声絶えて後、人の行くを禁断せんことを。いま軍人・百姓更点動いて後も、なお恣に夜行すによりて、特に聖慈を乞う、再び六軍に下して止絶せんことを[17]。（『冊府元亀』一四、帝王部、都邑二、天祐二年（九〇五）閏一二月）

とある。更点とは夜間時間のことを指すのであろう。遷都直後の洛陽で夜間時間が始まっても人々（史料では軍人・百姓）は自由に行動していた。坊牆や坊門の有無は別として夜間外出禁止自体が行われていなかったのである。この状態への対策として、唐前半に行われたような坊門を夜間閉鎖することによる物理的な夜禁は求められず、六軍（禁軍）の巡回による夜禁の実施が提案されている。「再び六軍に下して止絶せんことを」とあるように、これ以前に制度化

されていたようである。室永氏によると、太和年間（八二八～八四〇）以降、長安で坊制が弛緩し、禁軍の巡警制がこれに取って代わるようになったという。[18]とすると、長安で行われた制度を遷都後の洛陽でも実施するようにもとめた上奏といえる。つまり、洛陽でも治安制度としての「坊制」が崩壊していたのである。

宮崎氏は、後唐は復古的色彩が強い王朝であると指摘された。それゆえ洛陽が首都にされたという。しかし、その洛陽では、坊制が復活される動きはなく、新たな構想によって景観が形成され、新たな方法によって治安維持が行われるようになった。本論文の第五章で述べる、北宋開封の侵街をある程度まで許容する街路政策や禁軍巡回による夜間外出禁止は、唐末五代の洛陽で始まったといえよう。

小　結

坊制の崩壊は、中国都市史上の大きな問題とされている。ただし、唐宋間の一都市で坊制の崩壊の過程が具体的に示されることはこれまでなかったように思われる。そこで、ここに本節で述べた、洛陽の坊制の崩壊過程をまとめておきたい。

都市構造としての坊牆・坊門が、盛唐の洛陽に存在しており、それに基づいて夜禁が行われたことは確実である。一方、九〇五年に物理的夜禁が行われなかったという事実は、坊牆や坊門が何らかの理由で大部分が夜禁を実施するための施設として完全ではない情況だったと推測される。

黄巣の乱（八七四～八八四）などの唐末の動乱は洛陽にも及び、住民のほとんどが逃散した。光啓三年（八八七）ごろから、張全義一党は、住民不在の都市空間を農耕地として再開発した。都市（あるは首都）ではなく農耕地としたわけだから、坊牆はその存在はあまり意味をもたない。むしろ邪魔な存在である。あるいは積極的に突き崩され、造成の土として利用されたのかも知れない。

つづいて、朱全忠が、張全義に命じて行わせたのが「天復修都」（九〇四年に一応完成）である。洛陽に唐帝を移すために行われたこの事業は、宮殿や太廟・郊祠施設など基本的な首都機能のみの復興であり、しかも、長安の施設を移築したものも多かった。都市空間は、農地が広がったままに残されたのである。

洛陽を西都とし意識的には首都と見なしていた後梁も、李存勗との対陣に忙殺され、都市空間の整備には手を着けることはできず、三〇年余り農地が広がっていた。

後唐政権にいたり、都市内部に農地が広がっている景観が首都としてふさわしいかどうかという議論が起こった。これは坊牆が崩れ、象徴的機能を果たしていなかったことにも一因がある。だからといって、坊牆を復元することは、首都の都市空間の整備事業としてまったく提議されなかった。農地を屋宇が稠密に立ち並ぶ都市空間に再構成し首都としての象徴性を与えようとした。

洛陽における坊制は唐末から五代に至る以上のような過程を経て崩壊したと考えられる。

本稿の検討を通じてあらためて注目されることは、五代の洛陽が、唐の長安と、宋の開封の中間に位置し、その都市制度や文化的伝統の媒介となっていることである。

首都機能に関しては、洛陽の宮殿や郊祀施設は天復修都に際して長安の宮殿の廃材や唐末の戦乱を通じて被害を免れた道観を移築して整備されたものだった。後周にいたり郊祀施設を開封にも築造する際は、洛陽のものをモデルとしている[19]。また北宋の太祖は建隆三年に開封の宮殿を修築するとき、有司に命じてそのプランを参考にさせている[20]。

なお、五代洛陽においては唐前半のような坊制による空間は再現されなかった。ただし晩唐の禁軍巡回による治安制度が唐末五代の洛陽に行われた。そして、交通の妨害にならない限り侵街を許容するという後唐洛陽にはじまる都市政策とともに、後周世宗によって開封の都市政策に継承され、北宋開封の都市景観と都市制度の基礎となるのである。

注

（1）　雒城坊曲内、旧有朝臣及諸司宅舎。経乱荒榛。張全義葺理以来、皆以耕懇、既供軍賦。即係公田。…

（2）　農と圃については、『周礼』地官、司徒に「閭師、掌国中及四郊之人民、六畜之数、以任其力、以待其政令、以時徴其賦。凡任民、任農以耕事貢九穀、任圃以樹事貢草木。」とある。農は、穀物栽培、圃は、樹木栽培と分けられるものの、両方とも農事を指すようだ。

（3）　臣伏見、雒都頃当制葺之初、荒凉至甚。纔通行逕。偏是荊榛。此際集人開耕。便許為主、或農或圃、逾三十年。…

（4）　本史料は、後唐荘宗同光三年六月の条に懸けられているが、『旧五代史』三八、明宗紀によると、崔憓が諫議大夫になったのは、天成二年八月のことなので、この記事は明宗天成年間の記事であろう。『冊府元亀』のこの記事の前後は繫年が混乱している。

（5）　近歳、居人漸多。里巷頗隘。須増居室、宜正街坊。都邑之制度既成、夏華之観瞻益壮。因循未改、汚濁増深。窃惟、旧制、宮苑之側、不許停穢汚之物。今以菜園相接宗廟・祠宇・公府・民家。穢気薫蒸、甚非蠲潔。請議条制、俾令四方則之。

（6）　…並果園・池亭外、余種蒔菜園、空閒田地、如本自弁、即限三月内、蓋造須畢。如自不弁、並許人収買。勅旨、伊雒之都、皇王所宅、乃夷夏帰心之地。非農桑取利之田。…

（7）　…只要増修舎屋、添益閭閻。貴使華夏共観壮麗。朝廷、以邦本興隆之計、務使駢闐。…

（8）　平岡武夫「唐の長安城のこと」（表紙目次では「唐長安雑記」）。『東洋史研究』一一号四号、一九五二）四〇頁。

（9）　唐雑律一六条の疏議に「其穿垣穴垣牆、以出穢汚之物於街巷、杖六十。…」（『唐律疏議』二六）とある。『訳注日本律令八』

（東京堂出版、一九九六）雑律一六、侵巷街阡陌（川村康氏訳注）を参照。

（10）宮崎市定「読史箚記七、五代の国都」（『史林』二一・一、一九三六、『アジア史研究』一、同朋舎、一九五七、再録）

（11）「宋代の開封と都市制度」（『鷹陵史学』第三・四合併号、一九七七）

（12）応京城六街及諸間坊《ママママ》、先許人修建屋室。如聞、侵地太多、乃至不通車駕。今後蓋造外、須通車馬。或有越衆牽蓋、並須画時毀折。…

（13）唐雑律一六条には、「諸侵巷街、阡陌者、杖七十。」という規定がある。

（14）見定已有居人諸坊曲内、有空閒田地及種蒔并菜園等。如是臨街堪蓋店処田地、毎一間破明間七椽、其毎間地価、宜委河南府估価収買。…

（15）…其未曾有蓋造処、宜令御史台・両街使・河南府依已前街坊田地、分劈画出大街及逐坊界分、各立坊門、兼挂名額。…

（16）「五代の軍巡院と馬歩院の裁判」（『東洋史研究』二四巻四号、一九六六）

（17）伏乞、准勅條、漏鼓声絶後、禁断人行。今拠軍人百姓更点動後、尚恣夜行、特乞聖慈、再下六軍止絶。

（18）「唐都長安城の坊制と治安機構」『九州大学東洋史論集』二（一九七四）・四（一九七五）。

（19）『旧五代史』一四二、礼志上、広順三年九月には、「将有事於南郊、議於東京別建太廟。時太常礼院言「准洛京廟室一十五間、分為四室、東西有夾室、四神門、毎方屋一間、各三門、戟二十四、別有齋宮神廚屋宇。准礼、左宗廟、右社稷、在国城内、請下所司修奉。」従之。」とある。この史料には、『周礼』考工記が引用され、国城（首都）内の布置が計画されており、非常に興味深い記事である。

（20）『宋会要』方域一之一一、東京雑録、太祖建隆三年五月には、「命有司案西京宮室図、修宮城。義成軍節度使韓重贇督役。」とある。

第二部　禁軍軍営の変遷と首都人口の推移

第三章　禁軍配備の変化と首都の都市空間

はじめに

宋都開封は地方都市が首都に改造されたものである。だから、その改造のされ方が都市空間の構造を規定する。ところで、軍事的権力に限定すれば、五代宋初の「首都」とは軍事力を集中する場所として存在したといえる。(1)それゆえ、増加を続ける禁軍とその家族という消費階層が十分生活できることが、権力のための首都機能の重要な側面である。その機能についてはふたつの方向が想定できる。第一は、青山定雄氏が詳細に検討された漕運整備の問題である。(2)第二は、禁軍軍人達の居住環境の整備である。つまり禁軍軍営の問題であるが、この点に関しては、従来本格的に検討の対象にはされていなかった。そこで本章では、はじめに後周・宋初の禁軍軍営整備とそれが開封の都市空間にあたえた影響を検討し、次いで神宗時代の禁軍改革の中で禁軍軍営がどのように変化したかを考察しようと思う。さらに軍営の変遷を宋都開封の変容の一端として考えてみたい。

一　禁軍拡大策と開封

北宋は、五代中原国家の禁軍拡大政策(3)を継承し、国家統一の過程で旧十国や地方藩鎮の精兵を開封に集中し禁軍に編入した。地方にのこされた弱兵は廂軍と呼ばれ、もっぱら雑役に当たるものとされた。たとえば、北宋時代の正史の一つには、

太祖・太宗、海内を平一するのとき、累朝の藩鎮跋扈に懲し、尽く天下の勁兵を収め、京畿に列営して、以って藩衛に備う。…真宗・仁宗・英宗その法を嗣守し、益す以って完密たり。…廂兵は諸州の鎮兵なり。太祖、唐末方鎮跋扈に鑒み、詔して州兵の壮勇なる者を選び、悉く京師に部送し、以って禁衛に備う。余は本城に留む。本城或は戍更あると雖も、然るに教閲の類は罕にして、多くは役に給するのみ(4)。

とある。首都の圧倒的な軍事力を背景にして、会府以外の州は京師直属とされ藩鎮は実質を失ってゆき(5)、中央集権化が促進されたのである。

北宋の禁軍は、文字通り皇帝親衛軍に由来する組織であり、狭い京畿に常駐し、有事には皇帝に従って出戍するものであった。また平時には辺境防衛や、地方の治安維持のために二〜三年を任期として地方に駐留した。これを更戍制といい、その任に当たった禁軍を「屯駐」あるいは「駐泊」といった(6)。兵士が出動する際、禁軍の家族は首都の軍営に留まり帰りを待つ(7)。これに対し例外的に家族とともに地方に駐留する禁軍もあった。これを「就糧」とよぶ。元来、食糧が首都で不足した際、食糧を求め易い地方に臨時に駐屯する部隊を呼んだ言葉である。それゆえ家族も駐屯地に同伴することが許される。ただし北宋では食糧確保に不便な地域、たとえば沿辺三路であっても、地方に禁軍を

表①　地方別の禁軍数の変遷（単位＝指揮）

地方	太祖時代	太宗時代	真宗時代	仁宗時代	治平年間	熙寧年間	元豊年間	以後の増
在京	217	425	428	451	427	288	278	2
府界	41	141	174	207	202	153	147	0
京西	26	100	116	165	153	131	132	0
京東	8	56	58	139	124	100	98	0
河東	11	54	100	209	181	163	157	0
河北	37	85	113	207	197	126	126	0
陝西	2	11	83	318	318	311	311	41
淮南	2	24	24	68	54	32	32	0
両浙	0	0	0	26	18	7	7	0
江南	0	12	12	37	31	23	23	1
荆湖	3	7	18	79	62	43	43	6
福建	0	0	0	17	11	8	8	0
成都	0	0	3	5	5	5	6	0
梓州	0	0	4	6	6	6	7	0
広南	0	0	3	8	8	8	6	1
合計	347	902	1123	1907	1773	1395	1372	49

（『宋史』187兵志、建隆以来之制及び同書188熙寧以後之制より作成）

常駐させる場合には就糧禁軍とよばれた[8]。ただし表①[9]によって分かるように、太祖太宗時代、就糧禁軍は契丹に境を接する河北路など以外には、ほとんど置かれなかった。本節では、五代・宋初の禁軍拡大政策に対応して、開封の権力のための首都機能がどのように整備されたのか、軍営の問題を中心として考えてみたい。

a　都市空間の拡大

禁軍の勢力が拡大した五代後期においては、彼らとその家族の生活を安定させることが、国家を維持するための必須条件であった。禁軍は唐の府兵とは違い、衣食住すべてを国家が面倒を見なければならない募兵だったからである。そして、禁軍家族は純粋な消費人口として首都の人口数を増加させていった。そのため、食料の集めやすい開封が首都に選ばれたが、後周世宗はその機能を拡大すべく、開封付近の運河網を整備した[10]。また世宗は、唐代に建設された汴州城の外側に、三年の工期で総延長約二六キロメートルにも及ぶ外城を建設した[11]。この時の

詔勅には、

而して都城旧に因り、制度末だ恢《そな》わらず、諸衛の軍営、或は多く窄狭し、百司の公署、興修する処無し。…宜しく所司に令し京城四面に於いて別に羅城を築かしむべし。先に標識を立てよ。…其の標識の内、官が劈画に中り、軍営・街巷・倉場・諸司公廨院を定めるを候ち、務了らば、即ち百姓の営造に任ねよ。(12)

とあり、禁軍軍営の居住環境の悪化が都城建設の理由の第一にあげられており、外城の用地配分の際にも、軍営は高度の優先順位を与えられていたことがわかる。つまり、外城の建設による都市空間の拡大は、禁軍数の増加に対応し、しかも彼らに優良な居住空間を確保することが主な目的だったのである。

表①の太祖末年の指揮数と、太宗末年のそれを比べてほしい。実にこの間、在京禁軍数が二倍に膨れ上がっている。太宗時代は、統一が完成した時代でもある。南唐・呉越・北漢の降兵、あるいは地方藩鎮から選抜されてきた兵士が続々と家族を引き連れて開封に入城し、禁軍軍営を居としたのである。(13)開封の人口は禁軍とその家族だけで少なくとも四〇万人は増加したと推計できる。その結果、人口（一四〇万人強）の半ばを禁軍とその家族（約八〇万）が占めることになったのである。(14)一方、このような禁軍人口急増を可能にするため、新領土である東南六路からの汴河漕運が整備されつつあった。南唐が征服された翌年の開宝九年（太平興国元年：九七六）にようやく一〇〇余万石が漕運され、呉越がその地を献じた太平興国六年（九八一）には杭米三〇〇万石、豆一〇〇万石を運ぶにいたる。そして真宗の景徳四年（一〇〇七）、六〇〇万石が毎年の定額となった。(15)この数字は、三〇万人ほどであった当時の在京と府界の禁軍が、制度上一年間に供給される穀物の総額に近いのである。(16)

北宋も禁軍軍営を設置するにあたり、立地条件に注意を払ったようである。次の史料には、政府が軍営地を選択する際の基準が示唆されている。

宋朝、禁旅を京師に置き、処れればすなわち謹みて守衛し、出づればすなわち辺境を捍《まも》る。故に諸爽塏を択び、列屯相い望む。[17]

つまり、禁軍軍営は、洪水の多い開封で「爽塏」（水はけの良い高台）を選んで建てられたという。開封では周知のように洪水が頻発した。その被害が及びにくいところが軍営用地として選ばれていたのである。

ただし、北宋は後周時代の城郭の規模を継承し、北宋末まで大規模な変更を加えることはなかった。[18] それゆえ、在京禁軍の急激な増加のため、やがて城内には適当な土地がなくなり、軍営は外城の外側にも置かれるようになった。

大中祥符二年（一〇〇九）の城外廂に関連する史料には、

開封府言う、詔に准じ、都城の外、人戸・軍営甚だ多きを以て、相度して合に廂虞候を置き、管轄せしむべし、と。これに従う。仍りて詔す、…又た増度して廂九を置け。…[19]

とある。廂とは五代より宋代にかけて設けられるようになった都市管理、特に火災や治安維持のための区画である。[20] 城外にまで都市的管理が及んだことは、従来は草市の発達といった経済的問題と関連づけて説明されるだけだったが、城外へ軍営が置かれるようになったことも理由の一つとされなければならない。

五代末から北宋の草創期は、統一と集権化のため首都に禁軍が集中されたので、漕運の整備と並んで、禁軍の生活空間の確保が首都整備の課題となった。特に外城が建設された後周世宗時代と、倍増した禁軍人口を居住させるため軍営が城外にまで及んだ太宗・真宗時代は、軍営の整備が開封の都市空間の拡大をもたらした時期である。どの程度の都市人口が城外にあったのかという問題は、本書、第四章、第二節にて考察する。

b　軍営

軍営は当時開封のいたるところで目につく建物だったに違いない。たとえば、当時のある士大夫は、

…慶暦治平の間、禁廂の籍、百余万に至り、新城の裏外は、営が連なり相い望む。…[21]

と述べている。いったい、禁軍軍営はどのような姿をしていたのだろうか。

『夢渓筆談』には、「魚肉及び酒を買いて、営門に入る者は、皆な罪有り。[22]」とあるので、軍営には、そこからしか出入りできない門があったと考えられる。とすると、周囲には障壁がなければならない。天聖四年、大洪水によって軍営のほとんどが倒壊した際、四ヶ月足らずの突貫工事によってほぼ修復することができたが、その報告の一節には「舎屋・墻壁をみな修すこと共に十二万九千一百余間堵[23]」とある。ここにでてくる「墻壁」は軍営を囲っていたものだろう。たとえば、上元観灯時の、禁軍兵士とその家族の行動について、『東京夢華録』は次のように説明する。

諸営班院、法において夜遊するをえず。各々竹竿を以って灯毬を半空に出だす。遠近高低、飛星の然《もえ》えるが若し。

（『東京夢華録』六[24]）

彼らは、上元観灯時にも、法により夜間外出が禁じられていたという。禁軍の夜間外出禁止の法について、『斉東野語』八に、

高宗、師を金陵に視る。張魏公、守となり、楊和王、殿前司を領す。卒の夜出づるあり。兵馬都監と喧競す。卒、これを訴う。公、判して云う「都監、夜巡するは、職なり。禁兵、酉点の後、出営を許ざるは法なり。宿衛司に牒す。条に照して行え」と。楊、已むをえずこれを斬る。[25]

とある。南宋草創期の事件であるから、法条は北宋と同じだと考えられる。法を守らせるため、軍営の門が、酉点（日没時[26]）以後、閉鎖される処置がとられただろう。

以上の文献的な検討の結果、障壁と営門によって区画された閉鎖空間であったことが判明する。残念ながら開封の視覚的資料には軍営の姿は見いだすことはできない。しかし、われわれはこのような軍営を『宋平江図』中に見いだすことができる。『宋平江図』にはほぼ同じ形の軍営が三つほど描き込まれている。口絵5はその内、威果軍第二八指揮のものであるが、方形の障壁で囲まれ営門が一つ開けられている。まさに文献史料によって推測した開封の軍営の形態と一致するのである。(27)

ところで、『長編』七二、大中祥符二年（一〇〇九）十月庚寅の条には、

殿前馬歩軍頭司に令す。自今諸軍を選補するに、毎指揮旧例に準じて五百人に満つれば止めよ。初め諸州に命じて簡閲し、以って禁旅を補う。取る所既に広く或は旧額を踰えるあり。而れども素より営舎定まれり。或いは二人が一室を共にする者あるに至る。故にかく申勅す。(28)

とあり、地方から選抜させて禁軍の欠額を補ったところ、多く取りすぎてしまって指揮の定員（五〇〇名）を越えてしまい、二人が一人分の空間に詰め込まれたトラブルもあったという。とすると、軍営は指揮ごとに配分されていたことが分かる。指揮が別名「営」ともよばれるのはここに由来するのであろう。(29)おそらく障壁に囲まれた空間が指揮単位で配当された軍営の単位なのであろう。また別の史料によると禁軍一人あたり「一間」が給されたというから、(30)軍営は長屋状になっていたと思われる。(31)

以上述べてきたことをまとめておこう。唐末五代の藩鎮跋扈の形勢を変革するため、首都に地方の傭兵部隊が集められた。そのため首都開封は、首都機能として、膨大な傭兵部隊を維持することになった。大運河の水路上に位置した開封は、巨大な消費人口となった禁軍兵士とその家族に食料を供給するのに格好の都市であった。また、禁軍兵士

とその家族が居住するための軍営が開封の都市空間に建設され、都市空間の拡大にもつながった。なお、禁軍軍営の治安維持上の意義や、象徴的機能について考えるべき点が残されるが、本章は軍営の形態のみの考察に留める。この問題は、第五章で詳述する。また、禁軍軍営が開封のどのあたりに多く設置されたのかという問題については、第六章に私見を述べたので参照されたい。

二　在京禁軍の減少

『東京夢華録』に軍営のことが余り記されていないのはゆえなしとはいえない。表①によって分かるように、真宗時代以降、就糧禁軍が増加し、在京禁軍は熙豊時代削減されたからである。この事実は開封に多大な影響を与えたであろう。本節ではまず制度史的に在京禁軍の減少の経緯を考察することにする。

a　就糧禁軍の増加と在京禁軍

沿辺三路が就糧禁軍増置の中心であり、言うまでもなくこの問題は北方民族の興起に端を発している。特に仁宗期、西夏との戦場になった陝西路の軍拡には異常なものがある。有事に際しては京師・府界に常駐する六〇〇指揮余りの禁軍が出戍するのが北宋の国防政策の特色である。しかし、この時、陝西路に出戍したこれらの禁軍は、「辛苦」に耐えることができず、また「摧鋒陥陣」においても長じていなかったという。そこでやむをえず、実戦で活躍していた地元の民兵などを増募し、就糧禁軍に昇格させたのである。(32)ここにおいて、北宋の国防政策は大きく変化したといえよう。

ところで、太祖は禁軍兵士の衣・食に厳しい規制を設け、都市の奢侈生活に染まってしまわないように腐心した。北宋中期の士大夫たちは次のように懐旧している。

軍人は皁を衣るを得ず、但だ褐を衣るを許さるるのみ、その制、膝を過ぎるを得ず。豈に紅紫の服有らんや。葱韮もて営門に入るを得ず。豈に魚肉の味を知らんや。（張方平[33]）

（禁兵の衣）長さは膝を過ぐるを得ず。魚肉及び酒を買いて、営門に入る者は、皆な罪有り。（沈括[34]）

また、兵士の足腰を鍛えるため、一〇〇キログラム余り[35]と推定される毎月の糧食を一人一人、背負って運ばせたという。しかもその兵士の軍営を基準に、開封の反対側にある倉が配給場所として指定されるのが原則であった。[36]『宋史』兵志によるとその距離は四〇里（約二三キロメートル）もあったという。[37]ところが、欧陽修の「原弊」という文章の一節には、

…国家、景徳より罷兵すること三十三歳なり。兵の嘗て用を経るもの、老死して今尽く。しかして後来る者、未だ嘗て金鼓を聞き戦陣を識らざるなり。無事に生まれて、衣食に飽く。その勢、驕惰たらざるをえず。今衛士宿に入るに、自ら被を持たずして、人をしてこれを持たしむ。禁兵糧を給さるに、自ら荷わずして、人を雇いてこれを荷わしむ。その驕たることかくの如し。況や肯て辛苦を冒し以って戦闘するをや。…[38]

とあり、景徳の役の後、三三年にして太祖以来の規律は弛緩し、禁軍の驕情は目に余るようになったという。以上のような在京禁軍の変容が、従来の国防政策の遂行を不可能にした主因であろうと考えられる。なお対西夏戦後になるが、張方平も先引史料の下文で太祖以来の禁軍の規律が守られなくなったことを問題としている。対西夏戦後、在京禁軍に対する批判は就糧禁軍増置による軍事支出の膨張、それにともなう財政危機と関連して論じられるようになった。仁宗・英宗時代の正史である『両朝国史』の兵志には、

…国朝、天下の甲卒数十万をことごとく京師に萃む。京師は八方湊るところにして、水陸四達す。歳ごとに江堆の粟六百万石を漕す。…これを以って四万を臨制すること猶お臂の指を運ぶがごとし。世の議者、達せずしてすなわち請う、民の賦租を竭して以って不戦の卒を養う、国の帑廩をつくして以って優かにこれを座食せしむ、と。…(39)

とあり、「世の議者」が首都に禁軍を集中させる政策の意図を理解せず、在京禁軍を「不戦の卒」と断じ、国庫を傾けてそれを維持することに対して批判的だったと指摘している。また嘉祐六年の制科に応じた蘇軾もその策論のなかで当時の財政危機の原因は禁軍の京師集中にあると述べている。(40)こうした議論の中で神宗時代には在京禁軍の削減が実行されるのである。

b　禁軍の「永額」と在京禁軍の削減

慶暦の和以来、地方的に行われていた禁軍軍縮(41)が、熙豊時代には全国的規模で行われた。(42)熙寧二年（一〇六九）から六年にかけて枢密使であった文彦博の熙寧四年の上言には、

…三・四年前、枢密院、検録し開宝初めより治平中に至る内外兵馬の大数の頗る甚だ詳備なるを得。遂に議して酌中し定めて永額と為す。至道前に比べれば即ちやや多く、慶暦中に方《くら》べれば、即ち頗る減ず。…(43)

とあり、熙寧初年頃から枢密院での検討が始まり、やがて軍縮案の「永額」が決定されたという。『長編』二一八、熙寧三年一二月壬申の条には、

この日、枢密使文彦博等を召して資政殿に対せしむ。彦博など在京・開封府界及び京東等の路の禁軍数を上す。上も亦自ら治平中の兵数を内出し、参照顧問これ久うす。ついに詔す。殿前司虎翼は、水軍一指揮を除くの外、

表②

地方	禁軍数（単位＝名）	備　　　考
在京	100000	『長編』278、熙寧９年10月乙未
府界	62000	『長編』218、熙寧３年12月壬申
京東	51200	同上
京西	不明	
河東	不明	
陝西	100000	『長編』216、熙寧３年10月癸亥
河北	70000	『長編』236、熙寧５年閏７月甲戌
淮南	不明	
荊湖	20300	『長編』218、熙寧３年12月壬申
江南	12000	同上
福建	4500	同上
両浙	7000	『長編』218、熙寧３年12月壬申には44000名とあるが、同書236、熙寧５年閏７月癸亥では3000名増額されている。
広南	2400	『長編』218、熙寧３年12月壬申
四川	4400	同上

六十指揮を存す。各々五百人を以って額と為す。総計三万四百人。在京、広勇五指揮共に二千人を増す。開封府界六万二千人と定む。京東…（以下各路の人数が列挙される。表②にまとめる。）在京その余の指揮、並びに河東・陝西・京西・淮南路、前に已に撥併す。それ河北の人数なお多きを以って、後議を待つ。(44)

とある。詔勅の出される前の討議内容から考えてこの各路の数字が文彦博の言う「永額」であろう。しかし、この詔勅は在京禁軍である殿前司虎翼軍の縮小などが初めに記され、各路の「永額」が記されるのは「開封府界」からである。この府界は「在京・開封府界及び京東等の路」というように在京と区別されているから、負郭の二県を除く京畿路の県を指すのである。また、在京のその他の諸軍や河東・陝西・京西・淮南路に関しては既に整理がついており、ここには記されていない。河北路はまだ人数が多く先送りにせざるをえなかったという。つまり、ある程度まで実際の禁軍数が減った段階でその員数を「永額」または「定額」とし、それよりは減らさない方針を取ったようである。そ

れゆえ熙寧年間には「定額」を維持することを各路に命ずる詔勅が出ていたりする。(45)

さて、ここで欠けている数字を他の史料によって補足し、熙寧の「永額」をまとめた結果が表②である。この数字は、それぞれ表①の熙寧以後の指揮数に熙寧時代以降の指揮の定数を掛けたものにほぼ一致している。(46) 後に述べる併営が並行して行われたからである。注目すべき在京禁軍数は、約二〇万人から一〇万人に削減されている。在京禁軍によって地方を牽制するという政策はやめられ、彼らには首都の防衛・治安維持などの役割だけが残されたのであろう。

c　在京禁軍の欠額と保甲法

この在京禁軍の定額に、さらに大幅に欠額が生じたことを伝える史料が熙豊時代には目につく。(47) それは保甲法の制定と関連しているようだ。『長編』二三六、熙寧五年（一〇七二）閏七月壬戌の条の原注に引用されている『兵志』には、

…上曰く、保甲義勇に芻糧の費あり。当にこの計を為すべし、と。（王）安石曰く、当に募兵を減じ、その費を取りてこれに供すべし。保甲に給する所の費、わずかに募兵の十の一・二たり、と。上曰く、畿内の募兵の数すでに旧より減ず。強本の勢い、未だことごとく減ずべからず、と。安石曰く、既に保甲のその役に代わるあり。即ち募兵を須いざれ。今京師の募兵、逃死停放、一季に乃ち数千に及ぶ。ただし招填するなかれ。即ち減ずべきとなす。然るに今廂軍既に少し。禁兵もまた多からず。臣願うに、つとに民兵を訓練し、民兵盛んならば、則ち募兵は当に減ずべし、と。(48)

とある。王安石の発言はまさに在京禁軍と早くから整備された京畿略の保甲(49)との関連についてのものであり注目される。それをまとめると以下のようになるであろう。

①在京の募兵（禁軍・廂軍）はさらに減らすべきである。

②浮いた費用で保甲を運用する。保甲は募兵より費用が掛からない。(軍事費の減少につながる。[50])
③一季(三ヵ月)に数千ずつの欠額を出している京師の募兵を補わず、保甲をその代役にする。

熙寧五年(一〇七二)、開封府の保甲の中で、巡検司に上番することを願うものにはそれを認め給料を支払うことになったという。[51]開封城内の巡検司の兵はほとんど在京禁軍であった。[52]王安石の言う「既に保甲のその役に代わるあり。」とはこの巡検司に保甲が上番するようになったことをいっているのであろう。

三　併営

熙豊時代の禁軍改革の柱の一方は併営である。併営とは指揮の人教が定額を極端に割ってしまったとき、別の指揮と併合することをいう。この政策は軍営の配分と密接に結びついていた。既に述べたように、軍営は指揮毎に配当されるのが通例であったので、定員を趣えてしまうと、二人を一人分の空間に詰め込まなくてはならなくなる。とすると、指揮の人数が定額より少なくなった場合には、逆に軍営に余剰の空間が生じる。たとえば『長編』一九五、嘉祐六年(一〇六一)一〇月丙申の条には、

馬軍司言う、咸平県就糧武騎帯甲剰員四指揮は、共に一百二十人を管す。隊伍を成さずして、営塁を虚占す。欲すらくは併せて一指揮と為すことを乞う。[53]

とある。この四指揮は人数が不足して指揮の機能を果たせず、また軍営にも空き部屋が多く、「虚占」されていた。そこで、併営して四八〇人の一つの指揮にまとめられることになったという。つまり、併管は軍営を効率的に配分するための方法でもあったのである。

併営はこの例のように真宗仁宗時代にも、散発的に行われていたが[54]、熙寧三年（一〇七〇）一一月二三日の詔勅によって全国的に行われるようになり、これ以降、定員に満たない指揮はなくなったという[55]。さて『宋史』一九四、兵志、揀選之制には併営について次のように概括されている。

…皇祐の間、馬軍は四百を以って、歩軍は五百人を以って一営と為す[56]。承平既に久しく、額存して兵欠す。馬一営あるいは数十騎に止まり、兵一営あるいは一二百に満たず。しかれども将校みだりに多く、賜予廩給は士卒に十倍す。逓遷すれども額少しく損せざるが如し、帝これを患う。熙寧二年始めて併廃を議す。…[57]

先述したように慶暦の和議後、部分的に軍縮が行われていた。その影響もあって欠員の補充も十分行われず、定員にみたない指揮が多数に上っていたのである。神宗が一番問題にしているのは将校の人件費のことである[58]。つまり、将校にかかる費用は普通の兵士の数倍となる。定額に足らなくなっていても指揮を名乗る以上、将校がその分必要になる。神宗は併営によって、無用の将校を大量に減員して支出を抑えようと企図したのである。後にその成果について自賛している[59]。

先述したように、並行して枢密院の計画による禁軍の軍縮が始まっていた。人員の整理が進行し指揮の定員が足らなくなると、併営の対象となる。半数の禁軍が減らされることになった開封では特に併営が盛んに行われたのである（表①を参照）。そのため神宗時代の開封には居住者を失って整備がおろそかとなり荒れ果てた軍営が累々と出現した。次の王襄の証言はその一端を示すものである。

…王安石、相となるに及び三代の民兵を復せんとおもう。故に保甲を創教して、禁旅を潜消す。臣、元豊の間に京師の道中を往来するに、京南の延嘉自り以北には廃営壊塁三十里たり。…[60]

「延嘉」は良く分からないが、「京南」とは城外に設けられた九廂の名前の一つである[61]。そこから北に向かって廃営が約一五キロほども続いていたという。

四　廃営の地の再開発

北宋中期以来、城外に民戸が溢れ出していた。亦、交通至便の一等地を求める人々が、街路の一部を不法占拠し舎屋を建てる「侵街」も頻発し深刻な都市問題になっていた。開封には総体として有用不動産の供給が少なかった。土地不足だったのである。それゆえ、為政者の側には併営政策によって開封に出現した「空閑軍営」を、積極的に再利用する方針があったようだ。(62) そこで最後に廃営の地の再開発の有り様をかいま見ることにする。次の張舜民の元祐元年（一〇八六）の上奏文は、空閑軍営に対する人々の需要の多さを記す貴重な史料であるので長文ではあるが引用したい。

…尤も忍ぶべからざるは、これ軍営の地を以って寺観を修造するなり。祖宗開基するに、この都邑あり。その経始に当たりて、勤労というべきは、方鎮の兵を罷めて、これを京畿に衆むることなり。…熙寧併廃し、鞠《ことごと》く茂草と為る。識有るものこれを視れば、猶お或いは欺息す。今又委ねて寺観と為す。その勢い未だ已まず。太平の日久しく、兵いよいよ消え、地いよいよ空たり。寺観いよいよ多し。…朝廷既に許すに空閑の官地を以ってす。且つ京城の中、何れの所にか、空閑の官地の以って修寺を待つもの有らんや。民居にあらざれば則ち官府、官府にあらざれば則ち軍営なり。民居・官府既に遷るべからず。彼満たされざるをもって、再び請うれば則ち唯だ空閑の軍営の以ってことに従う有るのみ。この役ひとたび興れば、上はこれ宮邸衣冠の家、下はこれ闤闠商販の小民、また将に割剝を征求し三・五年休已を得ず。(63)…

党派性に注意する必要もあろうが、おおむね当時の事実を伝えていると考えられる。なぜならば、寺観建設に際して廃営が利用された例を、史料上に見いだすことができるからである。たとえば、熙寧八年（一〇七五）には朝陽門外の飛猛第一指揮の空営が、慈聖光献皇后の弟、曹佾の請うところによって、下賜され仏寺が建立されている。(64)飛猛軍は熙寧二年（一〇六九）に既に解体されているから、軍営は廃営となっていたのである。(65)元豊二年（一〇七九）には竜衛軍の廃営の地が衛国公主に与えられている。その地は公主の屋敷に隣接しており、公主は後に「法雲寺」(66)を建てたと記録されている。(67)竜衛軍は元々三九指揮であったが、熙寧六年（一〇七三）に併営され二〇指揮となっている。(68)この際、余剰となった軍営が利用されたものであろう。また太宗時代、朝陽門内の街路に南面した用地に建設された上清儲祥宮(69)は、慶暦時代に全焼し跡地には軍営が設けられていたが、(70)熙豊時代に再建が構想され、元祐六年（一〇九一）に元の場所に再建されている。(71)これは廃営を利用したか、それとも禁軍を移動させたか定かではないが、軍営の地が寺観建設用地に転用された一例である。

さて、張舜民によると寺観の建設のために廃営の地が下賜されるや、朝野をあげてその例を援用し廃営の地を求めたという。実際はどうだったのだろう。熙寧八年（一〇七五）の三司の上奏によると、

　在京の官局、例をひきて官屋・軍営を指射して廨舎を修し、並びに賃宅銭を破するを乞うこと多し。転た相い倣傚すること、増あれども減無し。宜く一切禁止すべし。(72)

とあり、多くの官庁が賃貸料を払ってまで、官屋や軍営を指射（本来とは別の用途で土地や建物を占拠し使用すること）(73)し、そこに庁舎を建設することを願い出ていたことがわかる。張舜民によると、京城の中には空閑の官地はまずないとされているから、ここで、指射されているのは廃営だと考えられる。時に熙寧八年。ちょうど併営の地が寺観建設用地として下賜され始めた時期や、中央官庁が新法政策の遂行や官制改革の準備などで繁忙を極めていた時期とも重

なる。三司が悲鳴をあげるほど多くの指射があったのもうなずけよう。『麈史』下には、熙寧年間に、武学と賃貸住宅が、捧日軍の一営を廃して建設されたという記事がある。(74) これは一つの例である。

さきの三司の上奏は、裁可されており、官庁による廃営の再開発はいっさい禁止された。しかし、時期は不明だが、ふたたび認められるようになったようだ。『長編』四一三、元祐三年（一〇八八）八月戊寅の条には、

詔す、呉楚国安仁賢寿夫人張氏に殿前司虎翼空営の地を賜いて寿堂と為す。乞う所によるなり。元祐二年五月二十日の諸処を指占するを許さざるの指揮を罷む。(75)

とあり、これによると元祐二年に空営を分譲しないことになったが、翌年の八月に禁令が取り消され、張氏（神宗の乳母）(76)に殿前司虎翼軍(77)の空営が下賜されている。とすると、この期間を除いて廃営の利用は認められていたと考えられる。また、王襄は「京城廃営の地、いま苑籞甲第なり」(78)と述べており、臣僚の邸宅の増築や新築にも廃営の地が供されていたことがわかる。(79)

北宋末期になると禁軍がそこで生活しているにも関わらず、軍営の指射が認められることもあった。宣和四年（一一二二）の詔勅に、次のようにある。

…このごろ官司臣僚、指射干請し、局を置き第を増し、吾が禁旅を湫隘に暴露し、その居に安んぜざらしむに致る。…今より敢て前の如く指射する者あらば違制を以って論ず。(80)

これによると、官庁や臣僚が軍営を指射しその地を求め、事務所の建設や私邸の増築を行い、そこで生活している禁軍家族を追い出すこともあり問題となっている。五代宋初に在京禁軍が大事にされたのとは、まさに隔世の観がある。たとえば、政和四年（一一一四）には、壮麗な延福宮が皇城の北面に完成する。蔡京ら寵臣五人は地を分かって、それぞれの興趣にしたがって殿閣や庭園の造営を行ったため、延福五位と称されたという。これは、内酒坊などの諸

司・二つの僧寺・二つの軍営を他所に移して広大な用地を確保したものである[81]。

同様の事例をより具体的に伝える史料が次の翁彦国の上奏(宣和二年)である。

…臣聞くならく、賜を蒙るの家、則ち必ず宛転せんとし、官屋を踏逐するに空閑を以って名と為し、或いは酬価を請いて百姓の物業を兌買し、実に皆名居を起遣す。大なる者は坊巷に亘り、小なる者も数十家を拆するを下らず。一時に駆迫し、扶老携幼、暴露怨咨す。殊に盛世の宣しく有るべき所にあらず。…[82]

これによると、寵臣達が賜第を受ける場合[83]、彼らは必ず改造・増築しようとし、周辺の官屋を「空閑」であるとして物色したり民間の土地を買い取ったりして、広壮なものに仕上げたという。これが、その地の住民の生活を脅かす結果となり社会問題となっていた[84]。これにより、臣僚も場合によっては、空閑の官屋である廃営の地を利用することを許されたことが再確認できる。なお、この下文で翁彦国は賜第をなくすように要請し裁可される。しかし、その後も軍営は、「空閑」と称して下賜され、禁軍家族の生活をおびやかすことがあり、前掲した宣和四年の詔勅が下される事態となったのであろう。徽宗時代の外見的には繁栄を極めた開封の暗部が、ここに見うけられる。

廃営の地は多方面からの需要を喚起することになり、寺観、官庁、官僚の私邸などとしてさかんに再開発されていたのである。王襄の「京城廃営の地、いま苑籞甲第なり」という証言に従うと再開発され尽くされていたともいえそうである。そして、北宋末期には廃営でない軍営の指射が認められることもあり問題化している。ただし、張舜民のいう「闤闠商販の小民」の利用は管見の限り史料上に見いだすことはできなかった。しかし、『東京夢華録』に見られる寺観の商業との関わりや、また、士大夫の商行為が北宋末にはかなり広範に行われていたことなどを併せ考えると、商業市民と廃営の地との間には間接的にせよ何らかのつながりがあったと思われる。

小結

『東京夢筆録』や『清明上河図』の世界は宋初からあったものではなく、あくまでも北宋末のものである。それゆえ、それ以前の開封の状況を検討し、いわゆる『東京夢華録』的世界と整合させ、歴史的な開封の変容をとらえることは、開封を研究する者の課題となってきた。この問題は従来、坊制など都市制度の展開を中心にして検討され、おもに街路の状況の変化を中心にして開封の変容が、イメージされている。[85]しかし、開封はさまざまな側面をもった都市であり、それぞれの視点からその変遷を検討し、総合することにより、はじめて開封の全体像を明らかにしてゆくことができよう。特に、開封のもつ首都としての表情はあまり研究の対象とはなっていない。本章はそこに着目し、宋初の開封の首都としての特徴の一つである禁軍軍営がいかなる変容を遂げ、『東京夢華録』の時代にはなぜ目だたない存在になってしまったかを追跡した。その結果、神宗時代の改革によって多くの軍営が廃営になり、その廃営の地が再開発され、『夢華録』の時代までに寺観や官僚の邸宅などきらびやかな開封の要素に変わっていたことが明らかになった。

注

（1）拙稿「五代国都新考」（『史観』第一一九冊、一九八九）および本書第一章を参照。

（2）汴河漕運の展開については青山定雄『唐宋時代の交通及び地誌地図の研究』（吉川弘文館一九六三）に所収の諸論考を参考とした。なお五代中原国家の漕運に関しては本書第一章でにふれた。

（3）五代中原国家の禁軍拡大政策については堀敏一「五代宋初における禁軍の発展」（『東洋文化研究所紀要』第四冊、一九五三）・菊池英夫「五代禁軍に於ける侍衛親軍司の成立」（『史淵』第七〇輯、一九五六）・同「後周世宗の禁軍改革と宋初三衙の成立」（『東洋史学』第二二輯、一九六〇）などを参考にした。

（4）『文献通考』一五二所引の『両朝国史』志には「太祖・太宗、平一海内、懲累朝藩鎮跋扈、尽収天下勁兵、列営京畿、以備藩衛。…真宗・仁宗・英宗嗣守其法。益以完密。……廂兵者諸州之鎮兵也。太祖鑒唐末方鎮跋扈、詔選州兵壮勇者、悉部送京師、以備禁衛。余留本城。本城雖或戍更、然罕教閲類、多給役而已。」とある。『両朝国史』とは、周藤吉之氏の「宋朝国史の編纂と国史列伝」（『駿台史学』第九号、一九五八。『宋代史研究』東洋文庫、一九六九、再録。）によると、大中祥符年間（一〇〇八～一〇一六）に完成した『太祖・太宗両朝国史』がそれに当たるかのようである。しかし、その時代に完成した書にはふさわしくない内容が引用部分にはある（真宗・仁宗・英宗などの語）。また周藤論文によると『文献通考』成立時にはこの書はすでに散逸していたという。とすると馬端臨の引用したこの『両朝国史』の正体は何だろうか。さて周藤論文によると、宋朝四番目の正史として王珪が中心となり『仁宗英宗両朝正史』が編纂され元豊五年（一〇八二）に完成している。ところが、この書は『郡斎読書志』五では『両朝国史』として載せられている。馬端臨の見たそれも『両朝国史』と題されていた仁宗英宗時代の正史だったのである。上記引用部分は、元豊時代の歴史認識ということになる。
　なお北宋の禁軍についての論考はあまり多いとはいえない。本稿でもおもに参照したのは、松井等「契丹に対する北宋の配兵要領」（『満鮮地理歴史研究報告』第七、一九二〇）・羅球慶「北宋兵制研究」（『新亜学報』第三巻第一期、一九五七）・王曾瑜『宋朝兵制初探』（中華書局、一九八三）などである。

（5）日野開三郎「藩鎮体制と直属州」（『東洋学報』第四三巻第四号、一九六一）

（6）『宋史』一九六、兵志、屯戍之制によると更戍期間は広南西路の場合は二年、陝西城砦巡検や将領下の兵は半年、その他は三年となっている。なお、更戍法については王氏前掲『宋朝兵制初探』五五頁以下を参照。

（7）『長編』一二八、康定元年（一〇四〇）七月丁巳には、「詔、諸軍戍辺、其在営家族、並給以茶塩。」とある。

（8）『宋史』一八七、兵志、禁軍上に載せられている嘉祐七年の韓琦上言には「…又三路就糧之兵雖勇勁服習、然辺儲貴踊、常苦難贍、若其数過多、復有尾大不掉之患。京師之兵雖雑且少精、然漕於東南、広而易供設、其数多、得強幹弱枝之勢。…」とあり、三路のような補給が大変な場所でも、就糧とよばれている。

（9）本表はあくまでも禁軍配備の変動の全体的な傾向を概観するために作成した。史料的に不備な軍額については推算を行った（全体の一〇%程度である）。またこの他に京師に諸班直がおかれたが、その数は数千程度であり（『宋会要』職官三二之一一を参照）、年代による数の変化もないと考えられるのでのせていない（班直に関しては王氏前掲『宋代兵制初探』九～一二頁を参照）。なお、王氏は地域別の禁軍配備表を作成しておられるが仁宗末期の数値がまとめられているのみである。また、斎藤忠和「北宋熙寧初に於ける禁軍の配置」（『京都学園高校論集』第二一号、一九九一）は『宋史』一八八、兵志、熙寧以降の制に基づいて併営政策が全国的に打ち出される直前の禁軍数を地域別に詳細に図表化したものである。

（10）拙稿「五代国都新考」（前掲）参照。

（11）梅原郁「宋代の開封と都市制度」（『鷹陵史学』第三、四合併号、一九七七）一、開封の城郭の項を参照。

（12）『五代会要』二六、城郭。顕徳二年四月、詔曰…而都城因旧、制度未恢、諸衛軍営、或多窄狭、百司公署、無処興修。…宜令所司於京城四面別築羅城、先立標識。…其標識内、候官中劈画、定軍営・街巷・倉場・諸司公廨院。務了、即任百姓営造。

（13）堀氏「五代宋初における禁軍の発展」（前掲）一三八頁と一四二頁の表を参照。

（14）北宋時代の開封の人口数と、その増減については、本書、第四章に詳述したので参照されたい。

（15）青山氏『唐宋時代の交通及び地誌地図の研究』（前掲）第一篇第九宋代における漕運の発達の項を参照。

（16）真宗時代の在京と府界、つまり京畿路の禁軍数は六〇二指揮三〇万人あまりと推定される。張方平によれば平均的な禁軍一人あたりの一年間の軍糧は一八石である（『楽全集』二三、論事、論国計出納事）。以上のことから開封府の禁軍が必要とする糧食は制度上、年間五四〇万石余りと推算される。本書第四章第一節dを参照。

（17）『宋会要』兵六之一六、宣和四年四月二十八日。詔。宋朝置禁旅於京師、処則謹守衛、出則捍境故択諸爽塏、列屯相望。…

（18）北宋時代の開封の城壁工事については、木田知生「宋代開封と張択端『清明上河図』」（『史林』第六一巻第五号、一九七八）を参照。

（19）『宋会要』方城一之一二・一三、大中祥符二年三月九日。開封府言、准詔、以都城之外人戸軍営甚多、相度合置廂虞候管轄。従之。仍詔、…又増度置廂九。…

（20）曾我部静雄「中国及び古代日本に於ける郷村形態の変遷」（吉川弘文館、一九六三）第五章都市区画制の成立、第二節隅と隅。

（21）『玉海』一三九、慶曆兵録、瞻辺録、嘉祐兵数の項に元祐四年の王存の言として「…慶曆治平間、禁廂之籍、至百余万。新城裏外連営相望。…」とある。文中の「百余万」とは家族も含んだ数字であろう。また、『景迂生集』三、負薪対には、「…倘如祖宗之旧制、城外之兵営棊布相望、而謦欬之音、日夜徹乎数百里之間、…」とある。

（22）『夢渓筆談』二五。…買魚肉及酒、入営門者、皆有罪。…また註（33）の張方平の上奏中にも「営門」の存在がふれられている。

（23）『宋会要』兵六之一三。天聖四年一〇月西上閤門使曹儀等の言。

（24）殿前班、在禁中右掖門裏、則相対右掖門設一楽棚。放本班家口登皇城観看。官中有宣賜茶酒粧粉銭之類。諸営班院於法不得夜遊、各以竹竿出灯毬於半空、遠近高低、若飛星然。

（25）高宗、視師金陵。張魏公為守。楊和王領殿前司。有卒夜出、与兵馬都監喧競。卒訴之。公判云「都監夜巡、職也。禁兵酉点後、不許出営、法也。牒宿衛司。照条行。」楊不得已斬之。

（26）定時法とすると、現用時法の五時～七時に当たるが、この場合は昼間不定時法における最終時刻の酉正、すなわち日没を指すと思われる（拙稿「宋代の時法と開封の朝」（『史滴』一七、一九九五、本書第七章所収）第二節a項を参照）。

（27）本図版は、石田肇氏のご厚意により御所蔵の拓本を複写させていただいたものである。厚く謝意を表したい。なおこの拓本は、一九一七年に葉徳輝等によって行われた深刻以前のものである。

（28）令殿前馬歩軍頭司自今選補諸軍、毎指揮準旧例、満五百人止。初命諸州簡閲以補禁旅。所取既広或踰旧額、而営舎素定。或至二人共一室者。故申勅焉。

（29）曾我部静雄『宋代政経史の研究』（吉川弘文館一九七四）第七章唐宋の軍隊の編成名、都と指揮について、第三節軍隊編成名としての指揮。

（30）『宋会要』兵六之一四、至和二年十月九日。詔、近撥併剰員営房。今為冬寒。其未搬移者、今権住、候春暖、其営房仍漸次添蓋、人給一間。

（31）梅原郁氏は「間」を「大体長屋一戸分」と推定されている。「宋代都市の房儎とその周辺」（『布目潮渢博士古稀記念論集東アジアの法と社会』汲古書院一九九〇）三三六頁。ロナルド・ゲーリー・ナップ著（菅野博貢訳）『中国の住まい』（学芸出版社一九九六　三四頁以下）によると、四本の柱で囲まれる空間が「間」であり、この「間」の倍数の空間が全ての中国建築のモジュールにになっているという。間の幅や奥行きについては、さまざまなバリエーションがあり一概には定義できないようだ。

（32）『宋史』一八七、兵志、禁軍上には「康定初、趙元昊反。…是時禁兵多戍陝西、並辺土兵雖不及等、然驍勇善戦、京師所遣戍者、難称魁頭、大率不能辛苦、而摧鋒陥陣非其所長。又北兵戍及川峡・荊湘・嶺嶠間、多不便習水土、故議者欲益募土兵為就糧。於是増置陝西蕃落・保捷・定功・河北雲翼・有馬勁勇・陝西河北振武・河北京東武衛・陝西京西壮勇・延州青澗・登州澄海弩手、…増内外馬歩凡数百首。」とある。また、『長編』一二五、宝元二年是歳の条の夏竦上奏・同書一三二、慶暦一九年五月甲戌の田況上奏などを参照。

（33）『長編』一六三、慶暦八年三月甲寅。…臣聞、太祖訓斉諸軍、法制甚厳。軍人不得衣阜、但許衣褐、其制不得過膝。豈有紅紫之服。葱韮不得入営門。豈知魚肉之味。毎請月糧時、営在城西者、即於城東支。営在城東者、即於城西給。不許雇車乗。須令自負以労役之。令行禁止、軍士亦以足用。今則異矣。…

（34）『夢渓筆談』二五。太祖朝常戒禁兵之衣。長不得過膝。買魚肉及酒、入営門者、皆有罪。…

（35）張方平によると平均的な禁軍は年一八石の穀物を供給された（『楽全集』二三、論事、論国計出納事）。すると毎月一・五石となる。宋代の一石は、現在の三七升程度であり、一・五石は現在の五五・五升となる。

（36）『夢渓筆談』二五。…又京師衛兵請粮者、営在城東者。即令赴城西倉。在城西者、令赴城東倉、仍不許傭僦車脚、皆須自負。嘗親登右液門観之。蓋使之労力、制其驕惰。

（37）『宋史』一九四、兵志、廩禄之制には、「国初諸倉分給諸営、営在国城西、給粮于城東、南北亦然。相距有四十里者。蓋恐士卒習堕、使知負檐之勤。」とある。

(38)『居士外集』九、「原弊」…国家自景徳罷兵三十三歳矣。兵嘗経用者、老死今尽。而後来者、未嘗聞金鼓識戦陣也。生於無事、而飽於衣食也。其勢不得不驕惰。今衛兵入宿、不自持被、而使人持之、禁兵給糧、不自荷、而雇人荷之。其驕如此。況肯冒辛苦以戦闘乎。…

(39)『文献通考』一五二兵制、真宗景徳二年所引『両朝国史』志。…国朝収天下甲卒数十万悉萃京師。京師八方所湊、水陸四達、歳漕江淮粟六百万石、…以此臨制四方、猶臂指之運也。世之議者、不達乃謂、竭民賦租、以養不戦之卒、糜国帑廩、以優座食之。…

(40)『東坡応詔集』四、策別一九には、「…今天下之兵、不耕而聚于京畿三輔者、以数十万計、皆仰給於県官。…天下之財、近自淮甸、而遠至于呉蜀、凡舟車所至、人力所及、莫不尽取以帰於京師。晏然無事、而賦斂之厚、至于不可復加。而三司之用、猶苦其不給。其弊皆起於不耕之兵衆于内而食四方之貢賦。…」とある。

(41)『長編』一四五、慶暦三年是冬。同書一五四、慶暦五年二月戊子。同書一六七、皇祐元年一〇月丙戌。同書一九〇、嘉祐四年七月甲辰などを参照。

(42)神宗時代の禁軍改革については、羅球慶「北宋兵制研究」(前掲)二三二頁以降、王曾瑜『宋朝兵制初探』(前掲)八九頁以降に詳述されている。しかし枢密院の軍縮計画については羅氏が簡単に触れるにとどまっている。

(43)『潞公文集』二〇、「論本朝兵政」…三・四年前、枢密院、検録得開宝初至治平中、内外兵馬大数頗甚詳備。遂議酌中定為永額。比至道前即差多、方慶暦中即額減。

(44)是日、召枢密使文彦博等対資政殿。彦博等上在京・開封府界及京東等路禁軍数。上亦自内出治平中兵数、参照顧問久之。遂詔。殿前司虎翼、除水軍一指揮外、存六十指揮。各以五百人為額。総計三万四百人。在京、増広勇五指揮共二千人。開封府界定六万二千人。京東…在京其余指揮、並河東・陝西・京西・淮南路、前已撥併。其河北以人数尚多、須後議。

(45)『長編』二五五、熙寧七年八月己丑には、「詔諸路欠兵多処、令監司選挙使臣招補。…。」とあり、同二八六、熙寧一〇年一二月辛丑には「詔以諸路禁軍欠額数多、遣大使臣七員於開封府界、京東西、陝西、荊湖路、与長吏及当職官招簡填補。」とある。

(46) 熙寧以降は歩軍指揮の定額は四〇〇、馬軍は三〇〇とされた。『長編』二四七、熙寧六年一〇月庚寅の注に引用されている『兵志』第五巻併営篇を参照。

(47) 『長編』四一九、元祐三年閏一二月丙辰の条には「枢密院言、在京諸軍兵額多欠。而京東西路就糧禁軍往往溢額 …」とあり、この分析を受けて在京禁軍の欠額を充填するように詔が下っているが実効には疑問が残る。たとえば『宋会要』兵六之一五には「徽宗大観二年七月一日御筆。欠額禁軍、久不招填。其営房必不久修治。…」とあるのである。またこの時期の在京禁軍の減少を示唆する史料として次のようなものがある。『長編』二七八、熙寧九年一〇月乙未。詔、京師兵馬比元擬留十万人、数已甚減少。…『長編』二七九、熙寧九年一一月癸丑。枢密院言、熙河駐泊兵歳満、当以在京虎翼等指揮代之。上批、衛兵已少、若于京師取足、必恐日益朘減。可在京歩兵止差十二指揮、神勇・宣武・広勇各一指揮、虎翼九指揮。

(48) …上曰、保甲義勇有芻糧之費。当為之計。（王）安石曰、当減募兵、取其費供之。所供保甲之費、才養兵十之一二。上曰、畿内幕兵之数已減於旧。強本之勢、未可悉減。安石曰、既有保甲代其役。即不須募兵。今京師募兵、逃死停放、一季乃及数千。但勿招填。即為可減。然今廂軍既少。禁兵亦不多。臣顧早訓練民兵。民兵盛、則募兵当減矣。

(49) 保甲法の研究は池田誠「保甲法の成立とその展開」（『東洋史研究』第一二巻第六号、一九五四）、曾我部静雄「王安石の保甲法」（『東北大学文学部研究年報』第八号、一九五七。『宋代政経史の研究』、吉川弘文館、一九六〇、所収）、東一夫『王安石新法の研究』（風間書房、一九七〇）第二編第四章などがある。

(50) これはやがて全国的にも行われるようになり「封椿禁軍欠額銭物」などと呼ばれた。曾我部静雄『宋代財政史』（生活社、一九四一）一九六頁を参照。また、『長編』二九〇、元豊元年七月乙酉を参照。

(51) 曾我部氏「王安石の保甲法」（前掲）一一頁。東氏前褐書、七五九頁。羽生健一「北宋の巡検と保甲法」（『史淵』第九二輯、一九六四）一〇七～一〇八頁。

(52) 『宋会要』兵三之五、熙寧元年一二月九月の条によると開封城内を担当する新旧城巡検に所属する要員は禁軍兵士がほとんどだったことが分かる。また『長編』二三五、熙寧五年七月壬午の条には保甲の巡検司への上番が規定されている詔勅が載せられておりその中に「…巡検司量留廂軍給使、余兵悉罷。…」とある。

(53)　馬軍司言、正《ママ》平県就糧武騎帯甲剰員四指揮、共管一百二十人、不成隊伍、虚占営塁。欲乞并一為指揮。

(54)　併営の例は以下の各条を参照。『長編』六七、景徳四年一〇月甲午。同書六八、大中祥符元年二月辛丑。同書七一、大中祥符二年五月壬戌。同書一八二、嘉祐元年閏三月丙午。

(55)　『玉海』一三九、慶暦兵録、瞻辺録、嘉祐兵数の項には、「(熙寧三年)十一月二十三日。詔諸路併諸指揮。自是部伍斉粛、無名存実欠者。」とある。

(56)　『玉海』一三九、慶暦兵録、瞻辺録、嘉祐兵数の項には「皇祐格」としてこの規定が見える。

(57)　…皇祐間、馬軍以四百、歩軍以五百人為一営。承平既久、額存而兵欠、馬一営或止数十騎、兵一営或不満一二百。而将校猥多、賜予廩給十倍士卒、逓遷如額不少損。帝患之。熙寧二年始議併廃。…

(58)　王氏『宋朝兵制初探』(前掲)九〇頁では同じ史料を引いて、併営の原因を指揮の将校が又額分の養兵費を横領していたとするが、この史料だけでは無理があろう。

(59)　『長編』二五四、熙寧七年六月乙酉には「上謂輔臣曰、天下財用、朝廷若少留意、則所省不可勝計、昨者銷併軍営、令会計減軍員十将以下三千余人、除三節特支及傔従廩給外、一歳省銭四十五万緡、米四十万石、紬絹二十万匹、布三万端、草二万束、若毎事如此、及諸路転運使得人、更令久任、使之経画、財其可勝用哉。」とある。

(60)　『歴代名臣奏議』三〇五、論彗星疏…及王安石為相、思復三代民兵。故創教保甲、而潜消禁旅、臣元豊間往来京師道中、京南白延嘉以北、廃営壊塁三十里。…

(61)　『宋会要』方域一之三を参照。

(62)　晁説之『景迂生集』三、負薪対には「…大臣銷去祖宗傳城之兵営、曰坐糜太倉無用也。曰欠額之金因得以為利也。間地可以建室廬也。…」

(63)　『歴代名臣奏議』三一六。…尤不可忍者。是以軍営地修造寺観也。祖宗開基、有此都邑。当其経始可謂勤労、罷方鎮之兵、而聚之京畿。…熙寧併廃、鞠為茂草。有識視之、猶或歎息。今又委為寺観。其勢未已。太平日久、兵愈消、地愈空。寺観愈多。…朝廷既許以空閑官地。且京城之中、何処有空閑之官地以侍修寺者。非居《ママ》民《ママ》則官府、非官府則軍営。民居・官府既不可遷。彼将不満而再請、則唯有空閑軍営可以従事矣。此役一興、上之宮邸衣冠之家、下之閭閻商販小民、又将征求割剰、三・五年不得休已。…

(64)『長編』二五九、熙寧八年正月辛酉。

(65)『宋史』一八八、兵志、熙寧以後之制。

(66)『東京夢華録』三、大内前州橋東街巷には、「…出保康門外、新建三戸廟、徳安公廟。南至横街、西去通御街、曰麦稭巷口。以南太學東門、水櫃街余家染店。以南街東法雲寺。…」とあり、『汴京遺蹟志』一〇には、「法雲寺、在南薫門外、雲驥橋之西、元末兵燬。」とあり、大体の位置は判明する。

(67)『長編』二九七、元豊二年四月庚申。

(68)『長編』二四七、熙寧六年一〇月甲戌。『宋史』一八八、兵志、熙寧以後之制。

(69)『長編』三七、至道元年正月戊申。

(70)『長編』一四五、慶暦三年一一月丙寅。

(71)『東京夢筆録』三、上清宮の項。『汴京遺蹟志』八、上清宮の項。『長編』四二三、元祐四年三月辛巳。

(72)『長編』二六〇、熙寧八年二月甲戌。三司言、在京官局、多援例指射官屋・軍営修廨舎、並乞破賃宅銭。転相倣傚、有増無減、宜一切禁止。従之。

(73)『山左金石志』一五に所載の「勅修文宣王廟牒」には、「王欽若奏、諸道州府軍監文宣王廟、多是摧塌。及其中修蓋完葺者、被勾当事官員使臣指射、作磨勘司・推勘院。…仍令暁示、今後不得占射充磨勘司・推勘院、及不得令使臣官員等在廟内居止。…」とある。諸州の孔子廟が「指射」され、州の庁舎等に転用されている例である。

(74)熙寧初、撤南北作坊、起東西二府八位。又、廃捧日一営、建武学。隙地創小宅数十賃、以充学費。号鬼八位。

(75)詔。賜呉楚国安仁賢寿夫人張氏、殿前司虎翼空営地為寿堂。従所乞也。罷元祐二年五月二十日不許諸処指占指揮。

(76)『欒城集』二九、秦晋国安仁保佑夫人張氏持封呉楚国安仁賢寿夫人を参照。

(77)殿前司虎翼軍は熙寧以前は六八指揮であった(『宋史』一八七、兵志、建隆以来之制)が、熙寧三年併営され六一指揮となった（『長編』二一八、熙寧三年一二月壬申の条）。

(78)『歴代名臣奏議』三〇五、王襄、論彗星疏。…皇城諸班之地、今為殿閣池台矣。京城廃営之地、今為苑籞甲第矣。…

(79) 徽宗時代の廃営の様を晁説之は「…今之貴臣強宗、則為別館園囿。与夫道宮釈宇者、皆昔之営地也。…（『景迂生集』三、負薪対。）」といっている。

(80)『宋会要』兵六之一六、宣和四年四月二十八日。詔。…比来官司臣僚、指射干請、置局増第、致吾禁旅暴露湫溢、不安其居。…自今敢有如前指射者、以違制論。

(81)『九朝備要』二八、政和四年八月、延福宮成の条を参照。

(82)『宋会要』方域四之二三、宣和二年一〇月二十八日。御史中丞臣翁彦国奏。…臣聞、蒙賜之家、則必宛転、踏逐官屋以空閑為名。或請酬価兌買百姓物業。実皆起遣名居、大者亘坊巻、小者不下拆数十家。一時駆迫、扶老携幼、暴露怨咨。殊非盛世所宜有。…

(83) 賜第に関しては梅原氏前掲「宋代都市の房儦とその周辺」の三四七頁以下を参照。

(84)『玉照新志』三に引用されている『乙巳泗州録』には、朱勔のことを「在京則以養種園為名、徙居民以為宅所。」と批判する。また、『清波雑志』六、東西園には、「蔡京罷政、賜隣地以爲西園、毀民屋百間。一日、京在園中、顧焦德曰「西園与東園景致如何。」德曰「太師公相、東園嘉木繁陰、望之如雲、西園人民起離、泪下如雨、可謂東園如雲、西園如雨也。」語聞、抵罪。」とある。

(85) 加藤繁氏は『東京夢華録』の世界と唐代の長安の都市制度を比較検討し、唐代の坊制・市制が徐々に失われ、「開放的」な都市構造になっていく経過を記述され、それをもって「宋代における都市の発達」であるとされた（加藤繁「宋代に於ける都市の発達に就いて」『桑原博士還暦記念東洋史論叢』、弘文堂、一九三一、所収。『支那経済史考証』上巻、東洋文庫、一九五二、再録。）。梅原郁氏は坊制の崩壊の過程や、廂制の展開について加藤説の補正を試みられ（梅原郁「宋代の開封と都市制度」前掲）、木田知生氏は開封における侵街の分析を詳細に行い、街路状態の変遷過程を中心に加藤説を継承された（木田知生「宋代の都市をめぐる諸問題――国都開封を中心として――」『東洋史研究』第三七巻第二号、一九七八）。

第四章　都市人口数とその推移

はじめに(1)

唐末五代は藩鎮跋扈の時代である。すなわち傭兵部隊が地方に偏在し、乱世の要因となった。五代中原国家は秩序を回復するために、中央軍の強化を図る。いわゆる「禁軍の発展」である。しかし禁軍を掌握する軍司令官の簒奪という弊害も生じた。それに対して草創期北宋政権は、禁軍指揮系統の三分割や「内外相制」といわれる禁軍配備、軍閥化を防止するための更戍制など、禁軍統制策を巧妙に巡らし、皇帝権力を揺るぎないものにしたのである。

その過程で、解体された藩鎮や征服された列国の傭兵は選抜の上、禁軍に編入された。首都は全国から集められた傭兵部隊を駐留させるというこの時代特有の首都機能を担うことになった。そのため漕運路が集中する開封が首都に選ばれる。五代の後半から宋建国当初は、まだ南唐・呉越などは征服されておらず、大運河漕運は復活していなかった。開封に対する主要な漕運路は、五丈河であった。大運河漕運が本格的に再開されるのは両浙を併せて以降のことである（本書第一章を参照）。

大量の傭兵が駐留すると、食糧供給とともに問題となるのが管理体制である。禁軍の基本的単位は「指揮」（四〇〇～五〇〇名で構成される。）という。禁軍とその家族は指揮毎に割り当てられた軍営に住んだ。周囲の障壁に一つだけ設けられた軍営の門では、酒肉の持ち込みなどがチェックされ、夜間は閉門された。つまり軍営という閉鎖空間によって物理的な管理が行われたのである。

しかし、仁宗時代になると、軍事力の中央集中体制が問題となる。西夏戦争・盗賊集団の跳梁など[2]は、地方に軍事力を常置する必要性を為政者に痛感させたようだ。その結果、就糧禁軍（地方駐留の禁軍）[3]軍額の膨張となり、財政を圧迫した。新法期には、軍事力の首都への集中は、防衛上不合理であると同時に財政上問題であるという認識が主流となった。指揮の統廃合などが強力に推進され在京禁軍は削減されたのである。

禁軍は傭兵であり、その家族も、軍営にともに住んでいた。[4]禁軍とその家族は、都市開封の消費人口なのである。前章で詳論したように、北宋初期に増加した在京禁軍数が、中期より減少したことは事実である。この事実は都市開封の総人口数の推移にどのように影響したのであろうか。また、都市空間の構成にいかに関わったのだろうか。如上の二つの問題を本章で検討してみたい。

一　都市人口数の推移

中国の都市的空間の範囲は、城郭によって区切られていた。城郭内に居住する人々の数が、都市人口なのである。ただし宋代開封の城郭外には、城内と同じ廂という都市行政区画が設置され、城内と同様の管理体制が採られた。そこで、本章ではここまでを都市空間とみなし、居住している人口を都市人口と称する。本節では、その人口数の推移を考察してみたい。

a　従来の人口論について

中国の首都や州県城にはその政治的な性格上、戸口統計に含まれない人口が多数存在する。また、一般に戸口統計は、県や州を単位として記録されるが、都市と郷村が分けられていることはまれである。そのため、都市の人口総数は、推算によることになり、その方法は論者によって千差万別である。ここでは、先学の開封の人口論を再検討し、問題点を指摘してみたい。

開封の都市人口の推計方法は、やや粗っぽい分け方をすると二通りである。一つは税額や専売収入から、人口を推計する方法である。日野開三郎氏は、塩の専売収入によって北宋末の人口を推定され、四八〇万という数値を提示されたことがある(5)。また、R.Hartwell 氏は『宋会要』食貨一九の熙寧三年（一〇七〇）における酒専売の収入が京師と開封府界の諸県に分けられていることに注目され、元豊元年（一〇七八）までに人口は七五万から一〇〇万以上に達したと述べられている(6)。日野氏の四八〇万口説は、前近代の都市人口としては入れ物の点、また後述するように食料補給の点で無理がある。R.Hartwell 氏の見解は、範囲が広すぎるうらみがある。

それに対して、編戸の戸口統計を加工して都市人口を推定し、非編戸数をその上に積み重ねることによって、推算する方法も行われている。禁軍とその家族の数は戸口統計には含まれない非編戸である(7)。本稿は、禁軍数の増減が総人口に与える影響を問題にしているから、こちらの方法を選択する。ところで、同じ方法によっても、論者により結果は若干食い違っており、学説史的な整理が必要と思われる。代表的なものは呉濤氏(8)と周宝珠氏の所説である(9)。梅原郁氏も同じ方法だが、総人口数について確言を避けられているので触れない(10)。さて、両氏の推計をまとめたものが表③である。

表③

周宝珠		呉濤	
一般人口	一〇〇万（崇寧）	一般人口	八〇万（崇寧）
禁軍（家族も含む）	一〇万（崇寧）	禁軍（家族も含む）	三五万
宮城	一万以上	皇室貴族宮女宦官	約二万
官僚・胥吏・官営手工業に従事する廂軍など	一〇万以上	官営手工業者と家族	約一五万
		官僚・客商・遊客	万余
僧尼道士	二～三万		
妓女	数万		
		船工	万余
		流民	数万
		学校の生員	四・五千
		少数民族や外国の使節	数千
		路上の商人や手工業者	数千
合計	一五〇万	合計	一四〇万

これらの数値には、十分な史料的裏付けがないものも含まれている。ただし、すべての要素について、厳密に実証するのは困難であると同時に、あまり意味のあることとは思えない。両氏の推計から判断されるように、都市人口の大勢を決する要素は、一般人口・禁軍とその家族・官営手工業者に絞られる。その他の数値は、合計しても一〇万以内であり、誤差の範囲であろう。さて、両氏の数値を比較すると、史料的裏付けが有るはずの三者の数値にも隔たりが相当ある。算出方法が異なるのである。

まず、一般人口数の算出における両氏の方法を比較してみよう。開封府所属の県も含めた「開封府界」の戸口統計には時代順に次のようなものがある（表④）。宋代の戸口統計の口数は男口のみの記載と考えられるので[11]、ここでは戸数だけをあげる。

表④

時期	主戸・客戸	合計戸数	出典
太平興国年間（九七六～九八三）	主戸九〇二三二　客戸八八三九九	一七八六三一	『太平寰宇記』一
熙寧年間（一〇六八～一〇七七）		一六七一九四	『北道刊誤志』不分巻
元豊年間（一〇七八～一〇八五）	主戸一八三七七〇　客戸五一八二九	二三五五九九	『元豊九域志』一
崇寧二年（一一〇三）		二六一一一七	『宋史』八五、地理志

さて、宋代では城内の編戸は「坊郭戸」と呼ばれ[12]、郷村とは別に課税された[13]。開封の坊郭戸だけの人口統計は、天禧五年（一〇二一）のものが残されている（表5）。

表⑤（『宋会要』兵三・三～四より）

内城域		
左軍第一廂	二〇坊	八九五〇〇戸
左軍第二廂	一六坊	一五九〇〇戸
右軍第一廂	八坊	七〇〇〇戸
右軍第二廂	二坊	七〇〇戸

外城域		
城東左軍廂	九坊	二六八〇〇戸
城南左軍廂	七坊	八二〇〇戸
城南右軍廂	一三坊	九八〇〇戸
城西右軍廂	二六坊	八〇〇〇戸
城北左軍廂	九坊	四〇〇〇戸
城北右軍廂	一一坊	七九〇〇戸

天禧五年における城内戸数は九万七七五〇戸であり、各坊を平均すると八〇八戸である。呉濤氏はその平均数を援用し、城外に一四坊あるから城外戸数は一万一三一二戸であり、合計の坊郭戸数を一一万程度とされる。そして氏は

以下のように府界の人口数を加工される。天禧五年（一〇二一）と太平興国年間（九七六〜九八四）はあまり隔たってはいない。『太平寰宇記』の開封府の戸数は約一八万戸である。都市戸数は府界の戸数の六一％ほどとみなせる。E.A.Kracke.Jr. 氏も、同様な手法で、戸数統計を解析し、開封の都市人口は開封府の人口の半分強であると述べておられる（ただし、氏はこの他の非編戸人口の存在を予想されるものの、総人口数には言及されていない。(14)）。呉氏の推算によると、太平興国年間の戸数は約一一万。熙寧年間は約一〇万。元豊年間は約一四万。崇寧年間は約一六万となる。一戸あたり五口として、それぞれ、五五万・五〇万・七〇万・八〇万となる。(15)

一方、周宝珠氏は、崇寧年間の一般戸口を次のように算出されている。北宋晩期において、開封府周辺の州における県の平均戸数は八八〇〇余戸である。とすれば、開封府では赤県を除く属県一四の総戸数は、一二・三万余戸と推計できる。開封府全体は崇寧二年に二六万戸だから、開封・祥符両赤県の人口は一三・七万余戸と推定される。一戸七口として計算すると、一〇〇万余口となる。

両者の戸数の推計値は大差ない。口数が大きく食い違う主な原因は、一戸あたりの口数の差である。周宝珠氏が七口にした理由は、あまり説得力がないようだ。(16)それに対して、呉濤氏は富弼の「論河北流民」（『宋文鑑』四五）などによって実証的に一戸五口という値を示している。日本の学会においても一戸五口という説は広く用いられている。(17)すなわち、呉濤氏の数値に分があると考えられる。また、氏の推計のように、編戸数が次第に増加し北宋末に最大になったことは確実であろう。

つぎに官営手工業の労働者を考えてみたい。R.Hartwell 氏は七万といわれる。(18)周宝珠氏は、八万人が史料上裏付けられる人数とされ、それ以上いるはずだからということで、一〇万人説である。呉濤氏は、家族も含めて一五万とされている。大きな数値なので慎重に処理したい。官営手工業の労働者は、工匠や廂軍などである。廂軍は軍籍にあって戸籍には編入されていなかったから、家族も別扱いで考えなければなるまい。とすると、数十万の数値が想定されるが、しかし、そのまま人口数として組み込むには不確実な要素が多い。本稿では、仮に一〇万として、算定の一つの材料としたい。

さて、禁軍とその家族についての、先学の所説を検討してみよう。呉濤氏は「駐守の禁軍及びその家族は三五万人内外であろう」と記されているが、根拠は示されていない。(19) 周宝珠氏は、「この種の軍隊眷属は、一般の戸籍の内には無い。総人数は在京の常駐の軍数より少なくないはずである(20)」と述べられるのみである。梅原氏も「開封の戸数は…十万ということになる。…一家五〜六人という常識的な線から数えると、開封城内の一般人の人口はざっと五、六十万の線になる。これに外城内外に陣営を置く軍隊がいる。その総数を十〜二十万と見積もっても家族を含めるとかなりの数にのぼる。(21)」と述べられている。それぞれ禁軍とその家族の人数が総人口に占める主要な要素であることは示されるものの、禁軍とその家族数を具体的かつ実証的に提示されているとは言い難い。

以上、先学の人口各説を検討してきた。算定された数字は様々であるが、符合している点もある。ほとんどの論者は、北宋末の人口数のみを提示する。しかも、北宋末の人口が最大だったという点で一致している。定説といえよう。(22)たしかに、編戸数の統計によれば、そのような傾向が見られる。しかし、さきに述べたように私見では在京禁軍数は仁宗時代をピークとして減少傾向が現れる。在京禁軍の家族数も、それに比例して減少したと見なせよう。とすると、総人口数を単純な右肩上がりとすることは再検討を要する。編戸数の増加と在京禁軍数の減少は、開封の人口動態にどう反映されたのであろうか。その問題に答えるため、次に禁軍とその家族の人口数の推移を考察してみよう。

b　禁軍一人あたりの家族数

禁軍数の推移はすでに明らかなので、禁軍の家族数を一般編戸と同じとみなしてよいのかどうかが、検討すべき課題となる。禁軍一人あたりの家族数は現実には個人差があるのは当然である。家族を持たない単身者もいたであろう。ただし、禁軍への補給問題を扱うとき、政府やその構成者である士大夫は、平均的な禁軍とその家族を想定して政策課題に取り組んだはずである。ここでは、まず、平均的な禁軍家族像を士大夫から発信された史料から抽出し、その上で家族の平均人数を考えてみたい。

沈括の『夢渓筆談』二五には、

太祖朝、…また更戍の法を制し、それ山川の労苦を習しめ、妻孥懐土の恋を遠ざけんと欲す。あわせて外戍の日多く、在営の日少し、人々子少くして衣食足り易し。…(23)

とある。太祖は禁軍を交代で辺境の守備に当たらせ、行軍によって訓練したという。特定の地域や妻子への執着を薄めるという目的もあった。このため、軍営に落ち着いている期間が短く、子供が少なかったという。蔡襄の指摘によれば、一度更戍に出ると三年戻って来られず、軍営に戻っても、二三ヶ月で再び更戍に出ることになり、妻子とは疎遠になるため、兵士たちの気持ちが鬱々となることが、更戍法の問題点だという(24)。

また、太宗時代、李覚は次のように上言している。

…今王者の都は、万衆の聚る所にして、河渠を導びき淮海に達し、江湖を貫く。歳ごとに五百万斛を運び、以て国費に資す。これ朝廷の盛にして、臣庶の福なり。近歳以来、都下の粟麥、至って賤し。倉庫に充牣し、露積紅腐、陳陳として相因る。或いは以て賞給に充つ。斗の直十銭なり。これ工賈の利にして、而して軍農の不利なり。それ軍士妻子は数口に過ぎず。而して月ごとに糧数斛を給さる。即ちその費余りあらん。百万の衆、余る所、既

　に多し。游手の民、資《た》より以て食に給す。農夫の粟、何の所にか售るを求めん。…（『長編』三〇、端拱二年（九八九）四月）[25]

つまり、「軍士妻子不過数口」なので、軍人の家庭からは余剰穀物が生じ、これを「遊手（非農耕人口）[26]」は食料として購入していた、という。

　これらの史料によると、妻帯しているが少子という、平均的な禁軍兵士像が浮かび上がる。次の史料は、禁軍家族の存在が、補給の問題を論じる際に前提とされていた例である。

　（程[27]）琳また上疏す。論ずらくは、兵は精にあり、衆にあらず。河北・陝西軍儲しばしば匱《と》ぼし。而して招募やまず。それ住営の一兵の費、屯駐三兵を給すべし。…（『長編』一一四、景祐元年（一〇三四）五月丙寅）[28]

「住営」の兵の費用が、「屯駐」の三兵を養うほど膨大だという。地方にあった禁軍には、「屯駐」「駐泊」「就糧」の三種があった。「屯駐」や「駐泊」は、更戍法の規定により地方に出動する部隊のことをいう。知州の掣肘を受けるものを「屯駐」、総管の命令下に入るものを「駐泊」といった[29]。「就糧」とは、元来は首都で食料が不足した際、求めやすい地方に臨時に駐屯する部隊を呼んだ言葉である。だから家族も駐屯地に同伴する。北宋では沿辺三路などに常駐させる場合も就糧と呼んでいる。この場合は、元の字義とは離れ、家族同伴の地方駐留部隊を総称したようである。前掲『長編』一一四の記事では、「屯駐」と「住営」が対比されているが、「住営」とは「就糧」のことであろう。「住営」の兵は家族を持ち、「屯駐」の兵は更戍の際、家族を同伴しない。「住営」の兵は、「屯駐」の三倍の物資を消費するとされている理由は、家族の分が見積もられていたからなのである。

　すなわち、単身赴任の兵士一人へ配給される量の三倍が、在営の禁軍には供給されていたと言えよう。単身赴任の軍人に比して三倍を配給されたとすると、単純に考えて平均的禁軍家族数は三人となる。しかし、先に検討したように、在営の禁軍に対する配給は家族数が少ないため消費しきれず余剰が出るのが普通だった。すなわち平均的禁軍家族数の確定に必要な数値は、禁軍家族の穀物消費量である。

斯波義信氏は、諸史料を博く検討されたうえで、通念として一日一人脱穀済みの穀物一升（現代日本の単位では、三・七合）が、宋代では普通の消費量とみなされていたと結論された[30]。しかし、斯波氏は、この量はあまり良好な量ではなかった、とも指摘される。私見では、生活実感として、成年男子と妻や子の消費量にはかなり差があると思われる。兵士自身と妻子を区別し、改めて考察を加えたい。

兵士自身についてまず考えよう。元豊四年（一〇八一）の詔によると、

およそ出界戦兵、家糧を除くの外、各々口食糧米二升ならび塩菜銭を支せよ。（『長編』三一五、八月丙辰[31]）

とあり、戦地で禁軍には、家族分を除いた量の「米二升」（日本の現用単位では七・四合にあたる。「米」は脱穀済みの穀物を意味している[32]。以下本論ではこれを【米】と称する。）と副食費が支給されていたことがわかる。補給の困難な戦地であるから消費量にほど近い量が供給されたと見て良いだろう。また、沈括は軍事行動中の禁軍や人夫の一日の穀物消費量を【米】二升と見なし補給計画を構想している[33]。一日【米】二升の消費量が妥当であろう。作戦中の軍人の消費量と在営中の軍人の消費量には、多少差があるとは考えられるが、在営中も訓練が行われたり、様々な業務があったので、大幅な減少は考えがたい。軍人本人の消費量についてはこの数値を用いて論を進める。

妻子の消費量については次の史料が参考になる。『長編』二八一、熙寧一〇年（一〇七七）三月辛酉の条には、

鄜延路走馬承受賈従礼奏すらくは「本路の蕃捉生、弓箭手、安南に死し、その子幼ければ、量りて口食を給するを乞う。」と。詔す「大人日に一升を支し、小児は半升、三年にして支するを住めよ。」と[34]。

とある。上奏は、安南の反乱討伐で戦死した蕃兵や弓箭手の幼児に対し食糧を供給することを請い、詔は、「大人」

に対して一升と「小児」に対して半升の穀物を配給することを命じる。ここでは【米】であるかどうかは明記されていない。当時、稲の場合、【米】とモミの比率は1：2として計算されていたという。[35]とすると、【米】とみなさないとかなり少量となってしまう。他の史料も参照すると、[36]おそらく【米】だと思われる。「大人」は「小児」と対応しているから、未亡人に対する規定と考えられる。上奏には消費を「量りて口食を給せ」とある。また、恩典として与えるものであるから、実際の消費量より少ないことはあるまい。消費量により近い数字であろう。禁軍兵士の妻子の消費量と見なしても差し支えないのではないか。

さて、張方平の慶暦年間の上奏によると、在京の中等の禁軍では月ごとに二石五斗の食糧を受けることになっていたが、通例、「六折」だったという。[37]つまり、月額一石五斗であり、日額にすると約四・九升である。

禁軍の家族構成を、兵士・配偶者・小児一人と仮定すると、一日の消費穀物量は三升半となる。小児が一人増えた場合は、四升。小児が三人であると、四升半となる。これでも一日あたりの配給食糧四・九升からは余糧が出る。ただし、家族数が五人となり一般民戸の標準と同じになってしまうので、禁軍の家族数は三か四であろう。本稿では四を用いる。なぜならば、前掲の李覚上奏には、禁軍とその家族の総数として、「百万の衆」と記されていた。一〇〇万と見なせるほど多いと、当時の士大夫には認識されていたのである。当時の在京禁軍数は一八万ほどであるから三では、五〇万強となり、四では、七〇万強となる。後者を選択する所以である。

c　人口数の推移

前項までの検討をふまえて、人口の時間的推移を推定してみよう。太宗時代の在京禁軍は、四二五指揮約一七万人（一指揮四〇〇名として算出。後も同じ。[38]）である。禁軍とその家族人口は約六八万人となる。呉濤氏の推計（太平興国年間：九七六〜九八三）による民間人口は五五万人である。廂軍・工匠（一〇万）を加えると約一三〇万人強となる。仁宗時代の在京禁軍は、四五一指揮（約一八万人、禁軍兵士とその家族の人口約七二万人）、一般民衆の人口も六〇万を越えており、都市的人口は一四〇万強と推定できる。ただし、西夏との和議後は、指揮が定額を割り込んでも補充が行われず、欠額が生じることが多くなった[39]。すなわち、仁宗後半より、在京禁軍とその家族の人口は減少に転じたと思われる。

さて新法期の禁軍改革を経過した元豊末年（一〇八五）の在京禁軍数は、制度上二七八指揮（約一一万人）である[40]。ところが熙寧九年（一〇七六）の詔によると、

京師の兵馬、元留むと擬せる十万人の数に比べ、すでに甚だ減少す。…（『長編』二七八、熙寧九年一〇月乙未[41]）

とあり、熙寧末年にすでに在京禁軍数は一〇万を割っていたことがわかる。元豊年間の編戸人口は七〇万だから、総人口数は、一二五万前後となり、減少傾向にあったといえよう。

崇寧二年（一一〇三）の編戸人口は八〇万人に増加する。残念ながら、徽宗時代の禁軍数については制度的なデータが存在しない。ただし『建炎以来朝野雑記』甲集一八によると、

国朝旧制、殿前侍衛馬歩三衙の禁旅合わせて十余万人、宣和の間、僅か三万を存すのみ。京城の破れしとき、多く敵に死す[42]。

とある。この史料は南宋のものであり、ことさらに宣和年間（一一一九〜一一二五）の禁軍の減少を失政として強調した可能性があるので、そのまま受け取ることはできないが、徽宗時代に、在京禁軍が熙寧時代の一〇万より増加した形跡はない。たとえば、大観二年（一一〇八）の御筆には、

欠額禁軍、久しく招填せず。その営房、必ず久しく修治せざらん。在京は工部に仰し、在外は提刑提挙司に仰し、

両季を限り完葺了当せしめよ（『宋会要』兵六之一五）[43]。

とあるように、禁軍の欠員が補充されないことがふたたび常態化している。一〇万から五万の間として大過無いだろう。かりに七万として計算してみよう。家族数も含めて二八万人となる。とすると、北宋末の開封の人口の大まかな見積りは一二〇万人弱となる。つまり、開封の都市人口が最大になったのは仁宗時代であり、その後は減少傾向が続いたといえる。人口の減少と同時に、その内訳において、禁軍とその家族の割合が減少し、編戸人口の割合が増加した。元祐時代（一〇八六～一〇九三）以降、廃棄された禁軍軍営の地を、商工業者が求めてやまなかったことや、新しい寺観や官衙が、軍営地を利用して建設されたことは[44]、人口構成の変換が土地利用の変化を促した事例として注目される。

d　人口数と米穀消費

南宋の臨安については、池田静夫氏以来、穀物補給の観点から、人口問題が論じられてきた[45]。たとえば、斯波義信氏は臨安の都市人口数を加藤繁説に従って、一五〇万口とされ、「一五〇万の人口サイズが日々に消費する穀物は三万石、年間一一〇〇万石[46]」と述べている。

開封に関しても食糧補給の観点から人口の規模を考えた研究は存在する。周建明氏の「北宋漕運与東京人口[47]」である。周氏は、斯波氏と同様、一五〇万の人口を維持するには、一〇〇〇万石以上の穀物が必要だったとみなしている。そして、開封近郊の農業生産は開封の消費に影響を与えるほどの規模ではなく、六〇〇万石の漕運が供給される穀物の大半であることから、開封の人口は一〇〇万に達していなかったと考えられている。全漢昇氏は、民間商人による開封への食糧輸送が盛んであったというが[48]、数量は明確ではない。おそらく、年間開封に集められる穀物は、一〇〇〇万石には遙かに及んでいなかっただろう。如上の議論に従うと、本稿において先に述べた仁宗時代、一四〇万強の人口は、不可能と考えられる。

斯波氏は、別の論考で、南宋臨安の「城内の細民は、十六七万人、食米一日三千石前後という事実はほぼ動かせない。」と述べられている。(49) その論拠が、周密『癸申雜識』続集巻上の「杭州食米」である。

余向在京幕、聞吏魁云「杭城除有米之家、仰羅而食者、凡十六七万人。人以二升計之。非三四千石、不可以支一日之用、而南北外二廂不与焉。客旅之往来又不与焉。」

この史料によれば、一日二升が臨安における消費水準となる。斯波氏の一五〇万人は年間一一〇〇万石を必要とする、という見積もりもこれによったものであろう。一方、周氏も一日一人二升という消費水準を採られており、この史料もその論拠の一つとなっている。しかしながら、本章で先に述べたように、肉体労働に従事するような成年男子の穀物消費量は、一日二升といえる。全人口すべてが成人男子であれば、この水準に従わねばならない。しかし、現実には、消費量が相対的に少ない女性や子供が、人口数に占める割合は、成人男子に比べ多いのである。北宋の史料では小人の割合を四割と見なす見解も見られる。(50) とすると三割が成人女性で、成人男子は三割に過ぎないのである。

また、周密が引用する、「吏魁」の発言中の一日二升は、文脈から推すに、仮定としての数値であるようにも思われる。『癸申雜識』のこの段を、臨安の人口問題に関する重要史料として、最初に学界に提示された池田氏も、一日二升を過大な額であると述べ、様々な史料を引用され「大人一升小人減半」が南宋時代の通例だとされる。(51) とすると、斯波氏が「宋代の消費・生活水準試探」（前掲）において、必ずしも良好な量ではないと述べられている、一人あたり一日【米】一升という穀物消費水準は、女子・小人を含めた全体の平均として蓋然性があるのではないだろうか。(52)

本章では、一日一升の水準を用いて、開封の穀物補給と人口との関係を考えてみたいと思う。

『宋史』一七五、食貨志、漕運によると、大運河による漕運は、国初は蔡河とあわせて「江淮米数十万石」であったが、両浙をあわせた太平興国年間に四〇〇万石に増大した。大中祥符のはじめ、七〇〇万石に至り、景徳四年に、年額六〇〇万石とさだめられた。そのほかに広濟河（制度上、年六二万石）・恵民河（同六〇万石）などの漕運が行われていた。[53]また、斯波氏によると、河北・山西・陝西の三路の軍糧は、現地での調達（市糴・両税など）によるところがほとんどで、京師からの補給はあまり行われていなかったという。[54]とすると、京師への漕運米の多くは、京師で消費されたといえよう。一人一日【米】一升とすると、大運河漕運の【米】六〇〇万石だけで、およそ一六四万人の穀物消費量となる。それ以外の地域からの漕運穀物などもあったわけだから、穀物に関しては、漕運だけで消費量をまかなうことが可能だったように見える。

ただし、漕運された穀物はあくまでも国有食料である。民間の消費とは関係がない可能性もあろう。しかし、前掲した李覚の上言によると、「軍士妻子不過数口」なので、軍人の家庭からは余剰穀物が生じ、これを「游手」（非農業人口）は食料として購入している。そのため穀物価格の低落は、軍人と農民にとって不利であって（消費者である）商人・手工業者にとって有利となる、という。つまり、家族数が少なく配給米があまる軍人は都市住民にたいする穀物の供給者と見なされていた。[55]とすると、禁軍に対する配給穀物が都市人口の消費する穀物の中心だったといえよう。

なお、六〇〇万石超の漕運米すべてが、在京禁軍に供給されるわけではなかった。宗室・官僚などへの供給もここから行われていた。しかし、その割合は、八分の一とも五分の一ともいわれ、軍隊への支出が卓越していた。[56]張方平「論京師軍儲事」（『楽全集』二三）[57]によれば、慶暦五年（一〇四五）の「在京諸倉見在斛斗数」は人糧一三〇〇万石であり、そこから毎月軍糧として、三四万石支出していたという。とすると、この年の総支出量は四〇八万石となる。これは約一一〇万人の消費穀物に相当する。嘉祐五年（一〇六〇）では、総支出量は四八〇万石に増加している。これは、約一三〇万人分に当たる。

また、穀物価格高騰を是正するための常平倉の運用や、腐りかけて軍隊に供給するにたえない貯蔵穀物の売り出しなどによっても、在京の国有穀物はしばしば民間に流出している(58)。また、李覚の上奏には、軍人とならび近郊農民も都市的居住者に対する穀物の供給者だったことが示唆されている。全漢昇氏は、前掲論文に於いて民間商人の手による江南各地からの供給が政府によって誘導されていたことを明らかにされている。これらの事例を総合すると、仁宗時代の開封の都市人口数を一四〇万強としても、あながち不可能とはいえないだろう。

二　城外の都市人口

先に述べたように、真宗時代に城外に九つの「廂」が設置され、城内に準じた管理体制が敷かれた。つまり制度的に都市空間が拡大したのである。では城外廂は実態的に都市空間と見なせるのであろうか。城外における都市化の情況を、城外都市人口数を推計する中で考えてみよう。

まず、編戸の人口である。城内の統計は天禧五年（一〇二一）の廂別戸数統計が存在するが、城外廂のそれはない。しかし、手がかりはある。天禧五年（一〇二一）の詔勅によると、

新城外、九廂を置け。五百戸以上ごとに、所由四人、街子三人、行官四人、廂典一名を置け。五百戸以下は、所由三人、街子二人、行官四人、廂典一名。内、都所由は軍巡より虞候を差して充てよ。その余は並びに所由を招せ。…（『宋会要』兵三之三(59)）

とあり、五〇〇戸に満たない廂の規定がある。だから各廂の編戸数は、あまり大きくなかったと考えられる。おそら

く平均して一〇〇〇戸内外であろう。E.A.Kracke.Jr. 氏も、城外廂の合計戸数を五〇〇〇から一万とされ[60]、呉濤氏も、城内の坊の平均戸数から城外都市戸数を約一万戸と見積もられている。[61] 最大、九廂で一万戸・五万人程度と見なせるのではないか。周囲二五キロメートル余りの外城外の空間であるため、これだけでは都市化は十分だとはいえないだろう。しかし、禁軍軍営が相当数配置されていたとすれば、廂の名に適う都市空間といえるのではないだろうか。本節では城外廂における在京禁軍軍営の存否から考察をはじめよう。

a　城外廂と軍営

まず、城外廂設置に関する支配者側の論理を検討してみよう。本来宋代の廂制については、日野氏の遺稿を受け継ぐ専論が必要であろう。[62] しかし、行論の都合上、本稿では城外廂設置に集中して議論を進める。

まず、『長編』七〇、大中祥符元年（一〇〇八）一二月庚戌の条には、

①京新城外、八廂を置く。上、以らく「都門の外、居民頗る多し。旧例、ただ赤県尉のみ、その事を主る。ここに至り、特に廂吏を置き、京府に命じてこれを統べしめよ」と。[63]

とある。衙役である弓手を使役して郷村の治安を維持するのが県尉の役割であった。[64] この史料では、県尉の代わりに、廂吏を置くということだから、問題は城外における「居民」の増加に伴う治安の悪化である。そのために、廂という城内ですでに行われていた区画制度を城外にも適用し、開封府の直轄としたという。

ところで、翌年の開封府上奏を引用した『宋会要』の一節には、

②（大中祥符）二年（一〇〇九）三月九日、開封府言う「詔に准じ、都城の外、人戸・軍営甚だ多きを以って、相度し、まさに廂ごとに虞候を置き、管轄せしめよ。」と。これに従う。なお詔すらくは、「人吏・所由を多く置き

妄りに掻擾あるなかれ。又増度して、廂九を置け。」と。(『宋会要』方域一之一二)[65]とある。「詔に准じ」以下は、①で述べられている都城外の過密状態にたいする真宗の発言をふまえたものであろう。①の記事では、「居民」が城外に多かったという表現になっているが、この②によると、城外の軍営も置廂の理由として言及されていたという。どちらが正しいのであろうか。

②は、真宗の発言を間接的に引用しているにすぎないので、一見①に分があるように思われるが、『長編』八二、大中祥符七年(一〇一四)六月戊辰の条には、

③令すらく「諸軍の営、新城の外に在るものは、給す所の衣俸銭もて、諸門、これを禁ずるなかれ。」と。時に開封府、商販の例《きてい》を以てこれを邀止する故なり。[66]

とある。宋代にはまとまった額の銭を城門外に持ち出すことを禁止していた(門禁)[67]。この史料では、城外の軍営に居住する軍人が、城内で衣俸銭を給され、商人にたいする門禁によって城外に持ち出せない事態が生じたため問題となったのである。とすると、城内某所で俸給を支給されているから、この軍人は在京禁軍である。それ以外にも在京禁軍軍営が城外に置かれていたことを示唆する史料は散見される[68]。

つまり、②に示されているように、城外廂設置の原因は、城外における人戸ならびに軍営の増加という問題だったのである。おそらく①では、節略・転写の過程で落ちてしまったのだろう。そもそも禁軍の駐留に際しては治安の悪化が予想される[69]。禁軍軍人を取り締まるのは県尉の警察力では不可能なため、虞候がおかれたと考えられる。先引の『宋会要』兵三・三によると、虞候は軍巡から派遣され都所由として廂の組織の上に立ったという[70]。つまり、城外軍営の管理を意識した組織構成をとったのではないだろうか。次に、城外の禁軍軍営数を考察してみよう。

b　城外の在京禁軍軍営数

この問題に関しても、統計的数値は存在していない。しかしながら次の史料は重要な情報を提供しているようである。

④王子融伝に云う。（任）布、請う、大銭を鋳し、これを京城に行わんことを。程琳、官を集めて議す。子融、時に判度支たり。曰く「今、軍営半ば城外にあり、独だ大銭を城中にのみ行うは、可ならんや」と。事、遂にやむ。（『長編』一一六、景祐二年（一〇三五）正月壬寅の原注[71]）

塩鉄副使任布は、大銭（この時は当十銭[72]）を鋳造し開封城内だけに限って流通させようと提案する。三司使程琳がこの案件を三司の会議にかけると、判度支だった王子融は、禁軍軍営が城外にも展開していることを指摘して、城内だけに大銭を流通させることはできない、という。とすると、この大銭と禁軍とは何らかの関連があったと考えざるをえない。宮沢知之氏によると宋代の銅銭は国家的支払い手段としての機能が第一義であったという[73]。つまり、新鋳の大銭の多くは、まず在京禁軍に俸給として支給されることによって市場に出回ることになるだろう。前項で指摘したように、城外に軍営がある在京禁軍は城内で俸給を受け取っている。とすると、城内だけに大銭の流通を限ることはできないことになる。王子融の発言は、その現実をふまえたものと言えよう。本稿の観点から、注目すべき内容は城外の軍営を全体の半分と言っていることである。

ただし、この史料によって、城外の軍営数を推定するには一つ問題がある。李燾は④原注の末尾に、「（程）琳伝と異なる。今取らず。」と記し、これを本文中には採録せず、注に録するにとどめているのである。それはどうしてだろうか。

まず、『長編』一一六、景祐二年（一〇三五）正月壬寅の本文を次に上げる。

⑤是より先、塩鉄副使任布、大銭の一にして十に当たるを鋳せんと請う。而して（許）申、銅・鉄を以て雑鋳せんと欲す。朝廷その議を三司に下す。程琳奏して曰く「布の大銭を用るを請うは、これ民を逃鋳に誘い、これを罪に陥さしむるなり。唐の第五琦嘗てこの法を用う。ついに行うべからず。申、銅・鉄を以て雑鋳せんと欲すは、理として恐らく成り難し。まさに申をしてこれを試さしむべし。」と。申、售《おこな》うを得と詐わる。蓋し琳もまた其の議を主る故なり。(74)

これが、いわゆる「程琳伝」の記載なのであろう。④⑤ともに実録の附伝あるいは正史の列伝が原史料なのである。⑤によると、朝廷が三司に任布や許申の提議を三司におくって検討させている。そこで、④に示されているように、三司使程琳が三司の官僚を集め会議を開き当該案件を討議したのである。提案者の許申は度支判官、任布は塩鉄副使であるから、この会議に参加していたであろう。その場で、判度支だった王子融は④の反対意見を述べたのである。おそらく程琳は、意見を集約して⑤に納められた上奏を行ったのであろう。このように④と⑤は事実関係においてはあまり矛盾していないようである。

一つ矛盾する点は、「王子融伝」の作者が、大銭発行を阻止した功を王子融のみに帰していることである。実録の附伝や国史の列伝は、遺族に残された記録にもとづくので、「曲筆」が生じがちだという。(75)「王子融伝」もその類なのであろう。李燾は、史料の内容や、政策決定のプロセスを基準として、本文に取るかどうかの選択を行ったのである。ただし、李燾が注に入れたとしても、王子融の発言自体がまったく信憑性がないとはいえまい。在京禁軍軍営が多数、城外に置かれていたことは、前項の検討により明らかである。本稿では王子融に従い、その数は全体の半数に近かったと考える。

以上の考察から、仁宗景祐時代前後の城外廂の人口を推定してみよう。この時期の在京禁軍指揮数は太宗時代（四二五指揮）とほぼ同じである。二〇〇指揮分ぐらいは、城外にあったと見なせよう。つまり、城外において、三〇万余りの禁軍とその家族人口を想定できる。編戸人口五万をあわせて、城外人口は三五万程度だったと見積もれる。

さて、いつごろから外城の外に軍営が作られるようになったのであろうか。北宋前半期の在京禁軍数の推移をあげてみよう（本書、第三章にもとづく）。

太祖末年　二一七指揮
太宗末年　四二五指揮
真宗末年　四二八指揮
仁宗末年　四五一指揮

太祖末年から太宗末年にかけて在京禁軍指揮数（＝軍営数）が二倍に増加していることは注目される。それ以降はあまり変化が認められない。仁宗時代に増加した指揮数は王子融の発言の後の慶暦時代のものである。城内に官有の空き地が無くなった時点で、初めて城外に軍営が作られると考えられるので、軍営の半数が城外にあったとすると、城外にあふれ出したのは、太宗時代に入ってからと推定される。

小　結

以上、宋都開封の人口数と空間構成が、禁軍軍営の消長と関連して時間的にどのような変遷を遂げたか考察した。この試みに大過無いとすれば、北宋という集権的国家権力と、首都開封の人口数との関わりは以下のようにまとめられよう。

北宋中期までの開封には、禁軍とその家族を主とする消費人口が多かった。中央集権的秩序形成のため禁軍が増額され、禁軍を集中するという首都機能が重視されるようになったからである。太宗時代には在京禁軍数は倍増し、それに従って大運河漕運も整備拡大された。軍営用地は城内では不足となり城外にも軍営が設置され、都市空間が新城外に拡大した。これにより開封の首都機能や都市景観が確立したのである。禁軍を削減し洛陽を遷都しようとした晩年の太祖に対して、開封首都体制を強硬に主張した、太宗の集権体制強化の統治プランが、(76)そこには色濃く反映している。その政策は後代に継承され、仁宗時代には、確認される限りの首都の人口総数は一四〇万強に至る。内三〇～四〇万人程度が城外の都市人口と推定される。

王安石の新法政治は、唐末五代の混乱を収拾するために制定された国家草創期の諸制度を見直し、宋代中期に現れた諸問題を合理的に解決するという側面があった。特に軍制面ではそのような側面が顕著である。いわゆる「強幹弱枝」策を廃し、より実戦的な配備を実施したのである。そのために、在京禁軍は減少していった。

それに対して、民間人口は北宋末まで増加傾向にあった。商業の発展によるものだと思われる。廃棄された軍営地には寺観が建てられたり、商用地に変わった。ただし、民間人口の増加は、禁軍とその家族数の減少を相殺するには及ばず、開封の人口は減少していった。北宋末には一二〇万を下回った可能性がある。

ところで、本稿では、官営手工業者の家族数などは、不確実なため計算に入れなかった。また、妹尾達彦氏は、長安の人口を算出するに当たり、脱漏口数を推論により一〇万と見なしているが、(77)本稿では算定要素から省いた。本稿の目的は開封の禁軍とその家族数と、編戸人口にみられる変動をできるだけ正確に分析し人口の増減の傾向を分析する試みだったからである。そのため、算出した人口数は幾分控えめである。おそらく仁宗時代前半の開封は、前近代中国における歴代首都の中でもっとも多数の人口を有していたと考えられる。(78) これは、とりもなおさず、傭兵部隊の首都集中に由来しているのである。

注

（1）本節の内容は拙稿「宋都開封と禁軍軍営の変遷」（『東洋学報』第七四巻第三・四号、一九九三、本書第三章）および、同「宋都開封の治安制度と都市構造」（『史学雑誌』第一〇四編第七号、一九九五、本書第五章）を参照。

（2）仁宗時代の地方の治安状況については小岩井弘光「北宋の地方治安維持のあり方」（『国士舘史学』五、一九九七）を参照。

（3）小岩井弘光『宋代兵制史の研究』（汲古書院、一九九八）二〇頁を参照。

（4）『長編』七九、大中祥符五年十二月丙寅には、「賜諸班直・諸軍・剰員薪炭有差。軍士外戍、家属在営者半之。」とある。

（5）「北宋の首都開封府の廂坊と戸口数」（『唐代邸店の研究』自家版、一九六八。『日野開三郎東洋史論集』第一七巻、三一書房、一九九二、再録。頁数は後者による。三三九頁）。

（6）R.Hartwell, "A Cycle of Economic Change in Imperial China : Coal and Iron in Northeast China, 750–1350", Journal of Economic and Social History of the Orient, 10–1,1967. 斯波義信氏は、R.Hartwell 氏の説を引かれ、七五万から一〇〇万とのべられ（「宋代の都市に見える中国の都市の特性」『歴史学研究』第六一四号、一九九〇）、また斯波義信・浜口允子『中国の歴史と社会』（放送大学教育振興会、一九九八）では七〇万人とされている。

（7）加藤繁「宋代の戸口」（『東洋史講座』第一四巻、雄山閣一九三〇、所収。『支那経済史考証』下、東洋文庫一九六二、所収。頁数は後者による。三二五頁以下を参照。）

（8）呉濤『北宋都城開封』（河南人民出版社、一九八四）三七頁。

（9）周宝珠『宋代東京研究』（河南大学出版社、一九九二）三四八頁。

（10）梅原郁氏は、数値は「一〇〇万以上」と述べられるが、明言されていない（「宋代の開封と都市制度」『鷹陵史学』第三・

四合併号、一九七七）木田知生「宋代の都市研究をめぐる諸問題」（『東洋史研究』第三七巻第二号、一九七八）は、方法を述べられていないが、一五〇万説をとる。

(11) 梅原郁「宋代の戸口統計をめぐって」（『東方学報』六二、一九九〇）

(12) 王曾瑜「宋朝的坊郭戸」（『宋遼金史論叢』第一輯、一九八五）

(13) 草野靖「宋の屋税地税について」（『史学雑誌』第六八巻第四号、一九五九）。梅原郁「宋代都市の税賦」（『東洋史研究』第二八巻第四号、一九七〇）。

(14) "Sung K'ai-feng : Pragmatic Metropolis and Formalistic Capital", in Crisis and Prosperity in Sung China, the University of Arizona Press, 1975.

(15) 呉濤氏前掲『北宋都城開封』三七頁。

(16) 周宝珠氏はその理由を次のように述べられている。「開封は皇室や官僚が集う土地である。多くの官僚の家は、自ら百口を称している。これは嘘ではないだろう。これから、ここではしばらく、漠然と一般の都市の戸口の比率によって推計しない。（周氏前掲書三四七頁）」と。ここでは一般民戸の戸口統計が問題となっているから、やや問題があろう。

(17) 加藤繁「南宋首都臨安の戸口について」（『社会経済史学』第三巻第八号、一九三三、『支那経済史考証』下、東洋文庫一九六三、再録）は、一戸あたり五人として推算している。宮崎市定「宋代の戸口統計」（『史林』第二一巻第一号、一九三六）や妹尾達彦「唐長安人口論」（『堀敏一先生古稀記念　中国古代の国家と民衆』汲古書院、一九九五、所収）によると、編戸一戸あたりの人口は五～六とするのが適切だとする。

(18) R.Hartwell 前掲論文一二九頁。

(19) 呉濤氏前掲『北宋都城開封』三七頁。

(20) 周宝珠氏前掲『宋代東京研究』三四七頁。

(21) 梅原氏前掲「宋代の開封と都市制度」六二頁。

(22) 妹尾氏前掲論文「唐長安人口論」五八九頁を参照。

(23) 太祖朝、…又制更戍之法、欲其習山川労苦、遠妻孥懐土之恋。兼外戍之日多、在営之日少、人人少子而衣食易足。…

(24) 『端明集』二二、論兵十事には「…軍還到営、未及三両月、又復出軍。不惟道路労苦、妻孥間闊、人情鬱結。…」とある。仁宗後半期の状況である。この時期は地方に反乱が多く治安維持のため更戍として出される禁軍が多かったようだ（小岩井氏前掲論文「北宋の地方治安維持のあり方」を参照）。この更戍法については、『宋史』一八八、兵志にも説明がある。

(25) …今王者之都、万衆所聚、導河渠、達淮海、貫江湖。歳運五百万斛、以資国費。此朝廷之盛、臣庶之福也。近歳以来、都下粟麥至賤、倉庫充牣。露積紅腐、陳陳相因。或以充賞給。斗直十銭。此工賈利、而軍農之不利也。夫軍士妻子不過数口。而月給糧数斛。即其費有余矣。百万之衆、所余既多。游手之民、資以給食。農夫之粟、何所求售。…

(26) 司馬光「勧農札子」（『温国文正司馬光文集』二〇）に「…今国家毎下詔書、必以勧農爲先。然而農夫寡、游手日繁、豈非爲利害所駆耶。…」とある。

(27) 浙江書局本は、「陳」とするが、中華書局評点本校勘記によって改める。

(28) （程）琳上疏、論、兵在精不在衆。河北・陝西軍儲数匱。而招募不已。其住営一兵之費、可給屯駐三兵。…

(29) 王曾瑜『宋代兵制初探』（中華書局、一九六一）五七頁を参照。

(30) 斯波義信「宋代の消費・生活水準試探」（『中国史学』第一巻、一九九一）

(31) 応出界戦兵、除家糧外、各支口食糧米二升并塩菜銭。

(32) 「唐宋用語解」七「米」（『日野開三郎東洋史論集』第十三巻、三一書房、一九九三、所収）を参照。

(33) 『夢渓筆談』一一、官制一に「米六斗、人食日二升、二人食之、十八日尽。」とある。

(34) 鄜延路走馬承受買従礼奏、本路蕃捉生、弓箭手、死於安南、其子幼、乞量給口食。詔、大人日支一升、小児半升、三年住支。

(35) 日野氏前掲「唐宋用語解」七「米」四七三頁以下を参照。

(36) 『長編』二八〇、熙寧一〇年二月丁酉の条によると、全国の「老病貧乏」な者を救うため、「米豆」を人ごとに一升、小児は半升を給している。また『長編』三〇六、元豊三年七月乙亥によると、河北路の被災民に対して、「大人」には「米一升」、

「小児」に「半升」を給している。斯波氏（前掲論文一六〇頁）の引かれている『宋会要』の各条においても、小児或いは小人が【米】〇・五升となっているものが多い。

(37)「論国計出納事」（『楽全集』二三）には、「三司勘会、陝西用兵以来、内外所増置禁軍八百六十余指揮、約四十有余万人。通人員長行、用中等例、毎人約科銭五百、月糧両石五斗、春冬衣紬絹六疋、綿一十二両、随衣銭三千、計毎年共支料銭二百四十万緡。糧一千二百万石、準例六折、計七百二十万石。…」とある。李燾はこの上奏は張方平が三司使に在任中（慶暦二年六月から七年六月まで）のものとし、慶暦七年の末尾に付録している（『長編』一六一）。なお北宋の兵士に対する給与については、斯波義信「長江下流域の市糴問題」（『宋代江南経済史の研究』汲古書院、一九八八、所収）長井千秋「南宋軍兵の給与」（梅原郁編『中国近世の法制と社会』（京大人文科学研究所、一九九三）等を参照した。

(38) 指揮の定員は、五〇〇が基本である（曾我部静雄『宋代政経史の研究』吉川弘文館、一九七四、第七章、唐宋の軍隊の編成名、都と指揮について）。また皇祐時代に、馬軍が四〇〇、歩軍が五〇〇と定められた（『宋史』一九四、兵志、揀選之制）。ただし、通例、欠額が有るので（王曾瑜氏前掲『宋代兵制初探』三〇頁）、本稿では一指揮四〇〇名と仮定して、計算する。

(39)『宋史』一九四兵志、揀選之制・同書一九六、遷補之制を参照。

(40) 前掲拙稿「宋都開封と禁軍軍営の変遷」

(41) 京師兵馬、比元擬留十万人数已甚減少。…

(42) 国朝旧制、殿前侍衛馬歩三衙禁旅合十余万人、宣和間、僅存三万而已。京城之破、多死於敵。

(43) 闕額禁軍、久不招塡。其営房、必久不修治。在京仰工部、在外仰提刑提挙司、限両季完葺了当。

(44) 前掲拙稿「宋都開封と禁軍軍営の変遷」を参照。

(45) 池田静夫「南宋の首都臨安戸口の再吟味」（「文化」第五巻第一一号、一九三七）がその嚆矢である。加藤繁「臨安戸口追論」（『支那経済史考証』下所収）は池田説を批判しつつ、補給の観点から自らの一五〇万説を補強された。斯波義信氏は「南宋臨安の人口再説」（「待兼山論叢」第七号、一九七四）において、加藤説を一部修正されている。

(46)「宋都杭州の商業核」斯波氏前掲書『宋代江南経済史の研究』所収、三二一頁。

(47)「北宋漕運与東京人口」(『広西師範大学学報・哲社版』一九八九年第二期)
(48)全漢昇「北宋汴梁的輸出入貿易」(『国立中央研究院歴史語言研究所集刊』第八本第二分、一九三九)二二一四頁を参照。
(49)斯波氏前掲「南宋臨安の人口再説」
(50)曾鞏『元豊類稿』九、救災議。
(51)池田氏前掲「南宋の首都臨安戸口の再吟味」三四頁。ただし、池田氏の結論、四〇〇万口には、疑問を感じる。
(52)たとえば、成人男子・配偶者・子供三人の家族では、一人あたりの平均消費量は〇・九升となる。
(53)張方平「論京師軍儲事」(『楽全集』二三)
(54)斯波氏前掲「長江下流域の市糴問題」を参照。
(55)張方平「論京師軍儲事」(『楽全集』二三)には、「…今仰食于官廩者、不惟三軍、至于京城士庶以億万計、大半待飽于軍稍之余、故国家於漕事最急最重。…」とあり、軍への配給米の余りを、京師住民の大半があてにしていたことが述べられている。また、米価が安いと、農民や軍人が困窮するため、軍人への配給穀物を国家が買い取り価格の安定をはかる「坐倉法」も新法期から本格的に行われるようになった(佐伯富「宋代の坐倉」『中国史研究』第一、東洋史研究会、一九六九、所収)。
(56)斯波義信『宋代商業史研究』(風間書房、一九六八)一五五頁
(57)臣慶暦五年権三司使、嘗取責到在京諸倉見在斛斗数、人糧一千三百万石。是時毎月約支三十四万有余石、計可備二年一十一月日支遣。…今次受命(この上奏は嘉祐二年十一月に行われている。)、再領邦計、昨於三月中取責到在京諸倉見在斛斗数、人糧八百万石。毎月約支四十万石、計可備一年余八月日支遣。…
(58)『長編』一〇四、天聖四年(九二九)二月丁丑の条には「詔、京城物価翔貴、其令三司出廩米之下者、貸畿内民。期以二年。償麤色之半。又散置糴場数十、第取半価。民争赴之。迄春初、無飢者。先是、太倉粟有陳腐不可充軍食者、権発遣三司事程琳因建此議。朝廷従之。凡出米六十万斛。」とあるのは、一例である。
(59)新城外置九廂。毎五百戸以上、置所由四人、街子三人、行官四人、廂典一名。五百戸以下、置所由三人、街子二人、行官四人、廂典一名。内都所由於軍巡差虞候充。其余並招所由。…

(60) Kracke 氏前掲 "Sung K'ai-feng : Pragmatic Metropolis and Formalistic Capital"
(61) 呉濤氏前掲『北宋都城開封』
(62) 日野開三郎「唐代州治の城坊制より城廂制への推移」(『日野開三郎東洋史論集』二〇巻、三一書房、一九九五、所収)。また、曾我部静雄『中国及び古代日本に於ける郷村形態の変遷』(吉川弘文館、一九六三)四四七頁以下にも廂について述べられている。
(63) 置京新城外八廂。上以都門之外、居民頗多。旧例惟赤県尉主其事。至是特置廂吏、命京府統之。
(64) 県尉については、曾我部静雄「宋代の巡検・県尉と招安政策」(『東北大学文学部研究年報』第一四号、一九六三)を参照。柳田節子「宋代の県尉」(柳田節子『宋元社会経済史研究』創文社、一九九四、所収)は土地問題と県尉の関わりについて論じる。
(65) 開封府言、准詔、以都城之外人戸軍営甚多、相度合置廂虞候管轄。従之。仍詔勿多置人吏所由妄有掻擾。又増度置廂九。
(66) 令、「諸軍営在新城外者、所給衣俸銭、諸門勿禁之。」時開封府、以商販例、邀止之故也。
(67) 日野開三郎「唐代の閉糴と禁銭」(『日野開三郎東洋史論集』第五巻、三一書房、一九八二、所収)を参照。
(68) 『宋会要』兵六之一三には、「(大中祥符七年)八月、詔、城門外軍営、雖各有本営人員、然闕人都提轄、可差近上軍主或都虞候一員、点検教閲。因令巡警。」とあるのはその一端である。
(69) 禁軍の駐留による開封における治安悪化については、本書一六六頁注(54)を参照。
(70) 日野開三郎氏は、虞候とは「藩鎮時代」の乱れた軍紀を取り締まるための憲兵的な役職であり、廂虞候は、もともと軍が二分された左右廂のそれぞれの虞候だったが、やがて軍内の犯罪だけではなく、城内の治安維持にも関わるようになり、そのまま城内の左右廂の廂虞候になったものだと述べられている。また、城内の治安は馬歩司・廂虞候が並列的に担当し、宋代になって馬歩司が廃止され、廂虞候だけがのこされたという(日野氏前掲「唐代州治の城坊制より城廂制への推移」九八頁。)。ところで州の衙役一つに院虞候がある(周藤吉之『宋代経済史研究』東京大学出版会、一九六二、七四〇頁を参照)が、この軍巡から派遣される虞候とは別物であろう。

(71) 王子融伝云、布請鋳大銭、行之京城。程琳集官議。子融時判度支。曰、今軍営半在城外、独行大銭城中、可乎。事遂寝。与琳伝異、今不取。(『宋史』三一〇、王子融伝にも同様な記事がある。)

(72) 後掲の⑤『長編』一一六、景祐二年(一〇三五)正月壬寅の条に「先是、塩鉄副使任布、請鋳大銭一当十。」とあり、提案の銭が当十銭だったことが分かる。大銭あるいは当十銭の功罪については、中嶋敏『東洋史学論集』(汲古書院、一九八八)二三頁を参照。

(73) 宮沢知之『宋代中国の国家と経済』(創文社、一九九八)七〇頁。

(74) 先是、塩鉄副使任布、請鋳大銭一当十。而申欲以銅鉄雑鋳。朝廷下其議於三司。程琳奏曰、布請用大銭、是誘民逃鋳而陥之罪。唐第五琦嘗用此法、訖不可行。申欲以銅鉄雑鋳、理恐難成。当令申試之。申詐得售。蓋琳亦主其議故也。

(75) 平田茂樹「『哲宗実録』編纂始末考」(『宋代の規範と習俗』汲古書院、一九九五)の「はじめに」を参照。たとえば、英宗実録の編纂に際し、編纂官となった曾鞏は、資料として、立伝すべき官僚の行状・神道碑・墓誌を、遺族から提出させるように求めている(『元豊類稿』三二、英宗実録院申請)。国史列伝に関しては、周藤吉之「宋朝国史の編纂と国史列伝」(『宋代史研究』東洋文庫、一九六九、所収)を参照。

(76) 拙稿「五代宋初の洛陽と国都問題」(『東方学』第九六輯、一九九八)の第三節および本書第一章第三節を参照。

(77) 妹尾氏前掲「唐長安人口論」五七五頁を参照。

(78) 歴代の首都の人口各説は、妹尾氏前掲論文にまとめられている。

第三部　都市空間の構造と首都住民の生活

第五章　治安制度と都市空間の構造

はじめに——考察の端緒としての坊制の再検討

　唐代の都市には坊制が行われ、制度的規制が厳重であったが、宋代に入り坊制が弛緩し市民生活が比較的自由に送れるようになったとされる。首都開封に於いても北宋末までに坊制の崩壊が起こり、都市空間の構造に変化が生じたという。しかし、不明な点や疑問な点も少なくない。たとえば坊制崩壊の社会的背景に関しては、必ずしも論理的な説明がなされているとは言えない。また、坊制崩壊後の都市空間の構造は長安の坊城制とは対照的に開放的であり、夜間外出禁止の制（夜禁）も無くなったとされている。しかし、制度的規制が全くない首都は考えられない。むしろ新しい社会が、新たな都市制度を首都に課し、それが都市空間の構造を再編したと見るべきなのではないだろうか。本章はこの過程を考察の対象としたい。新たな制度を検討する前にその機能を中心として坊制について考えてみる。

　坊制は城郭都市の内部にさらに牆壁をめぐらした小空間を設け都市空間を物理的に区画する制度である。このような面倒な都市制度がなぜ採用されたのだろうか。宮崎市定氏は、坊制は漢代の里制の復活であり、北朝時代、多くの民族が雑居する都市空間で治安維持を目的として施行されたものと考えられた[1]。五胡十六国時代を経た華北都市では、日常的な必要性によって施行されたものなのである。

墓誌史料を駆使して北魏洛陽の住民分布に詳細な検討を加えられた朴漢済氏は、首都での坊制の採用について次のような見解を発表されている。「北魏が中原を征服していく過程で、旧敵国民たちを大量に首都やその周辺に強制徙民させた。彼らに対する統制の成否はまさに国家の存亡とつながらざるをえなかったのであり、それに征服過程でその一翼を担当した旧部落民たちも今度は王権強化の大きな障害物として現れた。これらをより確実に統制するためには、坊制の採用が不可避であったとみられる。[2]」と。そして、この原則は東魏・北斉の都城の鄴、隋の大興城の建設にも影響を及ぼしたと述べられている。引用中の旧部落民とは、統一のため騎馬軍団に編成された遊牧民族のことである。菊池英夫氏は、北族系騎馬軍団は家族とともに京師をはじめ各要地の軍坊に集住し国家の管理下に置かれたと述べられ、軍坊は坊牆に囲まれた城郭内の軍営を指したものであるとされる。[3]つまり、北魏の首都の坊制は単に治安維持を目的とするものではなかった。政府は軍隊や徙民された諸民族を首都の坊制によって管理し国家支配を強化しようとしたといえよう。すなわち、権力のための首都機能の一つだった。

隋の大興城にも坊制は採用された。しかし、宮崎氏は隋・唐の坊制には警察的意義が希薄になったとされている。大街に面して門を開くことのできる特権者の増加を、氏は唐代の坊制の性格を表す現象として指摘される。一方、平岡武夫氏は、分裂していた世界を大きく統一した時代にあって天下の調和と秩序を象徴するものとして、長安城は設計され、築造され、維持されたと述べられている。[4]漢の里制に基づく北魏の坊制は伝統的な中国の調和と秩序を、すなわち国家の権威を象徴するものとして、大興城の設計に際し空前の規模で採用されたのである。平岡氏が描写されたような、行人を驚嘆させる唐の長安の大街の偉容は、坊牆が整然と管理されていればこそである。

以上のように坊制は主として三つの要素をもっていたと考えられる。一般的には閉鎖的な空間によって多様な民族から構成される住民を管理する治安制度の側面。首都の坊制については、徙民させた人口を管理統制し帝国統治を強化する権力の側面と、首都の偉容を保ち権威をみせつける機能の側面が指摘できよう。つまり、首都の坊制は、権力と権威の二つの側面の首都機能を、兼有していたのである。

長安の坊制は、権威の象徴として側面が強くその他の要素の切迫性はあまりなかったから、国家の衰退に従ってくずれていった。宮崎氏の言われるように、街路が民間によって侵占され舎屋が建てられ坊牆が破壊されるようになった。坊制に基づく首都の偉容も台無しである。また、時代の経過にしたがって街路に門を開く特権保有者はさらにその数を増す。このようにして坊の封鎖制が保てなくなったという。

五代をへて北宋で首都となったのは開封であった。既存の都市（節度使の会府）を改造して首都に仕立てたものであり、従来は政治よりも経済的合理性が都市空間の構造を特徴づけたと考えられている。しかし分裂した時代のあとをうけた統一王朝の首都である以上、権威の象徴としての機能に関しては再検討する必要を感じる。

また開封における坊制の存否については、二様の考え方がある。この問題にはじめて言及された加藤繁氏は北宋中期（仁宗時代なかば）まで坊制が施行されていたと考えられた(5)。それに反論を加えられた梅原郁氏は宋初からすでに坊制は存在しなかったとされる(6)。その後、木田知生氏は治安制度としての坊制の存否を問題とせず、坊牆は宋初から開封に存在していたが、商業の発展にともない街路に進出した侵街店肆が坊牆を切り崩し、仁宗の中頃には坊牆は存在しなくなり都市景観が一変したとされ、加藤説を継承発展された(7)。しかしながら、先に述べたように隋唐の首都において坊制は国家の支配の根幹に連関する大切な機能をもっていた。この点と対比して宋都の坊制の存否問題も検討する要があるのではないだろうか。

一　治安制度と都市空間の構造――巡鋪と夜禁を中心として――

開封の都市空間はいかなる構造をもっていたのであろうか。この問題を再検討するため、隋唐における坊制の機能と対比しつつ北宋の都市管理制度の一端を明らかにしたいと思う。

a　夜禁と坊制

坊門開閉による夜禁が坊制の治安維持機能の特徴である。唐代の夜禁と坊制は密接に結びついていた。朝、順天門の鼓を合図として、長安城の全坊門が開けられる。それ以降は大街の往来が自由になる。夕方、昼漏が尽きた時点から順天門で鼓が打たれる。一〇〇〇回鳴り終わった後、各坊門が閉鎖される。以後大街を往来する者には犯夜の罪が科された(8)。

開封に於ける夜禁の制の基本史料は乾徳三年（九六五）に出された次の令文である。

令す。京城の夜漏いまだ三鼓に及ばざれば、行人を禁止するを得ず(9)。

これより、三鼓（夜の長さによって変化する不定時である。）(10)が夜禁の開始時間とされたという。夜禁明けの時間は特に記されていない。唐制では五鼓三籌《ちゅう》であるが、宋代ではどうだったのだろうか。まず、『長編』九〇、天禧元年（一〇一七）一二月庚辰の条には、

遣使し価を減じて炭十万秤を鬻ぐ。ここにおいて五鼓を以て開場し、また限るに一秤を以てす。…(11)

とあり、政府が五鼓に炭を売り始めたことを述べている。とすると、五鼓が、夜禁明けの時間なのではないかと推測

される。したがって以下の事実が注目される。『夢華録』によると、五更（＝五鼓）になると鉄の札か木魚を叩いて、門ごとに夜明けを知らせて回る行者がおり、朝会に出席する官僚や早朝から店を出す人々はこれを聞いて起床したという。[12]また、『夢華録』のほかの箇所にも五更から開店する商店を記しているところが多い。これは夜禁の解除と関係が深いのではないだろうか。ところで『夢華録』の時代、開封に夜禁があったのだろうか。大観二年（一一〇八）に出された詔には、

来歳の上元節は、（大）行皇后園陵の礼畢るを以て、あらゆる御楼は観燈罷むべし。唯だ宮観に幸して焼香し、民の為に福を祈る。斎殿にては楽をなさず。止だ宣するのみ。臣僚は坐し茶を賜わる。宮観寺院を開き、禁夜せず。士庶の焼香を放《ゆる》し、民間の点照は許す。[13]

とあり、上元節に夜禁を行わないことが宣言されている。つまりそれ以外の夜には夜禁が行われていたことを示していよう。以上の検討を総合すると五鼓が夜禁明けの時間であると考えられる。

宋初から夜禁は開封に施行されていた。とすると加藤説のように坊制は宋初から開封にあったのだろうか。そこで、この夜禁が唐代と同様、坊牆の区画や坊門の開閉による物理的なものであるかどうか検討してみよう。

後周の開封はいかなる都市空間の構造を持っていたのだろうか。顕徳三年（九五六）六月の詔には、

…それ京城内、街道の闊さ五十歩なるの者は、両辺人戸に、おのおの五歩の内、便を取りて種樹、掘井、修蓋涼棚を許す。それ三十歩已下より二十五歩に至る者は、おのおの三歩を与う。その次は差あり。[14]

とある。外城の建設が命じられたのはこの二ヶ月前であるから、まだ市街を構成してはいまい。詔勅の対象は宋代で言うところの内城の領域である。政府は街の両側の民戸に直前の街路の侵占を公認したという。ここで注目すべきは、

「両辺人戸」ではないだろうか。坊制が施行されていれば、広さ五〇歩（約七七メートル）という大きな街路の両側には坊牆・坊門が有るはずである。ところが民戸が直接臨んでいるのである。この前年には侵街が問題化している。「大車」の通行が困難になってしまう大街もあり、世宗は広いところで三〇歩（約四一メートル）まで侵占家屋を撤去することを命じている。(15)

『宋会要』方域一之一二・『北道刊誤志』などによると内外城の坊名が知られる。(16)しかし、それらの坊は物理的閉鎖性を有していなかったと考えられる。政府が街路の侵占を部分的に承認したということは、その現状を認めたということである。つまり閉鎖性を回復する意向を持っていなかったといえよう。

「内城」の坊が閉鎖性を失ったのはいつ頃だろうか。梅原郁氏は「開封に於ける坊門開閉の事実を直接知り得るのは、後梁開平三年（九〇九）の正月上元節をはさむ三昼夜の（坊門開放）許可命令が最後のようである。（括弧内は筆者の補）」と述べられている。(17)しかし、このとき後梁の首都は洛陽に移されたばかりであり、この記事も実は洛陽のものである。(18)やはり日野氏が指摘されたように、唐末の混乱期に多くの都市で坊制が崩壊し新しい秩序の形成がはじまったとすべきだろう。(19)

ところで、顕徳三年（九五六）の四月から外城の建設が開始されている。その時の詔勅には、

…而して都城旧に因り、制度未だ恢《そな》わらず。諸衛軍営、或は多く窄狭し、百司公署、興修する処無し。…宜しく所司に令し京城四面に於いて別に羅城を築かしむべし。先に標識を立てよ。…其の標識の内、官が劈画に中り、軍営・街巷・倉場・諸司公廨院を定めるを候ち、務了らば、即ち百姓の営造に任ねよ。(20)

とある。唐代では坊内の坊門から反対側の坊門までの道路が街巷と呼ばれた。(21)唐代のように首都の象徴として坊牆の建設が行われたのであればそれが堂々と記事とされるであろう。すなわち、道路だけで坊牆や坊門は「建設」されな

かったと考えられる。内城が坊牆を失っていた情況の中で、外城だけで坊牆をもった坊制が復興されるだろうか。

北宋に入ってからも、侵街は政府の頭を悩ませた問題であった。「表木」といういわば標識が街路と基地との境界として使用され、官府と民戸の綱引きが展開する。(22) 街路に臨んで建造物を建てることも公認されており、もし坊牆が残っていたとしても全く形骸化していたのである。(23) 開封にも坊はあった。しかし、治安維持とは無縁の存在だった。街路に侵街家屋が軒を連ねているような雑然とした情況では、それによる治安維持は不可能である。

たとえば、元豊年間に僧文瑩が著した『玉壺清話』には、太宗時代の五人の新進官僚の度を超した行動を次のように記録している。

…五人、旦夕枢第（五人の内の一人、趙昌言の邸宅。当時枢密副使だった。『宋史』二六七、本伝を参照。）に会飲し、棋・觴・弧矢、いまだ嘗て虚日なし、毎々酔に乗じて夜分にしてはじめて帰る。金吾の吏、逐夜馬首を候《ま》ちて声諾す。（陳）象輿酔いて、其の吏を鞭揖《ママ》して曰く「金吾、夜を惜まず、玉漏、相い催さず。」と。都人諺して曰く、「陳三更、董半夜」と。趙公（昌言）これに坐するによりて崇信軍司馬に貶せらる。(24)…

まず注目すべきは、事件後、開封の人々が彼らのことを「陳三更、董半夜」と呼び合ったことである。三更は三鼓と同じで夜禁の始まりの時間である。半夜とは三鼓と四鼓の間の午前〇時を言う。いつも犯夜していた故のあだ名であろう。ある金吾の吏は夜禁を破って帰宅する彼らに対して毎晩恭しく挨拶していた。陳三更（陳象輿）は酔いにまかせて吏を鞭打ってしまう。なぜだろうか。金吾とは金吾街司のことで唐代から置かれるようになった都城の治安維持の部隊である。おそらく金吾の吏の声諾には犯夜をたしなめる意があったのだろう。それゆえに、陳象輿は唐の蘇味道の「上元」の一節をもって嘯く。「金吾は夜禁の取り締まりをしない。玉漏《みずどけい》も夜禁が迫るのを促したりしない」と。(25) しかし、毎日が上元節ではない。これは当時許されないことであった。この事件によって失脚した趙昌言は後に功績が認められ参知政事に登用されるが、そのとき太宗から「半夜之会、不復有之」と言われ泣謝するのである（『玉壺清話』の下文を参照）。この事件のもっとも注目される点は、夜間外出の禁令が坊門の開閉という物理的方法によって行われていなかったことである。ここでは「金吾」と呼ばれている、治安要員の追及を逃れれば、夜禁時間における外出が可能だった。このことから北宋開封には北宋初期から坊牆制がなかったことが明らかとなる。

b　夜禁と巡鋪

さて唐代長安の街路の偉容は、国家の権威を表現するためのものであった。それに対し後周・北宋政権は街路にそのような象徴性を期待してはいない。つまり開封の坊は隋唐のような機能をもたなかった。なお、唐代で坊門の開閉や坊内の治安維持の責を担っていた坊正は、宋代では徴税関係の仕事を受け持つようになったという[26]。物理的夜禁が不可能だとすると、宋初から行われた夜禁はどのように取り締まられたのであろうか。

さて唐の長安においては、坊門の開閉や坊牆の保全は坊正が司り、坊門の外側の街路に関して、金吾衛（街司）が司るという分掌主義が取られていた[27]。それに対し開封では坊制に基づく物理的な夜禁は不可能である。そのため先の史料に登場した「金吾」が注目されるのである。『宋会要』職官二二之一三には、金吾街杖司の機構ならびに職掌が載せられている。それによると左右金吾は儀杖を司り、左右街司は「街鼓、警場、清道、請納鼓契、巡儆衢肆、糾視違犯」を掌るとされ、さらに前者には兵士左右各々五三名、左右街司には各々一二〇名が配置されていたという。このような編成の街司が、広い京師の、しかも「坊内」までの治安維持を一手ににになうことは不可能であった。『長編』三六、淳化五年（九九四）八月丁酉の条には、

左神武大将軍、権判左右金吾街杖事魏丕、新募の街司卒千余人を以って崇政殿に於いて引対す。上、親ら選びて

五百七十人をえ、四営に分ち、五都を設ける。都には員僚・隊長有り。一に禁兵の制の如し。これより先、上、京師浩穣なるも六街の巡警に皆な禁兵を用いるは、旧制にあらざるを以って、特に左右街に命じ各々卒千人を置き、その廩給を優《ま》し、伝呼備盗せしむ。ここに至りて、始めて営部を分かち、仍りて丕をして更に募らしめ、以てその数を充たさしむ。(28)

とあり、これ以前は、禁軍兵士が首都の警備を行っていたことがわかる。しかし、太宗の淳化五年、旧制でなく首都にふさわしくないという理由で、伝統的な街司の機能が強化されることになった。すなわち二〇〇〇名の街司の卒が新募され、京師の巡警に当たることになった。

しかし、この金吾街司の制に問題が生じる。次の史料①②はともに真宗の大中祥符六年（一〇一三）に起こった同一事件に関係するものである。

①詔す。京城徼巡は宜く馬歩軍の士を参用すべし。時に巡卒三人、寒食仮に因りて軍装を質し賭博す。既に勝たず。遂に謀りて五鼓の未だ尽きざるを以って陌上の行人を伺撃し、尸を河流に棄て、衣物を取りて貿易し以て質す所を贖う。上曰く、太宗朝、巡警には馬歩卒を兼用す。蓋し営校同からざれば、以って互相《たがい》に覚挙すべからん。遂に其の制を復す。(29)

②開封府勘すらくは、宿鋪の兵士三人、寒食節仮に因りて庫に衣装を質して賭博し、勝たず。遂に謀りて五鼓の時に於いて、行人を伺いてこれを繫し、屍を河流に棄て、衣装を取りて貿易し質す所を贖す。帝曰く。太宗の時、巡鋪兵士は同指揮の人を一処にせしめず。須らく馬歩軍を相参じて分擘せば、軍分同じからざるにより、未だ相ひ諳ぜず。委ねておのおの相い覚察するを責令せよ。此れ乃ち朝廷の機事なり。何の故にか遵守するあたわざるや。枢密院は前詔を申しこれを行うべし。(30)

加害者三名は①では巡卒②では「宿鋪の兵」・「巡鋪兵士」と書かれている。また文意からこれらの兵士が先述した街司の兵であることが分かる。彼らは寒食節の休暇に際し軍服を質入れして賭博をしたが、負けが込み、取り戻せなくなってしまった。そこで通行人を殺して衣服を奪い、それと交換に軍服を取り戻したという。犯行時間は①の史料によると「五鼓未だ尽きざるの時」である。更鼓は一定の長さの時間を指すこともある。この場合は五鼓がまだ終わらない時間を指していると思われる。寒食節の時期の五鼓は二時五一分から始まり、二時間あまり続く(31)。五鼓の鼓声とともに夜禁が開けていたとはいえ、まだ薄明が始まる前の夜間であり通行人にとっては危険な時間である。『東京夢華録』三、防火の項には「毎坊巷三百歩許、有軍巡鋪屋一所。鋪兵五人。夜間巡警、収領公事。」とあり、加害者の巡鋪兵士は夜間の巡警を任としていた。いくら非番であったとはいえ首都の治安維持に当たるものが強盗を働いた。それゆえ政府も重視し制度の見直しに発展する(32)。

①と②を総合すると、事件に対して真宗は次のようにコメントしている。太宗朝時代に禁軍兵士を巡卒としていたときには、同一部隊のものが同じ巡鋪に配置されなかった。そのため、互によく相手のことを知らず、非違を監視し合い、うまくいっていた、と。つまり街司卒は二〇〇〇名を一指揮五〇〇名、計四指揮に編成されていたので、すぐに互いに見知ってしまい、なれ合いが生じる。これが事件につながったと真宗は判断したのである。なお禁軍の指揮数は京城だけで四〇〇以上ある。上記の如き問題は起こらない。そこで、再び禁軍が京城の巡警をするようになった。

繰り返すように、唐の長安では坊内の治安は坊正が司り、坊門の外側に関しては金吾衛が掌ることになっていた。そのため、金吾街司の鋪は大街にのみ置かれていたのである。しかし開封では坊制に基づく物理的な夜禁は不可能であり、巡鋪兵が夜間巡警して犯夜を取り締まった。そのため、先引の『東京夢華録』に「毎坊巷三百歩許、有軍巡鋪屋一所。」とあるように、巡鋪は坊内の小路：巷にも設けられていたのである。ところで、二〇〇〇名の街司卒が五名毎に巡鋪に配置されたのだから、巡鋪数は約四〇〇箇所程度と推測される。

c　夜禁と街鼓

加藤繁氏は、「宋の坊制は宋初にも行われ、真宗の天禧中もなおそうであったと認められるが」「仁宗の中頃過ぎまで継続し、その後うち廃れ、神宗の熙寧中には全く行われていなかった」と結論されている。[33]しかし、前項までの検討によると宋初から開封には坊制は存在していないようである。そこで加藤説の根拠になっている史料を再検討してみたいと思う。ところで、加藤説は宋代都市一般を対象にしている。すなわち坊制の治安制度としての側面が中心となって論じられている。これは以下の考察の出発点である。

加藤氏は『長編』九二、天禧二年（一〇一八）六月乙巳の条にある南京応天府での坊門開閉の記事を以って、真宗の天禧中に応天府が坊制を残した都市空間の構造を持っていたことを確認した上で、それを一般化し首都開封も含めた全中国に適用されている。[34]しかし、少なくとも開封とは事情が異なると考える。なぜならば開封は、先述したように坊制を持たない都市として後周時代までに再構成されているからである。

さらに、氏は宋敏求『春明退朝録』上によって街鼓昏暁の制が仁宗時代になくなったことを示され、宋代に於ける坊制の崩壊の時期を設定された。その史料を検討しよう。

京師の街衢、鼓を小楼の上に置き、以て昏暁を警す。太宗の時、張公洎に命じ、坊名を製り牌を楼上に列せしむ。唐の馬周の始めの建議を按じ、鼕鼕鼓を置く。惟だ両京のみこれ有り。後ち北都も亦た鼕鼕鼓有り。これ則ち京都の制なり。二紀以来、街鼓の声聞こえず、金吾の職廃せり。[35]

この文章が書かれた時期は熙寧三年（一〇七〇）から七年（一〇七四）である。その二紀：二四年前から市民が街鼓の音を聞くことは無くなったという。つまり慶暦皇祐（一〇四一～一〇五三）のころ街鼓の制が廃されたのである。この史料はその事実を指摘するものである。そこで加藤氏は「街鼓の制度は即ち街鼓にともなって坊門を開閉する制度である」とされ、街鼓の廃止は坊制の崩壊も示していると結論された。

しかし、この考え方には若干の問題がある。まず、この史料によると街鼓は「京都の制」であり、地方都市も含めた宋代都市に普遍的なものではない(36)。先ほどしめした南京応天府ですら適応外の特殊事例である。宋代都市一般を対象とする加藤氏の結論にはそぐわない史料である。

それならば開封に於ける坊制の崩壊が表されている史料なのだろうか。それですらない。街鼓の制は太宗時代にはじめられた。前項で指摘したように、それ以前から夜禁の制は存在した。また、街鼓が廃された後も夜禁は相変わらず続けられていたようだ。嘉祐四年（一〇五九）の上元観灯に関する記録には、

上元節は、京城にては雪の積もるをもって、張燈を罷むるも、士庶の遊観は縦《ゆる》す。仍りて禁夜せず(37)。

とあり、積雪が多いので観燈は禁止するが、終夜遊観することは許したことが分かる。とすると坊制が続いていたのだろうか。北宋末には、加藤説でも坊制は崩壊している。すでに述べたようにこの時にも夜禁はあったという。街鼓があってもなくても夜禁は行われていた。つまり街鼓廃止以前の夜禁と以降の夜禁に画期的な方法的差違が検出されない以上、『春明退朝録』の記事は、坊制の崩壊の時期を確定する材料とはなりえないのである。

ここで一つ問題が残る。街鼓の廃止以後、なにが市民に夜禁の時刻を知らせたのだろうか。嘉祐四年に禁夜の記事があるが、すくなくとも『春明退朝録』の著者宋敏求の在世中には街鼓の復活は考えにくい(38)。前近代の中国においては報時は政府の専管事項である。街鼓以外に時はどのように伝えられたのだろうか。

宋敏求は唐の長安の街鼓の制は馬周の建言によって採用されたと記す。『旧唐書』七四、馬周伝には、

これより先、京城諸街、晨暮に至る毎に、人をして伝呼せしめ以て衆に警す。（馬）周遂に奏す、諸街に鼓を置き、毎も撃ちて以て衆に警せと。令して伝呼を罷む。時人これを便とす。(39)

とあり、これ以前は「伝呼」が夜禁を警告していたという。先に検討した『長編』三六、淳化五年（九九四）八月丁酉の条には「特命左右街各置卒千人、優其廩給、使伝呼備盗。」とあり、伝呼は宋代では巡鋪卒が任務の一つとしていた。巡鋪に禁軍が配置されるようになっても、金吾は相変わらず街鼓を鳴らしていただろう。一方巡鋪卒は伝呼によって夜禁を警するようになったのである。また、先に述べたように『東京夢華録』によると五更になると行者達が鉄の札か木魚を叩いて夜明けを告げてまわったという。ところで王安石の春寒という詩の中に「払暁鍾声到景陽」という句がある。(40)朝を告げる鐘の音が外城の景陽門で聞こえたことを詠んだものである。払暁の時刻は正確には分からないが、市民はこの鐘を聴いて夜禁明けの目安としたことだろう。『東京夢華録』一、大内の項には大慶殿の庭前に寺院の鐘楼のような二つの建物があり、そこに太史局が置かれ時を管理していたという。この鐘との関係は確かめられない。以上のように街鼓が廃止されても市民はいくつかの手段によって時刻を知ることができたのである。

以上、治安制度に対する本節の検討により、開封では坊制は五代から存在しなかったことが明らかとなった。夜禁の制は坊制に基づかない方法で宋末まで行われたが、唐代に比べて幾分緩和されたかに見える。しかし、唐代、坊内では夜間自由に行動でき、終夜営業の店も特に規制されなかった。(41)一方、開封では三更以後は家の外に出られなくなってしまったようだ。

二　北宋の統一と首都空間の構造

北魏の平城や隋の長安は分裂時代のあとをうけた王朝の首都であり、計画的に造られた閉鎖的都市構造（坊制）は、帝国支配の強化のために少なからざる役割を担った。それに対して前節で明らかにしたような開放的都市構造が開封の空間構成のすべてであったのだろうか。いわゆる経済的合理性だけが都市空間の構造を形成したとすることには首を傾げざるをえない。なぜならば、開封も唐末五代という分裂時代を統一した北宋の首都だからである。国家支配のための装置が開封に埋め込まれ、空間構成になんらかの特色を与えたと考えるのが自然ではないだろうか。本節ではこの問題を検討してみよう。

a　都市構造としての禁軍軍営

中国諸王朝の首都建設に際して、地方から豪商など有力者が徙民されていることは、よく知られている。日本と中国の都城を比較検討された北村優季氏によると、この目的は、各地の有力者を首都に集めて管理し、帝国統治の支配者集団として結集し編成するためであったという。北魏の首都に坊制が採用されたのは、国家が部族集団を強制徙民させ管理統制するためであった。隋唐帝国も首都に坊制を採用した。それに対して日本の律令国家は大和の豪族に宅地をあたえ、中央官僚化する目的で都城制を採用した。そのため坊制は必要なかった。坊城は都城の装飾として、外国使節が通過する朱雀大路に面する坊にのみ設けられていたにすぎなかったのである。(42)

では、北宋の場合はどうだろうか。たとえば、降伏した列国君主を開封に居住させた程度で、大規模な徙民が行われたとは一般的には考えられていない。(43) それゆえに開封は政治よりも経済が優先した非計画都市であったとされている。しかし、漢民族が分裂した唐末五代を統一する北宋の首都である。漢民族内の矛盾軋轢を吸収するために、政府はやはり強制徙民に類似する政策を取ったと考えたい。

それは唐末五代には藩帥の交替など地方政治に大きな影響力を持った傭兵たちを選抜して開封に集め、禁軍に編入したことである。(44) 節度使による地方支配の廃止は、周到な準備と注意を払いながら北宋初年から行われていた。(45) 並行して、傭兵の選抜は実行された。さらに、投降した十国の兵士もいったんは開封に連行し、(46) その多くは禁軍に編入して故国から遠くはなし、身体虚弱のものだけを帰郷させている。(47) また、家族も開封に呼ばせている。(48) つまり、北宋は、唐末五代に中国に遍在していた軍事力を首都に集中し管理することによって、中国内地に秩序を回復しようとしたのである。(49)

筆者の推算によると、太宗朝の末年ごろには人口の過半を禁軍兵士及びその家族が占めるまでになる。(50) このような人口の急増による混乱をおさえるため、「都市政策」が必要となろう。それは軍政と裏表をなすものであった。まず第一に彼らに対する厚遇である。禁軍兵士には厚禄が与えられた。衣服も年に二度官給され、さらに三年毎の大祀や毎年の寒食・端午・冬至などには特別手当が支給された（『宋史』一九四、兵志、廩禄の制）。家族では消費しきれないほどの食糧も供給された。(51) このような制度を維持できる徴税・漕運システムを整備した北宋政府は統一を確実なものとしたのである。五代の半ば頃、中原国家が首都に傭兵を集中する政策をはじめてから、漕運と首都との関係が密接に意識されるようになった。宋はこの首都のありかたを継承した。建国当初の領域は中原国家と大差なく、五丈河が漕運体制の中心であった。やがて南唐や呉越が征服されると、大運河（汴河）によって大量の漕運米が開封にもたらされるようになる。(52) なお、開封は洪水が多いことで有名であるが、禁軍兵士及び家族の居住する軍営は、水はけのよい土地を選んでたてられたという。[53]
要するに宋都は、中国内部の軋轢を吸収することを期待されたのである。懐柔と同時に管理も必要である。これら新規に都市住民となった傭兵の中には、不良分子も含まれていたからである。[54] 北魏の場合は坊制がそのために導入され、都市構造によって、軍人や徙民の管理を行った。北宋はどうしたのだろうか。
禁軍とその家族を納めていたのは軍営である。軍営に関しては本書の第三章第一節b項に詳述した。行論の都合上、ここで、要点を抽出する。

①指揮毎に配置された軍営は牆壁と営門により物理的に閉鎖された空間だった。
②営門では厳しく持ち物の検査が行われ、贅沢は廃された。
③軍営の住人は、日没以降、軍営からの外出が禁止されていた。

軍そしてその下級単位の指揮は同じような前歴を持つもので構成される。[55] それらをそれぞれ閉鎖空間に分屯させたのである。つまり、軍営を利用して禁軍やその家族が管理されていたと考えられる。いわば徙民された新規の住民に対する統制管理の装置として軍営が機能していたといえよう。それ故、軍営の閉鎖性は北宋末年まで注意深く維持される。たとえば、天聖四年（一〇二六）、大洪水によって軍営のほとんどが倒壊した際、四ヶ月足らずの突貫工事によってほぼ修復された。その報告の一節には「舎屋・墻壁をみな修すこと共に十二万九千一百余間堵」（『宋会要』兵六之一三）とある。

ここで、南宋王質の書いた「興国四営記」（『雪山集』六）の記述を検討したい。これは乾道六年（一一七〇）から知興国軍の任にあった葉某の治績を記念するために草された文章である。しかし、宋朝の傭兵管理の原理を示している部分がみられ、開封の軍営の意味を理解する上でも参考になるものと思われる。

…凡そ兵は涅《でつ》さざれば兵たらず。その民と弁ずるを貴べばなり。涅《でつ》してこれを去れば某罪を以って論ず。その民と弁ぜざるを悪めばなり。足らざれば、またその服を以ってこれを判す。その品は七巾にして屦《はきもの》に至る。その采は五白にして緋に至る。これを軍容と謂う。それ遵わざる者は、某罪を以って論ず。その民と弁ぜざるを悪めばなり。足ざれば、またその居をもってこれを別す。まさに舎《お》るべくして舎《お》らざるとまさに入るべからずして入ると、みな某罪を以って論ず。…はなはだその民と弁ぜざるを悪めばなり。(56)…

以上の部分には再三、傭兵と一般人との弁別が強調されている。まず、涅《でつ》つまり入墨によって区別する。(57)服装によって区別する。そして居住空間を分かつ。最後は軍営の役割に言及している。軍営に入るべきでないもの、つまり一般市井の人が軍営に入ることは犯罪であった。その下文では軍営内で禁止されていることが一六条列記され、「法也者馭兵之器也。営也者施法之地也。…兵無営無以施法也。」とあり、軍営とは傭兵に対して法による管理を行うための空間であることが明記されている。軍営の構造については、

凡そ営に房あり。房に号あり。号に籍あり。損欠して繕修を失わば、一日、某罪を以って論ず。三日、某罪を以って論ず。若し垣墉の廃あらば、則ち登時《ただち》にこれを築け。(58)…

とあり、やはり、軍営を牆壁が囲い人戸との区別を付けていたことが分かる。そしてその牆壁は厳格に管理されていた。（口絵5は、宋平江図に表現された軍営であり、当時の軍営の様子を知るための貴重な資料である。）

この文章の規定は、興国軍だけに特殊に適応されたものではあるまい。むしろ文脈からは次のように考えられる。この前に「…于是兵之雑処者、皆遷…」とあり、興国軍の禁軍・廂軍の軍営が失われ傭兵が民間に雑居していた。葉某が守られないことが多くなった祖法に照らして軍営を建て直した。作者はそれに賛辞を送ったと。

つまり、宋代の軍隊の特色である傭兵制度下において、兵士と一般人は厳格に区別されていたのである。そのため

にも、軍営は牆壁で閉鎖される空間でなければならなかった。北魏においては他民族の雑居ゆえのトラブルが心配され都市空間を壁門が区画することになったが、宋代では傭兵と民との雑居がトラブルのもととなるため[59]、軍営の壁門が都市空間を区画することになったといえよう。

宋初、統一のため首都に傭兵が集中された。その後も強幹弱枝策は祖宗の制として堅持され、仁宗時代には開封の城壁内外に駐留する在京禁軍は四五一指揮に達した[60]。つまり口絵5のような軍営がその数だけ開封に存在していたのである。

軍営は傭兵を管理するための特殊な空間であり、一般庶民の居住する市街地とは異なる空間である。首都でのトラブルは政府の最も忌避することである。これを防止するために北宋政府は軍営と牆壁の修理に意を払ったといえる。それゆえに開封の都市空間は開放的空間と閉鎖的空間が混在したものとなった。なお軍営の配置にはある程度の規則性があった模様である。それについては次節で検討する。

五代以降でも辺境の都市などで坊制が復活されたこともあった。その目的は北魏の首都で治安制度として始まったときと同様、多民族の雑居を避け居住空間を弁別するためであった[61]。宋代の河南地方で多民族の雑居という問題は、あまり考えられないから、その意味での坊制は巨費を投じて復活する必要はなかった。ただし、漢民族の中の軍事的人口を「徙民」し、都内に軍営という閉鎖的空間構造を設け、いわば隔離したのである。

b　軍営の象徴性

坊制は、国家の権威を行人に示すための首都機能であった。行人といっても国家がそれを示したいおもな対象は外国使臣であろう。たとえば日本の律令国家の都城では、京の中央を通る朱雀大路の両側に築地が造られたにとどまり、坊門もそれぞれの条間小路が朱雀大路に通じる地点にしか設けられなかった。[62] 北村氏によると、この事実は、日本の都城の坊制が外国使節を対象として律令国家の権威を象徴するために造られたことを示しているという。[63]

北宋末、晁説之は上奏文のなかで次のように述べている。

…たれか知らん、昔日宿兵の雄なるかを。もし祖宗の旧制のごとくんば、城外の兵営、棊布相い望み、しかして謦咳の音、日夜、数百里の間に徹す。四夷の朝貢に来るものをして、遠くしてこれを望まば、鬱葱佳気の外において、森然としてあえて首を仰がざらしむるの威光あり。…[64]

この時点では、神宗時代の禁軍改革（第三章を参照）の結果、国家の威信を示すだけの軍営数がなくなってしまっていたのである。逆に北宋前半においては国都に連なる軍営の景観が、外国使節に宋の国威を象徴的に示すものだったといえよう。

北宋は五代十国の分裂を統一した国家である。それ故に外国に対するのと同様、地方に対してもその国威を十分に示しておかなければならない。元祐四年（一〇八九）に王存は次のように述べている。

京師の地、四達にして平、崇山峻嶺の険、金城湯池の固あるにあらず。四方を維御し、夷狄を威制し、根本の固を為す所以の者は、営衛の厳たるを以てなり。慶暦治平の間（一〇四一～一〇六六）、禁廂の藉、百余万に至る。新城裏外、営連りて相い望む。…[65]

ここでは四方と夷狄が区別されている。前者は中国の各地方を指すのであろう。この史料に示されているように、開封は地形的にも優れず、宋初は要塞設備も外見上、あまり立派なものではなかったようだ。[66] それを補うものが、軍営の連なる景観であり、それは国威の象徴だったと考えられていたのである。王存は慶暦六年（一〇四六）の進士である。その景観を実際に見た上での発言であろう。仁宗時代には在京禁軍の規律が乱れ、英宗時代には禁軍の欠額が多くなり、実際の戦力には問題が生じていたようだ。しかし先述したように、国家は軍営の保全に注意を払っていた模様である。国の権威の象徴として軍営は十分に機能していたものと考えられる。

ところで、軍営は開封のどのような所に設置されていたのだろうか。『東京夢華録』三、馬行街鋪席の項には、

新封丘門大街、両辺民戸鋪席、外余諸班直軍営相対、至門約十里余。

とある。新封丘門大街とは、内城の旧封丘門から外城の北辺の新封丘門までの街路である。この街路の両側には民戸や商店のほかに禁軍のなかでも最精鋭部隊である班直の軍営が、向かいあって五キロ余り続いていたという。同じく『東京夢華録』三、大内西右掖門街巷の項には、

大街西去踴路街。南太平興国寺後門。北対啓聖院。街以西殿前司相対。清風楼…唐家酒店。直至梁門。

とあり、大内を西に向うと道の両側には殿前司の軍営が相対していたという。また外城の東の新宋門（朝陽門）を入ってすぐのいわゆる汴河大街の北側に太宗時代に建設された上清儲祥宮は慶暦三年（一〇四三）に全焼してしまったが、包拯の意見により再建は行なわれず、跡地には禁軍の軍営が建設されている[67]。また、神宗時代の軍営の廃併をへた直後の史料には、

臣、元豊の間（一〇七八〜一〇八五）に京師の道中を往来するに、京南の延嘉自り以北には廃営壊塁三十里たり。…[68]

とある。以上の史料はいずれも往来する者の目に軍営の様子が明瞭に判断できるような場所、つまり大街に沿った場所に軍営が設置されていたことを示している。

外城の城壁の門の外側にも禁軍軍営が置かれていた。大中祥符元年（一〇〇八）に外城外に八つの廂が置かれている。城外廂について梅原氏は付属する坊の数が一つか二つであり、坊名の中には外城の門の名前をそのまま使用して

いるものなどが見いだせることから、「新城外の廂の地割りはたとえ図面のうえでは広大であっても、実際に管轄する場所は城門外周辺の限られた場所であったと考えてよさそうである。」と述べられている。(69)当時の史料には、

開封府言う、詔に准じ、都城の外、人戸・軍営甚だ多きを以て、相度して合に廂を置き、虞候に管轄せしむべし、と。これに従う。(70)

とあり、「城門外周辺の限られた場所」には、人戸と軍営がひしめきあっていたと考えられる。

すなわち、外城と内城の城門を貫く大街の両側や外城の門の外側など外国使臣の目の付きやすい場所等に集中的に配置されていたようだ。開封の軍営の配置には象徴性を発揮できるような配慮があったのかもしれない。

三　神宗時代の夜禁と徽宗時代の夜市

前節までの検討により、後周・宋初、開封の都市空間が軍営（閉鎖的）／市街地（開放的）／官庁用地に分節されていることが分かった。唐末五代の藩鎮体制を解体し十国の分裂を統一するための政策が、このような形態を与えたのである。統一から時間が過ぎると、北宋の統治は漢民族のなかに根を下していった。それによって首都の都市空間の構造はいかなる影響を受けただろうか。この問題は文臣官僚制の発達や、国家による首都への商人の誘導、対西夏戦など多岐にわたる北宋史の諸問題と関連する事項である。ここでは論じ尽くせないが、とりあえず本章の主要な問題点と関連する限り展望として述べたい。

まず、平和が続くに従って在京禁軍の規律は弛みがちとなった。軍隊としての能力も低下した。仁宗時代に対西夏の激戦が行われると、その弱兵ぶりが明らかとなる。それゆえ地方禁軍（就糧）の拡大が急速に実施されたわけであ

る。在京禁軍は冗兵と見なされるようになった。神宗時代には、在京禁軍の削減と軍営の合併が進められ、軍営の半数以上が廃営となった。(71)

以上の禁軍制度の変遷は首都の空間に二つの問題を招くだろう。一つは首都としての権威の象徴としての都市景観が失われる問題である。また、廃営の地は寺観や官僚の邸宅として再開発され、(72)開封の閉鎖的空間は縮小する。相対的に巡鋪の守備範囲の市街地面積は増加する。しかも問題のある禁軍が巡鋪兵なのである。とすると国都の治安維持に不安が生じると想定される。これが第二の問題となろう。本節では後者について概観し、前者については、本書第九章に略論する。

a　熙豊時代の治安制度

禁軍改革が断行された神宗時代の夜禁の模様を見てみよう。同時代人魏泰の筆記には、元豊二年（一〇七九）の太学の獄(73)に座した許将の釈放の様子が次のように記されている。

…（御史台の）開門已に二更以後に及ぶ。而して、従人、許未だ出でずとおもい、人馬却還せり。許台門に座し、進退するあたわず。たまたま邏卒の前を過るあり。…邏卒これを憐み。ために一馬の至るを呼ぶ。遂に跨がりて行く。この時、許、初めて判開封府を罷め、甜水巷に税居す。馭者、夜禁の逼するを懼れ、急ぎ馬に鞭つ。馬躍る。許、綏を失い地に墜ち、腰膝尽く傷む。馭者これを鞍に扶し、又疾駆して去る。…(74)

許将が御史台から釈放された時刻は、二更（八時二四分頃）(75)以後となっているが、夜禁開始時間の三更は一〇時四八分頃と推算され、二更をある程度すぎていたと考えられる。彼の借家がある甜水巷は、内城の東南部にあたる。『東京夢華録』三、寺東門街巷の項に説明があり、相国寺の東に第一から第三まで三つの甜水巷があったという。許将の借家がいずれにあったかは不明であるが、御街を挾んでほぼ対称的な位置にある御史台からは、直線距離で一キロメートル程度であろう。(76) しかし長安と違って整然とした都市区画を持たない開封では、実際の道程を推算する由もない。とにかく、夜禁を懼れて馭者は馬を疾走させ、ために許将は振り落とされて重傷を負うのである。そのことは神宗時代の夜禁が相当厳しかったことを示している。これは先の想定とはいささか異なる。この間の事情について考えてみよう。

ところで、保甲法は制定当初、開封府のみに試行されていた。熙寧五年（一〇七二）七月、政府は保甲のなかで巡検司に上番することを願う者にはそれを認め給料を支払うことにした。(77) 二ヶ月前、王安石は次のように発言している。

巡検下の六千人、千人ごとに歳ごとに約三千貫、これ一歳の費は十八万貫なり。今若しこの六千人を罷招し、却て保甲を以ってこれに代うれば、用うるところの銭糧の費を計るに、十八万貫になお十万貫を剰す。十万余人を以って六千人に替うるも、また歳ごとに銭十万貫を剰す。何ぞ給らざるを憂うるに至るや。一二年教閲して、便ち保正をして征行する者を募らしむれば、六千人は必ず得べし。況や但だ京師を守衛すべきのみなるをや。…(78)

神宗が保甲の銭糧費を心配した際の王安石の回答である。巡検下の募兵六〇〇〇名の一年間の費用が一八万貫である。仮にその六〇〇〇名を廃止して、今日在籍の一〇万名余りの保甲に換えたとしても一〇万貫が余剰となる。費用を憂慮するにはあたらない。また保甲を一・二年訓練すれば、本格的な軍事行動を希望するものが六〇〇〇名程度は得られるはずである。首都の治安部隊であれば希望に事欠くことはないだろう。以上は王安石の意見の要約であるが、これによって開封の警備に当たる巡検司の兵数が六〇〇〇名であったことが分かる。

そして、二ヶ月後、保甲上番施行直後に王安石は「…又四城外巡検尚有四千人。候保甲漸成就、亦可以保甲代之。…」（『長編』二三五、熙寧五年七月壬午）と発言しており、四方の城壁外の巡検にはまだなお四〇〇〇人の募兵が残っているので、保甲の訓練が終わったらそこにも上番させようしていたことが分かる。すなわち、城内の巡検司の兵は二〇〇〇名であり、すでに保甲に代わっていたと推定される。

熙寧元年（一〇六八）の『長編』の記事には、

新旧城裏都巡検に詔す。諸処の巡鋪図二面、如し省罷すべきこと分明なるものあらば、貼に簽して進入せよ、と。乃ち八十六鋪、計五百四十六人を減罷す。…(79)

とあり、新旧城裏都巡検――つまり京城内の巡検(80)――に巡鋪と巡卒の整理が命令されている。つまり、巡検司の兵とは巡鋪の兵と考えられる。この時点で整理されたので多少問題は残るが、二〇〇〇名という数字も太宗時代に置かれた街司卒の数と一致する。

以上の検討から明らかなように、重要な首都城内の警備に当たる巡鋪には真っ先に良質な保甲が配置された。首都の治安は熙寧年間強化されていた。そのため厳格な夜禁が行われていたのである。しかし、王安石引退後の元豊四年（一〇八一）、保甲上番は廃止され、巡検司には再び傭兵が配置されることになった。(81)

b　夜市と夜禁

坊制下の長安においては、夜禁開始（坊門閉鎖）後の坊内の行動は自由だった。夜間の商行為（夜市）もかなり一般的に行われていた。たとえば、坊門脇には夜禁明けを待つ人のために軽食を商う店などもあって繁盛していたという。(82)それに対し、北宋末期の開封でも夜市が盛んに行われていたことは有名である。『東京夢華録』三、馬行街鋪席の項には、

…夜市直ちに三更に至らば尽《おわ》る。才かに五更ならば又《また》復開張す。要閙の去処の如きは、通暁絶えず。…(83)

とある。三更が夜市の終了時間であり、五更にはまた商店が開店したという。三更とは夜禁の開始時間であり、五更は夜禁終了時である。唐代の夜市と異なり、営業時間に夜禁の時間が意識されていたのである。ただし、終夜営業の地区があったことも指摘されている。開封の市街地は坊牆による空間区画がされていないため、坊内と大街との間に管理上の差違は存在しない。通暁の開店は犯夜になるはずである。許されたのはどうしてだろうか。

この問題を考えるにあたり参考になるのが、次の史料である。北宋末期の開封府の長官は巡鋪の状態を次のように分析している。

徽宗政和六年（一一一六）三月二十九日、開封尹王革、政和営繕軍鋪録序を上る。その文に曰く。政和六年春某月甲子、開封尹臣革、殿中に事を奏するのとき、建言すらくは、臣部する所の都城の四廂、無慮《おおよそ》若干坊。坊ごとに徽巡卒あり。合わせて若干人数。嘗て廬を築き以て居らしむ。歳久しくして廬壊れ、或るものは廃徙亡失し、以て風雨を庇い寒暑を禦ぐ無し。卒皆な侘処に僑寄し、往往にして民の籬下に託《よ》り、私に買販し以て自営す。訟する者所を知らず。忽にして盗賊益ます玩弛たりて、忌憚なきこと甚し。…(84)

傭兵が再び巡鋪に配備されたため、徽宗時代の開封の治安は相当乱れることになったようだ。巡鋪は壊れてしまい、そこに詰めているはずの巡卒は民の垣根のしたに仮寓し座賈を営むものもいたらしい。巡鋪兵の職掌は夜間巡警と収領公事であることは先述した。この史料は特に訴訟を起こそうとする市民が困っている有り様を描写する。先述したように徽宗時代にも法制上、夜禁は行われていたが、このような巡鋪の状態で夜禁が厳格に実施されたとは考えにくい。終夜営業の出現は治安制度の盛衰と密接に関わりのある問題だといえよう。

小結

本章は唐以前の都市空間との比較の中で開封の都市空間を論じるという方法を採った。その手がかりとしたのが都市の制度、特に治安制度である。その変遷は当時の都市生活の一面を如実に表しているものであった。本稿の論述に大過無いとすると宋都開封の都市空間構造の形成過程は、北朝から宋にいたる都市空間構造の歴史的推移の結果として以下のようにまとめることが可能だろう。

北朝から唐代にかけて華北都市を中心として施行された坊制は、元々は五胡十六国時代の後を受け、多様な民族が混淆する都市空間の治安を維持するため、壁門によって居住空間を弁別するものであった。しかし、外来民族の漢族化などによって坊牆をもって空間を弁別する制度は現実的必要性を失い、唐末の乱世の中で消滅していった。

それに対して、唐の中期から漢民族の中に弁別・管理を必要とする集団が形成された。それは傭兵である。藩鎮の会府などには坊と同様に壁門を持つ軍営が盛んに建設されたであろう。一方、五代中原国家は藩鎮体制を打破することを目指し、地方の強兵を中央に吸収する政策を取った。したがって後周頃になると軍営の建設や商人たちの往来によって、首都開封の都市空間は許容量を越えるようになる。それに応じて外城の建設が行われる。しかし宋の太宗頃にはこの外城からも軍営はあふれ出し、城外廂が設置される一因となった。すなわち壁門制をいったん失った開封の内部に、再度壁門でくくられた閉鎖空間が群をなして出現することになったのである。諸処に閉鎖空間が置かれ、開放空間となっていた市街地と対照的な景観を呈することになったと考えられる。

さて首都の景観は国家権威の象徴である。不安定な国家ほど国都を象徴的建造物で飾りたてる。(85) 南北朝時代を統一した隋は国内に様々な不安定要因を持っていた。一例を挙げると支配民族の多様さである。壮大なプランのもとに首都を新築することは、それらの不安定要因を押さえこむためであった。大街の偉容を誇示したり、民族や階層別の居住ブロックを形成するため、坊制は大興城のプランの重大な要素となった(86)。それ故、侵街や打牆は国家権威の侵害といえよう。

侵街は開封にもあった。しかし、都市問題として取り上げられるのは主として真仁宗期である。長安の場合と異なり、国家の衰退に伴って起こっているとは言いがたい。宋政府は坊制に基づく都市プランによって国家権威を表現しようとはしなかったからである。また成尋によると開封の皇城のサイズは日本の御所に類するものであり(87)、長安の大明宮の規模にはとうてい及ばず中国の首都の象徴としてはかなり物足りないものだったという。これは宣武軍の治所としての規模を踏襲したためであり、拡張しようとしても周囲は民家などが建て込み不可能であった(88)。だからといって新都を建設しその偉容を天下に示そうとした形跡はない。

しかし宋も隋と同様、長い間続いた分裂の時代を統一した国家である。何らかの権威の象徴が首都に備わっていたと考えられる。武人の時代であった五代十国を統一した国家の権威を表現するにふさわしいものは、各地から選りすぐった禁軍の軍営であろう。それは数十万の軍事力が常に国都に存在していることを示す。もちろん国威発揚を担うものはこれだけではあるまい。しかし、傭兵の時代にふさわしい権威の象徴としてはその数を示す軍営の棟々がもっとも適当であろう。

それゆえ、北宋の禁軍制度の変化及び民兵制（保甲）の導入は開封の空間再編成を促すことになる。廃営が生じ、それが再開発されてゆく過程がそれに当たる。この過程については、先に第三章の後半において論じた。廃営の地は、士大夫や、商工業者に払い下げられて、再開発されたことが明らかとなっている。

従来の開封研究は、「市街地」の範囲を対象にしたものであった。この空間が開放的構造であることは本稿でも再確認した。しかし、三更から夜禁がかなり厳しく実施されており、従来の開封のイメージは修正を要することも明らかになった。ところで市街地と軍営の関係はどのように考えれば良いだろうか。金文京氏は宋代開封における大衆芸能の発達と軍隊の集中には密接な関係があることを指摘されている。[89] つまり市街地を中心に展開した大衆文化や都市商業の発達は、軍営の禁軍やその家族を顧客として育まれた可能性が大きいという。両者の関係は対立関係ではない。むしろ両者の住人達の接触が新しい庶民文化の生産に寄与したと考えられる。この面でもやはり開封の都市空間を二つに分節する観点が有効なのである。

注

(1) 宮崎市定「漢代の里制と唐代の坊制」(『東洋史研究』第二一巻第三号、一九六二。『宮崎市定全集』七、岩波書店、一九九三、再録)

(2) 朴漢済（尹素英訳）「北魏洛陽社会と胡漢体制――都城区画と住民分布を中心に――」(『お茶の水史学』三四、一九九〇)

(3) 菊池秀夫「唐初軍制用語としての「団」の用法（一）」(中央大学文学部『紀要』史学科第三九号、一九九四)

(4) 平岡武夫「唐の長安城のこと」(『東洋史研究』第一一号第四号、一九五二)

(5) 加藤繁「宋代に於ける都市の発達に就いて」(『桑原博士還暦記念東洋史論叢』弘文堂、一九三一、所収。『支那経済史考証』上巻、東洋文庫、一九五二、再録。頁数を示した場合は後者による。)

(6) 梅原郁「宋代の開封と都市制度」(『鷹陵史学』第三・四合併号、一九七七)

(7) 木田知生「宋代の都市をめぐる諸問題――国都開封を中心として――」(『東洋史研究』第三七巻第二号、一九七八)

(8) 『唐律疏議』二六、雑律上には「諸犯夜者、笞二十。有故者不坐。（原注略）疏議曰、宮衛令。五更三籌、順天門撃鼓、聴人行。昼漏尽、順天門撃鼓四百槌訖、閉門。後更撃六百槌、坊門皆閉、禁人行。違者笞二十。」とある。加藤繁「竹頭木屑録」（前掲『支那経済史考証』下巻、所収）街鼓、参照。

（9）『長編』六、乾徳三年四月壬子。令。京城夜漏未及三鼓、不得禁止行人。
なお浅海正三「元代都市の夜衛について」（大塚史学会『史潮』第四年第二号、一九三四）一二九頁によると元代の夜禁は一更三点からはじまり、五更三点に終わった。

（10）三鼓は三更のことである（『顔氏家訓』書証第十七）。日入り後二刻半から翌日の日の出前二刻半までを五更として夜の時刻は定められ、一更はさらにそれぞれ五点に等分された。それゆえ各更は季節によって変化する不定時であった（平岡氏前掲「唐の長安城のこと」五〇頁。藪内清『増補改訂中国の天文暦法』平凡社、一九九〇、四二頁。同氏「中国の時計」『科学史研究』第一九号、一九五一。斉藤国治『古代の時刻制度』雄山閣、一九九五）。夜半は三鼓三点と四点の間に置かれることとなる（平山清次「日本で行はれたる時刻法」『暦法及時法』、恒星社、一九三三、所収）。
『宋史』二九、律暦志、皇祐漏刻の項に皇祐時代以降の二四節気毎の昼夜の刻数がでている。これに基づいて概算すると次のようになる。

主な節気	一更	二更	三更	四更	五更	一更の長さ
春・秋分	6：36	8：45.6	10：55.2	1：04.8	3：14.4	2h9.6m
冬至	5：24.6	8：03	10：41.4	1：19.8	3：58.2	2h38.4m
夏至	7：48	9：28.8	11：9.6	0：50.4	2：31.2	1h40.8m

（11）遣使減価鬻炭十万秤。於是、以五鼓開場、又限以一秤。…

（12）『東京夢華録』三、天暁諸人入市の項には「毎日交五更、諸寺院行者打鉄牌子、或木魚循門報暁。亦各分地分、日間求化。諸趨朝入市之人、聞此而起。」とある。

(13)『宋会要』帝系一〇之七。大観二年十一月十二日。詔。来歳上元節、以行《ママ》皇后園陵礼畢、所有御楼観燈可罷。唯幸宮観焼香、為民祈福。斎殿不作楽。止宣。臣僚坐賜茶。開宮観寺院、不禁夜、放庶士焼香。許民間点照。

(14)『五代会要』二六、街巷。周顕徳三年六月。詔。…其京城内、街道闊五十歩者、許両辺人戸、各於五歩内、取便種樹掘井修蓋涼棚。其三十歩已下至二十五歩者、各与三歩。其次有差。

(15)『資治通鑑』二九二、顕徳二年一一月丁未の条には「先是大梁城中、民侵街衢為舎、通大車者蓋寡。上命悉直而広之、広者至三十歩。」とある。

(16)孔憲易「北宋東京城坊考略」（鄧広銘・酈家駒編『宋史研究論文集』河南人民出版社、一九八四）は諸史料の相違を考証し坊の大体の位置も明らかにしている。

(17)梅原氏前掲「宋代の開封と都市制度」五七頁。

(18)この坊門開放命令（『五代会要』一二、燃燈。梁開平三年正月敕、…宜於正月上元前後三昼夜、開坊市門、一任公私燃燈祈福。）は、洛陽のものである。朱全忠は開平二年の一二月に開封から洛陽に遷都しているからである（拙稿「五代国都新考」『史観』第一一九冊、一九八八、本書第一章）。『旧五代史』四、梁太祖紀、開平三年正月己卯の条には、同一の命令を節略せず載せており、洛陽に施行された命令であることが明記されている。

(19)日野開三郎「唐宋時代における商人組合『行』についての再検討」（久留米大学商学部『産業経済史研究』第二巻第一・二・三・四号、第三巻第一・二・三号。一九八〇年～一九八一年。『日野開三郎東洋史論集』第七巻、三一書房、一九八三、所収。頁数は後者による。）三一九・三四九頁を参照。また、本論の第二章には、唐末五代の洛陽における坊制の崩壊を論じている。

(20)『五代会要』二六、城郭、顕徳二年四月。詔曰…而都城因旧、制度未恢。諸衛軍営、或多窄狭、百司公署、無処興修。…宜令所司於京城四面別築羅城、先立標識。…其標識内、候官中劈画、定軍営・街巷・倉場・諸司公廨院。務了、即任百姓営造。

(21)日野開三郎『唐代邸店の研究』（自家版、一九六八。『日野開三郎東洋史論集』第一七巻、三一書房、一九九二、再録。頁数は後者による。）二六二頁～二六三頁を参照。

(22)『宋史』二九一、王博文伝には「都城豪右邸舎侵通衢。博文製表木按籍、命左右判官分徹之。月余畢。」とあり、侵街家屋の目安として表木が造られたことが分かる。

(23) 木田氏前掲「宋代の都市をめぐる諸問題」一二二頁参照。なお木田氏は「五代期の開封についてみると、後周の世宗の登臨以前には開封はさしたる繁栄段階にまで至っていなかったとされている。このことは取りも直さず、都市景観に古いスタイル－坊牆－が残っていることを物語っていよう。」と述べられるが、坊牆の存在の根拠として決定的でないと思われる。

(24)『玉壷清話』五。…五人者旦夕会飲於枢第、棋觴弧矢、未嘗虚日、毎毎乗酔夜分方帰、金吾吏逐夜候馬首声諾。象輿酔、鞭揖其吏曰、金吾不惜夜、玉漏莫相催。都人諺曰、陳三更、董半夜。趙公因是坐貶崇信軍司馬。…

(25)『唐詩紀事』六、蘇味道の項には、「上元云。火樹銀花合、星橋鉄鎖開、暗塵随馬去、明月逐人来。遊妓皆濃李、行歌尽落梅。金吾不惜夜、玉漏莫相催。」とある。『文苑栄華』一五七にも「正月十五夜」としてこの詩を載せるが、多少字句の異同があり、特に「金吾不惜夜」は「金吾不禁夜」となっている。

(26) 梅原氏前掲「宋代の開封と都市制度」六六～七頁。

(27) 室永芳三「唐都長安城の坊制と治安機構」『九州大学東洋史論集』2（一九七四）・4（一九七五）

(28) 左神武大将軍、権判左右金吾街杖事魏丕、以新募街司卒千余人引対於崇政殿。上親選得五百七十人。分四営、設五都。都有員僚・隊長。一如禁兵之制。先是上以京師浩穣、六街巡警皆用禁兵、非旧制、特命左右街各置卒千人、優其廩給、使伝呼備盗。至是、始分営部、仍令丕更募、以充其数焉。（『宋会要』職官二二之一三にも同内容の記事がある。）

(29)『長編』八〇、大中祥符六年三月丁未。詔、京城徼巡宜参用馬歩軍士。時巡卒三人、因寒食仮質軍装賭博、既不勝。遂謀以五鼓未尽伺撃陌上行人、棄尸河流、取衣物貿易以贖所質。上曰、太宗朝巡警兼用馬歩卒。蓋営校不同、可以互相覚挙。遂復其制焉。

(30)『宋会要』兵三之一。（大中祥符）六年三月。開封府勘、宿鋪兵士三人、因寒食節仮、質庫衣装賭博不勝。遂謀於五鼓時、伺行人繫之棄屍河流、取衣装貿易贖其所質。帝曰、太宗時、巡鋪兵士不令同指揮人一処。須馬歩軍相参分擘。縁軍分不同、未相諳。委責令各相覚察。此乃朝廷機事。何故不能遵守。枢密院可申前詔行之。

(31) 寒食は清明節が始まる前、春分節の最後の三日間を言う（『事物紀原』八、寒食。『容斎四筆』四、一百五日）。『宋史』二

九、律暦志、皇祐漏刻の項によると、春分節が始まってから九日後、日没時間を固定したまま、昼刻を五〇から五二に増すことになっていた。これによって計算すると、一更の長さは二時間三分五〇秒となり、五更は二時五一分二二秒からはじまる。

(32) 『分門古今類事』二〇、崇徳遇僧（『青瑣高議』の佚文）にも「閤門祇候程崇徳、真宗在藩邸日為殿侍。上元夜、将家属入崇夏寺看燈。時金吾街司招新人、皆無頼之徒多窺人家士女。程見一人褐衣出入士女叢中略無畏憚。程甚不平於闇密処拳撃殺。遂摺紫袍襞玉帯。領家属出了。無人知。到曉捉賊卒不得。…」とある。

(33) 加藤氏前掲「宋代に於ける都市の発達に就いて」三一二頁・三二一頁。

(34) 応天府の記事は「是夕、京師民訛言帽妖至自西京。入民家食人。相伝恐駭、聚族環座、達旦叫譟。軍営中尤甚。…時自京師以南、皆重閉深処。知応天府王曾令夜開里門、敢倡言者即捕之。妖亦不興。」といったもので、当時、南京には坊制が残っていたようである。

(35) 京師街衢、置鼓於小楼之上、以警昏暁。太宗時、命張公洎、製坊名列牌於楼上。按唐馬周始建議、置鼕鼕鼓。惟両京有之。後北都亦有鼕鼕鼓。是則京都之制也。二紀以来、不聞街鼓之声、金吾之職廃矣。

(36) 『長編』六、乾徳三年（九六五）二月癸卯の条には、知梓州が門の鼓を早めにならし五鼓を告げさせ、城外の賊を退去せしめたことが記されている。普通の州県の規模では街鼓は必要はなかったのかもしれない。また『長編』六、乾徳三年一二月是月の条には、「…是夕、賊還結衆囲城、約以三鼓進攻、（呂）翰諜知之、戒掌漏者止撃二鼓、賊衆不集、至明而遁、…」とある。これは嘉州のことである。つまり、街鼓ではなくても鼓声によって夜間時間を告げる制が地方都市にもあったことが分かる。また、『梁谿漫志』一〇には、「…尉得釈、即踰城馳二百里至楚城外、鼕鼕方二鼓矣。…」とあり、楚州城にも鼕鼕鼓があり、夜間の時間を市民に告げていたことがわかる。

(37) 『宋会要』帝系一〇之六。（嘉祐）四年正月、上元節、以京城積雪、罷張燈、縦士庶遊観。仍不禁夜。

(38) 伊原弘氏は『全宋詞』の中に北宋後期にも街鼓の存在を示す史料があることを指摘されている。同氏「唐宋時代の浙西における都市の変遷」（中央大学文学部「紀要」史学科第二四号、一九七九）六六頁以下を参照。

(39) 先是京城諸街、毎至晨暮遣人伝呼、以警衆。(馬) 周遂奏、諸街置鼓、毎撃以警衆。令罷伝呼。時人便之。

(40) 『臨川先生文集』二三に、「春風満地月如霜、払暁鍾声到景陽。花底裌衣朝宿衛、柳辺新火起厳粧。氷残玉甃泉初動、水渋銅壷漏更長。従此暄妍知幾日、便応鶗鴂損年芳。」李璧は景陽に「南史。斉武帝置鍾於景陽楼上応五鼓。及三鼓宮人聞之、早起粧飾。」と注しているが(『王荊公詩注』三四)、前後の句から考えて開封を舞台とした詩である。

(41) 『唐律疏議』二六、雑律上には、「…閉門鼓後、開門鼓前、禁行。明禁出坊外者。若坊内行者、不拘此律。」とあり、坊内の行動の自由を定めている。

(42) 北村優季「日唐都城比較制度試論」(池田温編『中国礼法と日本律令』東方書店一九九二)。また、日本の都城制については同氏「わが国における都城の成立とその意義」(『比較都市史研究』第四巻第二号、一九八五)を参照。

(43) 『長編』三八、至道元年(九九五)九月丁未の条には、「参知政事張洎…曰。今帯甲数十万、戦騎称是、萃於京師。仍以亡国之士民集於輦下、比漢・唐京邑民庶十倍其人矣。…」とあり、徙民が行われたという認識である。同書六、乾徳三年(九六五)三月是月の条には「孟昶与其官属皆挈族、帰朝、由峡江而下。」とあり、すくなくとも亡国の官僚を国都に移住させたことはあるようだ。南唐(江南)の亡国に関しては官属五五人が、拉致されている(『長編』一七、開宝九年(九七六)正月辛未)。先の発言をした張洎はその内の一人である。

(44) 堀敏一「五代宋初における禁軍の発達」(『東洋文化研究所紀要』第四冊、一九五三)を参照。なお、『長編』六、乾徳三年(九六五)八月戊戌朔の条には「令天下長吏択本道兵驍勇者、籍其名送都下、以補禁旅之欠。又選強壮卒、定為兵様、分送諸道。其後又以木梃為高下之等、給散諸州軍、委長吏・都監等召募教習、俟其精錬、即送都下。」とあり、地方軍の優秀な兵士を禁軍に編入したことが分かる。

(45) 日野開三郎「藩鎮体制と直属州」(『東洋学報』第四三巻第四号、一九六一)

(46) 列国兵士の禁軍編入に関しては堀氏前掲「五代宋初における禁軍の発達」一三八頁を参照。

(47) 『長編』三、建隆三年(九六二)七月壬戌の条を参照。

(48) 『長編』三、建隆三年五月丁巳の条を参照。

(49)『両朝国史』志（『文献通考』一五二に引用）には「太祖太宗、平一海内、懲累朝藩鎮跋扈、尽収天下勁兵、列営京畿以備藩衛。…真宗・仁宗・英宗嗣守其法。益以完密。…」とある。

(50) 本書第四章を参照。

(51) 本書第四章、第一章b「禁軍一人あたりの家族数」を参照。

(52) 青山定雄『唐宋時代の交通と地誌地図の研究』（吉川弘文館、一九六三）第九、宋代における漕運の発達の項および拙稿前掲「五代国都新考」（本書第一章所収）を参照。

(53)『宋会要』兵六之一六、宣和四年（一一二二）四月二十八日の条には「詔。宋朝置禁旅於京師。処則謹守衛、出則捍辺境。故択諸爽塏、列屯相望。…」とある。爽塏とは乾燥した微高地という意味である。開封は、西北が高く東南が低い地形である。軍営は、西部に多くもうけられる傾向があった（本書、第六章を参照）。

(54)『長編』二、建隆二年（九六二）七月壬午の条には「上謂、殿前衛士、如虎狼者不下万人、非張瓊不能統制。」とあり、『長編』三、建隆三年（九六三）七月庚辰の条には「先是、雲捷軍士有偽刻侍衛司印者、捕得、斬之。上曰、諸軍比加簡練、尚如此不逞耶。」とあり、『長編』一二、開宝四年（九七一）正月癸亥の条には「開封府捕獲京城諸坊無頼悪少及亡命軍人為盗並嘗停止三百六十七人。詔以其尤悪二十一人棄市、余決杖配流。」とあり、『長編』二四、太平興国八年（九八三）十二月是冬の条には「軍士有夜劫民家者。上厚立賞捕之。既獲、悉戮于市。因諭諸軍偏索曾経罪罰凶猾無頼者、得百余人、上不忍殺、以鉄鉗鉗其首、羈於本州、明年二月乃釈之。仍各賜銭三千。」とある。以上の史料により、禁軍兵士の中には治安維持の妨げになる者もいたことが分かる。

(55)『宋史』一八七、兵志、建隆以来之制、また堀氏前掲「五代宋初における禁軍の発達」一四二頁以降の表の設置由来の項を参照。

(56) …凡兵非涅不為兵。貴其弁于民也。涅而去之、以某罪論。悪其無弁于民也。不足又以其服判之。其品七巾而至于履。其采五白而至于緋。謂之軍容。其弗遵者。以某罪論。悪其無弁于民也。不足又以其居別之。当舎而弗舎。弗当舎而舎。与弗当入而入。皆以某罪論。…甚無其弁于民也。…

(57) 曾我部静雄「宋代軍隊の入墨について」(『支那政治習俗論攷』筑摩書房、一九四三、所収)を参照。
(58) 凡営有房。房有号。号有籍。損欠而失繕修、一日以某罪論。三日以某罪論。若垣墉之廃、則登時築之。…
(59) 『長編』八六、大中祥符九年三月丙寅の条には「曹瑋言、秦州管戍兵多欠営屋、至有寓民舎者、頗或擾人。臣令役卒採木・陶瓦、為屋千四百区。今並畢功。」とあり、『梁谿漫志』四、東坡謫居中勇於為義には「…(恵州)諸軍欠営房、散居市井、窘急作過。坡欲令作営屋三百間。…」とあり、軍・民の雑居が、民衆の災いになることが示されている。
(60) 前掲拙稿「宋都開封と禁軍軍営の変遷」(本書、第三章)七二頁を参照。
(61) 煕寧年間、沈括の建議によって坊制が河北辺境に復活している(梅原氏前掲「宋代の開封と都市制度」五七頁)。梅原氏の指摘されるように、その設置の目的は北朝の時と同じである。また、広州などの海港には蕃坊が設けられており、アラビア商人たち居住していたという。蕃坊がいかなる構造を持っていたのかは明らかにしえない。設置の目的はやはり、蕃漢を雑居せしめないところにあったようだが、事実上は蕃漢雑居であったようだ(藤田豊八「宋代の市舶司及び市舶条例」『東洋学報』第七巻第二号、一九一七、『東西交渉史の研究、南海篇』、開明堂、一九三二、再録、後掲本三〇七頁参照。桑原隲蔵『蒲寿庚の事蹟』東亜攻究会、一九二三。『桑原隲蔵全集』第五巻、岩波書店、一九六八、再録。全集第五巻六四頁を参照。)ところでイブン＝バトゥータのつたえる所によると、khansu(杭州)は六市区に分かたれ各市区は牆壁を以って囲まれそれ全体がまた大障壁をもってくくられていたという。そしてそれぞれに民族が住みわけをしていたという(藤田氏前掲論文、二三六頁。)。藤田氏によると中国側の史料にはこうした記述は無いという。
(62) 岸俊男「難波京の系譜」(『京都大学文学部研究紀要』一七、一九七二。同氏『日本古代宮都の研究』岩波書店、一九八八、再録)参照。
(63) 北村氏前掲「わが国における都城の成立とその意義」三四頁。
(64) 『景迂生集』三、負薪対。…孰知、昔日宿兵之雄哉。倘如祖宗之旧制、城外之兵営、棊布相望。而謦咳之音、日夜徹乎数百里之間。使四夷来朝貢者、遠而望之、於鬱葱佳気之外、有森然不敢仰首之威光。…
(65) 『玉海』一三九、慶暦兵録、贍辺録、嘉祐兵数。京師之地、四達而平。非有崇山峻嶺之険、金城湯池之固。所以維御四方、威制夷狄、為根本之固者、以営衛厳也。慶暦治平間、禁廂之藉、至百余万。新城裏外、連営相望。…

(66) 梅原氏前掲「宋代の開封と都市制度」五四頁を参照。なお外城壁については本書、第九章に詳述。

(67)『東京夢華録』三、『汴京遺蹟志』八などを参照。

(68)『歴代名臣奏議』三〇五、王襄、論彗星疏。…王安石為相、思復三代民兵、故創教保甲、而潜消禁旅。臣元豊間往来京師道中、京南自延嘉以北、廃営壊塁三十里。…

(69) 梅原氏前掲「宋代の開封と都市制度」六六頁

(70)『宋会要』方域一之一二。大中祥符二年(一〇一六)三月九日。開封府言、准詔、以都城之外、人戸軍営甚多、相度合置廂、虞候管轄。従之。

(71) 前掲拙稿「宋都開封と禁軍軍営の変遷」(本書、第三章)二在京禁軍の減少・三併営を参照。

(72) 前掲拙稿「宋都開封と禁軍軍営の変遷」(本書、第三章)四廃営の地の再開発を参照。

(73) 近藤一成「王安石の科挙改革をめぐって」(『東洋史研究』第四六巻、第三号、一九八七)三〇頁を参照。

(74)『東軒筆録』九。…開門已及二更以後。而従人譋許未出、人馬却還矣。許座於台門、不能進退。適有邏卒過前。…邏卒憐之。与呼一馬至。遂跨而行。是時許初罷判開封府、税居于甜水巷。馭者懼逼夜禁、急鞭馬、馬躍、許失綏墜地、腰膝尽傷、馭者扶之于鞍、又疾駆而去。…

(75)『東軒筆録』の下文からこの事件が旧暦の一〇月に起きたことが分かる。元豊二年一〇月一日はユリウス暦では一〇月二八日に当たる(薛仲三・欧陽頤合編『両千年中西暦対照表』商務院書館、一九四〇、参照)。とすると節気は霜降となる。この節気の日没・日出のデータ(『宋史』七九、律暦志、皇祐漏刻の項)によって時刻を計算した。

(76) 入矢義高・梅原郁訳注『東京夢華録――宋代の都市と生活――』(岩波書店、一九八三)冒頭の内城拡大図を参照。

(77) 曾我部静雄「王安石の保甲法」(『宋代政経史の研究』吉川弘文館、一九六〇)一一頁。羽生健一「北宋の巡検と保甲法」(『史淵』第九二輯、一九六四)一〇七～一〇八頁。

(78)『長編』二三三、熙寧五年(一〇七二)五月丙戌。(王)安石曰。巡検下六千人、毎千人歳約三千貫、是一歳費十八万貫。

今若罷招此六千人、却以保甲代之、計所用銭糧費、十八万貫尚剰十万貫。以十万余人替六千人、又歳剰銭十万貫、何至憂不給也。教閲一二年、便令保正募征行者、六千人必可得。況但要守衛京師而已。…

(79)『宋会要』兵三之五～六。神宗熙寧元年（一〇六八）十二月九日。詔。新旧城裏都巡検、諸処巡鋪図二面、如有可省罷分明、簽貼進入。乃減罷八十六鋪、計五百四十六人。…

(80)『事物紀源』六、都廂と畢仲遊「乞置京城廂巡検札子」（『西台集』一）を参照。

(81)羽生氏前掲「北宋の巡検と保甲法」一一二～一一三頁。その理由は、団教法の施行によって保甲の民兵制への移行が行われたことにある。団教法の施行と同時に保甲上番はやめられ、巡検司には又禁軍が差されることになった。

(82)日野氏前掲『唐代邸店の研究』（参考）夜市、五七七・五八三頁を参照。

(83)夜市直至三更尽。才五更又復開張。如要鬧去処、通暁不絶。

(84)『宋会要』兵三之六～七。徽宗政和六年三月二十九日、開封尹王革上政和営繕軍鋪録序。其文曰。政和六年春某月甲子、開封尹臣革奏事殿中、建言、臣所部都城四廂無慮若干坊。坊有徼巡卒合若干人数。嘗築廬以居。歳久廬壊、或廃徙亡失、無以庇風雨禦寒暑。卒皆僑寄侘処、往往託民籬下、私賈販以自営。訟者莫知所。忽盗賊益玩弛、無忌憚甚。…

(85)藤田弘夫『都市と権力』（創文社、一九九一）二〇七頁以降を参照。

(86)妹尾達彦氏は、「長安や北京のような、外中国の遊牧地域と、内中国の農業地域にまたがる国都の場合、計画的な都市プランや国家儀礼によって、誰もが認めざるを得ない国都としての偉容と象徴性を創造する必要があり、種族・階層ごとの居住ブロックの分割によって、治安の維持をはかる必要があった。」とされる。（「隋唐時代の都市と文化（稿）」シンポジウム「魏晋南北朝隋唐時代史の基本問題」一九九三年一一月四日、中国史研究会　於竜谷大学、レジュメ）。同氏「都市の社会と文化」（谷川道雄他編『魏晋南北朝隋唐時代史の基本問題』汲古書院、一九九七、所収）。

(87)成尋『参天台五台山記』四、熙寧五年（一〇七二）一〇月二四日の条には「…今日廻皇城四面大略九町許。如日本皇城。」とある。

(88)『宋会要』方域一之一一、雍熙元年（九八六）九月一七日。

(89)　金文京「「戲」考——中国における芸能と軍隊」(『未名』第八号、一九八九)笠沙雅章編『アジアの歴史と文化』3(同朋舎、一九九四)、Ⅶ宋元文化、2民間文芸の発展(金文京氏分担執筆)参照。

第六章　城内の東部と西部

はじめに

筆者はこれまで都市開封の内部に於ける制度や現象を、首都機能の面から検討してきた。しかし、その作業のなかで、都市内部の諸街の差違には関しては、ほとんど指摘することができなかった。史料的にはやや困難な作業であるが、宋都開封をより深く理解するためにも避けることはできない論点である。

城内の差違を分析する第一歩は、城内の行政区画のデータを抽出して、比較することである。開封の行政的な区画は、廂と坊である。唐代には都市管理に威力を発揮した坊制であるが、唐末五代の混乱期に坊牆・坊門が失われたため、宋代の坊は治安維持などの実質的な機能はなかったと思われる。それに取って代わる形で、都市管理のために新設されたのが廂であった。もともと廂とは、軍隊の編成単位の名称であり、軍隊が多数駐留する開封の都市区画として使用された[1]。真宗時代には城内一〇廂、城外九廂が設置された。また、神宗時代には、城内を二廂あるいは四廂にわける区画が設けられたが、神宗時代の一〇廂との関係は、残念ながら明らかにすることはできていない。

ところで、城内一〇廂に関する個別の統計を提供している唯一の史料が天禧五年（一〇二一）の廂別戸数統計である。

表⑥（『宋会要』兵三之三～四より）

	廂名	坊数	編戸数	廂典	書手	都所由	所由	街子	行官	公吏計
内城	左軍第一廂	二〇坊	八九五〇戸	1	1	1	5	2	14	24
	左軍第二廂	一六坊	一五九〇〇戸	1	1	1	5	4	14	26
	右軍第一廂	八坊	七〇〇〇戸	1	1	1	2	2	6	13
	右軍第二廂	二坊	七〇〇戸	1	1	1	3	1	2	9
外城	城東左軍廂	九坊	二六八〇〇戸	1	1	1	4	4	8	19
	城南左軍廂	七坊	八二〇〇戸	1	1	1	2	2	9	16
	城南右軍廂	一三坊	九八〇〇戸	1	1	1	3	6	8	20
	城西右軍廂	二六坊	八五〇〇戸	1	1	1	5	6	11	25
	城北左軍廂	九坊	四〇〇〇戸	1	1	1	3	3	7	16
	城北右軍廂	一一坊	七九〇〇戸	1	1	1	2	2	6	13

まず注目されるのは、廂ごとの坊数の格差である。ただし、いわゆる「坊制崩壊」後の坊の実態はよく分かっていないため、本章では坊数の差違については触れない。次に廂ごとの編戸数の格差が注目される。同時に、公吏数の合計も目を引く。都市の管理者である公吏の数は、編戸数に必ずしも比例していないのである。つまり、編戸以外の要素が関係していることを想定しなければならない。単なる住宅密集地ではない国都の特殊性がここには存在すると思われる。それを整理することが、国都としての開封の都市内部構造をより明らかにする一つの方法なのである。本章では、特に東部（左軍）と西部（右軍）の差違に関して考えてみたい。

一　内城東部と全国的物流

まず、関連資料が比較的、豊富な内城に関して考える。内城に関する数字を通覧すると、左軍（東部）の二廂が、人口・公吏数ともに多い。本節では、その情況に関して、検討してみたい。

江淮から汴河を遡上して開封を目指す船舶は、外城東南部の東水門から入城する。漕運船は、東水門内外に林立する漕運米の倉庫（本章第三節で詳説）付近に停泊し米穀を陸揚げしただろう。商船はさらに遡上する。たとえば、『参天台五台山記』四によると、成尋を乗せ汴河を遡上してきた船は、熙寧五年（一〇七二）一〇月一二日に外城東水門を経て、内城の麗景門（旧宋門）の南を通過、相国寺前の延安橋（相国寺橋）の東で停泊した。

『東京夢華録』によると、汴河にかかる橋の中で、相国寺橋と州橋は、高さが低く、「西河平船」しか、通過できなかったという[2]。西河とは州橋より西側の汴河をさす。そのため、内城の水門（旧宋門・汴河南岸角門子）から相国寺橋の間が、停泊地として発達したのである。再び成尋の証言を引用する。開封に到着したその日は船上で一泊し、翌日下船、落ち着き先の太平興国寺へ向かう。成尋は泊地の様子を、

> 汴河左右に前に著したる船は講計すべからず。一万斛・七八千斛、多々荘厳たり。大船其数を知らず。両日、三四重に著す船千万を見過す[3]。

と述べている。

内城南部を汴河は貫流しているが、西部の右軍第一廂に対して東部の左軍第一廂の編戸数・公吏数はかなり多い。

上述のような江淮方面から至った商船の停泊地が形成されていたことがこの要因の一つとして考えられる。泊地の整備は五代後周時代に行われたようだ。『玉壺清話』三には、

周世宗顕徳中、周景(4)を遣わし大いに汴口を濬し、また鄭州より郭西の濠を導き中牟に達せしむ。景、心に知る「汴口すでに濬われ、舟檝を壅《さえ》ぎるなし。まさに淮浙の巨商、糧斛を貿して賈《う》らんとす。万貨汴に臨むも、委泊の地なからん」と。世宗に諷し乞うらくは「京城の民の汴をめぐるものは、楡柳を栽え、台榭を起て、以て都会の壮をなさしめよ」と。世宗これを許す(5)。

とある。後周の世宗の時代、まだ江南は統合されていなかった。世宗は、周景威に命じて汴口（黄河から汴河が分流する口）を整備させ、大運河再開の準備をする。まもなく淮浙の大商人が、汴河を利用して開封に江南の特産品をもたらすことが予想される。しかし、現状では、「委泊の地なし」とあるように、汴河沿岸の商港設備は不十分だった。そこで、沿岸の整備を、周景威は世宗に提案している。その意見によると、沿岸にニレやヤナギを植林し、台榭（物見台のような高い建物）を建て、首都の権威を象徴するような壮麗な景観を形成することが求められている。この下文によると、この後、周景威自ら十三間楼なる巨大な邸店を建設し、巨利を博するようになったという。これは、旧宋門内の汴水に臨む地に建てられ(6)、北宋末までその姿を留めていた（『東京夢華録』二）。成尋の述べるところの停泊地の場所である。

顕徳三年（九六五）には、開封の外城が建設された。周景威が、汴口を整備したのは、それにやや遅れて顕徳五年（九五八）のことと考えられる。『冊府元亀』四九七、邦計部、河渠二には、

（顕徳）五年三月、世宗、淮南に在り、たまたま汴口を濬し、その流れを導びきて、淮に達せしむ。汴河、唐室の季《すえ》より、淮賊の決する所となり、埇橋より東南は悉く湮し、汚沢と為る。帝、二年冬に於いて、将に南征を議

し、即ち徐州節度使武行徳に詔し、その部内の丁夫を発し、その古堤に因りて、疏してこれを導き、東のかた泗上に至らしむ。是の時、人びと皆な窃かに議し、以て益なし爲す。惟だ帝のみこれを然りとせず。曰く「二三年の後、当にその利を知れり」と。ここに至り果して聖慮に符《あ》う。これより、江淮の舟楫、果して京師に達す。万世の利、それこの謂いか。[7]

とある。顕徳二年に徐州付近で復元工事が行われ、同五年に、汴口（黄河からの分流口）が開かれ、淮河まで水路が通じたのである。この時から、江淮から商船が来航できるようになったことが確認できる。

汴河交通の整備はその後も続けられた。ことに問題となったのは、汴河が比較的急流であるため、船が橋を通過する際に橋脚に衝突してしまう事故が多かったことである。そこで、仁宗時代に、泗州から開封までの汴河の橋は、飛橋あるいは虹橋といわれる橋脚を持たない構造の大型橋に架け替えられた。[8]開封付近では虹橋（東水門外）、上下土橋（城内）がこの構造に掛け替えられている。

『東京夢華録』には、南方と内城東南部（左軍第一廂）との関わりの深さを示す記述が散見される。相国寺の北には、小甜水巷という通りがあり、巷内には南食店が甚だ盛んだったという。[9]また南方からやってくる官僚や遠隔地商人たちを顧客とする宿泊施設が汴河沿岸に多数開業していた。[10]

相国寺の境内は毎月五回、市民に市場として開放された。『東京夢華録』[11]によると、様々な商品が取り引きされている。また地方の任を終えた官僚が、土産を出品していたという。今日におけるフリーマーケットのような機能も持っていたのだろう。

五代においては、汴河自体がその水運機能を失っていた。汴河の沿岸には、港湾施設が整っていなかった。内城東南部（左軍第一廂）のインフラ整備は、五代末からはじまり、やがて、全国商業の発達に伴ってその重要性を増したのである。

しかしながら、表6によると、内城で、もっとも編戸数や公吏数が多いのは、東北の左軍第二廂である。そして、『東京夢華録』で夜市などの商業的繁昌が称えられているのは、左軍第二廂を南北にほぼ平行して貫いている、東華門街と馬行街なのである。

東華門とは、宮城の東門である。『東京夢華録』巻一、大内によると、

> 東華門の外、市井最も盛んなり。蓋し禁中の買売、ここに在り。凡そ飲食は、時新の花果、魚・蝦・鼈・蟹、鶉・兎の脯腊、金玉珍玩や衣着、天下の奇のあらざる無し。その品味、数十分の如し。客、一二十味の下酒を要《もと》むも、索《もと》むに随ひて目下《ただち》に便ちこれ有り。その歳時の果瓜・蔬茹、新に上市し、并びに茄瓠の類、新に出づれば、対ごとに三五十千に直るべきも、諸閤分争し貴価を以てこれを取る[12]。

とあり、東華門外の商店街は非常に盛大であった。宮中の買い上げがそこでおこなわれていた。また、出勤する官僚たちは、この門から大内に入るため、彼らが待機する待漏院も、東華門の左右に十余間にわたって設けられていた[13]。彼らに対する、物質的および人的な需要を満たすべく、東華門外では市民が朝早くから活動していた（『丁晋公談録』不分巻を参照）。

馬行街は『東京夢華録』にも数カ所登場する。次に上げる『東京夢華録』三、馬行街北諸医鋪はその一つである。

> 馬行を北に去《ゆ》けば、乃ち小貨行・時楼・大骨伝薬鋪あり。直ちに抵るは、正に旧封丘門に係る。両行は、金紫医官・薬鋪あり。杜金鈎家、曹家の獨勝元、山水李家の口歯咽喉薬、石魚児班防禦、銀孩児栢郎中家の医小児《しょうにか》、大鞋任家の産科の如し。その余は香薬の鋪席、官員の宅舎なり。遍記するを欲せず。夜市は、州橋に比べまた盛ん

なること百倍。車馬は闐擁し、足を駐すべからず。都人はこれを「裏頭」という。[14]馬行街には、医者・薬屋・香料店・官僚の住まいなどが軒を連ねていた。夜市は、有名な州橋夜市に比べても、百倍は盛んだという。馬行街の夜市に関しては、『鉄囲山叢談』四に、

天下蚊蚋に苦しむ。都城、ただ馬行街のみ蚊蚋なし。馬行街は、都城の夜市・酒楼、繁盛を極めるの処なり。蚊蚋、油をにくむ。しかして馬行、人物嘈雑にして、灯火は天を照す。毎に四更に至りて罷む。故に永に蚊蚋絶ゆ。[15]

とあり、灯火の油煙を嫌い、蚊や蚋がいなかったという。四更まで夜市が行われたというが、北宋における夜禁開始時間は三更である。北宋末には、夜禁の制が弛緩し、終夜の夜市が行われていた区域となった。

内城東北部（左軍第二廂）就中馬行街の経済的重要性は、五代にさかのぼることが可能だと思われる。大運河の開通以前、開封に対する消費物資の輸送を担っていたのが、開封と山東半島方面を結ぶ五丈河である。[16]五丈河の漕運米倉庫は、夷門山にあった（『東京夢華録』一、外諸司）。夷門山は、内城旧封丘門内の馬行街の東にあった小丘陵である（『汴京遺蹟志』四、山岳を参照）。とすると、五丈河によってもたらされる物資は、旧封丘門から入り馬行街を通じて、内城だけだった開封市内に供給されていたと考えられる。[17]そのことから推すと、内城の東北部の方が、東南部よりも先に流通の要地となっていたのである。また、馬行街は、東西に走る曹門大街と十字街（土市子）をなし、そこからさらに南に延びて汴河沿岸まで達している。すなわち、汴河中心体制が確立しても、馬行街は、商業立地上の優位さを失わなかった。それどころか、鉄の生産地として重要な京東路[18]からの物流と、汴河による江淮からの物流が、出会う場所として、ますます重要性を高めたと考えられる。

全国的商業を指導する経済官庁＝権貨務や商税院は、かの土市子の南に立地していたらしい。[19]また、熙寧年間、開封に流通する商品を一手に集散し中小商人を保護する政策を実施した市易務も同じ界隈に置かれた。[20]土市子は、左軍

第一廂と、第二廂の境界にあたる。この経済官庁群の立地する開封の内城東部は、開封の商品流通だけではなく、全国の物資流通の中心的な位置を占めているのである。『宋会要』食貨三七之九には、乾興元年六月に出された詔勅が収録されている。内容は客商が掛け売りする際、合同文書を遺漏無く取り交わすことを要求するものである。興味深いのは、これを客商・牙人・店戸らに知らしめるために掲示された場所である。「在京都商税院」「南河北市」とされる。前者は言うまでもなく、客商らが頻繁に訪れる所であり掲示する必要がある。後者の「南河北市」もそのような空間をさしていると考えられる。関連資料が見あたらず、解釈がむずかしいが、本章の以上の検討から推測すると、南河は汴河沿岸の停泊地を指し、北市は馬行街や東華門外の商業地帯を指している可能性がある。都商税院を中心として南北対照の位置に「南河」「北市」があると考えるのが自然であろう。

二　東華門・上元観灯・西華門

上元観灯は、陰暦正月一五日の前後に行われる、都市における祝祭である。初めは民間から始まったこの行事も、盛唐に至って国家的祝祭となった。『宋史』一一三、礼志、嘉礼四、游観には、

三元観灯、本は方外の説より起る。唐より以後、常に正月望夜において、坊市の門を開き然灯す。宋これに因る。上元前後各一日、城中に張灯す。大内の正門、綵を結び山楼を為り影灯す。露台を起て、教坊は百戯を陳す。天子、先に寺観に幸し行香す。ついで楼に御し、或は東華門及び東西角楼に御し、従臣と飲す。四夷の蕃客、各々本国の歌に依りて舞い、楼下に列す。東華、左右掖門、東西角楼、城門大道、大宮観寺院、悉く山棚を起て、楽を張り灯を陳す。皇城の雉堞《ひめがき》亦た偏くこれを設く。その夕、旧城門を開き、旦に達するまで士民に観るを縦《ゆる》す。後

に増して十七、十八夜に至る。[21]

とあり、宋代の行事の大概が追える。この期間は、夜間外出禁止令（夜禁）が解禁され、市民は終夜の歓楽を許された。皇帝は外国使臣をこの行事へ参加させており、国家の繁栄を内外に印象づける一種の政治的パフォーマンスでもあったのである。

本論で注目したいのは、皇帝が行幸したり、綵山などの飾りが設置される個所である。この史料では、大内の正門（丹鳳門・明徳門・端門・宣徳門などと名称が変遷）、東華門、左右掖門、東西角楼とされる。『宋会要』などの史料を検索すると、正門に出御してから、東閣楼や東華門の楼上に移動して、臣下や外国使臣と宴を張り、観灯を楽しんでいる例が多いことが分かる。[22]外国使臣に国都の盛大さをアピールすることが一つの目的であるから、前節で指摘したように、夜市を楽しむ人々が普段からごった返す東華門街や馬行街が、目前に展開する東華門の楼上[23]や東閣楼で宴を開くのは、目的に叶うことといえよう。

その目的に則った政策かどうかは定かではないが、北宋末期には、東華門より北の街路に於いては、特別に前年の冬至から夜間外出の禁令を解き、大変にぎわっていた。これは「先賞」[24]とか「預賞」[25]といわれ、皇帝もおしのびで訪れたと伝えられている。また、馬行街には、富裕な医者が店舗を連ねており、上元の際には、歌舞音曲や、灯火の光景がすばらしく、詩人が馬行街の灯を題材に取ることが多かった。[26]

一方、東華門に対して大内の対照的位置にある西華門は、上元観灯の記事に全く登場しない。綵山・山棚もとくに作られていないようである。西華門に皇帝がお出ましになった史料は、管見の限り、宮中の火災から仁宗が西華門の楼に避難したことを記す記事のみである。[27]

東華門外の左軍第二廂と西華門外の右軍第二廂との編戸数の格差は大きい。上元観灯等に関する状況は、東西両廂の差と関係しているのではないだろうか。本節ではこの問題を検討してみたい。

西華門が開かれた記事は、滅多にお目にかかれない。その珍しい記事が『長編』二〇六、治平二年（一〇六四）八月辛卯の条である。前日（庚寅）の条には「大雨」とあり、辛卯には、

地、涌水し、官私廬舎を壊し、人民畜産を漂殺すること、数うるに勝うべからず。この日、崇政殿に御すも、宰相以下朝参する者、十数人のみ。詔して、西華門を開き、以て宮中の積水を洩す。水奔激し、殿侍班屋、皆な摧没し、人畜多く溺死す。(28)

とある。大雨で、宮城内に水が溜まったため、西華門を開けて、水を抜いたところ、奔流が殿侍班屋をおそい、壊滅状態となったという。殿侍とは、殿前司に属する班直軍の一種である。班屋とは軍営のことであろう。『長編』によると、三日後（甲午）には、数人の官僚が、提挙修諸軍班営屋に任命されている。

とすると、西華門の外側には、禁軍軍営が広がっていた可能性が高い。それを裏付ける事実は、これ以外にも、いくつか存在する。(29)

元豊官制改革で尚書省の行政機能が復活したため、新しい庁舎を必要とした。『文昌雑録』三には、

元豊五年（一〇八二）七月、始めて皇城使慶州団練使宋用臣に命じて尚書新省を建てしむ。大内の西に在りて殿前等三班を廃し、その地を以て興造す。凡そ三千一百余間。都省前に在り。総て五百四十二間。中を令庁といい一百五十九間。東を左僕射庁といい…華麗壮観たり。蓋し国朝の官府いまだかくの如き比《ためし》あらず。(30)

とある。広壮な尚書新省が、「殿前等三班」を廃し、その跡地を利用したものであることが判明する。諸班直の部隊単位は班である。尚書省は崇寧年間に再び移動し、元豊の新省の跡地は再び、班直の軍営となっている。(31)

右軍第二廂の地には啓聖院という禅宗寺院がある（『東京夢華録』三）。これは太宗生誕の地に雍熙二年（九八五）に建てられたものであり、太宗の親御（肖像）を奉じていたという（『長編』一八〇、『石林燕語』一）。宋敏求『宋東京記』の佚文（『宋東京考』一六に引用）によると、

啓聖院は本、晋の護聖営なり。天福四年（九〇四）、宣祖、禁兵を典す。太宗、その地に誕聖す。興国中、院を建てる。(32)

とあり、前身は軍営であったことが分かる。護聖軍は、周では竜捷軍、宋では竜衛軍と改名されている（『宋史』一八七、兵志）。竜衛軍は侍衛馬軍であり、上四軍と呼ばれる主力部隊の一つである。北宋初期には四四指揮、内在京は三八指揮である。馬軍一指揮は四〇〇名であるから、在京の竜衛軍は一五二〇〇名となる。軍営は指揮ごとに置かれていたから三八営である。さて、後周には殿前司が創設され侍衛軍の上に置かれ、また新設部隊の軍営設置のため外城が建設されている。しかし、護聖軍は晋から侍衛馬軍の主力部隊だった。外城建設以前から存在していた軍額だから、軍営は内城にあったであろう。右軍第二廂に護聖（竜捷、竜衛）軍の軍営の多くが存在していた可能性がある。

表⑥によると、西華門外の右軍第二廂は、編戸数七〇〇戸であるのに対し、東華門外の左軍第二廂は、一五九〇〇戸であり、二桁も違う。それに対して、公吏数の差はそれほどでもない。特に治安維持に従事する所由の数は、編戸数が遙かに多い右軍第一廂より一名多いのである。(33) つまり、編戸数に反映されない都市的な要素があったと考えるのが自然である。たとえば、軍営に居住する禁軍兵士やその家族は、編戸数には入らないが、管理すべき対象だった。(34) 編戸数の差と公吏数の問題は、軍営が他の廂に比べ多数存在していたことで説明することが可能なのではないだろうか。

本書第五章で述べたように、また口絵5にしめされているように、軍営は一つ一つが障壁・営門で周囲を囲まれた閉鎖空間である。一方、東華門外に展開する商業区は、開放的な空間であり、空間構造の違いは歴然としたものだった。ただし、はじめに指摘した西華門が上元観灯の際に等閑視されていた事由を、説明するにはまだ不十分であろう。禁軍兵士やその家族が、上元観灯にどのように関わったのかが問題となる。

『東京夢華録』六によると、班直など一部の禁軍軍人は、天子の行幸のお供をしたり、様々なパフォーマンスを演じ[35]、上元観灯を盛り上げているが、その他の禁軍や家族はというと、

殿前班、禁中右掖門の裏に在り。すなわち右掖門に相対して一楽棚を設け、本班の家口に皇城に登りて観看するを放《ゆる》す。官中、茶酒粧粉銭の類を宣賜されるあり。諸営班院、法において夜遊するをえず。各々竹竿を以って灯毬を半空に出す。遠近高低、飛星の然《も》ゆるが若し。[36]（『東京夢華録』六、十六日）

とあり、殿前司班直軍の家族は、皇城の城壁の上で、観灯を許されるが、その他の軍営では、法により、夜遊は許されないため、竹竿で、灯毬をつるすという、軍営の中での小規模な行事に終始したらしい。

禁軍は、西点（日没時）以後、夜間外出が禁止されていた。[37]『東京夢華録』の記事では、上元節にも家族の夜遊が禁止されているが、その規定が適用されたためであろう。すなわち、この軍人に対する規定は上元観灯の時も弛められなかったのである。時間的にも民間の夜禁より長時間であり、禁軍統制策としても興味深い。おそらく、四角い障壁で囲まれた軍営の門を開閉することによって物理的に禁軍兵士たちを夜間外出の禁止を課していただろう。

西華門外には、編戸数も少なく（表⑥を参照。）、『東京夢華録』には焼灯する商店街の記事もない。また西華門外に集中していたと思われる軍営に住む禁軍家族は上元観灯においても夜間外出が厳禁されていた。上元観灯という行事は、国都の繁昌を外国使臣にアピールすることが一つの目的であるから、西華門がその舞台として必ずしもふさわし

い場所ではなかったのではないだろうか。

内城北部の東西で、対照的な都市構造・景観がみられたことは注目に値しよう。つまり、東華門外は、開放的な市街地であった。それに対し西華門外は、壁や門によって方形に区画された、閉鎖的な軍営が連なっていた。生活の面においても対照的である。東部の商業区では夜市が盛んで四更まで黙認されていたのに対し、西部の軍営では、日没以降、営門が閉鎖され夜間外出ができなかったのである。

三　東西編戸数の格差と太祖の禁軍統制策

前掲した天禧五年（一〇二一）の廂別戸数統計（表⑥）には、大きな問題が隠されている。左軍（城内の東部）と右軍（城内の西部）の戸数をそれぞれ合計してみよう。すると左軍：六三八五〇戸、右軍：三三九〇〇戸となり、著しいアンバランスが存在することが分かる。しかも、近年の開封内外城の発掘結果によると、内城は、外城の中心軸に対して幾分か東側に位置しており、右軍の面積は左軍のそれに比較して狭小であったとも考えられない[38]。さらに外城域の坊数は、左軍二五、右軍五〇と右軍が二倍もあり（表⑥）、このデータから右軍の方が面積が広かったと指摘する論者もいる[39]。

唐の長安では、城南の四〇坊は人煙稀だった[40]。日本の平安京では、右京が早くに廃れ左京に人口が集中したという[41]。開封城内も一方が栄え、一方が寂れるという都市化における不均衡が生じていたのだろうか。

しかしながら、開封には、真宗時代に城外廂が設置され、都市空間が城外に拡大していたことが確認されている。そのため、城内西部に、空き地が広範に広がっていたというイメージはなじまない。また、表⑥の公吏数の合計は、左廂一〇一、右廂八〇であり、編戸数ほどの差違は認められない。

前節で述べたように、右軍第二廂には軍営が多数存在した。とすると、西部においても軍営の地面が占める割合が東部よりも多かったのではないか、という仮説も考えられる。北宋中期の開封には、最大四五一の軍営が置かれていた。[42] その内、半数は城外にあったものの、残りの軍営は、城内に配置されていた。[43] 配置状況によっては、一般編戸の土地利用を大きく左右することが予想される。[44]

ところが、外城部分の諸廂に関しては史料がきわめて少なく、右軍第二廂のような方法で考究することは、現在のところできていない。ただし別の方法も考えられる。軍営と密接な関わりを持っていると思われる漕運米倉庫の位置はある程度わかる。禁軍とその家族の食料は各地からの漕運米であり、開封に至った漕運穀物は、諸倉に備蓄された。在京諸倉の位置と備蓄穀物の産地などを整理すると、次のようになる。

表⑦（『宋会要輯稿』食貨六二之一・『東京夢華録』一、外諸司による）

穀物産地	運河名	倉名	位置
江淮	汴河（東河・裏河）	永豊	東水門内
		通濟	東水門内？
		通濟第二	東水門内？
		万盈（旧通濟第三）	東水門内
		広衍（旧通濟第四）	東水門内
		延豊第一（旧広利）	不明
		延豊第二	不明
		濟遠（旧常盈）	東水門内

		順成（旧常豊）	城外虹橋
		富国	東水門内
懐・孟州（＋江淮）	汴河（西河）	永濟第一	東水門内？
		永濟第二	東水門内？
		永豊	東水門内
潁・寿等州（＋江淮）	蔡河（南河）	広濟第一	東水門内
曹・濮州	五丈河（北河）	広積	夷門山
		広儲	夷門山
京畿		税倉	不明
京東諸県		広濟	東水門内
京北諸県		広積第一	夷門山？
		左右騏驥	宮城内
		天駟監	宮城内
京西諸県		左天厩坊倉	不明
京南諸県		大盈	不明
		右天厩坊倉	不明
商人の入中を受け入れる倉	汴河（裏河）	裏河折中倉	東水門内
	蔡河（外河）	外河折中倉	東水門内

張方平によると、彼が三司使に任じられていた頃（仁宗時代）、五丈河の漕運は南京の軍営分に使用されたりして、在京の軍糧としては八万石程度だったという。蔡河の漕運は、咸平県などの京畿諸県の軍営に回され、開封に至るの

は五・七万だけだったという。[45]つまり、北宋中期には、年間約四〇〇万石にのぼった禁軍への配給穀物のほとんどが、汴河に沿う外城の東水門内あるいは城外虹橋周辺に所在する倉に備蓄された江淮漕運米だったのである。

以上のように漕運米倉庫は外城東南部に集中している。とすると、供給をうける禁軍兵士の軍営も城東にあれば、運送に便利である。つまり、編戸数が少ない城西に軍営が多かった、という先の仮説は成立しがたく思われる。

しかし、天聖七年（一〇二九）、「上封者」は次のように述べている。

京城諸軍の月粮、粮料院、勘旁《いろいろしらべ》ると、多く邀頡《びんはね》や、脚力を枉費《むだづかい》するあり。或いは西営に返って東倉にて給し、東営に返って西倉にて給す。もし霖雨にあえば、脚銭二百を計る。望らくは、今よりは近倉につきて給遣せんことを。（『宋会要』職官五之六六[46]）

「上封者」は、軍営とは東西反対の位置にある倉が、配給場所として指定され、輸送に余計な労力や費用がかかる問題が起こったから、なるべく近くの倉で支給をせよという。この建議に対し、三司はつぎのように答えている。

…今、城東の十二倉、江淮の水運の輸するところを貯め、数を為すこと少なからず。城西の三倉はみな茶茗を貯め粟を貯めること少なきに至る。城南はただ粳米一倉のみ。城北の四倉は、京畿の夏秋税雑色の斛斗を貯めるも、また多くは馬糧なり。貯めるところ各々異なる。もって近に就きて給遣し難し。…[47]（『宋会要』職官五之六六）

漕運米倉庫の位置が城東に偏っており、それぞれの軍営から近い位置の倉庫において配給することは、むずかしいという。つまり倉庫がある外城東南部以外のところに軍営が多数置かれていた現実があったと考えられる。たとえば、先に多数の軍営の存在を確認した右軍第二廂から、外城東南部までは距離がある。

この問題を考える時、注目されるのが、同時代人である沈括の次の証言である。

京師の衛兵、請糧する者、営の城東に在る者は、即ち城西の倉に赴かしめ、城西にある者は、城東の倉に赴かしむ。なお車脚を傭𠐁《ちんたい》するを許さず。みな須く自ら負わしむ。（太祖）嘗て親ら右掖門に登りて之を観る。蓋し、これらをして労力せしめ、その驕堕を制せしならん(48)（『夢渓筆談』二五）。

太祖は、軍営が城東にある兵士には、城西の倉で食料を支給し、城西の兵士には城東の倉で支給する制度をおこなっていた。重い穀物（毎月一石五斗(49)）を自ら背負い、長い距離を歩かせ、驕兵化防止対策の一つとしていたのである(50)。大内の右掖門からその様子を観閲したと言うことは、禁軍兵士自らによる穀物の搬送が大内の前を東西に貫く街路を通じて行われたことを表している。

北宋中期には、外城東南部に漕運米の倉庫が集中していた。これは、大運河漕運が復活した太宗時代に遡るものと思われる。なお、在京禁軍が増設されたのは、主に太宗時代である。とすると、新設の軍営は城西に置かれたであろう。倉庫と軍営の距離が離れているという問題は、宋初の制度に起因しているとみることができる(51)。

『宋史』一九四、兵志、廩禄之制には、

国初、諸倉は諸営に分給す。営の国城の西に在るものは、粮を城東に給される。南北もまた然り。相い距たること四十里なる者もあり。蓋し士卒の堕に習うを恐れ、負檐の勤を知らしむならん(52)。

とある。倉庫と軍営の距離が四〇里（約二〇km）に及ぶ場合もあったという。外城の西北角から東水門まで、直線距離で約一〇kmであり、必ずしも整然としていない街路状況を考えると必ずしも誇張とはいえない。

実際には全ての軍営を西部に集中することはできなかったようだ。たとえば『東京夢華録』三、馬行街鋪席の項によると、旧封丘門の外側には班直の軍営が連なっていた(53)。また、仁宗時代被災した上清儲祥宮（新宋門内）の跡地は、軍営地とされている（『長編』一四五、慶暦三年一一月丙寅）。しかしながら、全体の傾向としては、西部に軍営地が比較的多く配備されていたと考えてよいのではないだろうか。つまり、民間人が住む空間的余裕は東部に多くなろう。北宋前半の天禧五年（一〇二一）において左軍（東部）六三八五〇戸、右軍（西部）三三九〇〇戸という編戸の巨大な人口格差が生じていたことには、上述のようなこの時代独特の兵制が関係していたと考えられるのである。

小　結

五代十国は分裂時代である。分裂の一つの要因は、唐末以来の藩鎮体制であった。これに終止符を打つため、中央の傭兵集団（禁軍）の勢力を卓越させる必要があった。すなわち、首都機能として、駐屯地としての役割（首都機能）が重要視されるようになった。華北に於いて漕運穀物が集めやすい都市が開封であり、国都として選択されたのである。

中央軍の勢力が拡大すると、問題となったのは、禁軍司令官によるクーデターである。後漢・後周・北宋、三王朝の交代はそれが成功した結果であった。北宋政権は、クーデターが再発しないように、さまざまな禁軍統制策をめぐらした。三人の司令官に指揮系統を分割し、権力集中を防止した。地方駐留部隊は、絶えず国都の部隊と交代し軍閥化が防止された（更戍制）。兵士たちや家族は、壁門により区画された軍営に居住し、夜の外出が禁止されるなど、様々な生活上の規制を受けた。軍営とは反対の位置にある倉庫から毎月の配給穀物を担いで運ぶという規定も、その一である。漕運米倉庫が、東南部に集中したため、軍営の位置は西部に多く配置される傾向が生じたと考えられる。

さて、真宗時代、軍営は城外にあふれ出していたから、城内の都市化はかなり進行していたと考えられる。とすると左軍（東部）と右軍（西部）の編戸数の比率が、ほぼ２：１であるのは、不自然である。在京禁軍数は、真・仁宗時代には四〇〇指揮を越え、家族も含めると禁軍関係者は約七〇万人に上っていた。城外人口はこのうち半分だった。

それに対し、城内の編戸人口は、五〇万ほどだったと思われる。城内禁軍人口の数値は、編戸数の半数より少し多かった。それらが、城内西部に配置されていたとすれば、左軍と右軍人口は、編戸数ほどの不均衡はなかったといえるのである。

軍営が多い地域と、少ない地域は、景観上も生活空間としても対照的な都市空間だったと思われる。その違いが、顕著なのが、内城の北部である。内城東北部は、五代以来、五丈河の水運に関係して商業地として栄えはじめた。北宋になって、大運河に水運の中心が移動しても、宮中に対する物資の供給地として、また、五丈河水運と、汴河水運の交点として重要性を維持したのである。それに対して、内城西北部は、軍営が多く編戸数が極端に少なかった。軍営は閉鎖空間であり、夜間の外出は上元観灯においても許されなかった。観灯の盛大な祝祭や夜市が過熱していった東北部とは、対照的な都市空間となった。

以上のように、開封内部の多様性を指摘する試みは、東西の都市空間を対照的なものとして理解する結果となった。これは、宋初開封の首都機能と、大運河漕運に由来するものであった。さて、王安石改革は宋初の制度の見直しであり、禁軍の強幹弱枝策も否定される。在京禁軍は半減し、廃営地が目立つようになる。やがて空き地である廃営地は、寺観・官庁・商工業者などとして再開発され、都市空間は再編されるのである。尚書省の右軍第一廂への移転もその一環として位置づけられよう。

注

（1）「廂」の由来については、日野開三郎「唐代州治の城坊制より城廂制への推移」（『日野開三郎東洋史論集』二〇巻、三一書房、一九九五、所収）を参照。

（2）『東京夢華録』一、河道には、「…曰州橋。（【原注】正名天漢橋）正対於大内御街、其橋与相国寺橋皆低平不通舟船、唯西河平船可過、其柱皆青石為之、石梁石笋楯欄、近橋両岸、皆石壁、雕鐫海馬水獣飛雲之状、橋下密排石柱、蓋車駕御路也。」とある。

（3）汴河左右前著船不可講計。一万斛・七八千斛、多々荘厳。大船不知其数。両日、見過三四重著船千万也。

（4）原文は「周景」とするが、『澠水燕談録』九では周景威とする。「周景威」は、『新旧五代史』・『宋史』には、一例もない。『宋史』二六八、周瑩伝には「周瑩、瀛州景城人。右領軍衛上将軍景之子也。景家富財、好交結、歴事唐・漢、周。習水利、嘗浚汴口、導鄭州郭西水入中牟渠、修滑州河堤、累遷至是官。」とあり、周景とする。初名は周景威だったが、後周太祖郭威の諱を避け改名したと思われる。

（5）周世宗顕徳中、遣周景大濬汴口、又自鄭州導郭西濠達中牟。景心知汴口既濬、舟檝無壅、将淮浙巨商、貿糧斛賈、万貨臨汴、無委泊之地。諷世宗、乞令許京城民、環汴栽楡柳、起台榭、以為都会之壮。世宗許之。景率先応詔、踞汴河中要、起巨楼十二《ママ》間。方運斤。世宗輦輅過。因問之、知景所造、頗喜、賜酒犒其工、不悟其規利也。景後邀鉅貨於楼、山積波委。歳入数万計。今楼尚存。

（6）『澠水燕談録』九には、「周顕徳中、許京城民居起楼閣、大将軍周景威、先於宋門内臨汴水建楼十三間、世宗嘉之、以手詔奨諭。」とある。

（7）（顕徳）五年三月、世宗在淮南、会濬汴口、導其流、而達於淮。汴河、自唐室之季、為淮賊所決、自埇橋東南悉滙、為汚沢。帝、於二年冬、将議南征、即詔徐州節度使武行徳、発其部内丁夫、因其古堤、疏而導之。東至泗上。是時人皆竊議、以爲無益。惟帝不然之、曰「二三年之後、当知其利矣。」至是果符聖慮。由是、江淮舟楫果達於京師。万世之利、其斯之謂乎。

（8）杜連生「宋《清明上河図》虹橋建築的研究」（『文物』一九七五年第四期）、周宝珠『宋代東京研究』（河南大学出版社、一九九二）などを参照。

（9）『東京夢華録』三、寺東門街巷の項には、「（相国）寺南即録事巷妓館。繍巷皆師姑繍作居住。北即小甜水巷、巷内南食店甚盛、妓館亦多。向北李慶糟薑鋪。直北出景霊宮東門前。」とある。

(10)『東京夢華録』三、大内前州橋東街巷には、「街西保康門瓦子、東去沿城皆客店、南方官員商賈兵級、皆於此安泊。」とある。
(11)『東京夢華録』三、相国寺内万姓交易の項によると、「相国寺毎月五次開放万姓交易、大三門上皆是飛禽猫犬之類、珍禽奇獣、無所不有。第二三門皆動用什物、庭中設綵幙露屋義鋪、売蒲合、簟席、屏幃、洗漱、鞍轡、弓剣、時果、臘脯之類。近仏殿、孟家道院王道人蜜煎、趙文秀筆、及潘谷墨、占定。両廊皆諸寺師姑売繍作、領抹、花朶、珠翠頭面、生色銷金花様幞頭帽子、特髻冠子、絛線之類。殿後資聖門前、皆書籍玩好図画及諸路散任官員土物香薬之類。」とある。
(12)東華門外、市井最盛。蓋禁中買売在此。凡飲食、時新花果、魚蝦鼈蟹、鶉兎脯腊、金玉珍玩衣着、無非天下之奇。其品味若数十分、客要一二十味下酒、隨索目下便有之。其歳時果瓜蔬茹新上市、并茄瓠之類新出、毎対可直三五十千、諸閤分争以貴価取之。
(13)『参天台五台山記』四、には「(東華門)外面左右有十余間舎。官人進居。朝見之日、最初入門也。」とある。
(14)馬行北去、乃小貨行、時楼、大骨伝薬鋪、直抵正係旧封丘門、両行金紫医官薬鋪、如杜金鈎家、曹家、獨勝元、山水李家、口歯咽喉薬、石魚児班防禦、銀孩児栢郎中家、医小児、大鞋任家、産科。其余香薬鋪席、官員宅舎、不欲遍記。夜市比州橋又盛百倍、車馬闐擁、不可駐足、都人謂之「裹頭」。
(15)天下苦蚊蚋、都城独馬行街無蚊蚋。馬行街者、都城之夜市酒楼極繁盛処也。蚊蚋悪油、而馬行人物嘈雑、灯火照天、毎至四更罷、故永絶蚊蚋。
(16)拙稿「五代国都新考」(『史観』第一一九冊、一九九八。本書第一章。)
(17)漕運船に漕運穀物の他、民間物資が積載されている例は多い(汴河の例では『長編』三〇〇、元豊二年十月己亥などを参照。)
(18)R.Hartwell, "A Cycle of Economic Change in Imperial China : Coal and Iron in Northeast China, 750–1350," Journal of Economic and Social History of the Orient, 10–1, 1967. を参照。
(19)梅原郁「宋代の開封と都市制度」(『鷹陵史学』三・四、一九七七)六一頁、並びに孔憲易「北宋東京城坊考略」(鄧広銘・酈家駒編『宋史研究論文集』河南人民出版社、一九八四)三六一頁を参照。

(20) 同上。

(21) 三元観灯、本起於方外之説。自唐以後、常於正月望夜、開坊市門然灯。宋因之。上元前後各一日、城中張灯、大内正門結綵為山楼影灯、起露台、教坊陳百戯。天子先幸寺観行香。遂御楼、或御東華門及東西角楼、飲従臣。四夷蕃客各依本国歌舞、列於楼下。東華、左右掖門、東西角楼、城門大道、大宮観寺院、悉起山棚、張楽陳灯、皇城雉堞亦徧設之。其夕、開旧城門達旦、縦士民観。後増至十七、十八夜。

(22) 『宋会要』帝系一〇以下から関連記事をまとめたのが以下の表⑧である。

年代	皇帝の行動	随行外国使臣
建隆二年	明徳門（観灯・宴飲）	江南呉越朝貢使
乾徳三年	明徳門（観灯）	江南両浙泉州進奉使・孟昶降将
乾徳六年	明徳門・東郭楼・東華門楼（それぞれ観灯）	
乾徳七年	相国寺→東華門（観灯）	
太平興国二年	相国寺→東華門楼（宴飲）	
淳化五年	乾元門（観灯）	外国藩夷首長
咸平四年	乾元門（観灯）	
景徳元年		大食・三仏齊・蒲端諸国進奉使
景徳二年		交州・占城・大食国使
大中祥符四年		交州・甘州進奉使
大中祥符八年	玉清昭応宮→乾元楼（観灯）	
天禧元年	東華門（観灯）	
天禧五年	東華門→正陽門（観灯）	
乾興元年	東華門（観灯）	
天聖三年	啓聖院（朝謁）→景霊宮→上清宮→相国寺→正陽門（観灯）	
天聖四年	諸寺観（宴）→楼（観灯）	
天聖九年	正陽門（観灯）	

嘉祐七年	宣徳門（観灯）	高麗使
治平三年	集禧観→景霊宮→建隆観→実相院→宣徳門楼（観灯）	
熙寧四年	集禧観→相国寺→宣徳門楼（観灯）	
元祐四年	宣徳門（観灯）	

(23)『参天台五台山記』四には、東華門の様子を「東面南第一門。大楼門七間、有三門戸。」と述べている。

(24) 畢沅『続資治通鑑』九一、政和二年一二月丙午には、「…毎歳冬至後即放灯、自東華門以北、並不禁夜。徙市民行鋪夾道以居、縦博群飲。至上元後乃罷、謂之先賞。」とある。周城『宋東京考』一に引用する、『楓窓小牘』にも同様記事があるが、宝顔堂祕笈本は欠く。

(25)『東京夢華録』六、十六日には、「宣和年間、自十二月於酸棗門（二名景竜）門上、如宣徳門元夜点照、門下亦置露台、南至宝籙宮、両辺関撲買売、晨暉門外設看位一所、前以荊棘圍繞、周回約五七十歩、都下売鵪鶉骨飿児、円子䭔、拍白腸、水晶鱠、科頭細粉、旋炒栗子、銀杏、塩豉湯、鶏段、金橘、橄欖、竜眼、茘枝。諸般市合、団団密擺、準備御前索喚。以至尊有時在看位内、門司、御薬、知省、太尉、悉在簾前、用三五人弟子祗應。籸盆照耀、有同白日。仕女観者、中貴邀住、勧酒一金盃令退。直至上元。謂之預賞。」とある。

(26)『鉄囲山叢談』四には、「上元五夜、馬行南北幾十里、夾道薬肆、蓋多国医、咸巨富、声伎非常、焼灯尤壮観。故詩人又多道馬行街灯火。」とある。

(27)『宋史』四六七、宦者列伝（藍元震伝）に「禁中夜火、后擁仁宗登西華門、左右未集。元震独伝呼宿衛、以功遷高品。」とある。

(28) 地涌水、壊官私廬舎、漂殺人民畜産、不可勝数。是日、御崇政殿、宰相以下朝参者、十数人而已。詔、開西華門、以洩宮中積水。水奔激東《ママ》、殿侍班屋皆摧没、人畜多溺死。（西華門を開けば、宮中の積水は西に流れるので、「東」は衍字と思われる。『宋史』六一、五行志、水上、治平二年八月庚寅の条には、同一記事が掲載されるものの、「東」字はない。）。

(29) なお、梅原郁・入谷義高訳注『東京夢華録』の内城拡大図には、西華門外に、殿前司軍営と書き込まれている。同訳注書一〇四頁には大内から西の梁門へむかう踊路街に「殿前司がある」と記述されている。原文は「西去踊路街、南太平興国寺後門、北対啓聖院街、以西殿前司相対清風楼、無比客店、張戴花洗面薬、国太丞、張老児、金亀児、醜婆婆薬鋪、唐家酒店、直至梁門…」（『東京夢華録』三）とある。同訳注書一〇五頁には、「殿前司」に対して「師団司令部と兵営の建物を指すのであろう。」と解説されており、これに従って想定図にも書き込まれたのであろう。しかし、特にそれ以上の説明はない。

(30) 元豊五年七月、始命皇城使慶州団練使宋用臣建尚書新省。在大内之西、廃殿前等三班、以其地興造。凡三千一百余間。都省在前、総五百四十二間。中曰令庁、一百五十九間。東曰左僕射庁…華麗壮観蓋国朝官府未有如此之比也。

(31) 『萍州可談』一には、「三省倶在禁中、元豊間、移尚書省於大内西。切近西角楼。人呼為新省。崇寧間、又移於大内西南。其地遂号旧省。以建左右班直。…」とある。

(32) 啓聖院、本晋護聖営。天福四年、宣祖、典禁兵。太宗、誕聖於其地。興国中建院。

(33) 梅原郁『宋代官僚制度研究』（同朋舎、一九八五）五六九頁を参照。

(34) 開封の城外廂は、外城門外に「人戸・軍営」が多くなったことを理由として設置されている（『宋会要』方域一之一二、大中祥符二年三月九日）。

(35) 『東京夢華録』六、元宵の項には「…内設楽棚、差衙前楽人作楽雑戯、并左右軍百戯、在其中。駕坐一時呈拽、宣徳楼上、皆垂黄縁簾、中一位、乃御座。用黄羅設一綵棚、御竜直執黄蓋掌扇、列於簾外。両朶楼各掛灯毬一枚、約方円丈餘、内燃椽燭、簾内亦作楽。宮嬪嬉笑之声、下聞於外。楼下用枋木塁成露台一所、綵結欄檻、両辺皆禁衛排立、錦袍、幞頭簪賜花、執骨朶子、面此楽棚。教坊鈞容直、露台弟子、更互雑劇。近門亦有内等子班道排立。万姓皆在露台下観看、楽人時引万姓山呼。」とあるのはその一端である。

(36) 殿前班、在禁中右掖門裏、則相対右掖門設一楽棚。放本班家口登皇城観看。官中有宣賜茶酒粧粉銭之類。諸営班院於法不得夜遊、各以竹竿出灯毬於半空、遠近高低、若飛星然。

(37) 『齊東野語』八には、「高宗、視師金陵。張魏公為守。楊和王領殿前司。有卒夜出、与兵馬都監喧競。卒訴之。公判云「都監夜巡、職也。禁兵酉点後、不許出営、法也。牒宿衛司。照条行。」楊不得已斬之。」とある。

(38) 開封宋城考古隊「北宋東京外城的初歩勘探与試掘」(『文物』一九九二年第一二期)および同「北宋東京内城的初歩勘探与測試」(『文物』一九九六年第五期)の図を参照。

(39) E.A.Kracke, Jr. 氏は、坊数と胥吏数の比率が一定であることから、坊数の多少は、管轄地域面積の広狭に比例していると推測されている("Sung K'ai-feng : Pragmatic Metropolis and Formalistic Capital", in Crisis and Prosperity in Sung China, the University of Arizona Press, 1975.)。

(40) 平岡武夫「唐の長安城のこと」(『東洋史研究』第一一巻第四号、一九五二)を参照。

(41) 村井康彦「慶滋保胤『地亭記』」(『京の歴史と文化I　長岡・平安時代　雅　王朝の原像』講談社、一九九四、所収)を参照。なお、山中章『日本古代都城の研究』(柏書房、一九九七)一一五頁では、考古学の成果に基づき右京にも小規模な邸宅が営まれていたことを指摘している。

(42) 拙稿「宋都開封と禁軍軍営の変遷」(『東洋学報』第七四巻第三・四号、一九九三。本書第三章)

(43) 拙稿「宋代開封の人口数について」(『東洋学報』第八二巻第二号、二〇〇〇。本書第四章)

(44) 臨安の軍営については梅原郁「南宋の臨安」(梅原郁編『中国近世の都市と文化』京都大学人文科学研究所、一九八四年、所収)一八頁に紹介されている。また、『咸淳臨安志』に付録されている京城図によってもある程度は分かる。

(45) 張方平が嘉祐二年(一〇五七)一一月に上奏した「論京師軍儲事奏」(『楽全集』二三)を参照。

(46) 京城諸軍月粮、粮料院勘旁、多有邀頡、枉費脚力。或西営返給東倉、東営返給西倉。若値霖雨、毎斗計脚銭二百。望自今聴就近倉給遣。

(47) …今城東十二倉、貯江淮水運所輸、為数不少。城西三倉兼貯茶茗、貯粟至少。城南止粳米一倉。城北四倉、貯京畿夏秋税雑色斛斗、亦多馬糧。所貯各異。難以就近給遣。…。

(48) 京師衛兵、請糧者、営在城東者、即令赴城西倉、在城西者、令赴城東倉。仍不許傭僦車脚。皆須自負。嘗親登右掖門観之。蓋使之労力、制其驕堕。

(49) 張方平「論国計出納事」(『楽全集』二三)

(50)　張方平上対（『長編』一六三、慶暦八年三月甲寅）や、欧陽修「原弊」（『居士外集』九）には、仁宗時代、禁軍兵士が、配給の時、自ら穀物を背負わなくなったことが、驕兵化現象として指摘されている。これらの指摘は、上封者（天聖七年）が記述する脚銭の増加という問題と符合する。『東京夢華録』一、外諸司には、「支遣即有袋家、毎人肩両石布袋。」とあり、支給の時には担ぎ屋が、禁軍兵士に代わって、二石の穀物袋を肩に担いで運んでいる北宋末の情況が分かる。

(51)　太祖時代には、まだ大運河漕運は復活しておらず、五丈河による漕運が開封の需要を支えていた。『東京夢華録』一による と五丈河の倉庫は、「州北夷門山」付近に所在していたという。これも左軍である。

(52)　国初、諸倉分給諸営。営在国城西、給粮于城東。南北亦然。相距有四十里者。蓋恐士卒習堕、使知負檐之勤。

(53)　…新封丘門大街、両辺民戸鋪席、外余諸班直軍営相対、至門約十里余。…

第七章　宋代の時法と開封の朝

はじめに

都市的居住者の生活が時刻に支配されることは現在も過去も同様である。中国前近代の国都では、精密な水時計を熟達した係員が操り、正確な報時が行なわれていた。それに従って、都市居住者は行動を規制されたのである。たとえば、官僚たちは、出勤の時間を知り、庶民たちは夜禁の時間を知った。すなわち、都市社会は時間と密接に関わりをもっていたのである。この視点は、都市社会の解明にとって重要なものであるが、宋代の都市研究においては、これまで余り言及されたことがなかった(1)。

これには多少理由があるようである。前近代の中国の時法の分析が、若干の業績(2)を除いて殆ど行われていなかったためである。かつて、唐の長安を舞台として官僚の出勤時間を算出された平岡武夫氏は、「今日まで、長安の日出・日入の時間表ができていないことを、いぶかしがらずにおれない。」とのべられ、その面での研究の遅れを嘆かれている(3)。

近年、筆者は開封の夜間外出の禁令に関心を持ったことがあった。その際、夜間時間を計算する必要に迫られた。

しかし、これは思ったより難しい作業ではなかった。『宋史』律暦志を繰ってみると、日の出と日の入りの時間が定時法（天文学では古くから使われていた。）によって、二十四節気ごとに示されている。これを利用することにより、夜間の「更点」とよばれる不定時法を現用時法に変換することが可能となった。(4)

この論文を脱稿してからまもなく、天文学の専家斉藤国治氏が『古代の時刻制度』（雄山閣、一九九五。以下、斉藤「時刻」と略す。）を上梓されたことを知った。この書は、日本・中国・朝鮮の時法を体系的に分析された画期的な労作である。天文計算を駆使して仮説を検証する方法や、中国の分析にとどまらないスケールの大きさなど、教えられるところが大きかった。また、筆者の日の出・日の入り時間の計算方法が誤りでないことを確認できた。

斉藤氏がこの本に於いて一つの課題とされていることは、前近代の時法が「定時法」であったか、「不定時法」であったかという問題である（斉藤「時刻」一頁）。中国において、夜間に不定時法が施行されていたことは間違いない。一方、昼間はどうだったのか。斉藤氏は、隋代以降、定時法が行われたと結論された（斉藤「時刻」三三九頁）。本章の目的の一つは、この問題について官僚の出勤時間の分析という制度史的視点から再検討を試みることである。

本章のもう一つの課題は、宋代の都市居住者が時間をどのように使っていたのかということである。史料的制約から、官僚の起床時間・出勤時間・朝会の時間などを中心にせざるをえないが、官僚の出勤に開封の都市機能や社会がどのように対応していったのかも考えることになろう。

一　官僚の出勤時間

平岡武夫氏の論考によると、唐代の官僚は皇城の門の傍らにある待漏院に参集し、開門時間である五更五点になると、皇城内に入った。夜間時間は五更に等分され、更も五点に等分される。つまり五更五点とは夜間時間の最後の時間である。[5] では、宋代の官僚たちの出勤時間はどうだったのだろうか。

『萍州可談』一には、神宗期の皇城に出勤する官僚の模様を伝えているが、それによると、

朝、弁色して始めて入る。此より前、禁門外に集まる。……[6]

とある。弁色とは、色が判別できる時刻ということであり、薄明の時間を指している。太宗・真宗期の人、王禹偁が書いた「待漏院記」[7]は、宰相が、禁門外に設けられた、待漏院で禁門が開き出勤するのを待つ心構えを述べた文章である。それには「待旦而入」（旦を待って、（禁門に）入る。）とある。旦とは、地平線上に日が出ていることをかたどった文字であり、[8] 日の出の時間を指している。

以上の史料は、当時の時法によって出勤時間を記した者ではないが、日の出の時間を基準として、出勤時間が定められていたことが分かる。

次に、宋代の時法に基づく史料を提示しよう。『宋史』七〇、律暦志、漏刻には、宋初の制をのべて、

①常に卯正後一刻を以て、禁門、鑰《かぎ》を開くの節と為す。八刻みちて後、以て辰時と為す。毎時皆然り、以て酉に至る。……[9]

とある。禁門の開門時間は、卯正一刻という時間だった。周遵道『豹隠紀談』（『説郛』二〇号）には、

②楊誠斎詩に云う、「天上帰来六更有り」と。蓋し内楼、五更絶え、梆《ほう》鼓交々作る。これを蝦蟇更と謂う。禁門方めて開き百官随入す。いわゆる六更なるものなり。外方則ち、之を攢点と謂う。[10]

とある。攢点とは旦を告げる時報である。[11] それが鳴らされると、禁門が開き官僚の入城となる。つまり、官僚の出勤時間は、禁門の開門時間である卯正一刻といえよう。

では、卯正一刻とはどういう時間であろうか。『宋史』七六、律暦志、皇祐漏刻の項には、

③景祐三年（一〇三六）、再び考定を加う。…然れども常に四時日出を以て卯正一刻に伝《うつ》る。又た毎時の正もて已に一刻に伝《うつ》る。八刻に至らば、已に次時に伝《うつ》る。即ち二時の初末相い侵すこと殆ど半ばなり。(12)

とある。「四時」、つまりどの季節でも「日出」を卯正一刻としていたことがわかる。且つまり、日の出が、出勤時間だったと判断される。

ところで、卯は昼間時間（昼漏）の時刻名のようだ。昼漏の問題は、次節で触れるとして、ここでは、出勤時間と夜間時間（夜漏）の更点との関係を考えておこう。

『宋史』七〇、律暦志、漏刻の下文には、

④…以って五更二点に至らば、止鼓契出づ。五点、鐘一百声を撃ち、鶏唱し撃鼓す。是を攅点という。八刻の後に至らば卯時正と為す。四時皆この法を用う。(13)

とあり、昼漏と夜漏との関係が示されている。五更五点に鐘一〇〇声がならされる。それが攅点である。日の出に開門だったわけだから、おそらく、五更五点から開始される攅点の鐘声一〇〇は、五点の間鳴らされ、それが終了すると、ちょうど夜漏が終わり、日の出（卯正一刻）の時分となったのであろう。攅点（五更五点）と卯正一刻は、接近した時間と考えられる。ところが、④の史料では、攅点から卯正一刻まで八刻あるという。これはあまりにもかけ離れている。「卯正」の八刻後の「辰正」の誤りであろう。

総合すると、北宋では、「攅点」＝五更五点であり、それから鐘が一〇〇回鳴らされ、鶏唱し撃鼓が行われる。それにつづく日の出の時刻（卯正一刻）が禁門の開門時間つまり、官僚の出勤時間であったと考えられる。

ところが、南宋の程大昌『演繁露』一五、六更には、

禁中鐘鼓院、和寧門の譙《やぐら》の上に在り。その上、鼓五更を記し、已竟《すで》に外間、漏刻を通用し、はじめて五更に交《かわ》るなり。五更を殺《し》らせて後(14)、譙上また更に鐘鼓を撃たず。平明、漏二刻下るを需《ま》ち、はじめて椎鼓数十声あり。門開き、人促されるを知る。

とある。和寧門は、臨安の皇城の門の一つである。門外には待漏院があり、官僚たちが門が開かれるのを待っている(15)。その上に水時計が置かれ、時刻を知らせていた。五更の鼓が撃たれ、臨安市街では、五更にはいる。五更を知らせて後、和寧門上では、鐘鼓は撃たれなかった。そして、平明（暁のこと）において漏二刻経過した後、「鼓数十声」が撃たれたという。これが、六更（六鼓）(16)とよばれ、禁門が開けられる合図となったという。②によると六更＝攅点だから、「鼓数数十声」が攅点なのである。「刻」をもって漏を数えていることは注目される。これは昼漏（昼間時間）にはいっていることを示している。夜漏では、「点」である。とすると、北宋では夜漏の終わりが官僚の出勤時間だったのに比べ、夜漏終了二刻後に出勤するようになったと考えねばならず、疑問がのこる。

ただし、『宋史』七六、律暦志、皇祐漏刻の、皇祐初の条には、

日の未だ出ざる前の二刻半を暁と為し、日没後の二刻半を昏と為す。夜五刻を減じ以って昼漏を益す、これを昏旦漏刻と謂う。……(17)

とあり、皇祐の初めの時法改訂に際し、暁・昏が夜漏から昼漏（昼間時間）に移されていたことが分かる。南宋もそれが継続していたと考えられる。日が出る時間は、昼漏が始まってから二刻半経過した時なのである。前掲『演繁露』では、昼漏が始まって二刻してから（後述するが、この時には昼間においては定時法を使っていたから、刻は定時法による。）、「椎鼓数十声」し、「門開き、人促され」出勤したという。皇祐の時法改訂では、二刻半とされる薄明時間を、昼漏に移したわけだから、昼漏がはじまってから二刻は、まもなく日が出る時である。すなわち北宋初めの出勤時間と大差

ないのである。

二　朝会の時刻と定時法の始まり

斉藤氏は、次のように説明されている。「一年を通じて卯正一刻（6：00）に禁門を開き8刻がみつれば次の辰（8：00／現用時法。以後現用時法は、算用数字を用いる。〔著者注記〕）に移る。毎時このようにして夕方の酉（18：00）に至る。（斉藤「時刻」二六五頁）」。氏は明示されてはいないが、おそらく前節に引用した①『宋史』律暦志、漏刻の項に基づいて、昼間時定時法が行われていると理解されたのであろう。[18]

しかし、冬では六時には、まだ日が昇らない。冬至の開封の日の出は、七時一二分である。逆に夏至では四時四八分である（斉藤「時刻」による）。開門時間が一年中六時に固定されると、日の出に門が開き、百官が出勤するということにはならないのである。とすると、この卯正は、季節によって変化する不定時法と考えざるをえない。

昼間の不定時法に関する史料は、あまり見あたらない。ただし、『宋刑統』六、名例律、雑条には、

議。朝より暮に至る。一日を計るに六辰なり。もし十二人を役して各々半辰を経れば、亦一日と為すの類なり。[19]

とあり、朝より暮れを六等分する時法の存在が確認できる。[20] ①によると、昼間時間は酉で終わる。つまり、卯・辰・巳・午・未・申・酉のそれぞれの時の正で、昼間時間を六等分していたのであろう。

ところで、斉藤氏が論じられているように、熙寧七年（一〇七四年）に沈括が浮漏儀を奉ったが、これによると昼漏用の浮箭（目盛り）は一年を通じて一本である。つまりこの時点では、昼間時において定時法のおこなわれていたことは確実なのである（斉藤「時刻」二六三頁）。いつから定時法がおこなわれたのだろうか。朝会の時間の記述から

検討してみたいと思う。

朝会には様々なものがあり、紙数の関係で丁寧に説明するわけにはいかない。詳細は平田茂樹氏の論考を参照していただきたいが[21]、行論の都合上、北宋前半の朝会を簡単に紹介する。まず、元旦の大慶殿での大朝会など、百官全員が集められる特別なものがある。一方、常日には「垂拱殿起居（視朝）」と、文徳殿での「常朝」がおこなわれた。「視朝」は、宰相以下、枢要な職事を帯びる大官が出席し、実務的な上奏が次々とおこなわる重要な朝会である。それに対し、実職がない官僚は、朝寝坊ができるわけではなく、毎日文徳殿の「常朝」に出向かなければならなかった[22]。本稿では常日の朝会について言及する。

a　垂拱殿起居と昼間定時法の採用

先にしめしたように、昼間不定時法は景祐三年（一〇三六）に行われていた。それ以前の記事で検証してみよう。真宗は即位の初め（咸平元年、九九八）、毎旦、前殿（垂拱殿）に御し、中書・枢密院・三司・開封府・審刑院・請対官の奏事を受けていた。「辰後」に至って、宮に退いて食事をとったという[23]。王禹偁「待漏院記」において百官入城の時間でもあった「旦」は、日の出の時刻である。つまり、禁門開門後すぐに垂拱殿の朝会は始められた。その時刻は、冬至では七時一二分、夏至には四時四八分になる。「辰後」とは、「午後」が午正以後を指すのと同じように、辰正以後の時間を表しているのだろう。辰正が定時法だと仮定すると、八時であるから、朝会の開始から、朝食までの時間に季節による差がありすぎ、不合理である。とすると、この辰後とは不定時法であると考えられる。

ところで、至和二年（一〇五五）の閤門使李惟賢の上言には、

礼賓副使郭逵上殿奏事するに、巳刻に至るに尚未だ退かず。請うらくは、今より上殿臣僚、春分前は辰正を過ぎ

るを得るなく、春分後は辰初を過ぎるを得るなかれ。…（『宋会要』儀制六之一二）[24]

とあり裁可されている。上殿奏事（垂拱殿の朝会の際、許可を受けて臣僚が上奏を読み上げること。）の終了時間を示すために、季節により時刻を変えている。つまり、この史料の時刻は定時法であると考えねばならない。皇祐漏刻では、秋分後から春分にかけての日の出の時刻（上殿の開始時間）は、卯正初刻（六時）より卯正五刻（七時一二分）の間で移動する。春分から秋分までは六時と寅正二〇分（四時四八分）の間を移動する。そのため、春分前は辰正（八時）とし、春分後は、辰初（七時）としたのである。

ということは、一〇三六年と一〇五五年の間のある時点で、定時法が採用されたことになる。『宋史』七六、律暦志、皇祐漏刻の項の下文によると、皇祐年間（一〇四九～一〇五三）のはじめに、舒易簡ら三名が詔に従って、「更造其法」し、「毎時初行一刻より四刻六分之一に至るを時正と為す。八刻六分之二が終わらば則ち次時と交《な》る」とある。すなわち、この時点から昼間時間において定時法が採用されたと考えられる。

b　文徳殿の常朝と時刻

毎朝、文徳殿（正衙殿）では職事を持たない官僚たち（常参官と呼ばれた）が集められ、「常朝」という朝会が行われた。こちらには皇帝のお出ましもなく、形式的なものだった。[25]司馬光の伝えるところでは、

文徳殿は、百官常朝の所なり。宰相奏事畢わらば、乃ち来たりて押班するに、常に日旰《ひぐれ》にいたる。…朝士の久しく差遣なきもの、常朝を厭苦する者あり。（『温公続詩話』不分巻）[26]

とある。宰相が押班（朝会の監督）をすることになっているので、垂拱殿の視朝が終わらないと、常朝も始まらない。宰相がやってきて、群臣が整列する。そして「（皇帝）不坐」の詔勅が宣されると、「放朝（朝会の終了）」となる。[27]

つまり、文徳殿の常朝の開始時刻は、垂拱殿の視朝が終わりが、基準となっていた。前項でふれたように、真宗時代の垂拱殿視朝は辰で終わっていたので、文徳殿の朝会は、辰刻において行われた。それを確認できる史料が、つぎの大中祥符二年（一〇〇九）に懸けられている知雑史趙湘の上言である。

臣聞くならく、君臣の際、礼儀行われる攸《ところ》なり。朝廷の儀、進止に度あり。故に弁色して、皆入り、或いは仮寐して、以て時を待つ。…伏して見るに常参文武官毎日朝に趨く、並びにつとに待漏院に赴き、内門開くを候ちてみな入る。今辰漏上を以て始めて放朝す。…（『長編』七二、大中祥符二年八月乙未）(28)

視朝が終わるのが辰正であると仮定し不定時法で計算すると、常参官たちは一時間四二分（冬至）から最大二時間三〇分（夏至）にわたって待たされたことになる。それゆえ、「仮寐」できるような施設が、皇城内に設けられていた。『麈史』上、朝制には、

文徳殿門外、朝堂たり。常に殿前の東廡を以て幕を設け、下に連榻を置き、冬は氈、夏は席《むしろ》あり。これを百官幕次と謂う。およそ朝会なれば必ず此に集まり、以って班を追するを待ち、しかる後に入る。…(29)

とあるのが、それであろう。

しかし、先引の司馬光『温公続詩話』の記事によっても明らかなように、参加者たちはこの朝会に余り意味を見出さなくなっていった。趙湘の上言の下文には、

…故に多くは時に後れて乃ち入る。望むらくは、知班駆使官二人をして常に正衙門（文徳殿の門）に在りて之を視、晩く入る者有らば、名を具して申奏せしむを許さんことを。又、風雨寒暑やや甚だしければ、即ち疾を称し仮を請うもの多し。望むらくは御史台に委ねて酌度して聞奏せしめ、官を遣わして診視し、如し顕かに誑妄有らば、即ち具に弾劾せんことを。(30)

とあり、常参官の一部には、遅刻をしたり仮病を使って休もうとする者も出現し、問題化している。やがて、神宗時代になると、

旧制…平時、宰相垂拱殿にて奏事畢わらば、文徳殿に赴き押班す。或いは日昃《ひかたむ》きて、未だ退かざれば、則ち閤門、宣を伝え班を放つ。多くはまた赴かず。…（『宋史』一一六、礼志、正衙常参）[31]

とあるように、押班すべき宰相も来なくなり、閤門が「不坐」を伝えるだけになった。ついで御史台がその代わりをつとめるように改められた[32]。

以上のように形骸化した、文徳殿での「常朝」は元豊官制改革に際して廃止される[33]。このため、『麈史』（北宋末の著作）上、朝制に、

…近年なれば則ちしからず。多く文徳殿の後ろに萃まり、以って尚衣庫・紫宸・垂拱殿門外の南廡に至る。その幕次に座するは、十数人に過ぎざるのみ[34]。

とあるように、皇城内での官僚たちの集合場所が変化している。

三　官僚たちの朝

前節までに明らかにしてきたように、官僚の出勤時間は季節によってかわった。したがって起床時間も季節によって変化したであろう。そのため、夜間時間は不定時法（更点）が行われる必要があった。本節では、更点によって、官僚たちの早朝の行動時間をしめしたい。皇城の開門時間から起床まで、時刻をさかのぼることにする。

a　官僚の出勤と待漏院

『萍州可談』一には、官僚たちの出勤の様子が記録されており、参考になる。

朝、弁色して始めて入る。此より前、禁門外に集まる。宰執以下、皆白紙を用って、燭灯に一枚糊し、長柄もて之を馬前に掲げ、官位を其上に書き、馬の所在を識らしめんと欲するなり。朝時、四鼓自り、旧城の諸門関を啓きて入るを放《ゆる》す。都下の人の「四更の時、朝馬動き、朝士至る」と謂う者なり。燭籠を以て相い圍繞し聚首す。これを火城という。宰執最後に至る。至らば則ち火城燭を滅す。大臣、従官自り、親王駙馬に及ぶまで、皆位次の皇城外の仗舎に在る有り。之を待漏院と謂う。庶官と同処ならず。……(35)

朝会に出席する者は、薄明（弁色）になってから禁門に入る。それ以前に禁門の外に騎馬で集まることになっていた(36)。宰相・執政以下みな自分の官位を書いた紙を燭灯に張り付け、従者に長い柄の先に掲げさせ暗い中で所在がわかるようにしたという。これは、四更の間の出勤となるため、犯夜を取り締まる巡鋪の兵士に誤解を受けないようにするためだろう(37)。大勢の官僚たちが暗夜に皇城に集まる様は火城と言われたという。

皇城門外に至った官僚たちは、待漏院で五更終了時の開門を待つことになっていた。口絵4の「宮城図」（元刊本『事林広記』所収）によると旧城の東側に細長く待漏院が描かれている。成尋によると、東華門の外に面して左右に十余間の舎があり、官僚が「進居」するとある（『参天台五台山記』四、熙寧五年一〇月二四日）。これは待漏院のことであろう。待漏院の場所は位階によって分けられていらしい。細長いのもそのためであろう。また、王禹偁の「待漏院記」（『宋文鑑』七七）によると、宰相待漏院が皇城の正門（丹鳳門のち宣徳門と改名）の右に置かれたというから、待漏院は口絵4に表された場所だけではなかったようだ。

ところで官僚たちは、どのくらいの時間、待漏していたのであろう。制度の問題ではなく、習慣であるから史料によるすっきりとした答は見いだせない。たとえば、平岡氏は、唐代について「時間ぎりぎりに来てしたり顔することは、大人の面子が許さない。門前で、席次に従って礼儀正しく待つのである。」と述べられている。そして「仮に三〇分」と想定されている。確かな根拠に基づいた数字ではないが、氏の詩文に関する該博な知識の中から、想到されたものであり、目安にはなろう。

宋代では根拠となる史料がないわけではない。『皇朝類苑』八に引かれている『帰田録』の佚文には、

旧例、丞相廬に待漏するのとき、巨燭の燃えること尺もて尽き、暁に殆《およ》びて将に入朝せんとするに、なお遺決を留按して未だ尽《お》わらざる有り。（王）沔、漏舎に当たりてただ数寸を燃やすのみにして事みな訖わる。なお、徘徊して笑談し暁に方《あた》る。[38]…

とある。多くの宰相は、巨大な蠟燭が一尺燃え尽きる時間に、必要な決済事項を処理することができなかったが、事務能力に長ける王沔は、数寸燃えただけで処理できたという故事である。つまり、待漏の時間は備えられた大きな蠟燭が燃え尽きる時間と重なる、という共通認識が想定されるのである。具体的な時間数を想定することはできないが、相当長い間、待漏をする習慣が有ったといえよう。待漏時間に季節による変化がなかったと思われることは注目される。

火城の際、宰相が最後に至るのが建前である。官僚たちは宰相とほぼ同じ時間を待漏していたと考えられる。前掲『萍州可談』一の下文には、

…火城のとき、位毎に翰林司の官有りて、酒果を給し、以て朝臣に供す。酒絶佳なれども、果実皆咀嚼すべからず。久しく存ぜんと欲すればなり。先公、蔡元度と嘗て寒月を以って待漏院に至る。（翰林の）卒前みて白す。「羊肉・酒有り」と。腰間の布嚢を探りて、一紙角を取る。之を視るに、臠なり。その故を問う。云う「寒さに

凍り解け難きを恐れ、故に之を懐にす」と。是自りただ清酒をのみ供せしむ。(39)

とあり、彼らの徒然を慰めるために、酒と果実が給されたという。口絵4をみると、待漏院の南に、「厨」の一字がみえる。おそらく、待漏院用の酒などを用意するために設けられたものであろう。また、『丁晋公談録』（不分巻）には、

徐左省鉉、職近列に居り。…毎も、待漏院前の灯火・人物を観るに、肝を粉粥に夾むを売り、来往喧雜たり。即ち眉に皺して之を悪む。曰く「真に塞下と同じのみ」と。(40)

とあり、待漏院の前では軽食などが売られている。この史料から、民間の飲食業者が、屋台を出していた様子が目に浮かぶ。

b　城門の開門時間

官僚の出勤にとって問題となるのは、城門の開閉時間である。殊に開封は二重の城郭を持っていた。計画的にこのような構造になったわけではない。唐代に藩鎮の会府となり、その際、周囲一一キロあまりの羅城が建設された。五代に入ると国都とされ、統一が完成に向かった後周時代には、この羅城ではかなり手狭となった。周囲二七キロあまりに及ぶ外城が建設されたのはこの時である。自来、内城の防衛上の存在意義は減退し、外見上も徐々に崩壊したようである。北宋末には、

…比年以来、内城頽欠して備なく、行人その顛《いただき》を躐《こ》え、流潦その下を穿つ。屢ば歳時をすごすも未だこれを修治する詔あるを聞せず。則ち啓閉厳たりと雖も、豈に周く内外において国の為に軫憂せざるを得ん。…（『宋会要』方域一之二〇、宣和三年【一一二一】二月二十九日、樊瀠上奏）(41)

という有様となる。しかしながら、城門では厳然と開閉が行われていたことも分かる。官僚たちのなかには外城に住むものも多かった。たとえば有名な官僚では李昉・丁謂・蘇軾なども外城に居住していた(42)。外城に住む官僚たちは内城の門の開閉時間に重大な関心を持っていたであろう。

熙寧九年（一〇七六）に出された詔には、

　在京旧城諸門并びに汴河岸角門。並《みな》三更一点閉じ、五更一点開かしむ。（『宋会要』方域一之一五(43)）

とあり、具体的に更点が記されている。

しかしながら、『春明退朝録』巻中には、

　李文正公、相を罷め、僕射・奉朝請と為り、城の東北隅の昭慶坊に居す。禁門を去ること遼遠にして、毎に五鼓になれば則ち興き、白居易集数冊を茶鐐中に置き、安遠門の仗舎に至りて、燭を然《とも》して之を観る。鑰《かぎ》の啓くを俟ちて則ち朝に赴く。…(44)

とある。李文正公とは太宗時代に宰相を務めた李昉のことである。昭慶坊は外城の坊である。そこに居を定めた彼は五鼓に起床し、内城の安遠門に付属する仗舎の灯火の下で白居易の文集を読みながら開門時間を待った。ちなみに、『宋史』本伝によると、李昉は文を綴る際に白居易の文章を手本としたという(45)。ただし、五更一点で門が開いてしまっては、白居易の文章を味読できまい。おそらく宋初の開門時間はもっと遅かったのではないかと思われる。五更の終わりでは、出勤時間に間に合わないから、五更の二点か三点といったところか。

一方、先引の『萍州可談』一には、「朝時、四鼓自り、旧城の諸門関を啓きて入るを放《ゆる》す。」とあり、官僚の出勤に便宜を図るため、四更になると旧城の門が開けられたという。この史料の後半には著者（朱彧）の父親（朱服、熙寧六年の進士）と蔡卞（熙寧三年の進士）が登場する。とすると北宋の神宗朝以降の伝聞である可能性が高い。夜禁実施中なので、四更のとき一般人が内城の門を通行することはできない。官僚などの通行が特例として認められたのであろう。

総合するに、宋初は内城の開門は遅かったが、北宋後半になるに従って早くなったとして大過ないと思われる。

さて、外城の外側から朝会に出席する者もいた。たとえば、城外の軍営に所属する禁軍の将校などである。(46) 外城（新城）の門の開門時間はどうだったろうか。歩軍都指揮使賈逵の上奏には、

自来、軍員朝に赴くに、ただ諸軍の晩探兵士の問当に拠るのみ。若しこれ常朝あらば、次日の五更に至り、鎖匙、城門に到る。すなわち開き、入るを放《ゆる》さる。画時《ただち》に鎖閉す。…（『宋会要』儀制一之一〇。治平元年【一〇六四】六月一八日）(47)

とあり、五更に鍵が開けられ、軍員らが入城すると、また閉鎖されていたことが分かる。これは外城に関する記事だと思われる。

一般的な開門時間については次の史料が参考になる。元豊六年（一〇八三）に刑部は、

窃に聞く京城諸門或いは時を以て啓閉せず、公私或いは以て事を廃す。欲すらくは、新城の門をして、並びに日初出入の時を以て準と為し、開封府に委ねて検察させよ。（『長編』三三五、元豊六年五月戊子）(48)

と提案し、裁可されている。つまり、新城の門は日の出入りに従って開閉がおこなわれていたと考えられる。

c　官僚の起床時間

官僚たちは禁門の開門時間のかなり前に待漏院に入らなければならなかった。彼らは何時頃起床していたのであろうか。欧陽修の詩に次のようなものがある。

十里の長街[49]五鼓催す。泥深く雨急にして馬行遅し。臥して聴く竹屋蕭々の響き。卻って憶ゆ滁州睡り足りし日を。

（『居士集』一三、「集禧謝雨」[50]）

街路を出勤途中、五更を告げる鼓が聞こえる。（雨が多い）あいにくの雨で開封の大街がぬかるんで馬の歩みが遅い[51]。聞こえてくる竹屋に雨が当たる蕭々たる音。滁州のよく眠った日々を思い出される。五更の時報を出勤途上で聴いたわけだから、欧陽修は四更の間に起床して家を出たと考えられる。不定時である四更は冬至では一時一九分から三時五八分の間、夏至では、〇時五〇分から二時三一分の間となる。だいぶ時間の幅があるが、当時でも十分に深夜と称せる時刻であり、さすがの欧陽修も地方官だったときの熟睡が恋しくなったようである。

これより遅く起床した官僚の記事も存在する。先述したように李昉は五更に起床し出勤した。『東京夢華録』三、天暁諸人入市の項には、

毎日、五更に交《な》るとき、諸寺院の行者、鉄牌子、或いは木魚を打ち、門に循いて暁を報ず。亦た各々地分を分かつ。日間は求化す。諸そ趨朝入市の人、これを聞きて起く[52]。

とあり、五更になると鉄の札か木魚を叩いて門ごとに夜明けを知らせて回る行者がおり、朝会に出席する官僚や早朝から店を出す人々は、これを聞いて起床したという。四更から五更と起床時間に幅があるのはどうしてであろうか。

参考になるのが、皇帝の起床時間についての『老学庵筆記』七の記事である。

前代の夜五更、黎明に至りて終わる。本朝の外廷及び外郡は、悉くこの制を用う。惟だ禁中のみ、未明前十刻、更終わる。これを待旦と謂う。蓋し更終われば則ち上は盥櫛《かんしつ》に御し以って明を俟ち、朝に出御す[53]。

皇帝は、未明の十刻（二時間二四分）前には、起床し身支度を整えつつ朝会の始まる時間を待っていたことが分かる。冬至では一更の長さが二時間三八分であり、夏至では一時間四〇分である。つまり、未明の十刻前とは、冬至の

頃には五更の始まり頃、夏至の頃では四更の終わり頃となる。ここで十刻という絶対時間が使われているのは、いずれの季節においてもそれだけの間、心身ともに準備が必要だったということだろう。

官僚の出勤の準備時間や所要時間も季節によって変化するものではない。待漏時間に季節の変化がないことは既述した。一方、不定時法の単位、更点は季節により変動する。官僚の起床時間が史料によって四更から五更と幅があるは、このためではないかと推測できる。しかしながら、遅刻する官僚もいたから、一概に起床時間を考えることは問題として不適切かも知れない。

四　庶民の朝

周知のように唐の長安と開封では都市構造が異なる。都市構造の変化により、庶民たちの生活はどのように変化したのであろうか。

唐の長安では五更三点に坊門が開放され、庶民は自由に他坊に出かけることができた。一方、開封の庶民が夜間外出の禁令から解放されるのは何更であろうか。『宋史』七〇、律暦志、漏刻の項に、「以って五更二点に至らば、止鼓契出づ。」とあり、原注には「凡そ放鼓契出づれば、禁門外撃鼓し、然後ちに衙《ママ》鼓作《おこ》る。止契鼓出づるのときも、亦た然り。而して更鼓ここに止む。」とある。五更二点で、更鼓、すなわち夜間の時報がなくなったのである。この時点で夜禁が終わったと考えねばならない。ここ特別に時報が行われる意味はそれしかあるまい。「衙鼓」は、「街鼓」の誤りの可能性がある。街鼓とは、夜禁の初めと終わりの時間を告知する装置である。太宗時代に開封の諸衙に設置され、仁宗の中頃まで鳴らされたという[54]。とするとこの史料は、この時期のものであるといえよう。

実は時期はさらに限定できる。拙稿で指摘したように、真宗の天禧元年（一〇一七年）に、極寒のため官が炭を安く放出した。その販売開始時刻は、「五鼓」である。これ以前に夜禁明け時間は、五鼓になっていたと考えられる。(55) 前掲史料（『演繁路』一五、六更）によると、南宋の臨安では五更以後、報時が行われなかった。つまり、五更が夜禁明けであったと考えられる。

五更二点から五更と変化した。これは唐代に比べ早い。五更とはまだ漆黒の闇である。なぜこのように早くしなければならなかったのだろうか。

先述したように待漏院の前は、夜が明ける前から庶民たちが「肝を粉粥に夾むを売り、来往喧雑」（前掲『丁晋公談録』不分巻）としていた。『東京夢華録』二、潘楼東街巷の項には、待漏院に距離的に近い潘楼酒店から東に続く街路の様子を伝える。そのなかに、

又、東しての十字大街、従行裹《せき》角茶坊と曰う。毎も五更に点灯し、衣物・図画・花環・領抹の類を博易買売す。暁に至らば即ち散る。之を鬼市子という。(56)

とあり、五更から始まって、暁でおわるマーケットが紹介されている。(57) 終了時間は官僚が皇城に入る時刻と一致している。官僚たちを顧客にしたものだろうか。関連が想像される。そのほかにも『東京夢華録』には五更に開店する商店を数多く記録している。官僚たちは、四更から行動している。彼らに軽食を提供したりするものは民間人であった。夜禁終了時が遅いと官僚たちも不便である。

唐の長安では夜禁終了は遅くともかまわなかった。皮肉にも坊制が厳格に施行されていたためである。官僚たちは、公務であれば坊門を通過できた。庶民は、夜禁時間であっても坊内の行動は自由であった。坊内で店を出すことは、五更三点の夜禁明け前でも可能だったのである。(58)

しかし、開封と長安は都市構造が異なる。開封の都市構造には坊牆と坊門が存在しない。つまり坊内と坊外の区別がなくなっていた。夜間外出の禁止時間が終わらないと店が出せない。それゆえ夜禁終了時が早くなったのではないだろうか。とにかくも開封庶民の朝のはじまりは夜禁終了時（不定時）だったのである。

開封と長安の都市構造は、もう一つ違うところがある。開封が二重の城壁を持っていたことである。庶民は、特権を持っていないから、先述の開門時間に縛られていたと考えられる。内城の門の閉門時間は三更一点、開門時間は五更一点であったから、まさに夜禁の時刻と重なっている。外城内では、夜勤明けと同時に、行動の自由が与えられたといえよう。

しかし、外城は日の出が開門時間であった。城門の開閉の問題から、開封の都市空間の構造は、次のようにまとめられよう。外城と内城の市街地は一体性をもち、市街地の通行が禁止される夜禁（三更から五更のはじまり）時間に、内城の門も閉鎖された。宋代の開封は城外に市街地が広がった都市として有名である。ただし、夜間時間（一更から五更の終わり）において、城内と城外は通行が遮断された。両者は別空間として意識されていたと思われる。

小　結——再び不定時法と定時法について

斉藤氏によると、天文学など学用には、隋代頃から定時法が用いられていた。『隋書』・両『唐書』・『宋史』などの天文志・律暦史の日の出・日の入りの時間などは定時法それで記されている。しかし、日の出・日の入りは季節により変化する。電灯が普及する前の社会生活はこの変化によって支配される。不定時法を使用することも多かったのではないかと考えられる。いわば並行して用いられていたのである。たとえば、唐名例律五五条に「およそ日を称するは、百刻を以てす。功・庸を計るは、朝より暮に至る。」とある。前半は定時法に言及し、後半は不定時法が述べられる。ところが宋代の皇祐年間に、昼間時間に定時法だけが用いられるようになった。それはなぜであろうか。

この問題は唐宋間の役制の変化によって、説明されるべきであろう。租庸調制下では、人民は規定の日数の役を負担した。先引の名例律の疏議には「庸を計ること多しとは、たとえば二人を役し、朝より午に至らば、一日の功と為す。あるいは六人を役して一辰を降れば、亦た一日の功と為す。」とあり、六人で一辰の作業を行った場合、一日の作業と見なされたのである。この一辰とはいうまでもなく、昼間時間を六等分した時間である。唐代には昼間時の不定時法が必要だった。

周知のように宋代の役は資産の多い上等戸から課せられるもので、内容も唐代のものとは異なり、州県郷村の運営に当たるものであった。二～三年の期間で交代した。また自ら応募して職に就いた。であるから一日の作業時間を計算する必要はもうなかった。

不定時法は計測が面倒である。節気ごとに目盛りを入れ替えなければならない。定時法は沈括の浮漏儀のように一本で済む。宋初は、旧制に因って不定時法を使っていたが、皇祐年間に定時法に改めたと考えられる。

本章で述べてきたように、開封の社会生活――官僚の出勤時間や庶民の朝の始まり――や都市構造のソフト面――城門の開閉など――は、依然として不定時法に支配されている。昼間時定時法の採用は、あまり大きな影響を与えなかったのである。むしろ社会制度の変化にしたがって、時法が簡便化されたというべきだろう。

斉藤氏は、「定時法のほうが時刻制度としてはより進歩した制度であることは明らかである。」と論じられ、それを使うためには、精密な設備が必要であり、「文化的社会の存在」が背景にあることを指摘されている（斉藤「時刻」二頁）。しかし、不定時法の方が、複雑な制度を必要とすることはいうまでもない。斉藤氏のこの論及は近代主義的な誤解であるように思われてならない。ともかくも、中国の社会を時法と社会制度との関わりに於いて、総合的に考えることはこれからの課題である。

注

(1) 木田知生「宋代の都市研究をめぐる諸問題」(『東洋史研究』第三七号第二号、一九七八)にこの課題が指摘されている。

(2) 平山清次「日本で行はれたる時刻法」(『暦法及時法』、恒星社、一九三三、所収)、藪内清『増補改訂中国の天文暦法』(平凡社、一九九〇、四二頁)、同氏「中国の時計」(『科学史研究』第一九号、一九五一)など。

(3) 平岡武夫「唐の長安城のこと」(『東洋史研究』第一一号第四号、一九五二)

(4) 拙稿「宋都開封の治安制度と都市構造」(『史学雑誌』第一〇四編第七号、一九九五。本書第五章に所収。)を参照。

(5) 平岡氏前掲「唐の長安城のこと」

(6) 朝、弁色始入。前此集禁門外。…

(7) 『宋文鑑』七七

(8) 『説文解字』七上、旦部には、「旦、明也。从日見一上。一、地也。」とある。

(9) 常以卯正後一刻、為禁門開鑰之節。盈八刻後、以為辰時。毎時皆然、以至於酉。…

(10) 楊誠斎詩云「天上帰来有六更」。蓋内楼五更絶、梆鼓交作。謂之蝦蟇更。禁門方開百官随入。所謂六更者也。外方則謂之攢点云。

(11) 『資治通鑑』二二四、唐代宗大暦三年(七六八)一二月己酉の条には、「刀斧兵馬使王童之、謀作乱。期以辛酉旦警厳而発。」とあり、原注には「旦警厳者、将旦厳鼓以警衆。『周礼』之発昫、今人謂之攢点。」とある。「今人」とは、『通鑑』が編纂された北宋時代の人を指す。つまり、宋人の認識では、攢点とは「旦」にならされるもので、人々に警戒を促すものだった。

(12) 景祐三年、再加考定。…然常以四時日出、伝卯正一刻。又毎時正已伝一刻。至八刻已伝次時。即二時初末相侵殆半。

(13)…以至五更二点、止鼓契出。五点、鐘撃一百声、鶏唱撃鼓。是謂攢点。至八刻後為卯時正、四時皆用此法。…

(14)『俗考』(『居家必備』所収。不分巻、第四葉)六更の項には、「…今報更鼕鼕鼓将尽、則雲板連敲、謂之殺更。」とある。殺はここでは「知らせる」程度の意味であろう。

(15)『咸淳臨安志』一。『乾道臨安志』一。

(16)六更とは宋代だけに特有の言葉である。②には、楊万里の詩が引用されていた。「天上帰来六更有り。」これは、『誠斎詩集』三三に所収の「謝余処恭送七夕酒果蜜食化生児」の最後の句である。作者はここに自ら注を付している。「予、庚戌考試のとき、殿廬す。夜漏五更を殺して後、また、一更を打つ。之を鶏人に問うに、曰く、宮漏六更あり。」

市街地では五更になると夜禁はあけるので、その後、夜間の時報はなくなる。宮殿では開門の合図として、六更といわれる時報が行われたのである。殿試に応じた挙人にとっては始めての経験であったのだろう。つまり六更は「鼓数十声」といわれるようにささやかのもので一般にはあまり聞こえないものだったのかも知れない。また、蝦蟇更といわれるように、蝦蟇の声ににたような、木の板をたたく音で報時したこともあったようだ(『事物紀源』九、柝の項には、「今撃木為声、以更籌者是。俗曰蝦蟇更。」とある)。

北宋初めには、五更二点で、皇城外に更点の終了を告げる時報が行われ、五更五点に攢点が打たれた(『宋史』七〇、律暦志)。五更で更点が終わり、開門の合図(六更)が皇城周辺だけに行われた南宋とはあきらかに異なる。制度的変化がいつ起こったのかは不明である。ただし、六更の由来に関する伝説は宋初にその起源をもとめている(『間中今古録抄』不分巻、参照)。

(17)日未出前二刻半為暁。日没後二刻半為昏。減夜五刻以益昼漏、謂之昏旦漏刻。

(18)藪内清氏も、中国では「昼間だけを特別に分割することは無かった。」といわれる(藪内清『歴史はいつ始まったか』中公新書、一九八〇)。

(19)議。従朝至暮。計一日六辰。仮役十二人、各経半辰、亦為一日之類。

(20)『訳注日本律令五　唐律疏議訳注篇一』(東京堂出版、一九七九)・三二九頁の解説(滋賀秀三氏分担執筆)には、「一日」は

一般には、一昼夜百刻すなわち二十四時間をもって一日とする。ただし、労働量の単位として言うときには日出から日没まで六辰（一辰は二時間前後。季節によって異なる）をもって一日とする。」とある。

(21) 平田茂樹「宋代政治構造試論」（『東洋史研究』第五二巻第四号、一九九四）を参照。

(22) 『春明退朝録』中を参照。

(23) 『長編』四三、咸平元年十月己酉の条。

(24) 礼賓副使郭逵上殿奏事、至巳刻尚未退。請自今上殿臣僚、春分前毋得過辰正、春分後毋得過辰初。…

(25) 『春明退朝録』中には、「於礼、群臣無一日不朝者。故正衙雖不座、常参官猶立班俟放朝、乃退。（原注）…今隷外朝不釐務者、謂之常参。」とある。

(26) 文徳殿百官常朝之所也。宰相奏事畢、乃来押班、常至日旰…朝士有久無差遣、厭苦常朝者。

(27) 『宋史』一一六、礼志、正衙常参には「…舎人通承旨奉勅不坐、四色官応喏、急趨至放班位宣勅、在位官皆再拝而退。」とある。

(28) 臣聞、君臣之際、礼儀攸行。朝廷之儀、進止有度。故弁色而皆入、或仮寐以待時。…伏見、常参文武官、毎日趨朝、並早赴待漏院、候開内門、斉入。今以辰漏上、始放朝。…

(29) 文徳殿門外為朝堂。常以殿前東廡設幕、下置連榻、冬氈、夏席。謂之百官幕次。凡朝会必集於此、以待追班、然後入。…

(30) 故多後時乃入。望許令知班駆使官二人、常在正衙門視之、有入晩者、具名申奏。又風雨寒暑稍甚、即多称疾請仮。望委御史台酌度聞奏、遣官診視、如顕有誑妄、即具弾劾。

(31) 旧制…平時、宰相垂拱殿奏事畢、赴文徳殿押班。或日昃未退、則閤門伝宣、放班。多復不赴。…

(32) 『宋史』一一六、礼志、正衙常参には「…尋詔。宰相春分辰初、秋分辰正、垂拱殿未退。聴勿赴文徳殿。令御史台放班。」とある。

(33) 『長編』三二〇、元豊四年一一月己酉、満中行の上言を参照。

(34) …近年、則不然。多萃於文徳殿後、以至尚衣庫・紫宸・垂拱殿門外南廡。其座於幕次、不過十数人而已。

(35) 朝、弁色始入。前此、集禁門外。宰執以下、皆用白紙、糊燭灯一枚、長柄掲之馬前、書官位於其上、欲識馬所在也。朝時自四鼓、旧城諸門啓関放入。都下人謂「四更時、朝馬動、朝士至」者。以燭籠相圍繞聚首。謂之火城。宰執最後至。至則火城滅燭。大臣自従官、及親王駙馬、皆有位次在皇城外仗舎。謂之待漏院。不与庶官同処。…

(36) 官僚たちは騎馬で出勤した。これは、唐代からの慣行であり、元祐初年、高齢で宰相となった文彦博と司馬光が、檐子に乗って出仕することが認められた。これは特例のことである（『麈史』上、任人）。また、政和三年の一二月、大雪となり蹄が滑るので特別に「車轎」を用いることが許され、南宋ではこれが一般的となったようだ（『雲麓漫鈔』七）。下馬の場所については、『夢華録』一と『麈史』上、礼儀を参照。

(37) 開封の夜禁の制に関しては、前掲拙稿「宋都開封の治安制度と都市構造（本書第五章）を参照。

(38) 旧例、丞相待漏於廬、燃巨燭尺尽、殆暁将入朝、尚有留按遣決、未尽。沔当漏舎、止燃数寸事都訖。猶徘徊笑談方暁。…

(39) …火城、毎位有翰林司官、給酒果、以供朝臣。酒絶佳、果実皆不可咀嚼。欲其久存。先公与蔡元度嘗以寒月至待漏院。卒前白「有羊肉・酒」。探腰間布嚢、取一紙角。視之、觼也。問其故。云「恐寒凍難解、故懐之」。自是止令供清酒。

(40) 徐左省鉉、職居近列。…毎覩待漏院前灯火・人物、売肝夾粉粥、来往喧雑。即皺眉悪之。曰「真同塞下耳。」

(41) …比年以来、内城頽欠弗備、行人躪其顛、流潦穿其下。屡閲歳時未聞有修治之詔。則啓閉雖厳、豈周於内外得不為国軫憂…

(42) 丁謂は自分の邸宅の前の道を通って内城に入れるように新たに保康門を穿った（『東軒筆録』一三）。蘇軾の邸宅も闔闔門外にあった（『済南先生師友談記』不分巻）。

(43) 在京旧城諸門并汴河岸角門。並令三更一点閉、五更一点開。

(44) 李文正公、罷相為僕射、奉朝請。居城東北隅昭慶坊。去禁門遼遠、毎五鼓則興、置白居易集数冊於茶鐐中、至安遠門仗舎、然燭観之。俟鑰啓則赴朝。…

(45) 『宋史』二六五、李昉伝には、「為文章慕白居易、尤浅近易暁。」とある。

(46) 『宋会要』儀制二之五には、「太平興国九年九月四日、詔常参官廨宇及監臨処在新城外者、及諸軍営在新城外者軍使・都頭以下、並五日一起居、副指揮使以下、即依旧。」とある。

(47) 自来、軍員赴朝、只拠諸軍晩探兵士問当。若是常朝、即至次日五更、鎖匙到城門。便開放入。画時鎖閉。…

(48) 窃聞京城諸門或不以時啓閉、公私或以廃事。欲令新城門、並以日初出入時為準、委開封府検察。

(49) 長街について、『五代史補』四、張少敵抗議嫡庶には「…蓋長街者、通内外之路也。…」とある。

(50) 十里長街五鼓催。泥深雨急馬行遅。臥聴竹屋蕭蕭響。卻憶滁州睡足日。

(51) 開封の街路は舗装されていなかった。『清波雑志』二、涼衫には「旧見説汴都細車、前列数人持水罐子、旋洒路過車、以免埃𡏖蓬勃。江南堦衢皆甃以磚、与北方不侔。」とあり、南方は磚によって舗装されていたが、開封など北方ではそうではなかったことが分かる。

(52) 毎日交五更、諸寺院行者、打鉄牌子或木魚、循門報暁。亦各分地分。日間求化。諸趨朝入市之人、聞此而起。

(53) 前代、夜五更至黎明而終。本朝外廷及外郡、悉用此制。惟禁中、未明前十刻更終。謂之待旦。蓋更終則上御盥櫛、以俟明出御朝。

(54) 街鼓については加藤繁「宋代に於ける都市の発達に就いて」(『桑原博士還暦記念東洋史論叢』弘文堂、一九三一、所収。『支那経済史考証』上、東洋文庫、一九五三、再録)を参照。

(55) 前掲拙稿「宋都開封の治安制度と都市構造」(本書第五章所収)

(56) 又、東十字大街、曰従行裹角茶坊。毎五更点灯、博易買売衣物・図画・花環・領抹之類。至暁即散。謂之鬼市子。

(57) 鬼市子については、沢田瑞穂「鬼市考」(『鬼趣談義』国書刊行会、一九七六、所収)と相田洋「鬼市と夜市」(『中国中世の民衆文化』中国書店、一九九四、所収)を参照。

(58) 日野開三郎『唐代邸店の研究』(自家版、一九六八。『日野開三郎東洋史論集』第一七巻、三一書房、一九九二、再録。頁数は後者による。)(参考)夜市を参照。

第四部　北宋後期の政治と首都の変容

第八章　王安石と開封の都市社会

はじめに

都市社会は非農耕人口から構成される。近代では工業都市が大いに発達するが、前近代の都市の都市人口は、何らかの意味で政治的求心力によって集まった消費層がほとんどである。ことに中国専制国家の国都は消費都市的性格が強い。宋都開封の人口構成における特色は、禁軍軍人とその家族が大変多いことである。[1] また、北宋の統一以来拡大を続ける全国的商業網の中心として、商人層を中心とする一般住民も多数居住した。

開封の市民の消費生活はどのようなものだったのだろうか。王安石の文集には開封の消費社会にふれた文章（「風俗」『臨川先生文集』六九）が載せられている。それは次のようなものである。

…京師は風俗の枢機なり。四方の面内して、依倣する所なり。これに加えるに、士民富庶の財物、畢《ことごと》く会し、以て倹率し難く、以て奢変し易すく、一端を発して一事を作すに至る。衣冠車馬の奇、器物服玩の具、旦に奇制に更わり、夕に諸夏に染まる。工は能の無用に於けるを矜《ほこ》り、商は貨の得難きに於いて通ず。歳一歳を加えるに巧眩の性、窮すべからず。好尚の勢、易わる所多し。故に物末だ弊せずして人に毀たれるあり。人、旧に循《したが》いて俗に嗤《わら》われるあり。富者自ら勝らんと競い、貧者その若かざるを恥ず。且つ曰く「彼も人なり。我も人なり。彼、奉養を為すことかくのごとく麗しくして、我、反って及ばず」と。是に由りて、転《うた》た相ひ慕効すること、務めて鮮明を尽くし、愚下の人をして一時の嗜欲を逞しくし、終身の貲産を破るを自ら知らざる有らしむ。…節義の民少なく兼併の家多し。富者の財産は州域に満布し、貧者の困窮は溝壑に於けるを免れず。…[2]

安石の述べていることは、次のようにまとめられよう。京師＝開封が流行の発信地である。その流行は絶えず移り変わり、遅れた物は打ち捨てられた。流行遅れを身につけるものは、嘲笑される。人々はこれを追い、豊かな者（兼併）が勝ち誇り、貧者は模倣して、破産する者まで現れることになっている。流通速度・範囲の拡大や商品の多様化など、北宋における「商業革命[3]」を背景とした言及となっていることは興味深い。

ところで、この文章はいつ書かれたものであろうか。原文には明確に示されていない。ただし、引用部分のまえに、「国家諸夏を奄有し、四聖継統し、制度以て定まれり」という一節がある。つまり、北宋が統一してから、四人の皇帝が立ち、制度が定まったという内容である。すなわち、四代仁宗時代がこの文章が書かれた時代だと推定される。王安石は、仁宗時代に科挙に登第し官僚としての活躍を始めた。「風俗」は、若手官僚としての彼の目から見た開封の社会の姿なのである。下文に示される政策めいたものも、やや具体性を欠くものと思える。

工商の末を逐う者は、租税を重くし以て之を困辱せしめ、民をして末業の無用なるを見せしむ。而して又た困辱せしを糾罰し田畝に趨かざるを得ざらしむ。田畝闢ければ、則ち民飢えることなし。…[4]

ところで、藤田弘夫氏は現代の反都市主義《アンチアーバニズム》は産業革命期の資本主義の発展に伴う都市の病理の拡大の中で成立したといわれる。また「都市での失業はただちに生存がおびやかされることも意味した。経済の「自由」とは、伝統的な「生活保障」からの自由をも意味したのである（『都市と権力』創文社、一九九一、二四八頁）。」と述べられている。

王安石の「風俗」は、伝統的な抑商思想の系譜に連なるものであろう。しかし、北宋の経済的「自由」によった「商業革命」の病理を消費面から記述、批判したものでもあり、この時代が生みだした「反都市主義」といえよう。

本稿では、以上のような思想を表明していた王安石が政権の中枢に立ったとき、開封に対してどのような政策を打ち出したかを明らかにし、開封史の上に王安石執政時代を位置づける試みである。なお、第五章ですでに指摘したように、開封の都市空間は、軍営地と市街地に二分してかんがえるべきである。本章では、まずこの両者について個別に検討してみよう。

一　禁軍軍営に対して

在京禁軍は額面では約二二万人。この軍隊は、地方から集められたものであり、宋初は、旧敵国や解体された藩鎮の兵を多く含んでいた。国都防衛用というよりも、中央集権を実現するための政治的効果（抑止力）を期待された軍隊である。あるいは、地方を弱めるために、中央に強兵が集められたのである。禁軍は傭兵であり、家族とともに軍営に居住した。傭兵の家族は一般の家庭よりすくなく、子供も入れて四人程度と推測できる。とすると、最大で約九〇万人の禁軍兵士家族が純粋な都市消費人口として居住していたと考えられる。

彼らの生活を安定させることは国家の重大事項であった。汴河を通じて行われる東南六路からの漕運も、彼らに向けてのものであった。四〇〇もの軍営が、開封の城内外に設けられた。[5] その軍営は軍人を管理する物理的構造を持っていた。[6] おそらく都市区画としての廂制の施行も禁軍の管理と関係があったものと思われる。[7] 在京禁軍の管理統制策と都市政策とは紙の表裏のようなものだったのである。

ところで、神宗時代にはいると、枢密使の文彦博が主導し禁軍改革が行われた。仁宗時代の対西夏戦争（一〇三九～一〇四四）で膨れ上がった禁軍が、財政的な大きな負担となっていたからである。王安石はとくに、在京禁軍の削減に強い意欲を持っていた。神宗と王安石との議論から引用してみよう。

…上（神宗）曰く「畿内募兵の数、已に旧より減ず。強本の勢《かたち》未だ悉くは減ずべからず。」と。安石曰く「既に保甲のその役に代わる有り。すなわち募兵を須《もち》いざれ。今京師の募兵、逃死停放、一季なれば乃ち数千なり。ただし招填する勿れ。即ち減ずべきと為す。…」[8]

神宗には「祖宗の制」である「強幹弱枝」体制を変えることに対して、だいぶ躊躇があったようだ[9]。しかし、王安石には在京禁軍を減らすことに少しのためらいもなかったようである。それはどうしてであろうか。王安石の禁軍を含めて、募兵にたいする認識は、

…宗廟社稷の憂、最も募兵みな天下落魄無頼の人たるに在り（『長編』二三三、熙寧五年五月丙戌の条）。

と述べているようなものだった。安石自身は具体的にその内容を語ってはいないが、対西夏戦争では在京禁軍の無力が明らかになっていることは事実である[10]。そのため、陝西・河東で新たな禁軍募集が行われ、国家財政は逼迫につながったことは周知の事に属する。

しかし、なぜ宋初には国家統一の原動力となった禁軍の資質が、中期になって低下したのであろうか。張方平の仁宗時代の上奏中には、その問いに対する一つのヒントがある。

…臣嘗て入朝するに、諸軍帥の従卒を見るに、一例《おしなべて》、紫羅衫・紅羅抱肚・白綾袴・絲鞋を新たにし、青紗帽を載せ、長紳帯を拖《ひ》き、鮮華爛然たり。それ服装少しく敝《やぶ》れれば、固く已に衆に恥じるなり。一青紗帽、市估千銭、衫袴に至りては、蓋し一身の服、ただ万銭のみならず。…その受けるところの稟給を計るに、一身の費に足らず。

もし妻子有らば、いずくんぞ飢凍せざるをえんや。…(11)

在京禁軍の資質低下の要因は、都市での奢侈生活が感染し、軍隊に必要な質実さを失っていたことにあったようだ。太祖趙匡胤は、この事を恐れ更戍制を施行したり、生活面での様々な規制を行った。このことは、多くの史料に記されている。ところが、仁宗時代にはこういった規制が守られなくなる傾向だったことも仁宗時代の士人の記すところである。軍営は開封城内外に分散していた。北宋中期になると、開封の都市空間における商業活動が活発化し、市民生活には、流行や新品を追い求める消費文化が花開いていたことは、先に検討した王安石「風俗」に示されている。張方平のこの上奏中の、軍人も、わずかのほころびを以て廃して新品を求めるなど、王安石の批判する庶民の消費文化に類似する。市民生活と軍人生活がそれぞれ影響しあっていた結果ではないかと想像される。

はたして、神宗の治世において、在京禁軍は半数ほどに減らされた。そこで次に問題となるのが、この軍縮によって、定額を割り込んだ指揮の処置である。定員は馬軍四〇〇名、歩軍五〇〇名である。いくら欠額が多くても、指揮である以上、一定の将校を配置しておく必要がある。また、軍営も一カ所あてがわなければならない。このままにしておくのはあまりにも、無駄なのである。王安石は、様々な批判を受けながらも、指揮の統廃合（併営）を進める（『長編』二二九、熙寧五年正月丁未。『宋史』一九四、兵志、揀選之制）。その結果、熙寧後半から元豊年間の開封には「空営」「廃営」とよばれる空き地が出現することとなった。

二　市易法と開封市民

市街地の商工業者に対して、新法として実施されたものは、周知のように市易法である。本節では、王安石が市易法の施行に関わった熙寧年間を中心に、市易法と開封と王安石との関係を検討する。(12) それゆえ、本稿は市易法体系の極めて限られた一面を扱うことをお断りしておく。

まず、宮沢知之氏の論考に従って、市易法の展開を概観しておこう。氏によると、「市易法は免行銭法と連関しつつ、唐末以来発達してきた流通機構（客商→兼併家・邸店・牙人→鋪戸）にかわって、新たに客商→市易務→市易務行人（在京鋪戸）という流通機構を編成」すること意図した総合的な商業統制政策であるという。その主な内容は以下の三点である。

①開封に集まる様々な商品を市易務が買い取り、鋪戸（小売店）に売る。いわば「問屋」の機能を国家の一機関が行うことにより兼併家と称される開封の大商人や大規模な邸店経営者が、流通過程で様々な操作を行って巨利をむさぼり、零細な客商や小売店が苦しむことのないようにする（貿遷物貨法）。

②零細な小売店が、仕入れの費用に困るときには、比較的低利で掛け売りを行う（賒請物貨法）。

③一般には市易法は中小商人に対する低利融資策であるとされるが、熙寧五年（一〇七二）三月に発布された市易条文には、現銭融資を規定しておらず、市易務は、当初金融機関ではなかった。熙寧六年（一〇七三）一二月に、青苗法による金銀現銭貸し出し業務を、都提挙市易司（市易務の後身）が行うようになった（現銭融資）。

ただし、五〇数年にわたる施行期間の間に、重点の置かれかたは変化した。つまり市易法の目的とともに内容が変化していたのである。当初は、「兼併抑圧」がスローガンとされ、かなり微細な商品まで貿遷物貨の対象としていた。これまでは兼併などがやっていたことを政府が行ったのである。しかし、熙寧九年頃になると、貿遷物貨が緩和され、物価安定が主たる目的とされるに至る。

宮沢氏は、市易法の変遷（失敗）の要因は、唐宋変革以降に形成された「流通機構の発達という時代の趨勢と相容れなかった」ことであるとされる。そして、「市易法は唐宋変革の一つの清算であると同時に、前近代社会の商品流通に対して国家がとった直接統制の最後の失敗であった。」と述べられている。この試みに王安石がどのように関わったのか本節では検討したい。

a　王安石と市易法

市易法は新法の一つではあるが、市易法の提案者は草澤を自称する魏継宗なる人物である。魏継宗の提案は、『長編』二三一、熙寧五年（一〇七二）三月丙午の条に「これより先」に上奏された関連記事として懸けられている。まずこれを検討してみよう。

京師は百貨の居る所なり。市に常価無く、貴賤相い傾き、或いは本数に倍す。富人大姓、皆乗ずるを得、緩急を伺い、開闔斂散の権を擅にす。其商旅並びに至りて、物の非時に来るに当たれば、則ち明らかにその価を抑え、極めて賤くせしめて後争いて私蓄を出して以て之を収む。舟車継がずして京師物少なきに及ぶも、民必ず取るところ有り。則ち往々にして閉塞蓄蔵し、その価の昂貴するを待ちて後售《う》り、数倍の息を取るに至る。此を以て外の商旅、利を牟《と》る所無くして、途《みち》を行くを願わず、内の小民日々いよいよ朘削して生に聊んぜず。…(13)

ここには、熙寧初年の開封市内における流通の様子が述べられている。「富人大姓」が流通経路を独占し、客商からは足を見てやすく買い取り、座賈には売り惜しみして必要以上に高く売るという方法で巨利を博していたことが分かる。これは物価高にもつながり庶民の生活も圧迫されたという。下文で、その対策が提案される。

宜しく積む所の銭を仮りて、別に常平市易司を置き、通財の官を択び以てその責に任じ、なお良賈を求めてこれを輔となし、つまびらかに市物の貴賤を知らしめ、賤ならば、則ち少しく価を増してこれを取り、商を痛めるに至らざらしむ。貴なれば、則ち少しく価を損して之を出し、民を害するに至らざらしむ。出入その平を失わざれば、因りて余息を取りて以て公上に給す。則ち市物は騰踊に至らずして、開闔斂散の権、富民に移らず、商旅以て通じ、黎民以て遂《み》ち、国用以て足る(14)。

市易務が売買を行い、物価を安定させ、「商」つまり客商と「民」つまり黎民の困窮を救うことが、中心としてうたわれ、その「余息」をとって国家収入を増加させることもできるという。ところで、宮沢氏によると市易法施行当初のスローガンは「兼併抑圧」であった。不思議なことに、魏継宗の上奏にはこれは特に強調されていないのである。これは、いったいどうしたことであろうか。

『長編』二三二熙寧五年四月丙子の条に次のような記事が懸けられている。

是より先、三司、市易十三条を起請す。その一に云く「兼併の家、較固《ドクセン》して利を取り、新法を害する有り。市易務をして覚察して三司に申せしめよ。按じて置くに法を以てす」と。御批すらく「この条を減去せよ。余は悉く之を可とす」と(15)。

三司が提案した市易法実施細目の原案中には、「兼併抑圧」が明文化されていたのである。神宗はこの条の削除を命じる。御史の劉孝孫はこれを「民に寛仁たるの至」であると称えるが、王安石はこの神宗の指示に対し敢然と反対する。

（劉）孝孫のこの事を称頌して以て聖政となす。臣愚（王安石）窃かにこれを謂えらく、これ乃ち聖政の欠ならんと。天、陛下に九州四海を付すは、固より将に陛下をして豪強を抑え、貧弱を伸ばし、貧富をして均しくその利を受けしめんとするなり。当に畏忌して敢えてせざる所有るべからざるなり。較固の法、これ律有りてより已来行用す(16)。今はただ均を為す所以を申明するのみ。均しければ、貧しきこと無しとは、蓋し孔子の言なり(17)。聖政において何の害あらん。陛下これを行うを欲せず。これ兼併、以て陛下の豪強を権制するにおいて敢えてせざる所あるを窺見するあり。故に内は近習に連なり。外は言事官を惑わし、これをして口に騰《のぼ》せしむ。[18]

王安石は神宗に対し厳しい直言をして、徹底した社会改良を求めている。神宗が参考にした近習や言事官の意見は、実は兼併に操られたものなのだと批判する。神宗はこれにはさすがに苦笑し、「已に律有り。自ずから施行すべし。故に須らく条を立つべからず。」とこたえている。

このようなやりとりののち、神宗の御批通り、兼併抑圧の条項は削除されて施行される。しかし、王安石は市易法の第一の課題を「兼併の抑圧」と定めていたとおもわれる。なぜならば、市易務の長官に、呂嘉問を登用したからである。かれは市易法に兼併抑圧の条を付け加えようとしたといわれる人物であった。[19]

b　熙寧の市易務[20]の活動

では、実際の市易務の活動は、どのようなものだったであろうか。前掲の宮沢論文や熊本崇氏の論考によると、京師を移動する商品は、かなり微細なものに至るまで、市易務が流通に関わり、これまでの流通システムが急激に変革され、商業が国家による統制下に入ったことがわかる。それによって、どのような方向性をもって、流通を動かすかは、為政者の目的意識によってかわってくるであろう。

先述したように王安石や呂嘉問は「兼併抑圧」を重視した。しかし、神宗の発言には、

①聞くならく、市易買売苛細を極め、市人籍籍として怨謗し、おもえらく、官司浸淫して尽く天下の貨を収めて自ら経営を作す、と。指揮すべし、令してただ魏継宗の元の擘画に依りてのみ施行せよ、と。[21]

②聞くならく、市易務、近日、貨物を収買し、朝廷元初の立法の本意と違うあり。頗る細民の経営を妨げ、衆語

喧嘩して、以て便と為さず、不遜の語を出す者有るに致る、と。卿（三司使曹布）なれば必ず之を知らん。つまびらかにして具奏すべし。(22)

など、下層民の間にも、市易法に対する不満が広がったことが見られる。これはどうしてであろうか。

この史料にあるように、「朝廷元初」の立法の目的、つまり、魏継宗上奏の精神と異なる運営が為されたという。施行開始から一年余りが経過した熙寧七年三月、魏継宗自身は次のようにコメントしている。

③もって市易の主を「榷固掊克」と謂うは、皆初議に如かず。都邑の人その怨にたえざらん。(23)

呂嘉問らは「榷固掊克」を主務と考えていた。字面からいうと、厳しい税の取り立てという意味であるが、市易務の活動として財政収入の増加を図ったということであろう。そのため開封市民が苦しんでいたという。具体的にどのような運営が為されたのであろうか。熙寧七年、市易務の業務の調査を命ぜられた魏継宗（当時、曾布に辟されて河北察訪司指使の地位にあった。）(24)は、三司使の曾布に次のように答申している。

④（呂）嘉問等、多く収息するに務め、以て賞を干《もと》む。凡そ商旅有《も》つ所あらば、必ず市易に売る。或いは市肆の無き所あらば、必ず市易に買う。而して本務率《おおむ》ね皆賤《やす》く買いて、貴く売る。重く入れて軽く出し、広く嬴余を収める。(25)

初めの魏継宗の上奏では、物価が安いときは高く売り、高いときは安く売るという操作を行い、物価を安定させることがうたわれていた。しかし、呂嘉問ひきいる市易務は安く買い高く売ることに血道を上げ、多大な収益を上げていた、と魏継宗はいう。呂嘉問は増収によって表彰されているので、事実であろう。一方で、客商や座賈は苦しめられることになる。また、物価は高くなるから、軍人などの消費層の生活にも悪い影響を及ぼすのである。これらは、魏継宗の上奏にみえる兼併の不正行為に等しい。それゆえ、曾布は「誠に継宗の言うところの如きならば、則ち是官府を挟《たのみ》として、兼併の事を為すなり。」とコメントする。

兼併のことを市易務がやってしまうから、兼併は特権的利益を失う。熊本崇氏は前掲論文(26)において、兼併家を利用しての流通の再編が王安石の意図であることを丁寧に論証されており、疑義を挟む余地はないようにおもえる。ただし、兼併家を市易務に取り込むことは、彼らを国家の管理下に置くことであり、これにより、兼併家は兼併家であることをやめざるを得なくなる。市易務は兼併を自らに取り込むことによって、彼らに統制を加え特権的利益を奪おうとしたといえる。熊本氏は「彼（王安石）にはまた、兼併家はこれを打倒すべきではなく、政策を推行《ママ》する上で、これに依存しなければならぬ場合があるとの、現実認識も確乎として具わっている。」と指摘され、結論を補強されているが(27)。しかし、ここで氏が引用されている史料は、農村の兼併に関するものであり、都市の兼併に援用するのはいかがかと思う(28)。やはり兼併に対する統制という側面を強調せざるを得ないのである。史料的にも王安石は市易法によって兼併家が失業するのを目的の達成として報告している。熙寧五年（一〇七二）閏七月、王安石の発言中には、

今市易法を修するに、即ち兼併の家、以て自来停客を開店するの人並びに牙人、又皆失職するに至る。…即ち凡そ新法に因りて失職するもの皆恤《あわ》れむに足らず(29)。

とある(30)。市易務が活動を始めてから数ヶ月しか立っていないのにもかかわらず、すでに邸店を経営している兼併家や牙人が廃業に追い込まれているものが多いと発言している。

このように、熙寧の市易務の活動は開封の都市人口の各階層の不満を喚起するものであったようだ。開封に社会不安が広がったと想像される。しかし王安石はそれでもかまわないというがごときである。そのような市易務の活動を王安石が支持していたことは、呂嘉問の業績を高く評価したことから明らかであろう。熙寧六年、呂嘉問は殿中丞（従八品）から国子博士（従七品）に転じたが、さらに王安石の要請により「升一任」が与えられている(31)。のちに曾布

が呂嘉問の業務上の不正を追及した際も王安石は弁護に務めている。「風俗」でしめされた王安石の反都市主義的思想が反映されているように思える。

c　市易法の変質

宮沢氏によると、市易法は熙寧年間と神宗親政の元豊年間では、変質したとされる。熙寧年間は「兼併抑圧」がスローガンとされ、元豊年間は「物価平準」が目的とされる。この違いは王安石と神宗の政策の違いであろう。神宗は市易法の主旨を物価安定ととらえていたようだ。次の発言からそれは明らかである。

「市易、米麥の類よく価を平らかにするあたうは民に便たり。もとより好し。[32]」

「朝廷市易を設けるは、本は平準して以て民に便とする為なり。[33]」

前掲の①②の史料に見られるように、神宗は流通システムを微細な商品に至るまで国家が直接把握することに対して、消極的というより反対であり、これが、一種の社会不安を招いていることを危惧していた。そのため、再三にわたり魏継宗の初志にかえって、市易法を見直すことを中書（王安石）に要請している。[34]しかし、王安石は「兼併抑圧」に固執し、呂嘉問を支持し、神宗の要求には応じなかったのである。

そのため、神宗は熙寧七年（一〇七五）の三月、時の三司の長官曾布に手札を下し、市易務の活動を監査することを命じる（前掲史料②）。それに応じて曾布は発案者の魏継宗を招き現状調査に当たらせる。その結果が、前掲史料③④に記されたものである。その後、曾布が商人から事情を聴取する過程で、呂嘉問の書類改竄事件が発覚するが、王安石は最後まで、呂嘉問を支持し弁護する。また曾布も市易務の調査の過程で実状を曲げて伝えたという疑惑を呂恵卿から突きつけられる（『長編』二五一、熙寧七年三月乙丑）。四月、王安石が宰相を退いた後、中書を掌握した呂恵卿は三司使曾布の追い落としに成功する。呂嘉問も同時に、地方官に退かされる（『長編』二五三熙寧七年五月辛酉、同二五五、熙寧七年八月壬午）。それ以来、市易法も神宗の考えに従って変質し、市易務による市場独占はやめられ、物価平準を中心とするものとなっていった。

三　熙寧・元豊間の開封の変化

以上に述べてきたように、神宗時代は、開封の都市社会（軍営・商業）に対して政府が改革の意志をもっていた時代であるといえる。本節では、都市空間で起こった事件とそれらの政策との関わりを考えてみたい。

北宋開封の都市空間で起きた事件の一つとして侵街がある。侵街とは街路を不法に占拠し家屋などを建設してしまうことである。この現象は唐の長安にも見られるものである。唐の長安には周知のように坊制が厳格に施行されていた。それは、国都のプランであり、国家の象徴的権威を表現するものであった。それを毀損する侵街は反政府的行為ともいえる。また、国家権力の衰えの現れともいえよう。そのため唐の後半期に集中して見られる。[35]

一方、後周・宋は、国都に坊制を施行せず、街路のプランによって国家の権威を表現しなかった。それゆえ、侵街も後周では一部公認された（『五代会要』二六、街巷、顕徳三年【九五六】六月）。北宋では、街路に「表柱木」を立ててそれ以上の侵占を禁止し、はみ出す舎屋が有れば撤去した。[36] しかし、侵街を行うものは後を絶たなかったかのように、何度か侵街家屋の撤去を命じる詔令が出されている。では、どのような人々が、あえて侵街を犯したのであろうか。

『長編』五一、咸平五年（一〇〇二）二月戊辰の条には、

京城、衢巷狭隘たり。右侍禁閤門祗候謝徳権に詔してこれを広げしむ。徳権既に詔をうけ、則ち先づ貴要の邸舎

を撤す。群議紛然たり。詔ありてこれを止む。徳権面請して曰く「今日、事を沮む者は、皆権豪の輩、各々の屋室の僦資を吝むのみ。它あるに非ず。臣死すとも敢て詔を奉ぜす」と。上已むを得ず、これに従う。(37)

とある。侵街の主体は貴要（権豪）の邸舎である。かれらがそれを賃貸して利益を得ていたことが分かる。また『宋史』二九一、王博文伝には、

都城豪右の邸舎通衢を侵す。博文表木を製り籍を按じ、左右判官に命じてこれを分徹せしむ。月余にして畢る。(38)

とある。これは『長編』一一五、景祐元年（一〇三五）一一月甲辰の条に対応している。謝徳権の記事から三十年あまり経っているが、侵街を引き起こしたのはやはり大規模経営の家屋賃貸業者であったと思われる。木田知生氏は、街路の発展の一段階として侵街を位置づけられ、「街路発展の中核に位置していたのは、邸店などの大型店肆であったのである。」とのべられている。(39)遠隔地商業が発展する中、当時の開封でのもっとも有効な理財の方法として邸店などの商業施設の経営が増大していた。

ところで侵街が史料にあらわれる時期は、奇妙なほど真・仁宗期に集中している。(40)禁令がだされて、侵街家屋撤去が行われても、一〇年余りするとまた侵街が問題化するのである。とすると、その時期、賃貸家屋、特に邸店の需要の増加が有ったと思われる。いわゆる好景気に開封の都市社会が沸いていたのであろう。仁宗時代の都市社会が「消費は美徳」という好景気に見られる雰囲気に包まれていたことは、さきに検討した王安石の「風俗」や張方平の禁軍に関するコメントによっても検証できる。

ところが、熙寧五年（一〇七二）閏七月に王安石は次のように述べている。

今市易法を修するに、即ち兼併の家、以て自来《もともと》停客を開店するの人並びに牙人、又皆失職するに至る。（『長編』二三六、熙寧五年閏七月丙辰）

ここで注目すべきは、「停客を開店」していた兼併が、失業したという事実である。停客とはおそらく客商などを顧客とする邸店に類する宿泊施設であろう。[41]市易法の施行により、流通経路の混乱が起こり、邸店の需要が減ったことを表しているのであろう。[42]

次の事実からも上記の論点は補強できよう。先に見たように侵街を行っていたのは、「貴要・権豪・豪右」などであった。「貴要」と呼ばれるのは、皇帝の外戚などであるが、神宗を市易法の見直しに向かわせるのに少なからざる影響を及ぼしたのは、後宮や外戚の反対であった。[43]これは、外戚が兼併と関係を持っていたことにあるようだ。[44]かつて、侵街を行っていた層は、市易法によって不利益を受ける階層であったといえよう。

つまり、この時期に侵街が発生する可能性は低いと考えられる。管見の限りでは熙寧時代に侵街が起こった形跡は史料上見いだせない。

それに対して元豊年間（一〇七八～一〇八五）に入ると、侵街の記事があらわれる。[45]そのうえ、政府は侵街の犯人から侵街銭なる税金を取り立てることにより、公認するようになるのである。[46]かなりの増収が有ったようだから、元豊年間には、侵街家屋の需要が回復したとして良かろう。やはりこれは市易法の変質に関係する現象と考えられる。王安石と呂嘉問が市易法から離れるに従って、市易務による厳しい「兼併抑圧」と「権固掊克」が無くなり、景気も回復に向かったのであろう。

それを検証するために、「廃営の地」の再開発の問題を取り上げたい。[47]

さきに述べたように、在京禁軍の整理が行われ、かなりの数の空営・廃営が、開封に出現した。北宋末期のある政治家の上奏には、

…大臣、祖宗傳城の兵営を銷去して曰く、坐して太倉の無用を縻《しば》るなり。曰く、欠額の金は、因りて以て利を為

すを得るなり。間地は、以て室廬を建てるべきなり。…と。[48]

とある。この大臣とは王安石を指すのか、元豊の宰臣を指すのか明確ではない。ただし内容から推定すると、元豊時代の呂恵卿らの発言である可能性が高いように思われる。熙寧年間には、邸店の倒産が相次ぎ、間地の需要はほとんどないはずである。

　では、元豊時代にこの廃営の地に対し需要があったのであろうか。張舜民の元祐元年（一〇八六）の上奏文には次のように廃営問題について言及されている。

…熙寧（軍営を）併廃し、鞠して茂草と為す。識有るものこれを視れば、猶或いは歎息す。今又委ねて寺観と為す。その勢い未だ已まず。太平の日久しく、兵いよいよ消え、地いよいよ空たり。寺観いよいよ多し。…朝廷既に許すに空閑の官地を以てす。且つ京城の中、何れの所にか、空閑の官地の以て修寺を待つもの有らんや。居民《ママ》にあらざれば則ち官府、官府にあらざれば則ち軍営なり。民居・官府既に遷るべからず。彼満たされざるをもって、再び請うれば則ち唯空閑の軍営の以てことに従う有るのみ。この役ひとたび興れば、上はこれ宮邸衣冠の家、下はこれ閭閻商販の小民、また将に割剰を征求せんとし三五年休已を得ず。…[49]

はじめは、寺院や道観用地として、廃営の地が使用を許されたが、それに同時に、「閭閻商販の小民」の要求も激しいものがあったようだ。軍営は、開封城内の一等地に建設されていたことも、激しさを増した原因の一つであろう。この記事は元豊年間（一〇七八〜一〇八五：八年間）における土地需要の増大と、景気回復を裏付けるものである。それゆえ、「三五年」は十五年でなく、三年から五年のあいだの不確定な年月を指す言葉としなければならないと考える。

小　結

はじめに紹介した王安石の「風俗」の論理は、煕寧時代市易法の強力な商業統制につながっていったと考えることができよう。それは、都市に一時的な社会不安と不況を作り出したようである。同時に、在京禁軍の整理縮小も王安石の指導の元に着実に実行される。煕寧年間の後半の開封は廃業した邸店、廃墟になった軍営が少なからず現れたことが実証できる以上、結果としてみると、王安石が「風俗」で述べた見解は、開封の都市空間に影響をあたえた可能性がある。

宋都開封の約一五〇年間の歴史にとって、王安石時代は、どう位置づけられるであろうか。市易法の実施という国家による経済統制が強まり、成長を続けていた都市商業と消費経済に大きな影響を与えた。また、開封のトラブルメーカーであった在京禁軍の数も半減し、保甲による治安維持も行われ治安が回復した(50)。総じて、国家の統制が国都の隅々まで行き渡った時代であるといえよう。

それに対し、神宗親政期の元豊年間に入ると、煕寧時代のような商業統制はやめられ、市易法の目的は物価の安定にシフトした。経済統制が緩やかになったため民間経済も回復したようである。その表れとして、廃営の地に対する大きな需要が位置づけられる。廃営の地は、やがて寺観や寵臣の邸宅または商業施設として再開発されたもようである。また、夜禁制度の実行者である巡鋪兵に再び禁軍が配備された。軍紀が弛緩した禁軍が治安警察に当たったことは、終夜の営業を黙認するひとつの契機になったといえるかもしれない。つまり、元豊時代は『東京夢華録』に示される開封の「極盛」を準備した時期であるといえるのではないだろうか。

残された問題も多い。特に徽宗時代の都市政策や宰相たちの論理を明らかにし王安石のそれと比較検討することは『東京夢華録』の世界の背景を理解する上で欠かせない作業であると思われる。第一〇章で検討する。

注

（1）本書第四章「都市人口数について」を参照。

（2）…京師者風俗之枢機也。四方之所面内、而依倣也。加之、士民富庶財物畢会、難以倹率、易以奢変、至於発一端作一事。衣冠車馬之奇、器物服玩之具、旦更奇制、夕染諸夏。工者矜能於無用、商者通貨於難得。歳加一歳、巧眩之性不可窮。好尚之勢多所易。故物有未弊而見毀於人。人有循旧而見嗤於俗。富者競以自勝、貧者恥其不若。且曰「彼人也。我人也。彼為奉養若此之麗、而我反不及。」由是、転相慕効、務尽鮮明、使愚下之人有遑一時之嗜欲、破終身之貲産而不自知也。…節義之民少、兼併之家多。富者財産満布州域、貧者困窮不免於溝壑。…

（3）斯波義信『宋代江南経済史の研究』（汲古書院、一九八八）二一一頁などを参照。

（4）工商逐末者、重租税以困辱之、民見末業之無用。而又糾罰困辱、不得不趨田畝。田畝闢則民無飢矣。…

（5）本節は、本書第五章によっている。詳細はこちらを参照していただきたい。

（6）同上参照。

（7）『玉海』一三九には、「捧日四廂、管旧城左廂及殿前司馬軍。天武四廂、管旧城右廂及殿前司馬軍《ママ》。竜衛四廂管新城左廂及馬軍司馬軍。神衛四廂、管新城右廂及歩軍司馬軍《ママ》。」とある。これをどう読みこむかは今後の課題である。今のところ上四軍が、下位の禁軍の管理と都市の治安維持に従事していたと取りたい。

（8）『長編』二三六、熙寧五年（一〇七二）閏七月壬戌の条原注引『兵志』第一巻。…上曰、畿内募兵之数已減於旧。強本之勢、未可悉減。安石曰、既有保甲代其役。即不須募兵。今京師募兵、逃死停放、一季乃及数千。但勿招填。即為可減。…

（9）『長編』二二〇、熙寧四年二月庚午、同二七八、熙寧九年一〇月乙未、同二七八、一一月癸丑の各条を参照。

（10）『長編』一二五、宝元二年是歳の条に懸けられている夏竦上奏、『長編』一三二、慶暦元年五月甲戌に懸けられている田況の「兵策十四事」、『長編』一五六、慶暦五年閏五月戊子の条などを参照。

（11）『長編』一六三、慶暦八年（一〇四八）三月甲寅。…臣嘗入朝、見諸軍帥従卒、一例新紫羅衫・紅羅抱肚・白綾袴・絲鞋、載青紗帽、拖長紳帯、鮮華爛然。其服装少敝、固已恥於衆也。一青紗帽、市估千銭、至於衫袴、蓋一身之服、不啻万銭。…計其所受廩給、不足一身之費。若有妻子、安得不飢凍。…

（12）市易法に関する論考は、宮沢知之「宋代の都市商業と国家――市易法新考――」（梅原郁編『中国近世の都市と文化』京都大学人文科学研究所、一九八四）と熊本崇「北宋神宗期の国家財政と市易法」（『文化』第四五巻三・四号、一九八二）、同氏「王安石の市易法と商人」（『文化』第四六巻三・四号、一九八三）、同氏「四川榷茶法」（『東洋史論集〈東北大〉』二、一九八六）などがある。両氏の論考は、観点をややことにしている。宮沢氏は、商業史の流れの中から市易法をとらえようする。それに対して、熊本氏は国家財政と市易法の関連を追及する。本章は、両氏とは違う観点よりの考察である。その他には式守富司「王安石の市易法」（『歴史学研究』第六巻第一〇号、一九三六）がある。

（13）京師百貨所居。市無常価、貴賤相傾、或倍本数。富人大姓、皆得乗、伺緩急、擅開闔斂散之権。当其商旅並至、物来於非時、則明抑其価、使極賤而後争出私蓄以収之。及舟車不継而京師物少、民有所必取。則往往閉塞蓄蔵、待其価昂貴而後售、至取数倍之息。以此、外之商旅、無所牟利而不願行於途。内之小民、日愈朘削而不聊生。…

（14）宜仮所積銭、別置常平市易司、択通財之官、以任其責、仍求良賈為之輔、使審知市物之貴賤、賤則少増価取之、令不至痛商。貴則少損価出之、令不至害民。出入不失其平、因得取余息以給公上。則市物不至於騰踊、而開闔斂散之権、不移於富民、商旅以通、黎民以遂、国用以足矣。

（15）先是、三司起請市易十三条。其一云「兼併之家、較固取利、有害新法、令市易務覚察申三司。按置以法。」御批「減去此条。余悉可之。」

（16）『唐律疏議』二六、雑律、売買不和較固の条を参照。

（17）『論語』八、季氏第十六。

(18) 孝孫称頌此事、以為聖政。臣愚窃謂此、乃是聖政之欠。天付陛下九州四海、固将使陛下抑豪強、伸貧弱、使貧富均受其利。非当有所畏忌不敢也。較固法、是有律已来行用。今但申明所以為均。均無貧、蓋孔子之言也。于聖政有何害。陛下不欲行此。此兼併有以窺見陛下于権制豪強有所不敢。故内連近習、外惑言事官、使之騰口也。

(19) 『長編』二三一、熙寧四年四月丙子の条の原注に「陳瓘論曰。呂嘉問請于律外別立市易較固一条。神考聖訓以為已有律、不須立条。…」とある。

(20) 熙寧六年一二月に市易務は都提挙市易司と改称される（『長編』二四七、熙寧六年一〇月辛未）が、本稿では便宜的に市易務と通称する。

(21) 『長編』二三六、熙寧五年閏七月丙辰。…聞、市易買売極苛細、市人籍籍怨謗、以為官司浸淫尽収天下之貨自作経営。可指揮、令只依魏継宗元擘画施行。

(22) 『長編』二五一、熙寧七年、三月丁巳。…聞、市易務、日近収買《ママママ》貨物、有違朝廷元初立法本意。頗妨細民経営、衆語喧嘩、不以為便、致有出不遜語者。卿必知之。可詳具奏。

(23) 『長編』二五一、熙寧七年三月丁巳。…以謂市易主者榷固掊克、皆如初議。都邑之人不勝其怨。

(24) 『長編』二五一、熙寧七年三月丁巳。

(25) 『長編』二五一、熙寧七年三月辛酉…（呂）嘉問等、務多収息以干賞。凡商旅所有、必売於市易。或市肆所無、必買于市易。而本務率皆賤買貴売。重入軽出、広収贏余。…

(26) 熊本氏前掲「王安石の市易法と商人」

(27) 熊本氏前掲「王安石の市易法と商人」一八五頁

(28) 熊本氏が上げている史料は次のものである。『長編』二一三、熙寧三年七月癸丑「安石曰、今朝廷治農事未有法、又非古備建農官大防圩垾之類。播種収穫、補助不足、待兼併有力之人而後全具者甚衆。如何可遽奪其田以賦貧民。此其勢固不可行、縦可行、亦未為利已。」

しかし、都市の兼併に対しては「風俗」において見たように断固たる意見を持っていた。

(29)『長編』二三六、熙寧五年閏七月丙辰。…今修市易法、即兼併之家、以至自来開店停客之人並牙人、又皆失職。…即凡因新法失職者皆不足恤也。

(30)『長編』二六二、熙寧八年四月甲申にも、「王安石曰、近京師大姓、多止開質庫。市易摧兼併之效、似可見。」とある。兼併層が市易法施行により不利益を被り、失業したものが多くいることを、王安石はこの法の成果としている。

(31)『長編』二四五、熙寧六年五月庚午。「市易務、歳の収息銭、有羨たるをもって」の報奨である。

(32)『長編』二五一、熙寧七年三月戊午。…市易、如米麥之類能平価便民、固好。…

(33)『宋史』三五五、呂嘉問伝。朝廷設市易、本為平準以便民。

(34)「上、しばしば市易苛細たるを以て中書に詰責す。(『長編』二五一、熙寧七年三月丁巳)」。具体的には以下の各条において神宗が中書、つまり王安石に市易法の悪評と問題点を指摘している。『長編』二三六、熙寧五年閏七月丙辰・同二三九、熙寧五年一〇月丁亥・同二四〇、熙寧五年一一月丁巳・同二五一、熙寧七年三月庚戌・同三五一、熙寧七年三月戊午。また、唐坰の上奏には「又、市易司を置くに、都人、餓死に致るものあり。」とある(『長編』二三七、熙寧五年八月癸卯)。

(35)長安での侵街記事は、『唐会要』八六、街巷の項の以下の上に見られる。大暦二年(七六七)五月・太和五年(八三一)七月・大中三年(八四九)六月。

(36)木田知生「宋代の都市をめぐる諸問題」(『東洋史研究』第三七号第二巻、一九七八)一二二頁。

(37)京城衢巷狭隘。詔右侍禁閤門祇候謝徳権広之。徳権既受詔、則先撤貴要邸舎。群議紛然、有詔止之。徳権面請曰「今沮事者、皆権豪輩吝屋室僦資耳。非有它也。臣死不敢奉詔。」上不得已、従之。

(38)都城豪右邸舎侵通衢。博文製表木按籍、命左右判官分徹之。月余畢。

(39)木田氏前掲「宋代の都市をめぐる諸問題」一二五頁。

(40)木田氏前掲「宋代の都市をめぐる諸問題」一二一頁を参照。『長編』五一、咸平五年(一〇〇二)二月戊辰・同七九、大中祥符五年(一〇一二)一二月甲戌・同一〇二、天聖二年(一〇二四)六月甲子・同一一五、景祐元年(一〇三四)十一月甲辰・同一一六　景祐二年(一〇三五)三月丁酉の各条に侵街家屋撤去命令が見られる。

(41)「停」とは、宿泊するの意である。日野開三郎『唐代邸店の研究』（自家版、一九六八。『日野開三郎東洋史論集』第一七巻、三一書房、一九九二、再録。頁数は後者による）四一頁を参照。

(42) 倉法などによって賃貸家屋の需要が減ったことも史料上確認できる。『長編』二三六、熙寧五年閏七月丙辰には「…既而修倉法、即自来説綱行賕之人又皆失職。既而修左蔵・内蔵庫法、即説綱行賕之人又皆失職。在《ママ》掖門外僦舎幾為之空、以自来説綱行賕之人力不能復拠要便処僦舎故也。…」とある。

(43)『長編』二五一、熙寧七年三月戊午には「…上曰、近臣以至后族無不言不便、何也。両宮乃至泣下、憂京師乱起、以為天旱更失人心如此。」とある。

(44)『長編』八〇、大中祥符六年三月戊申には「権知開封府劉綜言、貴要有交結富民、為之請求、或仮記親属、奏授爵秩、縁此謁見官司、煩紊公政。」とある。神宗時代の外戚については、『長編』二五一、熙寧七年三月戊午に「如后族即向経自来影占行人。因催行免行新法、遂依條収入。経嘗以牒理会、不見聴従。」とあり、行人を影占していたことが分かる。

(45)『名臣碑伝琬琰集』中編、三〇、王学士存墓誌銘には「有司言、京師並河居民、盗鑿阪隄、以自広。請尽責培築復故。又按民廬冒官道者、請悉徹之、至華表柱止。…」とあり、元豊五年（一〇八二）において、開封で侵街が再発生したことが記録されている。

(46) 草野靖「宋の屋税地税について」（『史学雑誌』第六八編第四号、一九五九）と宮崎市定「漢代の里制と唐代の坊制」（『東洋史研究』第二一巻第三号、一九六二）は、元豊年間に侵街銭が全国的に徴収されるようになり、侵街が公的に承認されるようになったとする。木田氏は前掲論文においてこの問題に触れ、この侵街銭は実施が陝西路に局限されており時期的にも一時的なものであったとする。しかし『長編』三五五、元豊八年四月庚寅には「司馬光上疏曰…増家業侵街商税等銭、以供軍須、遂使九土之民失業困窮…」とあり、侵街銭は全国的に施行されたものといって良いようだ。『長編』三七七、元祐元年五月壬戌の条も参照。

(47) この問題は、本書第三章ですでに論じた問題であるが、行論の都合上言及する。

(48) …大臣銷去祖宗傳城之兵営、曰坐糜太倉無用也、曰欠額之金因得以為利也、間地可以建室廬也。…（晁説之『景迂生集』

三、負薪対）。

（49）『歴代名臣奏議』三一六。…熙寧併廃、鞠為茂草。有識視之、猶或歎息。今又委為寺観。其勢未已。太平日久、兵愈消、地愈空。寺観愈多。…朝廷既許以空閑官地。且京城之中、何処有空閑之官地以待修寺者。非居民則官府、非官府則軍営。民居・官府既不可遷。彼将不満而再請、則唯有空閑軍営可以従事矣。此役一興、上之宮邸衣冠之家、下之閭閻商販小民、又将征求割剰、三・五年不得休已。…

（50）禁軍兵士の問題行動ならびに保甲による治安維持に関しては本書第五章に詳述したので参考にされたい。

第九章　神宗の外城修築をめぐって

はじめに

北宋の首都開封は、皇城（宮城）[1]・旧城（裏城・内城・闕城）・新城（国城・外城・羅城）[2]の三重の城郭都市である。旧城は唐の宣武軍節度使時代のものである。[3]後周の世宗が外城を建設した後は、内城は防衛上の役割は重視されなくなったようで、修理もほとんどされず、北宋末期には、皇城拡大のため北壁は一部取り壊されている。その他の部分に関しても、「比年以来、内城頽欠し備なし。行人はその顛《いただき》をこえ、流潦はその下をうがつ。歳時をしばしばすごすも、未だこれを修治するの詔あるを聞かず。[4]」といったような状態であったといわれている。

すなわち、外城が北宋の首都開封の主要な防衛施設だったといえよう。その証拠に、記録によると、外城は内城と異なり、北宋約一五〇年間のあいだに少なからざる修築を受けている。本稿はこの外城修築をテーマとする。近年、丘剛氏を中心とする宋城考古隊によって北宋外城の遺構が発掘調査され、多大な成果が上がっている。[5]もとより文献学的な分析は多くの論者によって行われており、特に周宝珠氏の大冊には詳しく述べられている。[6]物理的な復元を期待する読者は参照されたい。拙稿が問題としたのは、当時の士大夫たちにとって外城壁がどのような意味を持っていたのかという問題である。おなじものを見たときでも、観察者の意識の中に映る像は自ずから異なる。観察者の環境や立場によって異なった評価が行なわれると考えられる。本章ではこのような観点から、特に神宗皇帝時代の外城壁の修築を分析することを通じて宋人にとっての開封外城壁の意味を探ってみたい。

一　外城壁修築の歩み

『東京夢華録』一の冒頭には、開封外城が次のように、描写されている。

東都外城は、方円四十余里なり。城壕を護竜河という。ひろさ十余丈。壕の内外は、皆な楊柳を植う。粉墻朱戸ありて、人の往来を禁ず。城門はみな甕城にして三層、屈曲して門をひらく。ただ南薫門、新鄭門、新宋門、封丘門はみな直門両重なり。けだしこれらは四正門にかかり、みな御路をうける故なり。(7)

（周囲が四〇里というのは、五〇里の誤写であろう。）これにより、広い堀（一丈は約三・〇三メートル）に囲まれ堅固な城門を持つ要塞としての開封の外観が浮かび上がってくる。この記述は、孟元老が南宋時代に著したもので、徽宗時代の姿であると考えられる。

『宋史』八五、地理志、京城によると

新城は周廻五十里百六十五歩。大中祥符九年増築し、元豊元年重修す。政和六年、有司に詔し、国の南を度して京城を展築し、官司軍営を移置す。もと城周四十八里二百三十三歩、周顕徳三年築く。(8)

とある。すなわち、元々は、後周の顕徳三年（九五六）、世宗の命によって建設され、四八里二三三歩であったが、1、真宗時代、大中祥符九年（一〇一六）の「増築」

2、神宗時代、元豊元年（一〇七六）の「重修」
3、徽宗時代、政和六年（一一一六）の「展築」

以上の工事を経て、周囲五〇里一六五歩ということになったという。この記事には若干の問題が含まれている。本節では、その問題を中心として外城の歩みを検討してみたい。

まず、後周の世宗の命によって行われた外城建設について一瞥する。

後周時代は、開封の首都機能が充実した時代であった。太祖郭威の時代に、従来洛陽で行われていた郊祀が、開封で行われることになり、太廟や社稷そして郊祀壇が、開封に造営されたのである。その配置は『周礼』の考工記が典拠とされた[9]。広順三年（九五三）、郊祀は太祖の手で実施される。これは、聖の首都施設（権威）と俗の首都施設（権力）が、開封に集結された瞬間なのである。

つづく世宗は、汴河の改修や、開封周辺の運河網の整備を進め、整備拡大されつつあった禁軍の軍糧確保に注意を払った。

やがて軍人たちの軍営が、宣武軍時代に建設された城郭（周囲二〇里一五五歩、内城）に容れ切れなくなり、首都空間の拡大が必要になった。世宗は顕徳二年四月、「於京城四面別築羅城」と詔を出し[10]、翌年正月に、京畿・滑・鄭・曹の人民を動員した。総監督は韓通、「通衢・委巷」の「広袤之間」を決めたのが王朴であった[11]。この世宗時代の羅城が、北宋開封に受け継がれた外城である。

先引の『宋史』地理志によると、大中祥符九年および熙寧八年の二度の修理を経た事になっているが、『宋会要』や『長編』によると、外城の修理に関係すると思われる記事は、その他の時期にも懸けられている。

①太祖　乾徳六年（九六八）「正月十日、発近甸丁夫、増治京城。」[12]
②太祖　開宝九年（九七六）「正月甲午、発近甸丁夫、増修京城。」[13]
③真宗　大中祥符元年（一〇〇八）「正月十四日、勾当八作司謝徳権言、京城女牆圮欠水道壅塞。望籍兵完葺、修東京外城、計六十三万五千六十二工。従之。」[14]
④真宗　大中祥符九年（一〇一六）「七月五日、増築京新城。天禧三年（一〇一九）三月、工畢。」[15]
⑤仁宗　天聖元年（一〇二三）「正月、発卒増築京城。七月…貼築新旧城墻。」[16]
⑥仁宗　嘉祐四年（一〇五九）「賜築新旧京役卒緡銭。」[17]
⑦英宗　治平元年（一〇六四）「貼築在京新旧城墻。」[18]
⑧神宗　熙寧始「設官繕完、費工以数十万計。」[19]
⑨熙寧八年（一〇七五）八月工事開始→元豊一年（一〇月　工事終了。）→城門・城壕工事開始。→元祐元年（一〇八六年）中断。[20][21]
⑩哲宗　元祐四年、城門・城壕工事再開。紹聖元年（一〇九四年）完工。
⑪徽宗　政和六年（一一一六）「広京城」[22]

このように、外城はそれぞれの皇帝によって修築が行われているのである。しかしながら、先の『宋史』地理志によると、真宗大中祥符九年と神宗熙寧八年から始まる工事の記事しか記録されていない。この両工事が他の工事と次元を異にしていたように見えるが、果たしてそうだったのだろうか。

④の真宗大中祥符九年に始まる工事の記事は『宋会要』方域のものである。『宋会要』では、天禧三年に完工して

おり工期三年の大工事だったようである。しかし、『長編』では、開始直後に中止されている（『長編』八七、大中祥符九年七月戊午「詔停京城工役。」）。この月、祥符県で蝗害が発生したことが報告されている。祥符県とは、開封城の東半分を管理する県である。大規模な動員を必要とする城壁工事は中止せざるを得ないだろう。また、『宋会要』では、天禧三年に終わったという。しかし、『長編』では（工事再開がいつであるかは不明であるが）竣工は天禧二年である。[23]『会要』と『長編』では繫年が異なる。

京畿で蝗害が発生し、様々な救済事業が行われている中で、『宋会要』のような長期にわたる外城改修工事が行われたとは信じがたい。『宋会要』の「天禧三年」は、「二年」を誤写したものだろう。

慶暦二年（一〇四二）八月、范仲淹は、陝西路の前線から上奏している。その中に「京師無備」「無金城湯池可傍」と、東京の防衛状況を述べる。そして、「臣請陛下速修東京。高城深池。軍民百万、足以為九重之備。」とある。すなわち、外城を「高城深池」の要塞にすべきだと主張した（提案は裁可されなかったようである[24]）。とすると、これから二〇数年前の大中祥符末年の工事が画期的な大工事である可能性は低い。

知制誥李清臣が撰んだ「重修都城記[25]」（元豊二年）は、神宗時代の外城修築に対する公式の記録である。[26]李清臣によると、修築以前の外城は「風雨のこわすところ、鼷鼬のうがつところあり。行人その顚《いただき》をこえ、流潦そのしたに穴す。しかれども累世これを重んじ、敢てこれに及ばず。[27]」といった状況だったという。この外城修城以前は世宗のプランを尊重し抜本的な工事は行われていなかったという。公式発表であるが故の誇張もあるかもしれないが、これ以前は、范仲淹のいう「高城深池」への改築は行われていなかったのである。では、熙寧元豊の修城は、いかなるものであったのか、節を改め検討する。

二　神宗・哲宗時代の京城工事

周密[28]は

汴の外城、周世宗の時築くところなり。神宗また展拓す。その高さ天にまじわり、堅壮にして雄偉なり。南関の外に太祖の講武池あり。周美成汴都賦、形容尽くせり。[29]

と述べている。また宋敏求によると、

周世宗顕徳二年四月、詔して、京城四面に、別に羅城を築かしむ。三年正月、京畿滑鄭曹の民を発し、薛可言等に命じてこれを督せしむ。なお韓通に命じてその事を総べしむ。王朴経度す。凡そ通衢委巷《おおどおり・こみち》の広袤之《とうざいなんぼくのながさ》間は、皆な朴その制をさだむ。年をこえて成る。神宗熙寧中、始めて四面に敵楼をつくり、甕城をつくり、濠塹を濬治するに及ぶ。[30]

とある。つまり、熙寧八年（一〇七五）にはじまり元豊元年（一〇七九）に竣工した工事を経て、新城は面目を一新したという。

周囲の長さは、従来の四八里から五〇里一六五歩となった。[31]馬面や甕城を多数設置したことによって周囲が広がったものと思われる。城壁の高さは四丈（約一二メートル）で、その上に、七尺（約二メートル）あまりの「埤堄《ひめがき》」が加えられた。基底部の幅は五丈九尺（約一七・七メートル）である。[32]近年行われた開封宋城考古隊の考古調査により、外城の位置がほぼ判明した。それによると外城の総延長は、二九一二〇メートルであり、宋太府尺によると五十里余りとなる[33]（口絵「北宋東京実測図」を参照）。

この工事の監督は宦官の宋用臣である。(34) 城壁工事専用の広固四指揮、保忠六指揮が編成され工事を行った。併せて五千名である。城壁工事につきものの人丁の徴発は行われなかった。(35)

城壁の重修は、元豊元年（一〇七八）一〇月に竣工したが、この年一一月に、城門の改築工事を目的として度牒千道が販売され資金調達が試みられている。(36) さらに元豊七年には度牒千五百道が発売され、「木を買いて京城四御門・諸甕城門を修置し、団敵(37)・馬面を帮築《ぞうちく》し、並びに兵官吏に餐銭を給す(38)」という措置がとられている。すなわち、四方の正門以外は甕城とする計画だったことが明らかになる。（口絵6「甕城図」を参照。）

城壕の整備も進められている。これ以前にも護竜河（京師の城壕）があったようだが、(39) その規模は不明である。たとえば熙寧八年に提轄修完京城の宋用臣は「護竜等河逼城不可修築、乞度地高下、開展河道」と上言して採用されている。(40) 元豊五年（一〇八二）十二月、「四壁城壕、開闊五十歩、下収四十歩、深一丈五尺。」という詔勅が発せられている。(41) 元豊七年（一〇八四）二月に丁夫五万を徴発して城壕工事に当たらせることになった。(42) しかし、元豊八年三月…神宗が崩御した月、丁夫は解散された。(43) そして元祐元年（一〇八六）一月に、「京城四壁の城壕、ただ広固人兵を以って、漸次開修せよ。更に夫を差さず。(44)」という工部の提案が採用されている。これは、事実上、工事の中止だった。

哲宗時代、この工事は再開される。元祐四年（一〇八九）の范祖禹の上奏によると、

臣伏して聞くならく、京城の壕を開修するに、日ごとに三四千人を役す。夫力を和雇し調発は民に及ばずといえども、その銭は戸部に属さず。然るに財は民にいづるは一なり。あに計校愛惜せずして枉費してこれを用いるべきや。臣聞くならく、開壕深さ二丈五尺、闊さ二百五十一歩、(45) 汴河より広きこと三倍、古より未だこの城池あるを聞かざるなり。…神宗の時、宋用臣提挙して京城を修す。大いに土功を興こし、版築当を過ぐ。小人の情、ただ広く民力を用い多く国財を費し、上なればすなわち爵賞を徼幸し、次なればすなわち官物を隠盗せんと欲す。

故に役大ならざるあるなし、費広からざるあるなし。これ姦臣の利するところなり。もともと先帝の意にあらざるなり。陛下始初めて聴政するに、修城役夫を散遣す。百姓みな歓呼鼓舞す。今前功を終成せんと欲せば、ただこれを完《まっとう》するのみ可なり。何ぞ必ずしも広く無益をなし、以て有益を害さんか。…(46)

とある。范祖禹の上奏に対して、『哲宗実録』（旧録）の編者は新法の立場から「先帝都城を修するの制をあらためんとす。都城、元豊にすでに定制あり。すでに城《きず》くこと七八。ここに至り姦党妄りに改制せんと欲す。(47)」と批判している。すなわち、元豊時代の「定制」に従って工事が再開されたものだった。

紹聖元年（一〇九四）正月、提挙京城所は、「訖工」を上奏した。五月、翰林学士蔡卞が、公式な記録を著し、石碑が元豊二年の李清臣の記と並べて南薫門上に置かれたと言う。(48)『東京夢華録』一の記述によると城門は、正門が方城で偏門が甕城である。発掘調査によると、西の正門である新鄭門は、東西一二〇メートル、南北一六五メートルの方形の城郭によって守られていた。(49)城壕は計画では四〇～五〇歩（六一～七六メートル）の幅だったが、『夢華録』では、十余丈（一丈約三・〇三メートル）である。范祖禹らの反対にも関わらず、ほぼ計画通り工事が実施されたことがわかる。

熙寧八年（一〇七五）から紹聖元年（一〇九四）にかけての開封外城と城壕の工事によって、「高城深地」が完成した。約二〇年間、外城周辺で土木工事が断続的に進行した。莫大な額の国費が投入され、二千五百道の度牒が発行された。丁夫が調発されたのは城壕工事の一年間だけであったが、その他の期間は、広固軍や和雇された数千人の土木作業員が作業に従事した。すでに、外城外部に市街が拡大していたから、元豊六年正月には、城壕用地の確保のため、「公私舎屋土田」を徴用するときは時価で補償し、「官営房及民墳寺舎」は京城所が責任をもって移築させることが命じられている。(50)反対論中には「毀撤廬舎、生者不得安。掀剔墳隴、死者不得息。(51)」とある。作業の際に問題となったのは、墓地から出土するおびただしい数の白骨であったという。死者も含めて多くの人々を巻き込んで強行された修城工事だったのである。

三　神宗の修城の目的

神宗時代から哲宗時代にかけて行われた一連の工事によって、開封の城郭の外観が一変し、いわゆる「高城深池」になったことは、城郭改修反対派も含めてすべての人々に共通の認識だったようだ。では、そのような工事を、なぜ神宗政権は計画したのであろうか。本節ではこの問題を明らかにするために、まず、修城賛成論と反対論の理念上の対立を確認する。つぎに、世宗の築いた城郭や北宋前半の首都防衛のあり方について、賛否両派はどう考えていたのか確認する。最後に、神宗はどのような首都機能を新しい外城に付与しようとしたのか考察する。

a　「高城深池」に対する賛否両論

熙寧八年八月に出された修城の命令(52)には、崩れかけている城郭の修理以上の計画は読みとることはできない。ただし、『長編』ではこの年の九月に懸けられている御史蔡承禧の反対論から修城推進派の論理が明らかになる。

訪聞すらく、近日朝旨ありて新城を修せんと欲す。外議喧伝し、おもえらく、日ごとに万兵を役し、財用の糜《ついや》すところ、その数少なからざらん、と。臣、聞くならく、古は城郭溝池もて固と為す。又た云く、「王公険を設け以て其国を守る。城郭を以って固と為さば、則ち道徳もてを設くる能わざるもの有らん。」これ中人の為の言にして、上主の為に言うにあらざるなり。陛下の徳を以ってせば、何ぞただ金城湯池の固のみにして計を過ごし

> 以てこれを為すや。外議紛紛とす。臣の未だ喩らざるところあり。あわせて外城、祖宗より以来、これを伝えてここに至る。日月久しく土脉堅緻たり、ほぼ亦た完好たり。何ぞ必しも楼櫓を高深にし以って辺疆に擬さん。甘棠召伯の憩、なお剪除するなかれ。祖宗の規模、もっともよろしく毀撤をつつしむべし。臣度るに、陛下興事の臣をとどめんと欲せず、しばらく以ってその議に俯従するのみ。…ふして乞うらくは、かりにしばらく廃罷せよ。もし陛下、已行の命をもって、にわかに追改しがたければ、則ち乞う小《しばらく》は科例《きまり》を為り、積漸《しだい》に増修せよ、必ずしも併工《しゅうちゅうこうじ》し以って労費を成すなかれ。(53)

まず神宗の命令が出たばかりの時点で、従来の外城を大改造して、辺境のような「高深楼櫓」あるいは「金城湯池」と形容されるような城郭にする計画だったことがわかる。また、神宗は「興事之臣」の意見を積極的に採用して命令を出したようである。しかし、この「興事之臣」が誰であるかはよく分からない。

注目されるのは、「城郭溝池以為固」「王公設険以守其国」という部分であろう。彼はこれを「以城郭為固」の理由として聞いたらしい。前半は、『周礼』夏官司馬・掌固によっている。後半は、『周易』坎の一節である。蔡承禧自身は、この章句は「中人」(常人)を対象にした理屈であり、神宗のような聖人君主には適当ではないとして修城に反対している。なお、李清臣「修都城記」も『周官』(『周礼』)を引用し修城の理由としている。

王安石は『周官新義』を著すなど『周礼』を重んじ、政策決定に利用している。熙寧七年に相位を一旦去り、熙寧八年に復帰した王安石は、息子王雱を熙寧九年に失い、失意のなかで中央政界から引退する。そのような時期であるので、この工事計画に、王安石本人が直接関わったかは疑問が残るが、その影響下にあった人物が神宗に進言したと考えることができないだろうか。

それに対して元祐時代の修城反対論者は、王安石が軽視したといわれる『春秋』を利用している。元祐四年四月、左司諫劉安世は哲宗に「修京城」をやめることを乞う意見を三度上奏している。(54) 第一上奏では、まず、

陛下聴政の始、徳音を沛《ひろ》く発し、修城の兵夫もて悉く散遣せしむ。道路《ひとびと》は歌頌し、聖沢を讙《よろこ》び仰ぐ。四年、ここにおいて、未だ嘗て枹鼓の警あらず、今元元の民、方めて休息につく。四夷軌に順がい、外に戎事なし。而して遽かに大役を興すは、衆、名無しと謂う。(55)

と『春秋左氏伝』僖公五年の句「無戎而城」をふまえて、国際問題が顕在化していない今、このような大工事を興すことは理由がないという。下文には、

京東・河北において再び痈兵を発するは、人心驚疑し、慮えざるべからず。況や修城と開壕の工、八百万計にちかし。その費用固より已にたらず。…(56)

などとあり、費用は莫大で財政悪化を招くことを述べる。人心が動揺し、様々な流言が発生したということを自身の伝聞から説明している。その中には新法的な茶専売が復活する噂についても言及している。(57) 第三の上奏では、

特に帝王の都を以って、高城深池、辺郡に過ぐ。雉堞楼櫓の迹、隠然相望む。若し京師において、受敵の具を為らば、それ天下をいかんせん。議する者、国家の為に久安の策を画するあたわず、しかして区区として城隍を増峻し、これを恃みとして以って固と為さんと欲すは、またすでに過てり。(58)

とのべ、首都を「高城深池」にする計画そのものを非難している。

ほぼ同じ時期に書かれた范祖禹の反対論は、(59) より具体的に、甕城や鉄製の門扉を「祖宗」のとき無かったものであり、さらに「辺城之制」であると批判する。「自修城浚池以来、議者皆以為、無戎而城、無寇而溝公宮。此言不可不

畏。」と述べ、反対者が引用する『春秋』の句を重んずるべきだと主張する。また、「新城、周世宗の築くところなり。太祖これによる。ここに建都すること百三十年、山川の険なし。恃むところの者は、修徳にあり、用人にあり、得民心にあり。この三者は累聖の以って後嗣子孫にのこすところなり。」とある。すなわち、一三〇年間、山川の防御が無くても、「修徳」「用人」「得民心」に勉め無事であった、という。「修徳」すれば城郭を固める必要がないという論理は、やはり『春秋左氏伝』僖公五年春の条に見えるものである。「祖宗」以来、「徳」によって山川城郭が堅固でないことがカバーされてきたことが強調され、修城に対する対案ともなっている。また、『春秋左氏伝』昭公二三年冬十月に載せられている楚の令尹囊瓦が、郢の城郭を改修したことに対する沈尹戌の反対論をあげ、城池改修を急ぐのは、（亡国を招いた）囊瓦と同じ行為である、と批判する。さらに唐の張仁愿が辺境で築城する際、城郭にたよる兵士の気持ちを戒めるため甕城を設けなかった故事を引く[61]。最後に、すでに完成している北側の城壁の甕城まで作り直すのは、「重労」であるので、まだ完工していない、東・西・南の「偏門」を「方城」にし、城壕の規模を三分の二くらいにすれば、「王城之体」を正すことができるだろうと結ぶ。

ここで、確認できることは、新法派が『周礼』に基づいて外城建設を推進する言説を残し、旧法派は『春秋』に依って反対論を述べているという図式である。すなわち外城修築を巡る論争は、新法・旧法の政争であり、修築工事は新法政策の一環といえるようである。

b　「祖宗」の京師制度とは？

熙寧末年、蔡承禧は、「兼此外城、自祖宗以来伝之至此。日月之久、土脉堅緻、巋亦完好、何必高深楼櫓以擬辺疆。甘棠召伯之憩、尚勿剪除。祖宗規模、尤宜謹於毀撤[62]。」と述べている。このように、新法派が推進する外城工事に対して、反対派は「祖宗」の制をみだりに変えるべきではないと応じる。これは、新法に反対する意見の中でしばしば見られる論理である。では「祖宗」の京師制度は、具体的にはどのようなものとして認識されていたのであろうか。

太宗は、太祖が山川の険をもとめて洛陽遷都を断行しようとしたときに、「在徳不在険」と（『春秋公羊伝』[63]『史記』呉起伝の句）を用いて反対している。[64] 太宗は即位後、首都開封に軍事力を集中し、汴河の漕運によって養った。太祖時代から較べると在京禁軍数は倍増した。中央の軍事的存在感によって、中央集権国家の体制を確立したのである。唐末五代以来の藩鎮体制は、彼の時代に換骨奪胎された。太宗の「在徳不在険」は理念上の主張であり、文字通り受け取ることはできない。

神宗の即位初年（一〇六七年）、張方平は次のように「京師」について論じている。

今の京師は砥平衝会の地なり。連営設衛し以って山河の険に当つ。則ち「国」は兵によりて立つ、兵は食貨待《た》りて、後聚むべし。これ今天下の大勢なり。[65]

開封は、平野の真ん中にある交通の要衝であり、軍隊をあつめ要害の代わりとしている、「国」（この場合は首都の意。）は軍隊に頼ることによって成り立っている、という。張方平は、これから二〇数年前にも次のように上奏している。

京師もと古の陳留郡、天下四衝八達の地なり。…そもそも都城の四向に、険阻の形、藩籬の固無し。戎狄近くに逼り、方鎮強兵を外に握り、禁衛の虚弱に乗ず、末本倒置するなり。国朝太祖皇帝深く安危の計を慮《はか》り、始めて諸節度の権を削り、内に兵を屯し、畿甸に営を連ぬ。また西京宮内を修完し、蓋し建都の意あらん。然れども汴渠漕輓の便を利とし、因循して遷を重《つつし》む。先帝北戎と通好し、即ち西戎を叙す。この時以って戍を減らし兵を消し、生民を富厚に致すも可なり。太平たること三十年、軍士をして坐して倉庫を費さしめ、以って天下を困《つか》れしむるは、深思遠謀せざるにあらざるなり。祖宗の本意を知らば、重兵に依りて国《みやこ》の勢を為すを去るべからざるなり。[66]

「祖宗本意」は、「重兵」を頼みとして「国」（首都）の「勢」を設けることだったという。前提は高城深池がないことである（由都城四向無険阻之形藩籬之固）。」そして、真宗時代に太平が到来したので、在京の禁軍を減らすことも可能であったが、祖宗の制を重んじて、減らさなかったことが言外に述べられている。

第三章で述べたように、その後、熙寧時代、王安石は、富国強兵を目指す新法改革の一環として、兵制にもメスを入れている。特にこれまで祖宗の制として墨守されていた軍事力の首都集中をやめ、辺境の要地に常駐する就糧禁軍を増やし、在京禁軍を減らした。そのためそれまで首都にあった禁軍軍営の多くが、廃墟となった。すなわち、神宗即位以降の新法改革によって、張方平や晁説之が認識しているような「以兵為険」という首都防衛体制は失われていたことは間違いない。それに対し、王安石は保甲法を行い、首都防衛体制を再構築しようとしたのは周知の通りである。このような首都防衛体制の変化と、外城を「高城深池」とすることには、因果関係はあるのであろうか。

c　神宗が修城を命じた目的

神宗は、熙寧八年八月、「上批」という命令形式で、修城を発令しているが、その命令には、修城の明確な理由が書かれていない。そのため、神宗の意図したことを確認するには、修城事業を口を極めて賛美する李清臣の「新修都城記」の文学的表現から読みとってゆかなければならない。

…重城の内、坊を画すること一百三十二、その外なれば連営列屯し、虎士を畜養し、千里の内に布す。かくのごとくして郛郭は苟簡・靡陁・頽欠たり、以って観遠するところにあらざるなり。始、周世宗その狭隘を患い、命じて広してこれを新たにせしむ。…ここにいたりて一百二十有五年なり。風雨の圮《こわ》す所、鼷虺《あまくちねずみ・まむし》の穿つ所あり。行人その巓《いただき》を躐え、流潦その下に穴す。しかして累世これを重んじ、敢てこれにおよばず。聖主心に意匠を識り、卜《えら》ばず謀らず、無為に営む。(67)……

二重城郭の内に一三二個の坊があって市民生活が営まれ、城郭の外に禁軍軍営が列置され、「虎士」が養われ、「千里之内」に配備されている、そのような在京禁軍の指摘の後に、世宗の築いた城郭が崩れかけていた、これまでの各皇帝は従来の城郭を重んじ改修に及ばなかった、「聖主」神宗は自ら建設計画を発案し、造営を開始した、と述べる。この文章では禁軍の問題は、これ以上に語られておらず、首都の防衛体制の変化と、城郭改修についての直接的な関係は明確にはならないし、その点を修城目的に上げている論者は皆無なのである。

李清臣は、新修された城郭に別の効用があることを指摘しているので紹介しよう。

堅きこと埏埴《やきもの》のごとく、（直）きこと引縄《みずいと》のごとし。四方の朝貢に来る者、佇立して嘆観し、以って天造地設《かみがつくったもの》となす。天下においては根本無窮の頼みたる。(68)

朝貢のため訪問する外国使節はこれを視て、その巨大さに嘆息するだろうし、宋人にとってはまことに頼もしい首都の外観となった、と評価している。すなわち新しい外城は、国家権威をアピールする首都機能が期待されたのである。下文には、従来の城壁（世宗以来の外城）は「而郛郭苟簡、靡陁・頽缺、非所以観遠也。」であったとあり、新しい外城の壮麗堅固が強調されている。元祐時代の范祖禹の反対論には、

臣、窃かにおもえらく、京城をもって甕城となすは、尤も体を失うと為す。議者必ず、四夷を威服すべし、と。今外国をして、天子甕城に居すと伝聞せしむれは、以って威を示すに足らず、乃ち侮を啓《おこ》す所以なり。これ公卿大夫の辱なり。(69)

と記されており、甕城工事についても、推進派は外国への国威のアピールを効用として主張していたことがわかる。首都には古今東西、国威を象徴するような記念碑的建造物が建設されたり、計画的な都市空間が作られたりする。しかし、神宗以前の北宋政権はあまりそのような事業に熱心ではない。真宗時代に書かれた楊侃「皇畿賦」には、

漢、宮室の壮麗を以って四夷を威《おど》す、宋、畿甸を風化するをもって万国を正す。彼れ侈《おご》るを尚び、奢《おご》るに務む。此《わ》れ道を歌いて徳を詠う。(70)

とあり、漢が宮室の壮麗さによって、外国に権威を見せつけていたが、宋は教化や道徳によって外国を信服させたという認識である。ここでは漢とはわが宋は違うのだという意識が濃厚である。

実際、漢や唐の長安城は、首都建設は国威の表現として行われたといわれる。それに対して、『桯史』一には、

開宝戊辰（九六八）、芸祖初めて汴京を修しその城の址《どだい》を大きくす、曲にして宛かも蚓《みみずまがる》詘が如し。耆老相伝えて謂えらく：趙中令工を鳩《あつ》め図を奏す。初め方直をもとめて、四面皆な門あり、坊市その間に経緯《せいぜん》とし、井井縄列たり。上覧て怒り、自ら筆を取りてこれを塗る。命じて幅紙を以って大圏を作す。紆曲縦斜たり。旁ら注して云う、これに依りて修築せよ、と。故城は即ち当時の遺迹なり。時人咸な測るなく、多く観美において宜しからざるを病む。……(71)

とあるように、太祖は城郭や街路の整然としたプランを否定した上で、自ら非整然とした設計図を示しそれによって建設されたという。実際は後周時代に修築されたので、南宋人によって記録されたこの伝説は歴史的には正しくないのではあるが、北宋前半期の外城郭が、「観美」でなかったという言説がここでも繰り返されている点は参考になろう。

北宋前半期、権威を象徴していたのは、禁軍軍営の連なる都市景観であったという言説も存在する。次に紹介して

おこう。元祐四年の王存の「上哲宗乞依旧教畿内保甲」と題する上奏である。

…京師の地、四達にして平、重山峻嶺の険、金城湯池の固あるにあらず。四方を維御し夷狄を威制し、根本の固を為す所以の者は、宿衆の営衛の厳たるをもってなり。…(72)

これは、計画的に国家権威の象徴となった訳ではなく、「新城裏外連営相望」という都市景観が、このような認識を生じさせただけある。この文章は次のように続く。

その後論者、兵の冗費広く、供餽たらざるをもって、乃ち併営し裁決するを議す。その後中外の禁軍五十八万を以って額となす。而して京師の兵籍、益ます削らる。…

先にも述べたように、財政健全化のため在京禁軍が削減され軍営の大半が廃墟となった。王存はその代わりとして、元祐に入り廃止された保甲を復活することによって首都防衛体制の再編をはかるように上奏している。ただし王存は、城壁改修については言及していない。

葉坦氏は、祖宗の制（葉氏は「北宋新体制」と称する）を改革して、漢唐創業の体制を恢復することが神宗の目標であったという。(73)『大唐六典』に依った元豊官制改革は、それに該当する事業であろう。われわれは、従来の外城を改修し、『周礼』（漢代に重んじられたテキスト）に基づいて「高城深池」とすることは国家の権威を増すためであるという言説を見てきた。とすると、修城目的は、漢や唐の首都が有したような象徴的な首都機能を開封にも与えようとしたのではないだろう。推進派が従来の外城を一新する変化を強調しているのは、新法改革の隠喩と見なすことが可能であろうか。前引の「新修都城記」末尾は次のように結ばれている。「凡そ我が師尹《だいじん》・臣僕《かんりょう》、城の志に因りて、以って熙寧元豊の治を求むれば、則ち聖主の天下をおさめる所以なる者は、教告して孚《しん》ずるを待たず。(74)」すなわち、この修城事業を神宗政治の精神を象徴するものと述べている。

小結

我々は開封の外城を実際には見ることはできない。宋人が見聞し文章に表現したものは現存する。我々はそれを読み現代人の意識を通して外城の姿を想像し考察する。このような作業を精密に行うことを通じて我々は「正確」な過去に関する知識（この場合は外城の姿）を取得するために努力する。

しかし、網膜には同じように映るが、意識の上で再生する際には、さまざまな意味づけが言語によって行われ、文章化される。それぞれの発言者の個性が表現に反映される。本稿はその差違を研究の対象とした。このような方法によって北宋人が抱いていた外城や外城修築の意味を理解しようと試みたのである。

本章で述べたように、修城への賛否を問わず世宗時代の城郭が、あまりしっかりしたものではないというのが時人の共通認識であった。漢や唐とは違う、宋という国家は道徳を修めることによって城壁の代わりにするという『春秋』に基づく言説が主流であったようだ。一方で禁軍軍営の駐屯によって首都防衛体制が形成されているという非イデオロギー的な見解もあった。

神宗時代には『周礼』を引用して、城郭を固めることが必要という主張が見られるようになり、王安石引退と前後して、修城工事が始められた。おそらくは在京禁軍の削減という問題とも関連していたとも思われるがあまり強調されなかった。公式には首都の外貌の壮麗さによって国家権威を表現するという目的が主張された。また従来の政治とは違う新法政治の象徴という説明もされた。それゆえに、記録上は神宗以前にも度重なる工事があったにもかかわらず、後周世宗の城郭が保守されてきたという主張が新法派からは行われたのである。われわれは熙寧以前の城郭工事について判断する術をもっていない。

「元豊官制改革」と並んで、この熙寧末年に始まる城郭城濠工事は、北宋の根本的な改革を目指す神宗の意志というものが反映した政治行動の一環だったのである。物理的には、首都の外見が一変したことは確かである。

注

（1）田凱「北宋開封皇宮考弁」（『中原文物』一九九〇年第四期）

（2）『宋会要』方域一之一。孫新民「略論北宋東京外城的興廃」（『華夏考古』一九九四年第一期）

（3）唐の建中二年三月に築かれた。（『旧唐書』一二、徳宗紀建中二年三月庚申と『侯鯖録』三を参照）

（4）『宋会要』方域一之二〇。比年以来、内城頽欠弗備。行人躐其顚、流潦穿其下、屢閲歳時、未聞有修治之詔。

（5）開封市文物工作隊編『開封考古発現与研究』（中州古藉出版社、一九九八）

（6）『宋代東京研究』（河南大学出版社、一九九二）

（7）東都外城、方円四十余里。城壕曰護竜河、闊十余丈。壕之内外、皆植楊柳、粉墻朱戸、禁人往来。城門皆甕城三層、屈曲開門、唯南薫門、新鄭門、新宋門、封丘門皆直門両重、蓋此係四正門、皆留御路故也。

（8）新城周廻五十里百六十五歩。大中祥符九年増築、元豊元年重修。政和六年、詔有司度国之南展築京城、移置官司軍営。旧城周四十八里二百三十三歩、周顕徳三年築。

（9）『旧五代史』一四二、礼志には、「（周広順）三年九月、将有事於南郊、議於東京別建太廟。時太常礼院言、准洛京廟室一十五間、分為四室、東西有夾室、四神門、毎方屋一間、各三門、戟二十四、別有齋宮神厨屋宇。准礼、左宗廟、右社稷、在国城内、請下所司修奉。従之。」とある。宗廟、社稷が、『周礼』考工記に従って布置されたことが判明する。

（10）『旧五代史』一一五、世宗本紀　顕徳二年四月乙卯。

(11)『旧五代史』一二八、王朴伝。
(12)『宋会要』方域一之一一。『長編』九、開宝元年正月甲午に同様記事。
(13)『宋会要』方域一之一一。
(14)『宋会要』方域一之一二。
(15)『宋会要』方域一之一二。『長編』八七、大中祥符九年七月丁未を参照。
(16)『宋会要』方域一之一三。『長編』一〇〇、天聖元年二月庚子を参照。
(17)『長編』一八九、嘉祐四年六月戊寅。『宋会要』方域一之一四では正月十一日に賜っている。
(18)『宋会要』方域一之一四。
(19)『宋会要』方域一之一五。
(20)『孫公談圃』上。
(21)『宋会要』方域一之一五～一八。『長編』三六四、元祐元年正月辛丑「工部言、京城四壁城壕、止以廣固人兵漸次開修、更不差夫。従之。」
(22)『九朝備要』二八、政和六年二月。皇子達の邸宅用地を確保するため、南に城郭を拡張したという。
(23)『長編』九一、天禧二年三月辛丑。
(24)『長編』一三六、慶暦二年五月戊午。
(25)『国朝二百家名賢文粹』一四六。
(26)『宋会要』方域一之一六、元豊元年十月六日に「譔記刻石」の次第が記されている。
(27)風雨所圮、鼷鼢所穿、行人躐其巓、流潦穴其下。而累世重之、罔敢及此。
(28)『癸辛雜識』別集巻上。
(29)汴之外城、周世宗時所築。神宗又展拓。其高際天堅壮雄偉。南関外有太祖講武池。周美成汴都賦形容尽矣。
(30)『汴京遺蹟志』一引、宋敏求『東京記』。

(31) 李清臣の記による、先引『宋史』地理誌には、徽宗政和年間、南方に「展築」した後の数値として、五〇里一六五歩があがっている。しかし元豊元年にすでにこの数字があがっているので、政和年間の外周はさらに大きかったと思われる。しかし、考古調査によると、五〇里あまりという数値が出されており、徽宗時代の工事についてさらに考察が必要である。
(32) 『宋会要』方域一之一六。なお、城壁の外側には十五歩、内側には十歩の空間が設けられていたという。
(33) 丘剛「開封宋城考古述略」(『史学月刊』一九九九第六期。本書付章二拙訳)
(34) 『長編』二九三、元豊元年十月丁未。
(35) 『長編』二六八、熙寧八年九月丙寅。
(36) 『宋会要』方域一之一六、元豊元年一一月一四日。
(37) 『武経総要』前集巻一二には、「敵団《ママ》、城角也。」とある。
(38) 『長編』三四六、元豊七年六月壬辰。買木修置京城四御門・諸甕城門、帮築団敵・馬面、並給兵官吏餐銭。
(39) 『長編』一〇四、天聖四年七月丙午。
(40) 『長編』二六七、熙寧八年八月丁巳。
(41) 『宋会要』方域一之一七。
(42) 『宋会要』方域一之一八。
(43) 『長編』三五三、元豊八年三月辛丑。
(44) 京城四壁城壕、止以広固人兵、漸次開修、更不差夫。(『長編』三六四、元祐元年正月辛丑。)
(45) 先引の元豊五年の詔勅によると、計画では五〇歩である。汴河の三倍ということであれば一五〇歩程度となろう。二五一歩という数値は大きすぎるように思える。
(46) 『范太史集』一五、上哲宗論城壕。(『長編』四二八、元祐四年五月丁酉の条にも引かれる。)臣伏聞、開修京城壕日役三四千人。雖和雇夫力調発不及民、其銭不属戸部、然財出於民一也。豈可不計校愛惜而枉費用之。臣聞、開壕深二丈五尺、闊二百五十一歩、広於汴河三倍、自古未聞有此城池也。…神宗時、宋用臣提挙修京城、大興土功、版築過当。小人之情、唯欲広用民力多費国財、上則徼幸爵賞、次則隠盗官物、故役無有不大、費無有不広、此姦臣之所利。本非先帝意也。陛下始初聴政、散遣修城役夫。百姓皆歓呼鼓舞。今欲終成前功、但完之而已可也。何必広作無益、以害有益乎。…

とある。

(47)『長編』四二八、元祐四年五月丁酉の注に「…改先帝修都城之制也。都城、元豊已有定制。已城者七八、至是姦党妄欲改制。」

(48)『宋会要』方域一之一九。

(49)丘剛氏前掲「開封宋城考古述略」

(50)『宋会要』方域一之一七。

(51)『長編』四三〇、元祐四年七月乙亥。

(52)『長編』二六七、熙寧八年八月庚戌。

(53)『長編』二六八、熙寧八年九月丙寅。…訪聞、近日朝旨欲修新城。外議喧伝、以為日役万兵。財用所糜、其数不少。臣聞、古者城郭溝池以為固。又云、王公設険、以守其国。以城郭為固則道徳有不能設者矣。此為中人之言而非為上主而言也。以陛下之徳、何啻金城湯池之固、而乃過計以為此。外議紛紛。臣所未喩。兼外城、自祖宗以来伝之至此。日月之久、土脉堅緻、麤亦完好、何必高深楼櫓以擬辺疆。甘棠召伯之憩、尚勿剪除、祖宗規模、尤宜謹於毀撤。臣度陛下不欲沮興事之臣、且以俯従其議爾。…伏乞権且廃罷。若陛下以已行之命、遽難追改、則乞小為科例、積漸増修。不必併工以成労費。

(54)『尽言集』六。

(55)陛下聴政之始、沛発徳音、修城兵夫悉令散遣。道路歌頌、讙仰聖沢。四年于此、未嘗有枹鼓之警、今元元之民、方就休息。四夷順軌、外無戎事。而遽興大役、衆謂無名。

(56)於京東・河北再発厢兵、人心驚疑、不可不慮。況修城与開壕之工、幾八百万計、其費用固已不貲。

(57)兼臣訪聞日近朝市之間、往往窃議、以謂朝廷将復治茶磨以収其利。雖廟堂之論不能知其有無、而庶人之言何因而起。臣恐伝之四方、皆謂、陛下前此所罷之事、漸欲復講。揺動人心、所害不細。

(58)特以帝王之都、而高城深池、過於辺郡。雉堞楼櫓之迹、隠然相望。若於京師、而為受敵之具、其如天下何。議者不能為国家画久安之策、而區區増峻城隍、欲恃之以為固、亦已過矣。

(59)『范太史集』一五。

(60) 新城、周世宗所築。太祖因之。建都於此百三十年。無山川之険。所恃者在修徳、在用人、在得民心。此三者累聖所以遺後嗣子孫也。

(61)『新唐書』一一一、張仁愿伝。

(62)『長編』二六八、熙寧八年九月丙寅。

(63)『春秋公羊伝』僖公元年六月「遷之者何非其意也。謂宋人遷宿也書者譏之也。王者封諸侯、必居土中、所以教化者平、貢賦者均、在徳不在険。」

(64)『長編』一七、開宝九年四月癸卯。

(65)『長編』二〇九、治平四年閏三月丙午。今京師砥平衝会之地、連営設衛以当山河之険。則国依兵而立、兵待食貨、而後可聚。此今天下之大勢也。

(66)『楽全先生文集』(北京図書館古籍珍本叢刊収) 二一、論京師衛兵事。(『宋朝諸臣奏議』一二二によるとこの上奏は慶暦元年に書かれたものだという。) 京師本古之陳留郡、天下四衝八達之地。…抑由都城四向無険阻之形藩籬之固。逼近戎狄方鎮握強兵于外、乗禁衛之虚弱、末本倒置也。国朝太祖皇帝深慮安危之計、始削諸節度之権、屯兵于内、連営畿甸。又修完西京宮内蓋有建都之意。然利於汴渠漕輓之便、因循重遷。先帝通好北戎、即叙西戎。爾時可以減戍消兵、致生民於富厚矣。太平三十年、使軍士坐費倉庫以困天下、非不深思遠謀也。知祖宗本意、依重兵而為国勢、不可去也。

(67) …重城之内、画坊一百三十二、其外則連営列屯、畜養虎士、布於千里之内。若是而郛郭苟簡・靡陁・頽欠、非所以観遠也。始、周世宗患其狭隘、命広而新之。…逮此一百二十有五年矣。風雨所圮、鼷鼫所穿、行人躐其顚、流潦穴其下。而累世重之、罔敢及此。聖主心識意匠、不卜不謀、営於無為。

(68) 堅若埏埴、(直) 如引縄。四方之来朝貢者、佇立嘆観、以為天造地設。於天下為根本無窮之頼。(「直」は『宋会要』一之二二によって補う。)

(69) 『范太史集』十五、再論城濠劄子。…臣窃以京城為甕城、尤為失体。議者必謂可以威服四夷。今使外国伝聞天子居於甕城、不足以示威、乃所以啓侮、此公卿大夫之辱也。

(70) 『宋文鑑』二。…漢以宮室壮麗威四夷、宋以畿甸風化正万国。彼尚侈而務奢、此歌道而詠徳。…

(71) 開宝戊辰、芸祖初修汴京大其城址、曲而宛如蚓詘焉。耆老相伝謂：趙中令鳩工奏図。初取方直、四面皆有門、坊市経緯其間、井井縄列。上覧而怒、自取筆塗之。命以幅紙作大圏、紆曲縦斜。旁注云、依此修築。故城即当時遺迹也。時人咸罔測、多病其不宜於観美。…

(72) 『宋朝諸臣奏議』一二四、…京師之地、四達而平、非有重山峻嶺之険金城湯池之固。所以維御四方威制夷狄、為根本之固者、以宿衆営衛厳也。…其後論者、以兵冗費広供餽不給、乃議併営裁決。其後中外禁軍以五十八万為額、而京師兵籍益削。…

(73) 叶坦「神宗的改革理想与実践」（晋陽学刊一九九一年第二期）

(74) 凡我師尹臣僕、因城之志、以求熙寧元豊之治、則於聖主所以為天下者、不待教告而孚矣。

第一〇章　徽宗時代の首都空間の再編

はじめに

中央集権的な国家は明確に首都を有し、首都は全国の政治的中心である。政治的中心の役割を果たすために、首都機能が首都に設定される。中国の場合は、華夷観による世界秩序が支配の前提となる。首都機能を果たすための「聖」「俗」のいずれかに分類可能な首都施設が設けられる。

まず、「聖」の首都施設は、支配を正当化する国家的な宗教儀式を挙行する施設に代表される。(1) いわば、超自然的な方法によって人々に国家の権威を感じさせ、支配を納得させる機能をもつ。すなわち、権威のための首都機能を果たす場合が多い。

「聖」に対して、「俗」の首都施設は、非宗教的な作用によって首都機能を果たす。むき出しの権力で、人々に服従を迫る統治システムの中央官庁などである。支配者の住居兼政治堂、軍事力・行政能力・警察力などを有効ならしむためのネットワークのセンターなどである。「俗」の施設は、「権力」のための首都機能を果たすことが第一義的な機能である。しかし、隠喩的な方法で、「権威」を「見せびらかす」機能を果たすこともある。宮殿や中央官庁などは総じて、「権威」的なデザインが採られる。たとえば、隋の大興城は、シンメトリカルな平面プランによって、新たに建設された首都である。グリッド状の平面プランが、宇宙論的な秩序を象徴し、首都空間全体が「聖」的な色彩を帯び、権威のための首都機能を果たしている。計画都市という出発点からして、権威ための首都機能が優先された首都だった。

それに対して、開封は、唐代、宣武軍節度使の治所、すなわち地方軍閥の中心都市だった。五代に首都となり、軍事面の首都機能は発達したが、円丘や太廟など、「聖」の首都施設は、洛陽に置かれ続けた。後周の太祖の晩年、それらは開封に移され、聖俗の首都施設が開封に集中されることになる。(2) 数年後、世宗は外城壁を建設するが、隋の大興城建設が、居住者の便よりも、宇宙論を表現することに熱中したのに対し、世宗は、居住者（禁軍兵士とその家族が優先された）の空間を確保するという合目的・物理的な理由から、建設したのである。すなわち権力の首都機能を優先させた首都だった。北宋は各地の地方藩鎮を解体して中国に統一と秩序をもたらした。藩鎮の傭兵たちは、中央の禁軍に吸収され、安定した生活を約束された。そのために開封の大運河による水運や軍営といった首都施設が重要な役割を果たした。開封の人口の過半は、こういった軍人（禁軍）とその家族だった。(3)

王安石の改革では、在京禁軍は、祖宗の負の遺産として削減される。そのため、軍営の多くは廃墟と化してしまう。ここが、開封史における重大な転機である。従来支配的だった「俗」の首都施設で構成される空間が縮小したため、空き地が出現し、再開発が始まる。(4) その中から、『清明上河図』(5) や『東京夢華録』の舞台となった徽宗時代の開封が出現したのである。

本章は、ここを出発点として徽宗時代の首都開封を考察する。簡単に本章の構成を述べておきたい。読者は回り道するような印象を受けるかも知れないが、最初に、徽宗時代の政治の特徴を宰相蔡京を中心に考察する。さらにこの政治が「聖」「俗」の首都施設をどのように扱い、権威と権力の首都機能をどのように按排したのか分析する。結論を先取りするようだが、徽宗時代の政治方針は、「首都改造」といわざるをえないような変化を開封にもたらす。最後の一節では、「首都改造」で出現した新しい中心軸や、市民生活への影響などを紹介する。

一　徽宗の権威と蔡京の権力

徽宗、趙佶は、神宗の一一番目の子供である。元豊五年（一〇八二）、陳氏を母として誕生し、長じて端王に封ぜられた。元符三年（一一〇〇）、一月、哲宗が在位一五年、齢二五にして急死した際、嗣ぐべき子はいなかった。欽聖憲粛皇太后尚氏（神宗の皇后）が、宰相たちに崩御を告げ、後嗣について意見を求めたところ、首相の章惇は、「礼律」に従って、同母弟の簡王を立てることを進言した。それに対し、皇太后は、「神宗の諸子は、申王が年長であるが、眼疾がある。次に年長の端王を立てるべきである」とのべる。皇太后と章惇は、自説を相互に言い合って譲らない。章惇は、「端王はただの道楽息子です。」と批判したとも言われている。[6]そこに割って入ったのが、知枢密院曾布である。曾布は、章惇の意見は個人的な意見で、臣下を代表したものではないとし、皇太后を支持する。つづいて次相たちも、皇太后への支持をそれぞれ表明し、大勢は決した。皇太后は、「端王は、福寿と仁孝があり、諸王と同列ではない」と言う神宗の発言を紹介し、章惇も沈黙する。かくして徽宗は即位した。[7]その後、尚太后の垂簾聴政のもと、韓忠彦と曾布が左右僕射となり、新旧法両グループの和合が図られ、翌年一月、建中靖国と改元された。しかし、この月、太后が急死してしまう。徽宗は親政を開始し、父兄の遺志を継いで新法政策をとることになった。翌崇寧元年（一一〇二）五月、韓忠彦は罷免され、司馬光や文彦博の官職が追奪され、元祐皇后は再び皇后の地位を奪われ、瑤華宮に居住させられた。七月には、曾布に代わって蔡京が宰相に就任し、王安石時代の条例司にならって、講議司が新設され、方田法など新法が次々と復活していった。蔡京は、神宗時代を経験した新法派のベテラン官僚（「元豊の侍従」[8]）として、宰相に登用されたのである。

しかしながら、蔡京は、徽宗時代を通じて一貫して政権を担当したわけではない。あわせて四度、政権を担当し、四度、政権の座から追われている。

1、第一次当国　崇寧元年（一一〇二）七月→崇寧五年（一一〇六）二月（四年半）→一年間下野
2、第二次当国　大観元年（一一〇七）一月→大観三年（一一〇九）六月（二年半）→四年間下野
3、第三次当国　政和二年（一一一二）五月→宣和二年（一一二〇）六月（八年間）
4、第四次当国　宣和六年（一一二四）一二月　→宣和七年（一一二五）四月（五ヶ月）

最後の第四次当国の際は、老齢で身体的に衰えていて、『鉄囲山叢談』で知られる末子蔡絛が公然と政務を代行していたという。本章では、第三次当国までの期間を考察の対象とする。ことに本節では、崇寧・大観年間の蔡京政権と皇帝の権威について考察し、その特色を提示する。

a　時令論思想による皇帝権威の強化

第一次当国期における蔡京政権の政治手法の一つは、「紹述」の主張である。神宗時代の新法政治を受け継ぐという立場である。そのため、神宗皇帝時代に計画されたことを理由として実行された政策が多い。

たとえば、この時期、一種の社会福祉政策がさかんに制度化されている。[9] 崇寧元年（一一〇二）には、安済坊と居養院が、開封府をはじめとして各州県に置かれた。前者は、貧しい病人の治療にあたる施設で、後者は、寡婦や孤児

を収容する施設である。また、崇寧二年には、神宗時代に一カ所置かれていた恵民局という薬局が城内に増置され五カ所となり（後に和剤二局を増やす）、民衆に薬が安価で販売された。(10) さらに、翌年、身よりのない死人の埋葬施設である漏沢園が設置された。これらの社会政策は、漏沢園をはじめとして、神宗が一旦実施した、あるいは計画していたといわれる制度である。(11)『宋史』一七八、食貨志、振恤には、「靡《むだ》費《づかい》芸《きわま》り無く、率斂を免れず。貧者は楽しむも、しかれども富者は擾《わずら》う。」と評されている。

紹述主義とともに、皇帝権威を高めるために用いられたのが、儒教の経典に記されている古代の礼・楽であった。崇寧三年（一一〇四）、道士魏漢律により九鼎の鋳造が提案され、蔡京の容れるところとなった。九鼎を作る時、古の法であるとして、徽宗の指の長さを基準とした。この基準は、新たに改定された楽律や、度量衡の基準としても用いられた。(12) 九鼎とは、元々禹が九の州から出てきた金属で一つずつ作らせた鼎で、夏・殷・周と伝授された支配を象徴する宝器である。その後、印爾が権威の象徴となり、九鼎に関する信仰は薄れたが、のちに則天武后が鋳造させている。徽宗の九鼎は、崇寧四年八月完成し、九成宮に奉安された。(13)

そのほかにも、「圜土」（古代の牢獄）を築造させたり、(14) 太学を三舎にわかち、外学を周代にならって、辟雍と称し王安石を配供する。(15)

明堂の建造もこの一連の儒教的な礼楽重視の流れに位置付けられる。明堂とは、古代、天子が政治、儀礼、祭祀、教育など国家的な行事を挙行した場所である。夏では「世室」といい、殷では「重屋」といい、周では「明堂」といった。明堂の構造は、『周礼』や『礼記』に記載されており、学者によって解釈が分かれる部分があったが、周の政治を理想とする儒教道徳を象徴する巨大建造物である。周を建国した則天武后は、九鼎を、神都洛陽に新築した明堂に安置する。(16)

崇寧四年（一一〇五）七月、蔡京等は、姚舜仁が作成した「明堂絵図」を進呈する。徽宗は、「先帝（神宗）、常にこれを為らんと欲す」と発言し、翌八月建造が決定する。(17) しかし蔡京の失脚もあってこのときは完成しなかった。明堂が開封宮城の南東部に姿を現すのは、一〇年後の第三次当国期のことである。

九鼎にしても明堂にしても、王莽や則天武后といったいわば革命政権が、「正当性」を主張するために古典の世界から引っ張り出した「権威の象徴」である。蔡京は、これらの「革命政権」と同じように、権威の創造に駆られていたように思える。夏殷周の伝統を復興しようとして、却って「王莽已行之跡」を追いかけているという批判も受けている。(18)

小島毅氏は、九鼎・明堂などは、時令思想すなわち律暦的世界観に基づくものとされ、「国都にある王宮こそ、世界の象徴的な中心であり、ここに時間的・空間的に宇宙を模した王権のシンボルを設置することによって、統治の正当性を主張する—九鼎と明堂とはこの同じ考え方に基づいている。それは、可視的・具象的な象徴を用いた王権理論であった。(19)」と述べている。

なぜ蔡京は、このように徽宗の権威拡大に取り組まねばならなかったのだろうか。林大介氏は、蔡京の政権は、御筆や講義司など、皇帝の権威によって政権の維持・政治運営がなされているので、皇帝権威を高めることが非常に重要だったと述べる。(20) この問題についての私見を次に述べておこう。

徽宗が、自身の権威に疑いをもち、したがって「紹述の政治」をするという自身の判断に疑問を持ったとき、蔡京は失脚する可能性があった。皇帝が自らの判断に疑問を懐くきっかけは、一般には「人言」と「天変」である。

上、嘗って玉琖・玉巵を出だし、以って輔臣に示して曰く、朕、此の器を久《も》つのみ、就ち深く人言を懼る、故に未だ用いざるのみ。

（蔡）京、曰く、事ただ当に理においてすべし。多言は畏るるに足らざるなり。陛下当に太平の奉を享くべし。区区たる玉器、何ぞ道うに足らんや。(21)

この崇寧初年の対話では、蔡京は、「理」によって判断すべきである、「人言」は恐れるに足らないと述べ、徽宗を励ましている。しかし、徽宗は「人言」や「星変」に動揺しやすい。すぐに自らの判断に自信が持てなくなる。この章の冒頭で紹介した即位にまつわる混乱が多少影響しているのかも知れない。そのため蔡京は、徽宗が無謬の聖性を保有し、「紹述の政治」を堅持してもらう必要があった。機会あるごとに、徽宗の権威拡大を企図したことには、このような背景が考えられる。

b　星変に動揺する徽宗

宋代は新儒学が始まった時代である。天は理であり、為政者は理を窮めることによって、徳による支配を行うべきであるという朱子学の天理論が確立していった。(22)北宋時代は過渡期であり、天変を恐れるべきではないとする新儒学の一方で、伝統的な天譴論に拠る立場も存在した。王安石は、人言・天変・祖宗は恐れるに足らないという「三不足の説」をとなえたと、反対派から批判されている。それに対して王安石は、蔡京と全く同じ論理で、人言や天変に動(23)揺しがちな神宗を励ましている。(24)

ところで、徽宗が「人言」以上に恐れていたものが「星変」であった。そのため星変は、容易に政変に発展した。崇寧四年（一一〇五）一〇月、「日中に黒子あり」という報告があった。(25)太陽黒点が肉眼で視認されたのである。翌年正月には、大彗星が都の西方の空に出現した。その尾は天空を横切るほどだった。(26)徽宗はこの現象に対応して、常膳を減らし、直言を求め、大赦令を出す。ここまでは伝統的な対応である。(27)その上、徽宗は、「星変を懼れ(28)」「震動し、己を責め、深く京の姦を察し、これより旬日の間、凡そ京の為す所のものは一切罷去(29)」した。朝堂の前に立っていた元祐党籍碑は密かに破壊され、方田や市易司、当十銭など、十日の間に次々に廃止されたという。二月、蔡京は罷免され、これまで蔡京を批判していた趙挺之が右僕射に登用される(30)。

しかし、彗星が去ると、徽宗はやや気持ちをゆるめる。その隙をついて蔡京は、「紹述」主義を与党を使って吹き込み、大観元年（一一〇七）一月、左僕射に復帰する(31)。第二次当国期である。この時期は（二年半）、主に彗星が出現した時に自分の批判をした官僚の処分や、いったん廃止された新法政策の復活などに追われた。

趙挺之は三月失脚し、この年の五月に死ぬ(32)が、続いてライバルとなったのが張商英である(33)。この時点で生き残っていた「元豊の侍従」は、張商英と蔡京だけだった。その張商英と結び、天譴論の立場から蔡京攻撃を継続していたのが、郭天信という人物である(34)。

郭天信(35)は、開封の人で、「技」によって太史局に職を得ていた。太史局は、元豊改制以前は司天局と称せられていた役所で、天文星暦を司っていた。彼の「技」とは、その方面の技術だったのであろう。徽宗が即位する以前から、天信は、再三徽宗に対してその登位を予言していた。それが現実のものになったゆえに、徽宗から異例の恩寵を受ける。位階は定武軍節度使、祐神観使に至った。彼は蔡京の「乱国」を見て、徽宗から政治上の諮問を受けるときは常に天文現象を用いて批判していた。特に「日中に黒子あり」としばしば指摘していた。『宋史』郭天信伝は、郭天信の天譴論に基づく弾劾が原因で第二次当国期は終わりを告げたとする。

ただし、『九朝備要』二七、大観三年六月、蔡京罷の項によると、郭天信の「日中有黒子」との報告ともに、御史台の弾劾によって蔡京が罷免されたとする。『十朝綱要』では、郭天信の事は述べられていない。しかしながら、郭天信の存在が、徽宗の天譴論への傾斜に影響していたことは確かであろう。

蔡京は、大観三年（一一〇九）六月、尚書左僕射を罷免されたが、太一宮使として開封に居住することは許され[36]、哲宗実録編纂を提挙した[37]。しかし、大観四年五月丁未、ふたたび彗星の出現が報告される[38]。例によって、「避殿減膳」が宣言され、直言が求められた。数日たってから、蔡京は、太子少保致仕に降格され、開封外の地に居住することが命じられた[39]。四輔の造営が停止され、翌年の改元が決定し、方田も再び廃止された。

大観四年（一一一〇）六月乙亥、蔡京が開封から去るのと相前後して、張商英が宰相となった[40]。この日、曇って彗星が見えなくなり、翌日は雨となった。そのころ日照りにも苦しんでいたため、徽宗は喜び、「商霖」の二字を揮毫して賜ったという[41]。

張商英は、蔡京の行った当十銭や直達法、塩法などを元に戻し、徽宗に土木工事をやめ奢侈を慎むことを勧める。そのため徽宗はすぐに張商英のことを憚るようになった[42]。張商英は、御史台からの弾劾によって、政和元年（一一一一）四月、わずか一年余で失脚し、知河南府に出されてしまう[43]。その後、張商英が中書省の機密情報を仏僧などを通じて郭天信に漏泄し、一方天信が徽宗の様子を伺い、その情報を張商英が受けて、政治を壟断していたという告発があった。開封府での取り調べがおこなわれ、彼らの罪が確定する[44]。張商英は安置衡州となり、郭天信は安置新州となった[45]。

政和二年（一一一二）二月、已に太子太師致仕に戻されていた蔡京は、これまでの功績によって、開封に邸宅を賜る[46]。三月開封に至り、入見している[47]。五月には、致仕が落とされ、第三次当国期となる。この時は「太師」のまま都堂や中書省、尚書省をまわり、宰相の任を果たすように命じられている[48]。

『宋史』郭天信伝によると、郭天信が単州安置となると、監視役として宋康年が知州となった。宋康年は蔡京の腹心である（『建炎以来繫年要録』七二、紹興四年一月辛未、参照）。さらに新州に遷されると、康年も広東路に移し監視させた。天信は至ること数ヶ月で没したが、蔡京は天信の異能を恐れ、康年に吏を派遣して棺をあけて確認させたという。かれの死と相前後して、蔡京の第三次当国期が始まる。それは八年の長きに渡る。長期政権になった理由の一つとして郭天信の死を挙げることが可能であろう。天譴論を武器として対峙した勢力を克服した蔡京は、新たに道教による皇帝権威の増強を図る。ために首都で「聖」の首都施設があいついで作られ、首都空間は再編されていくのである。

二　道教（神霄派）の隆盛と艮岳の造営

『宋史』四七二　奸臣伝（蔡京伝）には、彼の宰相時代に行われた土木事業がまとめられていて便利である。

京、つねに帝に為《たい》して言えらくは、今泉幣、積むところ五千万にあまる。和すれば以って楽を広ぐるに足り、富は以って礼を備うるに足る、と。ここにおいて九鼎を鋳し、明堂を建て、方沢を修し、道観を立て、大晟楽を作り、定命宝を製す。孟昌齢を任じて都水使者と為し、大伾三山を鑿ち、天成、聖功二橋を創る。大いに工役を興すこと、無慮四十万。両河の民、愁困して生にやすんぜず(49)。而して京は僩然として自ら以って稷、契、周、召となすなり。又た宮室を広げ上の寵媚を求めんと欲し、童貫ら輩五人を召し、風するに禁中偪側の状を以ってす。而して延福宮・景竜江の役起こり、浸淫して艮岳におよべり(50)。

この中から、開封での大土木工事だけを並べると、明堂、延福宮、景竜江、艮岳となろう。これらは、みな第三次当国期に行われた工事である。これらの工事をめぐる徽宗と蔡京の権威と権力の関係について本節では考察する。

a　明堂と延福宮の建設と蔡京政権

首都空間の変容という観点から注目されるのが、政和三年の春に工事が開始され、政和四年（一一一四）八月に完成した延福宮である。[51]延福宮は、元々宮城の内部にあった宴会場の名である。[52]蔡京は、徽宗を喜ばせるために、宮城が狭いことを与党に吹聴させ、従来の宮城の北側から内城壁の空間にあったいくつかの官庁や仏教寺院二箇所、軍営を立ち退かせて、十数の殿閣が立ち並ぶ園林をつくり、延福宮と称した。童貫や楊戩など宦官五人が、それぞれ一区画を担当して意匠を競ったため延福五位ともいわれた。延福宮に接する内城壁内側には土が盛られ、杏が植え込まれ、「杏岡」と呼ばれた。[53]やがて宮は内城壁を超えて拡張され、その部分は「延福第六位」と俗称された。その中を貫く城壕は、三丈（約一〇メートル）[54]の深さに掘り下げられ、石を積み上げて護岸され、舟艇がそこを通っても、景竜門橋の上を通行している人は分からなかったという。

この溝渠が景竜江である。後述する艮岳工事の際には、引き込まれて山間をながれる渓流となり景観作りに一役買う。東は封丘門まで延伸された。西では、南北に分流して、蔡京達の邸宅にも接続され、徽宗達の遊興のための通道となった。景竜江の北側には、遠方から集められた珍しい動物が数千頭飼われ、村落や田舎風の居酒屋などが配された。[55]

つづいて明堂が完成する。[56]先述したように、崇寧四年（一一〇五）八月に、姚舜仁の明堂図を蔡京が進呈し、建立の詔が出されている。しかし、彗星の出現によって蔡京が失脚したりしたため中断された。政和五年（一一一五）七月に再び建立の詔が発せられ、内蔵庫や左蔵庫などの諸庫と秘書省を宮城外に移し、その地に立てられることになった。蔡京は「明堂使」、蔡攸が「討論指画制度」となり、蔡翛や蔡絛らも加わって、明堂のプランが練られた。構造は夏殷周三代の制や則天武后が作ったものが参照された。詔書には「古とみな合い、その制大いに備わる」と述べられている。秘書省は宣徳門の東に移されので、「古の東観に類す」と称された。政和七年（一一一七）三月、明堂は完成し、四月、徽宗が親祀した。六月、明堂計画に参画した蔡京たちはそれぞれ官を進められた。同月、明堂で「聴朝」・「頒常」・「視朔」が行われることになり、十月には、蔡京等の上奏によって、明堂で臨朝聴政することになった。重要な政治の舞台が明堂に移動したのである。

明堂の工事が再開された政和五年（一一一五）八月のある夜、大流星が都の空を横切った。記録に依れば、柳（海蛇座）から濁（牡牛座）に至り消滅した、地面を照すほどの明るさの、オレンジ色の火球だった。占者は、「天子宗廟有喜国家建造宮室之象」と解釈し、蔡京は百官を率いて瑞兆として皇帝に賀詞を奉っている。[57]造営事業を積極的に推進しようという蔡京の意図がここには見受けられる。流星は様々な解釈が可能な天文現象である。[58]蔡京は天文を重視する徽宗の先回りをして、占星者を動かしたのかもしれない。

翌政和六年（一一一六）七月、「群臣、姦を挟み上を罔するを戒む。豊亨豫大の極盛の時に当たり、五季変乱裁損の計を為すなかれ。」という詔が出され、朝堂に榜を掲げると同時に、石に刻み尚書省に置かれた。[59]今は豊亨豫大の時代であるから、五代の乱世の時のように節約・倹約を説いて、皇帝を誤らせてはいけない、という。

「豊亨豫大」は、易の卦を組み合わせた言葉である。「豊は亨《とお》り、豫《たのしみ》は大なり」とでも訓ずることが可能であろうか。経済が繁栄し、百姓が楽しみを極めるということであろう。すなわち蔡京は当代を「豊亨豫大」の時代であると主張していた。『九朝備要』二六、崇寧元年七月の「以蔡京為右僕射」の項には、「時に四方承平、帑庾盈溢す。（蔡）

京、倡《いざな》い豊亨豫大の説を為し、官爵財物を視ること糞土の如し。累朝の儲《たくわ》う所、大抵掃地す。(60)」とある。

この時代認識は、徽宗の権威を高めるために吹聴したものとも考えられるが、好景気だったことを示す史料もなくはない。とにかくも、京師で土木事業を興し、繁栄の時代を徽宗に見せるのが、蔡京の政権維持のための戦略であった。(61)

天譴論を武器とする蔡京の対立勢力が退場し、蔡京は逆に天文現象による「天」の同意を演出した。詔勅に記されることによって「豊亨豫大の説」は、国家の論理となった。恣意的な御筆手詔ではなく、詔勅であることも注目される。すなわち、正式な政策決定過程を経て公認されたのである。

加えて、政和年間には、徽宗は新しい道教の一教説によって天譴論を超越する。この変化にも蔡京一族が関係しているようだ。次項はその問題を考察する。

b　神霄派の開封進出と上清宝籙宮

蔡京復権の前年（政和元年）、徽宗は一〇〇日間もの間、病床にあったが、七月に「康復」した（『十朝綱要』一七）。病状が快方に向かったある日、かれは奇妙な夢を見たという。蔡絛の『史補』（『紀事本末』一二七、道学、大観二年五月辛亥の注）によると、

政和始め、上疾あること百日を踰え、稍や康復す。一夕夢に人の上方に召すあり。その夢中におもえらく、昔藩邸に在る時のごとく、哲廟の宣召に赴くがごとし。至るに及び、乃ち一宮観たるのみ。即ち道士二人ありて儐相為る。遂に一壇上に至る。上に諭して曰く、「汝、宿命を以って、当に我が教を興すべし」と。上再拝し受命して退く。二儐相は、復た上を導きて去る。寤《さ》めるに及び記を作ること良に悉くせり。嘗て遣使し魯公（蔡京）に

示す。魯公時になお責せられ杭に居す。始めて大いに宮観を修す。(62)」とある。この史料の内容は、徽宗が道教への傾倒を深め、その思いを夢語りによって杭州にいた蔡京に暗示し協力を求めたと解釈できよう。蔡京は、道観建設など道教振興政策を実行する能力を期待されて復権したともいえそうである。

蔡京が政権に返り咲いた後、徽宗の権威を象徴するような超常現象が蔡京父子によって報告される。政和三年（一一一三）一一月には、蔡攸が、郊祀に際して天神と地祇が現れたという上奏を行った。蔡京はこの事件を史館に付すように上奏し、徽宗は御筆によって裁可する。(63)『宋史』二一、徽宗本紀、政和三年一一月乙酉の条には、「天神降るを以て、詔して在位を告し、『天真降臨示現記』を作る。」とある。この時期から道教は、国教的な地位を占めるようになる。(64)政和三年（一一一三）一二月、詔勅によって、道教の仙経を天下に求めている。政和四年正月には、二六等の道階が置かれ、三月には、諸路から、道士一〇人ずつを上京させ、左右街道録院に登録し、道士としての講習を行い、習熟した後、地方に帰すということになった。(65)

ちょうどその時期に、徽宗自身が道教神である、と説く林霊素という道士が現れる。(66)政和五年（一一一五）、林霊素は徽宗に初めて謁見しているようだ。(67)林霊素が徽宗に会う過程で蔡京との面会を経ていたことを示す史料もある。(68)特に『仏祖統記』四六、政和七年の条には、「太師蔡京に謁す。以て異人と為し、上に引見す。」とあり、蔡京が林霊素の異能を評価し徽宗に引き合わせたという。蔡京は自らの権力を維持するために都合のよい説、すなわち徽宗の権威を高めるような教説を述べたので利用したのであろう。阿部肇一氏は、二人の関係について「蔡京と道士との最大の結びつき」と評している。(69)

林霊素の主張は、蔡絛によると、

（林霊素）始めに曰く、神霄玉清王、上帝の長子。南方を主り、長生大帝君と号す。既に世に下降す。乃ちその弟の東方を主る青華帝君を以て、神霄の治を領せしむ。天に九霄有り。而して神霄最高たり。その治を府という。故に青華帝君、また判府天尊と曰う。而して霊素乃ちその府仙卿《ママママ》たり。褚慧と曰う。また下降して帝君の治を佐く。また一時の大臣要人を目して、皆な仙府の卿吏とす。魯公を左元仙伯と曰うが若し。鄭居中、劉正夫等、若しくは童貫ら諸巨閹、率ね名位有り。王黼時に内相と為る。乃ち文華吏と曰う。盛章・王革、時に迭いに天府と為る、乃ち仙獄吏と曰う。伯氏（蔡攸）は時に進奉を主る。乃ち園苑宝華吏と曰う。また上の寵妃劉氏を謂いて九華玉真安妃と曰うなり。天子心に獨りその事を喜ぶ。乃ち通真先生と賜号す。初め劉・虞・二王先生、皆な上の礼する所と為る。然るに神怪の事有るも、多く方士自り出づるなり。霊素至るに及び、乃ちその事を以て、これを上に帰して曰く、己はただこれを佐くるのみ、と。つねに自ら、小吏治を佐く、と号す。故に上下その非を攻むる者有るなし。然れども霊素実は術無く、ただ敢て大言するのみ。[71]

とあり、林霊素の説くところでは、徽宗は、上帝の長子で、長生大帝であり、蔡京は左元仙伯で、王黼は文華吏、蔡攸は園苑宝華吏、鄭居中、童貫などもみな天の官吏だったという。天の神霄世界の宮廷がそのまま徽宗＝蔡京政権に天下っているという説である。それに対して、蔡絛は疑問に思ったらしいが、徽宗は、「心より獨り其事を喜」んだという。林霊素が重んじられた理由として蔡絛が上げていることは、神霄派の特色として注目される。すなわち、これまで徽宗が崇拝した道士たちは、神怪の事を道士の超能力として説明したが、霊素は徽宗自身の宗教的能力を説き、道士である自分は補佐しているにすぎないとした、という。

林霊素は、皇城の東側に上清宝籙宮を建ててもらい（政和六年二月完成[71]）、そこを本拠とし宗教活動を行ってゆく。上清宝籙宮は、延福宮の東門（晨暉門）に、正対する位置にある。この道観に延福宮から移動するために景竜門（旧酸棗門、内城の北壁の門）を通過する複道が設けられた。徽宗はここを通って、林霊素の主催する道教の祭礼にしばしば出席した(72)。官僚や多くの民衆も御利益を得ようと押し寄せた。「宮前」には庶民に薬を施す施設も作られていた(73)。『宋史』四六二、林霊素伝によると、

　吏民をして宮に詣でて神霄秘録を受けしむ。朝士の進をよろこぶ者、亦た靡然としてこれに趨く。大齋を設けるごとに、輒く緡銭数万を費やす。これを千道会と謂う。帝は幄をその側に設く。而して霊素は正坐に升高し、問うもの皆な再拝して以って請す(74)。

とある。

徽宗は、御筆（政和七年：一一一七）を出して、神霄説に対する確信を述べている。

朕、澄神し默朝するごとに、上帝親ら宸命を受け《ママ》、訛俗を訂正せしむ。朕は乃ち昊天上帝の元子、太霄帝君為り。中華、金狄の教の盛行を被り、焚指・煉臂・捨身して、以て正覚を求むるを睹《み》ゆ。朕甚だこれを憫み、遂に上帝に哀懇して、人主と為り、天下をして正道に帰せしめんことを願う。帝、請う所をゆるし、弟青華帝君をして、朕の太霄の府に権たらしむ。朕夙夜驚懼して、なお我が教の訂するところ未だ周からざるを慮る。卿ら表章して朕を冊して教主道君皇帝となせ。ただ教門にて章疏するに用うべし。天下に令して混用せしむるべからず(75)。

とあり、道教の世界において、徽宗は教主道君皇帝と名乗ることになった。道教と仏教が対抗関係で論じられるのが、神霄説の特徴である。仏教の隆盛を押さえるために、このような「神話」を徽宗時代独特の御筆(76)という文書形式で公布する。同年二月、全国各州の天寧万寿観は、一斉に、神霄玉清万寿宮と改名され、長生大帝君と青華帝君の像が置かれた(77)。徽宗が天帝の長子であるという「神話」を全国に押し広め、皇帝権威を高めることに利用したのである。

仏教に対しての政策については、『十朝綱要』一八、宣和元年（一一一九）正月に、

乙卯、手詔、改天下僧寺為観、改仏号為大覚金仙、余為仙人・大士之号、僧号徳士。

己未、改女冠為女道、尼為女徳。

庚申、詔、禁銅鐃鈸仏像等、悉令納官、仍存仏像、添用冠服。

とあり、称謂の変更や銅の仏像の禁止、仏像の冠服着用が命じられている。ただし、まもなく林霊素が失脚し、その後、この命令は一部撤回されている(78)。

さて、林霊素失脚の事情については、諸史料で出入りがある。『紀事本末』一二七、方士では、宣和元年一一月壬申に、温州に帰されている。『十朝綱要』では、宣和二年八月癸未の条である。『宋史』林霊素伝では、増長した林霊素が、道で皇太子に出会っても、道を譲らないなど、傲慢な行動が目に余ったためとしている。それに対して、『賓退録』一に引用されている耿延禧『林霊素伝』では、皇太子との対立の他に、蔡京が雨乞いに失敗した林霊素の無能ぶりを批判する上奏をしたことや、蔡京の同郷人により、道教を誹る詩が開封で出回ったりしたことが記されている。宣和元年、開封に洪水が押し寄せたため、林霊素に祈らせたが、水が退かなかった。御史台が、林霊素がみだりに遷都を議したこと、聖聴を惑わしたこと、仏教を改めたこと、大臣を誹謗したことなどを上言したため、林霊素は温州に帰され、宣和二年に死去したという（以上耿延禧による）。

『仏祖統記』四六、宣和元年正月条の「述」には、「蔡京初め霊素を見て以って異人となす。引きて之を進む。まさに上に結知して、以てその寵を固めんとするのみ。霊素、君を得て、ほしいままに仏を罷め道を興すに及ぶ。京始めて物論を懼れ、すみやかにその妄を言うも及ばず(79)。」とある。これによれば、蔡京は初めは林霊素を利用して、権力を維持しようとしたが、林霊素が徽宗の尊崇を一身に受け廃仏を強行したため、蔡京は「物論」（世論）を恐れ、批判するようになったという。初めは良好だった蔡京と林霊素との関係が、後に悪化したことは事実であろう。この問題の背景については、他に次のようなことも指摘できる。

蔡京の息子たちの中で、長子蔡攸は神霄派の支持者であり推進派である。それに対し末子の蔡絛は前掲した『史補』の傍線部において、林霊素の無能ぶりを指摘している。彼の『訴神文』によると、蔡一族はみな林霊素の説を信じ、「神霄秘籙」をうけたが、蔡絛だけは、受けなかったため、徽宗の怒りを買い、結局、枷をはめられ安州に編管され、蔡京が懇願したため、死を免れたという。[80]これらは南宋まで生き延びた蔡絛の文章なので、額面通り受け取ることはやや躊躇されるが、宣和元年七月丙辰の御筆[81]には、

蔡絛、さきに、狂率によりて、廃黜せらること幾年なり。蔡京は元老にして、勲は王室にあり。未だ終棄するに忍びず、特に旧官に叙するを与えるの外、宮観を与え、便にゆだねて居住すべし。

とあり、蔡絛が徽宗の逆鱗に触れたことは事実のようだ。この時期から推測すると、「狂妄軽率」の内容は神霄派・林霊素に対する反対であったと思われる。長子蔡攸と対立するようになった蔡京は寵児蔡絛の弁護に回り、林霊素を批判した可能性も考えられる。

林霊素が開封を去った翌年の宣和二年六月、蔡京が願い出ていた致仕が認められて、第三次当国期は終了する。[82]この致仕の背景には、前述のような一族内部の問題があった。[83]外では兵権を掌握する童貫や、徽宗お気に入りの王黼が政権の主導権を握りつつあった。[84]

林霊素が失脚し、蔡京と蔡絛もやはり政権から去った。ただし、神霄派が国家的宗教であることは、王黼政権[85]においても変化はない。たとえば、宣和三年（一一二一）一〇月丙辰に、徽宗は宝籙宮神霄殿にお出ましになり、王黼などに元一六陽神仙祕籙を親授しており、[86]その翌月には、胡法に師事し造墓・捨身など禁じる詔勅も出ている。[87]徽宗の道教（神霄派）への姿勢に変化があった形跡は無さそうである（次項「艮岳の造営」も参照）。当時、王文卿という道士

が、神霄派のリーダーとして開封に来ていた。後の神霄派は、林霊素の悪名をさけて、王文卿を創始者としている。(88)

c　艮岳の造営

徽宗時代に艮岳（この名称は、建設中に使われるようになったものだが、本稿では通称として初めから用いる。万歳山、寿岳などともいった。）という人工の山が作られたことはよく知られている。しかし、造営の目的は、必ずしも明らかではない。百科事典などには、天下の珍獣怪禽や名木が集められたところから「自然動植物園」という説明もみられるが、実際はどうだったのか。『揮麈録後録』二には、徽宗が即位した当初、道士劉混康から、「京城の東北隅の地、堪輿に叶う。もし形勢加えるに少高を以てすれば、当に多男のきざし有るべし」といわれ、そこで「数仞崗阜」を作らせるや、男子が次々と産まれたため、徽宗は、道教を信じるようになり、艮岳を造営することになったという説話が載っている。が、本格的な造営はやはり政和年間以降である。

『宋史』八五、地理志、京城によると、「万歳山艮岳。政和七年、始於上清宝籙宮之東作万歳山。」とあり、上清宝籙宮の東に造られたという。しかし、『紀事本末』一二八、万歳山の項、政和五年九月甲辰の注（蔡絛『宮室苑囿篇』）には、「又た、宝籙宮において工部侍郎孟揆に命じて土功を鳩《あつ》めしめ、梁師成に作役を主らしむ。」とある。同書、宣和六年九月庚寅の注（『楊氏編年』）には、「（宝籙）宮後累石為山」とある。これらにより、宝籙宮に東方に隣接もしくは、宝籙宮内に建設されたことがわかる。(89) すなわち艮岳は、宝籙宮の一部だったのである。おそらくは、宝籙宮の一部として作られ始めたが、占有する領域が広まり、独立した施設と見なされるようになったのであろう。艮岳の領域は、周囲一〇余里に及んだという（『宋史』八五、地理志、京城。内城は周囲二二里である）。

『紀事本末』一二八、万歳山の項の冒頭を見ると、政和五年（一一一五）九月頃、工事が行われていたようである。

おそらく、宝籙宮の工事とほぼ同時に行われていたのであろう。艮岳の完成が公式に発表されたのは、宣和四年（一一二二）であるが、(90)この間に、山に「神霄」が降り、その時の詩の一節「艮岳排空霄」からはじめて艮岳と命名されている。(91)艮岳に神が降臨する演出がたびたび有ったことは、汪藻の「賀神降万歳山表」という文章の題名からも知られる。(92)この艮岳も、徽宗の神霄派道教信仰の関連施設だったのである。(93)

宗教学の成果を参照すると、山は天上の神が降臨する場所として世界各地の民族によって意識されている。シュメール人の都市国家に見られるジグラッドや、インドのパゴダなどは人工の山と位置づけられるという。中国人も同様であり、郊祀の時に用いられる円壇は、神を迎える施設なのである。(94)

宣和四年（一一二二）に御製の『記』（『揮麈録後録』ニ引）が発表されている。それには、

…高上の金闕は、則ち玉京の山なり。神霄大帝も、亦た下遊し広愛す。しかして海上に蓬莱三島あり。則ち帝王の都する所、仙聖の宅する所、形勝に非ざれば居せざるなり。伝に曰く、山を為ること九仞、功一簣を虧く、と。これ山為るべし、功書かざるべきか。…(95)

とある。要するに、艮岳は、単なる園林の仮山ではなく、天神が住まう天上世界を地上に再現した「世界」であった。それ故に神霄が降ったことで艮岳と改名された。天神である徽宗はこの世界の主人公である。かれが艮岳を訪れる際には、雲が起こり、(96)鳥が一斉に飛び立って出迎えたという。(97)このような演出が行われたのである。

ところで、艮岳は華北の人々にとっての神仙世界であり、江南の山水をモデルとしたものであった。以下に数例をあげておこう。

先に引いた蔡絛の「宮室苑囿篇」の下文には、

…土山を築くに、以って余杭の鳳皇《ママ》山を象る。諸苑に雄たり。その最高の一峯九十尺、山周十余里。西介亭より、

岩嶢重複し、東西二嶺に分つ。直に南山に行きて開門す。巖穴に飛桟あり。渓澗に悉く備な一洞口有り。纔かに両夫を納れるべし。而してその中は数百人を容れるに足る。檻泉に至れば、泛流皆な昼夜絶えず。山中は平地を包み、環するに嘉木清流を以てす。諸館舎台閣を列するに、多く美材を以って、楹棟と為す。而して五采を施さず、自然の勝あり。山の上下、亭宇を立てること、数うるに勝うべからず。石の大なる者あり。高さ四十尺、神運昭功石と名づく。江南陳後主三品石、姑蘇白楽天手植桧とその他の名石望木の若きも率ねその中に入る。…(98)

とある。艮岳は杭州の鳳凰山の形を借りて作られたという。景竜江が導かれ渓流を形成し、泉水が四時わき出ていた(99)。殿閣はけばけばしい色彩を廃し、自然の色を生かしたものだった。このようなデザインは「江浙に倣った(100)」ものだったという。

景竜江の「江」とは南方で河川を呼ぶときに使われる語であり、華北の河川には一般には用いられない。開封を貫流する運河もすべて「河」が加えられている。景竜江は殊更にこのような名称が与えられたのである。さらに花石綱で、江南陳後主の三品石、姑蘇の白楽天手植の桧など江南の名石望木が次々と運び込まれる。黄砂舞う開封に江南の風景が現出されたのである。

次に艮岳の四至を問題としたい。艮岳が延福宮と上清宝籙宮の間の東華門街以東に造営されていたことは確実である。上清宝籙宮の「後」すなわち北に作られたことも前掲史料から明らかである。東華門街と平行して通る街路が馬行街である。馬行街は、開封一の繁華街として『東京夢華録』三に紹介されている。南に上清宝籙宮、西に宮城（延福宮）、北に内城壁に囲まれている空間で、周囲五キロに及ぶ艮岳を容れるには、東側の馬行街をつぶして、内城東壁に達したと考えることもできる。張勁氏の論考はこの説を採っている(101)。張氏は、『東京夢華録』に、艮岳のことが全く触れられていないことから、『夢華録』の作者は、艮岳ができる以前の開封を記述した可能性が高いという。しかしながら、馬行街については蔡條の『鉄囲山叢談』にもその繁華が記され[102]、艮岳造営に関わって廃されたことは触れられていない。先に引いた『林霊素伝』（『賓退録』一引）では、宣和元年頃、馬行街で処刑が行われたことが記録されている。決定的なのは、南宋時代、金の領域だった開封を訪れた楼鑰が馬行街を通過しているのである[103]。張氏説には従えない。

とすると、内城の北壁を越えて展開したと考えるしかなくなる。この仮説を支持する状況証拠はいくつか存在する。延福宮はすでに内城北壁を越えて展開していること。艮岳は、内城外の景竜江を内部に取り込んで景観作りに利用していること。金代の開封を訪れた范成大によると、艮岳の残石が旧封丘門の外側の河中に放置されていたという[104]。周宝珠氏は、第二の理由からこの説を採っている[105]。

内城の北壁は、延福宮と艮岳の造営によって、破壊され、もしくは仮山として利用された。考古発掘によると、他の城壁に比べ、北壁は破壊の程度がひどいという[106]が、このためであろう。金が城郭を再建する際、北壁はすでに破壊されてしまっていたため、やや北に新たに版築することになったのであろう。

以上のように、政和二年以降、豊亨豫大の説や神霄派道教によって徽宗の権威を高める事に成功した蔡京は、八年間に渡って宰相の座に座り続ける。政和宣和年間、開封には、神霄派の発展に対応して、大規模な土木建築が矢継ぎ早に行われていった。特に艮岳は、神霄世界から神が降臨する場所として建設され、江南の風景が華北に再現された。これら「聖」の首都施設が、皇帝の権威や聖性を演出する機能をもつ。道教施設が建設されたことが、徽宗時代の開封の大きな特徴なのである。

三　首都空間の再編と居住者

権威を強化するための道教施設の造営は、新たな聖の首都施設の創設である。徽宗朝では、それがセットで作られたことに特徴がある。建造物は相互に複道や景竜江によって連絡されていた。あたかも交響楽のように作用したのである。点ではなく面的に首都機能が与えられたことは、開封の首都空間を再編成する結果となった。しかもそれが建設された期間は、政和年間から宣和年間の数年間だった。本節では、この問題を論じると同時に、急速に進む再編のなかの庶民生活についても若干の考察を加えてみよう。

a　景竜門と東華門街（北へ向かう首都の中心軸）

政和四年（一一一四）八月、延福宮が完成し、政和六年（一一一六）二月、上清宝籙宮が落成する。両者の中間に位置していたのが、景竜門である。この門は、宮城の東側の街路（東華門街）が、内城を貫くところに位置しているが、政和年間以降、特別な役割を持った。まず、先述したように、延福宮から上清宝籙宮や艮岳にいたる特別の通路（複道）が作られ、徽宗は神霄派の祭礼に参加するためしばしば往復した。また、艮岳に御幸して「天上」の景観を楽しんだ。すなわち、景竜門は俗世界から聖世界に至る架け橋だったといえよう（口絵2　北宋開封概略図を参照）。この門の機能はこれだけに止まらない。

景竜門には、政和五年（一一一五）[107]から、皇城の正門（宣徳門）のように上元観灯の飾り付けが施された。しかも、正門よりも一ヶ月近く早くからである。あわせて、冬至が過ぎると、景竜門から東華門の間の街路では、終夜にわたって夜間外出禁止令がゆるめられた。景竜門下には露台が置かれ、上清宝籙宮まで伸び、延福宮の東門（晨暉門）の外側には、皇帝がお出ましになる「看位」が置かれた。周囲には夜市で売られる様々な点心が所狭しと並べられ、お召しに備えていた。もちろん一般向けの露店も所狭しと出店し、人々は「群飲」した。上元観灯に先だっての放夜だったので、「先賞」(108)あるいは「預賞」(109)とよばれた。やがてその範囲は、景竜門の外側に延長され、旧封丘門にまで至ったのである。(110)

『宋史』一一三、礼志、嘉礼四、游観には、

（政和）五年十二月二十九日、詔すらくは、景竜門に預め元夕の具(111)を為せ。実に民風を観、時態を察し、太平を黼飾し、楽国を増光せんと欲するなり。徒に遊豫を以て事と為すに非ず。特に公、師、宰執以下に宴を賜い、御製詩四韻を太師蔡京に賜うに及ぶ。(112)

とある。民情を観察することによって、平和な世の中を「黼飾」（演出）し、繁栄する国家をさらに輝かしいものにする目的の観灯行事であると、この詔は主張する。

数年後、景竜門上の上元の宴に参加を許された王安中は、つぎのように述べている。

…旨ありて景竜楼に登るを許さる。穆清廡外の閣道由り以て升る。東のかた艮岳を望む。松竹蒼然たり。南のかた琳宮を視る。雲煙絢爛たり。その北は則ち清江の長橋なり。あたかも物外の若し。都人百万、楼下に遨楽し、歓声四起す。もっとも以て太平豊盛の象を見るに足る。群臣頌嘆することこれ久しうす。(113)

「東には、艮岳がそびえ立ち、松竹が鬱蒼としている。南には琳宮（上清宝籙宮）があり、雲がたなびいている。北には「清江長橋(114)」がある。俗世間から超越しているようだ。景竜楼の下には、都民が沢山遊んでいて、歓声が所々で上がっている、太平繁昌の有様を十分観望できる」と景竜門楼からの風景を賛嘆している。

宮城の東側を通って北に向かう街路（東華門街）は景竜門から外城域にいたる。延福宮と道観・艮岳が作られ、この街路がそれに挟まれる形となり、景竜門は、宮城と神霄世界の架け橋となる一方で、門の上下では、上元観灯の行事が、盛大に長期間にわたって行われるようになった。さらに景竜門から北に進み景竜江を渡ると、徽宗の皇子たちの豪邸が建ち並び（政和年間に建設された。）[115]、また火災によって全焼した瑤華宮の地に、大きな池が穿たれ、曲江と名付けられた。[116]

宣和年間、皇城の東南角の十字街から景竜門までの街路に、「夾城牙道」、すなわち両側に壁が築かれた官道が作られたが（『東京夢華録』二、東角楼街巷）、これはおそらく道路中央に設けられた皇帝用の通路である。御街と同様の構造になったことは興味深い。東華門街から景竜門を抜けて新酸棗門に至る北に向かう街路は、南に向かう御街に対して、開封の第二の中心軸となったのである。徽宗政権は、第二の中心軸を用いて、道教の権威の視覚化と同時に「太平豊盛」を演出しようとした。

時に、北方で、金が興起し、遼との戦闘が開始されていた。北宋は、燕雲を取り戻すために、複雑な外交を始めていた。この問題と北へ向かう軸が強調されたことは関連が有るのかもしれない。殊更に道教によって宗教的な権威が演出されたことは興味深い。道教は、外来宗教の仏教などに対して民族的宗教の色彩が強い。唐の後半に、領土が漢民族地域に縮小した段階で、道教や儒教が盛んになり、廃仏が行われた[117]ことと類似するように思える。

b　庶民生活と賜第

政権による「太平豊盛」の演出は、文字通り庶民生活を豊かにしたのだろうか。俞兆鵬氏は、この時期の諸政策が悪性のインフレーションを招いたと論じる。[118]

①財政支出が、土木工事、道教儀礼、宮廷等の消費の拡大によって拡大し（まさしく、本章でいう「演出」のためである）、そのため当五・十等の大銭や紙幣（交子）・度牒などの増発が行われたこと。

②政府の消費が高まったため、物資や通貨の流通速度がこれまでになく高まったこと。

この二点がインフレの理由として上げられている。ものとかねが動き回るため好景気を呈しただろう。しかし、物価が上昇したとすると給与所得者は生活が苦しくなる。この時代、官界の人々の中で、本業を疎かにして商業に手を染めることが流行したのはこのためであろう。首都の治安維持を底辺で担っていたのが禁軍から派遣された巡鋪兵であった。開封城内に四〇〇箇所ほどあった巡鋪に五名の兵士が配備されていた。その兵士が、商業に従事している場合が多く、治安維持の業務に支障が起こっていたという[119]。開封城内の問題とは少し異なるが、似たような例として、駅伝の鋪兵が、本来運ぶべき制勅などを滞らせて、民間から委託された商品の輸送を行い小銭を稼いでいることが報告されている[120]。上層部も同じ事で、何執中は開封城内に多くの賃貸物件（「邸店」）を持っており巨利を稼いでいた[121]。

このような中で、花石綱や増税によって地方の庶民は疲弊していった。やがて方臘の乱などが発生する。開封城内も見かけ上は繁栄していたが、賜第によって苦しむ最下層の人々がいた。空間の再編という意味で、最後にこの問題をとりあげたい。

宋代の文武官にとって最大の恩典は、開封城内に邸宅を賜ることであった。これは「賜第」と呼ばれる。梅原郁氏は、すでにこの問題について「賜第の功臣は皇帝と個人的関係が深く、かつ誰もが認める国家的な事業の責任者という功労が必要で、その点からいえば皇帝個人の特別に意味深い恩賞だった」と述べている[122]。それゆえに、寵臣が輩出した徽宗時代は賜第が、従来とは違う様相を呈していた。梅原氏は、徽宗朝時代に賜第したものとして、王黼・鄧洵武・高俅の三名を挙げているが、実際にはもっと多くのものが賜第を受けていた。『三朝北盟会編』三六に引用されている『靖康録』には、「これより先、宣和中、内侍賜第されるもの有ること多し。」とある。王厚・童貫が、賜第を受けたのは、崇寧三年九月である。(123)

特に、蔡京は、二度にわたって賜第され、東園・西園と言われた。まず、崇寧末年、(124)城西の閶闔門（旧梁門）の外に賜った。二度目は政和二年（一一一二）(125)である。こちらが東園であろう。(126)

王黼も、蔡京と同じく二カ所である。政和六年（一一一六）一一月には、「昭徳坊」に第を賜っている。(127)昭徳坊は、相国寺の東に位置する。後に閶闔門（旧梁門）外の竹竿巷に第を賜った。こちらの邸宅は周囲数里の王宮のような広さであり、青銅で拭かれた屋根が特徴的な正殿と、民間の花街のような風情の地区があると思うと、花石を集めた後苑には仮山があり、その間には竹籬茅舎が散見され、村落のような景観を呈していた。そのため、この部分は西村と呼ばれていた。(128)

閶闔門以西の地に、西園・西村があったが、おそらくこの付近は、低湿でない一等地だったと思われる。開封市街は、東南部が低湿で居住条件が余り良くない。第六章で論じたように、宋初、禁軍は厚遇されていた。彼らの軍営は城内西側に多く建てられている。(129)神宗時代以降、廃営地が多くなった関係で、賜第を受け入れる余地ができていたのであろう。

蔡京の西園の様子については、『朱子語類』一四〇に「蔡京父子、在京城之西両坊対、賜甲第四区、極天下土木之工。一曰太師第、乃京之自居也。二曰枢密第、乃攸之居也。三曰駙馬第、乃絛之居也。四曰殿監第、乃攸之居也。」とあり、その巨大な構えが知られる。『東京夢華録』によれば、汴河を跨ぐ橋の一つに蔡太師橋という橋がある。この橋は、ちょうど内城外の西側に位置しており、西園は、梁門街から汴河まで、南北に伸びていたと推定される。蔡絛(130)に依ると、工事中には、唐人の古墓が次々と発見されたという。その墓誌銘には、それぞれ、「城西二里に葬った」と書いてあったらしい。すなわち、内城壁から、二里（約一㎞）の所に蔡京の西園があったのである。

このように、下賜された官地だけでは足らず周囲の庶民の家屋を撤去して造営を行うのが普通だった。追い出された庶民は代価は支給されず泣くしかなかった。(131)このような社会問題が開封で発生したことが、徽宗時代の特徴である。(132)とくに土木建築が盛んだった政和宣和時代に告発する史料は懸けられている。御史中丞翁彦国は宣和二年（一一二〇）一〇月に、つぎのような、上奏を行っている。

…臣聞くならく、賜を蒙るの家、則ち必ず宛転せんとし、官屋を踏逐するに空閑を以って名と為し、或いは酬価を請いて百姓の物業を兌買し、実に皆名居を起遣す。大なる者は坊巷に亘り、小なる者も数十家を拆するを下らず。一時に駆迫し、扶老携幼、暴露怨咨す。殊に盛世の宣しく有るべき所にあらず。…(133)

坊巷にわたるような邸宅は、将に蔡京の西園である。蔡京はこの年の六月に致仕となり、廟堂から去っている。だからこそ、このような上奏が可能になったと思われる。

小　結

徽宗時代は、開封の都市空間が大いに再編成された時代であった。その空間再編成は、徽宗皇帝の権威を拡大し自らの権力基盤を強化しようとする蔡京とその一派の政治活動の賜物だった。とくに、旧城の東北部の変貌が注目される。宮城の北に延福宮が建設され、そこから、東華門街を挟んだ東側に、上清宝籙宮と艮岳が建設された。両者は、景竜門の門楼に設けられた複道によって結びつけられ、徽宗は俗界と聖界を容易に行き来できるよう工夫されていた。彼は、天子であると同時に、教祖道君皇帝（あるいは長生帝君）であることによって権威付けられたのである。

徽宗をふくめた支配者集団と首都の庶民達は、上清宝籙宮で行われる道教の祭典や、「預賞」とよばれた新しい上元観灯の行事に、ともに参加することによって、「太平豊盛」を意識し、徽宗と北宋政権の権威を納得する仕組みだったのである。首都の庶民だけではない。各州に神霄玉清万寿宮が設けられ、長生大帝君（徽宗）とその弟青華帝君の像が奉安された。神霄派道教は国教となり仏教が弾圧された。組織の中心は、上清宝籙宮だった。

以上のように、徽宗時代後期の開封には、神霄派道教をイデオロギーとする支配原理に基づき、聖の首都施設が整備されていったといえる。初めに述べたように北宋の開封は、軍事力の中心としての首都機能が、空間や景観を支配したといえよう。すなわち俗の施設・空間が首都空間中で卓越していた。しかし、その中心であった禁軍軍営が、王安石の軍政改革のなかで半減してしまった。徽宗時代になると、超自然的な聖の首都施設が整備され、空間や景観を再編成したのである。

蔡京も首都の防衛に関して意識していた形跡がある。それは第一次当国期に設置が決定された四輔である。開封周辺の四つの州を要塞化し、それぞれに二万ずつの軍事力を配備して首都を側面から防衛しようという計画である。しかしながら、蔡京が失脚すると、計画は放棄され、第三次当国期には、首都改造に熱中したためか、四輔計画は顧みられなかった(134)。また、インフレによる官界の商業化によって、治安は悪化し、寵臣の無法は放置され、中央と地方の情報伝達は滞るようになった。それが、政和・宣和年間の状況だった。

『東京夢華録』でもっとも独創的で、精彩を放っている記述は、事細かに小料理の名称が書かれ、時刻によって移り変わる露店の模様などが描写された部分だと思う。読者は庶民の消費生活の豊かさに惹き付けられる。紹興年間に執筆した著者の目的は、忘れられかけている開封の「当年之盛」を「追念」し、後世に残すことにあった（『東京夢華録』自序）。しかし「艮岳」や「景竜江」の記事は全くない。豪壮を誇った王黼や蔡京の賜第の位置や、その様子についても、直接的には記述がない。宣徳門や景竜門の観灯については詳細に記されるが、神霄派道教の総本山で行われた千道会については無関心であるかのようだ。おそらく南宋時代に於いては、失政の象徴であり「追念」するような良い思い出ではないのである。徽宗時代の開封を知るために好個の書が『東京夢華録』である。本章でも大いに利用した。しかしながら、徽宗時代の開封の一側面の記録である点も忘れてはならない。

注

（1）梅原郁「皇帝・祭祀・国都」（中村賢二郎編『歴史のなかの都市』ミネルヴァ書房、一九八六）。
（2）拙稿「五代宋初の洛陽と国都問題」（『東方学』第九六輯、一九九八）
（3）拙稿「宋都開封の人口数についての一試論」（『東洋学報』第八二巻第二号、二〇〇〇、本書第四章）
（4）拙稿「宋都開封と禁軍軍営の変遷」（『東洋学報』第七四巻第三・四号、一九九三、本書第三章）
（5）本書における『清明上河図』は、張択端真筆といわれる北京故宮博物院所蔵図（『石渠宝笈三編』所収版）をさす。
（6）『続資治通鑑長編拾補』一七、建中靖国元年二月丁巳の条に引用されている『宋編年通鑑』引の章惇に対する任伯雨の弾劾文によると、章惇は「端王浪子爾」と発言したという。なお『仏祖歴代通載』一九にも同様の発言が記録されている。
（7）徽宗が皇帝に選ばれた模様については、『長編』五二〇、元符三年正月己卯の各条に詳しい。なお、『宋史』徽宗本紀ならび、『九朝備要』二五、元符三年正月も参照。
（8）『紀事本末』一三二、蔡京事跡、政和二年二月戊子引用の詔中にある言葉である。
（9）梅原郁「宋代の救済制度」（中村賢二郎編『都市の社会史』ミネルヴァ書房、一九八三年）
（10）『清波雑志』一二、恵民局による。本来は、民に恩恵を与えるはずだが、年ごとに四〇万も黒字が出て、戸部の経費を助けていたという。
（11）『九朝備要』二七、崇寧三年、二月、置漏沢園の項に「中書省言、元豊中、詔以官地、葬枯骨。今欲推広先志故也。」とあ

り、『宋史』一七八、食貨志、振恤には「宣和二年詔、居養・安濟・漏沢、可参考元豊旧法、裁立中制。」とある。三門峡市文物工作隊『北宋陝州漏沢園』（文物出版社、一九九九）によると、陝州の漏沢園で一番古い墓は崇寧四年の銘がある。
(12) 『九朝備要』二七、崇寧三年正月、鋳九鼎の項。
(13) 『十朝綱要』一六、崇寧四年八月甲申。
(14) 『九朝備要』二七、崇寧三年三月、築圜土の項。
(15) 『九朝備要』二六、崇寧元年十月、置外学賜名辟雍の項。同書二七、崇寧三年六月、以王安石配饗孔子の項。
(16) 則天武后の明堂については、渡辺信一郎『天空の玉座』（柏書房、一九九六）、金子修一『古代中国と皇帝祭祀』（汲古書店、二〇〇一）を参照。
(17) 『紀事本末』一二五、明堂。
(18) 『九朝備要』二七、崇寧四年三月、竄曾孝序の項には「又論明堂辟雍等事、孝序曰、相公命講筵不得進読漢史。蓋欲挙明主於三代之隆、今乃循王莽已行之跡、而欲蹈商周虚名、可乎。」とある。
(19) 小島毅「宋代の国家祭祀―『政和五礼新儀』の特徴」（池田温編『中国礼法と日本律令制』東方書店、一九九二）
(20) 林大介「蔡京とその政治集団」（『史朋』三五号、二〇〇三年）の分析による。本論文は、徽宗時代の政治過程について詳細な分析を行っており、参考になった。ただし、天譴論により徽宗に影響をあたえた郭天信について触れず、さらに徽宗の道教崇拝と蔡京の権力との関係も論じられておらず、疑問に思った。
(21) 『九朝備要』二六、崇寧元年七月、以蔡京為右僕射の項。上嘗出玉琖・玉巵、以示輔臣曰、朕此器久已、就深懼人言、故未用爾。京曰事苟当於理、多言不足畏也。陛下当享太平之奉、区区玉器、何足道哉。
(22) 小島毅「宋代天譴論の政治理念」（『東洋文化研究所紀要』一〇七冊、一九八八）
(23) 『長編』二六九、熙寧八年十月戊戌には「王安石言、臣等伏観、晉武帝五年、彗実出軫、十年、軫又出孛、而其在位二十八年、与乙巳占所期不合。蓋天道遠、先王雖有官占、而所信者人事而已。天文之変無窮、人事之変無已、上下傅会、或遠或近、豈無偶合、此其所以不足信也。…」とあり、王安石は天変を信じないことを明言している。

(24)　『紀事本末』五九、王安石事跡上、熙寧三年三月己未には、
上諭王安石曰「聞有三不足之説否。」王安石曰「不聞。」上曰「陳薦言『外人云、今朝廷為天変不足懼、人言不足卹、祖宗之法不足守。昨学士院進試館職策、専指此三事。』此是何理。朝廷亦何嘗有此、已別作策問矣。」安石曰「陛下躬親庶政、無流連之楽荒亡之行、毎事惟恐傷民、此即是懼天変。陛下詢納人言、無小大惟言之従、豈不卹人言。然人言固有不足卹者、苟当於義理、則人言何足恤。…」
とある。傍線部の論理は、蔡京の論理と全く同じである。

(25)　『宋史』二〇、徽宗本紀、崇寧四年十月壬辰。

(26)　『九朝備要』二七、崇寧五年正月、彗出西方の項。

(27)　小島毅氏前掲「宋代天譴論の政治理念」一二頁を参照。

(28)　『九朝備要』二七、崇寧五年一二月、劉逵罷の項。

(29)　『九朝備要』二七、崇寧五年二月、蔡京罷以趙挺之為右僕射の項。

(30)　『九朝備要』二七、崇寧五年正月から二月の諸項を参照。

(31)　『九朝備要』二七、崇寧五年一二月、劉逵罷・崇寧五年二月、蔡京罷以趙挺之為右僕射・大観元年正月、以蔡京為左僕射の諸項を参照。

(32)　『九朝備要』二七、大観元年三月、趙挺之罷の項。

(33)　張商英は、新法派であったが、蔡京の反対者だったため、党籍に入れられてしまった。仏教信者であったことも、アンチ蔡京の要素である。阿部肇一「北宋末の法党と仏教・道教」（『渡辺三男博士古稀記念日中語文交渉史論叢』桜楓社一九七九、所収）を参照。

(34)　張商英と郭天信の関係については、『九朝備要』二八、政和元年十月、竄張商英。『宋史』四六二、郭天信伝などを参照。

(35)　以下の郭天信の経歴は、『宋史』四六二、郭天信伝参照。

(36)　『九朝備要』二七、大観三年六月、蔡京罷の項。『十朝綱要』一七、大観三年六月丁丑。

(37)『九朝備要』二七、大観三年十月、蔡京致仕仍朝朔望の項。
(38)『宋史』二〇、徽宗本紀、大観四年五月丁未。『十朝綱要』一七では、乙卯に懸けられている。
(39)『紀事本末』一三一、蔡京事迹、大観四年五月甲子には、「詔、蔡京権重位高、人屡告変。全不引避。公議不容、言章屡上、難以屈法、特降授太子少保、依旧致仕。在外任便居住。」とあり、星変と沢山の反対意見などにもとづく総合的な判断で、蔡京は開封から追われることになったようである。『十朝綱要』一七、大観四年五月甲子に、太子太保に降格とあるが、誤りであろう。
(40)『紀事本末』一三一、張商英事迹、大観四年六月乙亥。
(41)『宋史』三五一、張商英伝。『紀事本末』一三一、張商英事迹、大観四年六月乙亥の条注。
(42)『宋史』三五一、張商英伝。
(43)『九朝備要』二八、政和元年四月、張商英罷の項。
(44)『九朝備要』二八、政和元年十月、竄張商英の項。
(45)『十朝綱要』一七、政和元年十月辛亥。『九朝備要』二八、政和元年十月、竄張商英によると、張商英は、宣和三年に、京南で死去している。
(46)『十朝綱要』一七、政和二年二月戊子。『紀事本末』一三一、蔡京事迹、政和二年二月戊子。
(47)『紀事本末』一三一、蔡京事跡、政和二年三月乙亥。『十朝綱要』一七、政和二年三月壬午によると、この日に入見している。
(48)『紀事本末』一三一、蔡京事跡、政和二年五月己巳。
(49)この工事については『九朝備要』二八、政和五年六月、天成聖功二橋成の項を参照。
(50)京毎為帝言、今泉幣所積贏五千万、和足以広楽、富足以備礼。於是鋳九鼎、建明堂、修方沢、立道観、作大晟楽、製定命宝。任孟昌齢為都水使者、鑿大伾三山、創天成、聖功二橋。大興工役、無慮四十万。両河之民、愁困不聊生。而京僴然自以為稷、契、周、召也。又欲広宮室求上寵媚、召童貫輩五人、風以禁中偪側之状。貫倶聴命、各視力所致、争以侈麗高広相夸尚、而延福宮・景竜江之役起、浸淫及於艮岳矣。
(51)『宋史』八五、地理志、京城。『九朝備要』二八、政和四年八月、延福宮成。
(52)『九朝備要』二八、政和四年八月、延福宮成による。元延福宮が有った場所には、保和殿が新築された（『九朝備要』二八、政和三年九月、保和殿成）。こちらにも江南風の園林が付属していた。
(53)『楓窗小牘』上。
(54)『九朝備要』二八、政和六年二月、上清宝籙宮成の項による。『宋史』の地理志によると、三尺である。ここでは前者を採る。
(55)『九朝備要』二八、政和六年二月、上清宝籙宮成。
(56) 明堂については、『紀事本末』一二五、明堂と『九朝備要』二八、政和五年八月、建明堂の項。
(57)『九朝備要』二八、政和五年八月、流星出柳。
(58)『宋史』五二、天文志、流星。
(59)『九朝備要』二八　政和六年七月、詔豊豫盛時毋為裁損計の項。
(60) 時四方承平、帑庾盈溢。京倡為豊亨豫大之説、視官爵財物如糞土。累朝所儲、大抵掃地。
(61)『宋史』一七九 食貨志、会計には「京又専用豊亨豫大之説、諛悦帝意。始広茶利、歳以一百万緡進御、以京城所主之。其後又有応奉司、御前生活所、営繕所、蘇杭造作局、御前人船所、其名雑出、大率争以奇侈為功。歳運花石綱、一石之費、民間至用三十万緡。姦吏旁緣、牟取無芸、民不勝弊。用度日繁、左蔵庫異時月費緡銭三十六万、至是衍為一百二十万。」とある。
(62) 政和初、上有疾踰百日、稍康復。一夕夢有人召上方。其夢中謂、若昔在藩邸時、如赴哲廟宣召者。及至、乃一宮観爾。即有道士二人為儐相焉。遂至一壇上、諭上曰、汝以宿命、当興我教。上再拝受命而退。二儐相者、復導上而去。及寤作記、良悉嘗遣使示魯公。魯公時責居於杭。始大修宮観。
(63)『十朝綱要』一七、政和三年一一月癸未の条。また「天神下視太師蔡京乞宣付史館御筆手詔」（『宋大詔令集』一三六）。この詔によると、この時点では、徽宗はまだ神格化されていない。

(64) 宮川尚志「宋の徽宗と道教」(『東海大学紀要・文学部』二三、一九七五)

(65)『紀事本末』一二七、道学の各条を参照。

(66) 林霊素については、唐代剣「『宋史・林霊素伝』補正」(『世界宗教研究』一九九二年第三期)、同「論林霊素創立神霄派」(同一九九六年第二期)宮川尚志「林霊素と宋の徽宗」(『東海大学紀要・文学部』二四、一九七六)、松本浩一「徽宗の宗教政策について」(『中華世界の歴史的展開』汲古書院、二〇〇二、所収)などがある。

(67) 林霊素が徽宗に始めて拝謁した年代については、政和三年・政和五年・政和六年・政和七年の諸説があるが、唐代剣氏の意見に従う。

(68)『紀事本末』一二七、方士、宣和元年一一月壬申の条に引く『楊氏編年』など。

(69) 安部氏前掲「北宋末の法党と仏教・道教」

(70) 蔡絛『史補』(『紀事本末』一二七、道学、政和六年十月甲申の注。)。始曰、神霄玉清王、上帝之長子、主南方、号長生大帝君、既下降於世、乃以其弟主東方、青華帝君、領神霄之治。天有九霄、而神霄為最高。其治曰府。故青華帝君、亦曰判府天尊。而霊素乃其府仙卿曰褚慧、亦下降佐帝君之治。又目一時大臣要人、皆仙府卿吏。若魯公、曰左仙伯、鄭居中、劉正夫等、若童貫諸巨閹、率有名位、王黼時為内相、乃曰文華吏。盛章、王革、時迭為天府、乃曰仙獄吏。伯氏時主信奉、乃曰園苑宝華吏。又謂上寵妃劉氏曰九華玉真安妃也。天子心獨喜其事。乃賜号通真先生。初劉虞二王先生、皆為上所礼、然有神怪事、多自方士也。及霊素至、乃以其事、帰之於上。而曰己獨佐之。毎自号小吏佐治。故上下莫有攻其非者。然霊素実無術、徒敢大言。

(71)『九朝備要』二八、政和六年二月、上清宝籙宮成の項。『紀事本末』一二七、方士、政和三年十月戊申には、程若虚が宝籙先生に封じられた記事の後の案語に「宝籙宮、不見起建月日、或自此始。」とあり、この時点から建設が始まった可能性を指摘するが、諸書は、林霊素の説に喜んだ徽宗が、彼のために建てたとする(『紀事本末』一二七、方士、宣和元年一一月壬申の条に引く『楊氏編年』など)

(72)『宋史』八五、地理志、京城、には「開景竜門、城上作複道、通宝籙宮、以便齋醮之路、徽宗数従複道上往来。」とある。

『宋史』二一、徽宗本紀、政和七年二月乙亥なども参照。

(73)『九朝備要』二八、政和六年二月、上清宝籙宮成の項によると、「仁済・輔政」の二亭があって民衆に薬を施した。

(74) 令吏民詣宮受神霄秘録、朝士之嗜進者、亦靡然趨之。毎設大齋、輒費緡銭数万、謂之千道会。帝設幄其側、而霊素升高正坐、問者皆再拝以請。

(75)『紀事本末』一二七、道学、政和七年四月庚申。御筆：朕毎澄神默朝、上帝親受宸命訂正訛俗。朕乃昊天上帝元子為太霄帝君。睹中華被金狄之教盛行、焚指煉臂捨身、以求正覚。朕甚憫焉。遂哀懇上帝願為人主、令天下帰於正道。帝允所請。令弟青華帝君、権朕太霄之府。朕夙夜驚懼、尚慮我教所訂未周。卿等表章册朕為教主道君皇帝。只可教門章疏用。不可令天下混用。

(76) 御筆については、徳永洋介「宋代の御筆手詔」（『東洋史研究』五七巻三号、一九九八）を参照。

(77)「改建神霄玉清万寿之宮御筆」（政和七年二月一三日、『宋大詔令集』一七九）を参照。

(78)『十朝綱要』一八、宣和二年六月丁亥には「詔、天下寺院、昨以奸人妄有申請改革作徳士宮観。可除大相国宮外、仍旧為寺院。」とあり、また、八月乙未の条には、「御筆、復徳士・女徳為僧尼」とある。林霊素が去ったことにより、仏教に関する弾圧は中止されたようだ。しかし同書同巻宣和三年一一月戊寅の詔では、再び仏教儀礼を禁止する。

(79) 蔡京初見霊素以為異人。引而進之。将結知於上、以固其寵耳。及霊素得君、而横罷仏興道。京始懼物論、亟言其妄、無及矣。

(80)『紀事本末』一三一、蔡京事迹、重和元年十月戊申の条注。

(81)『紀事本末』一三一、蔡京事迹、宣和元年七月丙辰。御筆：蔡絛、向縁狂率、廃黜幾年。蔡京元老、勲在王室。未忍終棄、可特与叙旧官外、与宮観、任便居住。

(82)『宋大詔令集』七〇、「蔡京守本官致仕御筆」（宣和二年六月二十四日）。

(83) 後のことではあるが蔡絛が出版した『西清詩話』が、蘇軾や黄庭堅の作風を重んじているとして、蔡攸が弟を弾劾し死に至らしめようとした事件も起こっている。（『九朝備要』二九、宣和六年一二月、蔡京落致仕領三省事の項）

（84）『九朝備要』二八、政和七年一一月、詔蔡京五日一朝の項の注に引く蔡絛の『別録』は、蔡京が、童貫の主張する開戦に反対し政権中枢から、引き離されてゆくさまが描かれているが、著者陳均は「恐未必然」とコメントしている。また、『宋史』四七〇、王黼伝を参照。

（85）かれらは、神霄派の進出に一役買った人物であった。王黼「宣和殿降聖記」には、「歳在丁酉、皇帝乃悟本長生大帝君」（『紀事本末』一二七、道学、政和六年十月甲申）とあり、王黼が神霄派の言説を使っていることが明らかである。丁酉は政和七年である。蔡攸については、天神の降臨を見たとして報告している（『十朝綱要』一七、政和三年一一月癸未）。『宋史』四七二、蔡攸伝には、「帝留意道家者説、攸獨倡為異聞、謂有珠星璧月、跨鳳乘竜、天書雲篆之符、与方士林霊素之徒争証神変事。於是神霄・玉清之祠徧天下、咎端自攸興矣。」とある。

（86）『十朝綱要』一八、宣和三年十月丙辰。

（87）『十朝綱要』一八、宣和三年十一月戊寅。

（88）唐代剣氏前掲「論林霊素創立神霄派」は、この問題を論じている。

（89）『九朝備要』二八、政和六年二月、上清宝籙宮成の項には、「…作上清宝籙宮、宮中山包平地、環以佳木清流、列諸館舎台閣、多以美材、為楹棟、不施五采、有自然之勝、上下立亭宇、不可勝計。」とあり、艮岳が、宝籙宮の中に作られたという表現になっている。

（90）『九朝備要』二八、政和七年一二月、作万歳山の項に、「宣和四年始告成」とある。

（91）『紀事本末』一二八、万歳山、政和五年九月甲辰の条引用の蔡絛の『宮室苑囿篇』には「始名鳳皇山、故有閣曰巣鳳。後神霄降、其詩有「艮岳排空霄」、因改名為艮岳。及南山成、又易名寿岳。」とある。

（92）『誠齋集』一一四、所収『詩話』にこの題名が見える。現在の『四部叢刊初編』に所収の汪藻『浮渓集』にはこの文は収められていない。

（93）高木森「道教与宋徽宗的芸術」（『故宮文物月刊』七・二、一九八九）は、艮岳と道教との関連を指摘しているが、宮殿等の名称を、その理由としているのみで、神霄派との関連は指摘されていない。

(94) ミルチャ・エリアーデ著　風間敏夫訳『聖と俗』（法政大学出版局、一九六九）三三頁を参照。

(95) …高上金闕、則玉京之山。神霄大帝、亦下遊広愛。而海上有蓬萊三島、則帝王所都、仙聖所宅、非形勝不居也。伝曰、為山九仞、功虧一簣。是山可為、功不可書。…

(96) 『齊東野語』七、贈雲貢雲には、「宣和中、艮岳初成、令近山多造油絹嚢、以水湿之、暁張於絶巘危巒之間、既而雲尽入、遂括嚢以献、名曰貢雲。毎車駕所臨、則尽縦之。須臾、滃然充塞、如在千巖万壑間。然則不特可以持贈、又可以貢矣。併資一笑。」とある。『癸辛雑識』前集、艮岳には「万歳山大洞数十、其洞中皆築以雄黄及盧甘石。雄黄則辟蛇虺、盧甘石則天陰能致雲霧、滃鬱如深山窮谷。」とある。

(97) 『桯史』九、万歳山瑞禽には「一日、徽祖幸是山。聞清道声、望而群翔者数万焉。翁輒先以牙牌、奏道左曰、万歳山瑞禽、迎駕。上顧罔測、大喜。命以官、賚予加厚。」とある。

(98) …築土山、以象餘杭之鳳皇山。雄于諸苑。其最高一峯九十尺、山周十余里。自西介亭、岩嶢重複、分東西二嶺。直行南山開門。飛棧巖穴、渓澗悉備有一洞口。纔可納両夫、而其中足容数百人。至于檻泉泛流皆昼夜不絶。山中包平地、環以嘉木清流、列諸館舎台閣、多以美材、為楹棟。而不施五采有自然之勝、山上下、立亭宇、不可勝数。有石大者、高四十尺、神運昭功石。若江南陳後主三品石、姑蘇白楽天手植檜、与其他名石望木率入其中。…

(99) 景竜門付近は、以前から水が豊富だった。たとえば、『宋史』一一三、礼志、嘉礼、游観には、「(太平興国) 九年正月六日、幸景竜門外水磑、帝臨水而坐、召従臣観之、因謂曰、此水出於山源、清澄甘潔。近河之地、水味皆甘、豈河潤所及乎。」とある。

(100) 『九朝備要』二八、宣和元年九月、幸道徳院観金芝遂幸蔡京第の項。

(101) 張勁「開封歴代皇宮沿革与北宋東京皇城範囲新考」(『史学月刊』二〇〇二年第七期)

(102) 『鉄囲山叢談』四によると、馬行街は夜市酒楼が盛んなところで、その灯火を嫌うため「蚊蚋」がいなかったという。

(103) 楼鑰『攻媿集』一一二、北行日録下の乾道六年（一一七〇）一月一八日己巳の条には「…入順常元武二門。二門之間、過五丈河菜市橋、夷門山巷口百王宮、乃煬王毬場。親従第一指揮、旧日御竜直也。由竹竿巷口斜街入第二門。土市、馬行街、皇建院巷、徳勝橋、転太廟巷口、東行相国寺、出御街。歴廊屋三十間、過榷貨務。又廊屋七十間、中有小門。是国子監。前後御廊尚多、不知其数。投西穿門、由旧路入駅。」とある。

(104) 范成大『石湖居士詩集』一二、金水河の注には、「在旧封丘門外河中、多大石、皆艮岳所隤。」とある。

(105) 周宝珠『宋代東京研究』（河南大学出版社、一九九二）五一六頁。

(106) 開封宋城考古隊「北宋東京内城的初歩勘探与測試」（『文物』一九九六年第五期）によると、内城北壁は、他の壁に比べ、損傷がひどいという。考古隊は、金代の城壁工事の影響であろうという。

(107) 『宋史』八五、地理志、京城、上清宝籙宮の項「上清宝籙宮、政和五年作、…是年十二月、始張燈於景竜門上下、名曰「預賞」。」とあるが、『東京夢華録』六、十六日には、「宣和年間、自十二月於酸棗門（二名景竜）門上、如宣徳門、元夜点照、門下亦置露台、南至宝籙宮。…」とあり、宣和年間から預賞や景竜門での観灯が始まったとする。後掲する『宋史』一一三、礼志、遊観、三元観灯、政和五年一二月二九日の条に引用される詔によって前者の記年に従いたい。

(108) 『九朝備要』二八、政和六年二月、上清宝籙宮成の項。

(109) 『東京夢華録』六、十六日。

(110) 『九朝備要』二八、政和六年二月、上清宝籙宮成の項。

(111) 景竜門に飾られた、元宵観灯の具については、『靖康記聞』（不分巻）靖康二年一月一二日に「是日、又津搬景竜門常放灯所用金灯、琉璃、翠羽、飛仙之類、赴軍前交納。盖自月初、金人大索元宵灯燭、欲於城上作元夕。十余日、凡在京道宮仏寺正店所有捜絶殆尽、稍不堪者輒退換。」とあることからおよその事が知れる。同様の記事は、『三朝北盟会編』七四の同日の条にもあり、こちらでは景竜門と宝籙宮から、上元観灯の具が奪われたことが述べられている。

(112) 五年十二月二十九日、詔景竜門預為元夕之具、実欲観民風、察時態、黼飾太平、増光楽国、非徒以遊豫為事。特賜公、師、宰執以下宴、及御製詩四韻賜太師蔡京。

(113) 『清波雑志』六、初寮曲宴百韻。有旨許登景竜楼、由穆清廡外閣道以升。東望艮岳、松竹蒼然、南視琳宮、雲煙絢爛。其北則清江長橋、宛若物外。都人百万、遨楽楼下、歓声四起、尤足以見太平豊盛之象、群臣頌嘆久之。

(114)「江」の付された河川名は、開封には景竜江だけのようである。この上の橋と思われる。
(115)『鉄囲山叢談』一には、「政和間、太上諸皇子日長大、宜就外邸、於是択景竜門外地、辟以建諸邸。時鄆王有盛愛、故宦者童貫主之。視諸王所居、侈大為最、廼中為通衢、東西列諸位、則又共為一大門、錫名曰蕃衍宅、悉出貫意。」とある。
(116)『宋史』八五、地理志、京城。
(117)妹尾達彦氏『長安の都市計画』（講談社、二〇〇一）。松本浩一氏も、前掲論文「徽宗の宗教政策について」の結論でこの問題を提起している。
(118)「略論宋徽宗時期的通貨膨張」（『史学月刊』一九九〇第二期）
(119)『宋会要』兵三之六～七、政和六年三月二十九日の条を参照。
(120)『宋会要』方域一〇之三二、宣和元年四月十一日の条を参照。
(121)全漢昇「宋代官吏之私営商業」（『中央研究院歴史語言研究所集刊』第七本第二分、一九三六）
(122)梅原郁「宋代都市の房儁とその周辺」（『布目潮渢博士古稀記念論集東アジアの法と社会』汲古書院、一九九〇）
(123)『九朝備要』二七、崇寧三年九月、王厚童貫賜第京師。
(124)『九朝備要』二七、崇寧五年一二月、劉逵罷の注には、「時京雖罷相退居賜第、然政令大綱皆予聞之。」とあり、すでにこの時点で賜第に住んでいたことが明らかである。『鉄囲山叢談』四には、「魯公崇寧末…時賜第於閶闔門外。」とある。
(125)『九朝備要』二八、政和二年二月、蔡京復太師、賜第京師。
(126)『清波別志』下には「蔡京賜第在都城之東、周囲数十里」とある。数十里とは、文字通りとると、周囲一〇キロ以上を意味し、外城郭には容れることは不可能である。城外の園林であろう。
(127)『十朝綱要』一七、政和六年一一月乙未。
(128)『三朝北盟会編』三一、靖康元年正月二四日に引用の『秀水閑居録』と『靖康遺録』による。
(129)拙稿「宋都開封城内の東部と西部」（『長野工業高等専門学校紀要』第三六号、二〇〇二。本書第六章）
(130)『鉄囲山叢談』四には、「魯公崇寧末不入政事堂、以使相就第。時賜第於閶闔門外、俗号梁門者。修築之際、往往得唐人旧冢、或有誌文、皆云葬城西二里。大梁実唐宣武節度、梁門外知已為墓田矣。」とある。

(131)『三朝北盟会編』三六、靖康元年二月八日に引く『靖康録』に「宣和中、内侍多有賜第者、官舎或隘陋、即委府尹、於傍宅置門。然未嘗給其直而実奪之。京城百姓或有累世聚族以居屋舎、既為奪去、則無所託身、惟与妻子日夜号哭告天而已。」とある。

(132)『玉照新志』三に引用されている『乙巳泗州録』には、朱勔のことを「在京則以養種園為名、徙居民以為宅所。」と批判する。また、『清波雑志』六、東西園には、「蔡京罷政、賜隣地以為西園、毀民屋数百間。一日、京在園中、顧焦徳曰『西園与東園景致如何。』徳曰『太師公相、東園嘉木繁陰、望之如雲、西園人民起離、泪下如雨、可謂東園如雲、西園如雨也。』語聞、抵罪。」とある。

(133)『宋会要』方域四之二三、宣和二年一〇月二八日、御史中丞臣翁彦国奏。…臣聞、蒙賜之家、則必宛転、踏逐官屋以空閑為名。或請酬価兌買百姓物業。実皆起遣名居、大者亘坊巻、小者不下拆数十家。一時駆迫、扶老携幼、暴露怨咨。殊非盛世所宜有。…

(134)『紀事本末』一二八、四輔を参照。

付章一　北宋の皇帝行幸について——首都空間を中心として——

はじめに

皇帝は日常生活を、宮城内で送っている。皇帝と面会するひとびとは、おびただしい数の門を通過することにより、皇帝の身体にはじめて接することができる。その逆に、皇帝が宮城から出御して、外部世界に身体を移動させることを「行幸」と称する。行幸というと、第一に想起されるのは、皇帝が多くの従者や禁軍を伴って首都を離れて地方を巡幸することである。大櫛敦弘氏の「後漢時代の行幸」や（『人文科学研究』七、二〇〇〇）佐藤智水氏の「北魏皇帝の行幸について」（『岡山大学文学部紀要』五、一九八四）なども、やはり地方への巡幸を中心とした論考である。ところが、北宋では、首都以外に行幸に赴いたのは最初の三代までに限られる。本章ではまずこの点を指摘し時代背景の特色について考えてみたい。そのうえで、北宋の記録に多くみられる首都内における行幸を検討する。

この問題の先行研究として、パトリシア・イーブリー氏の "Taking Out the Grand Carriage: Imperial Spectacle and the Visual Culture of Northen Song Kaifeng". Asia Major, 12.1. 1999 がある。イーブリー氏は、開封市内の行幸におけるパレードを、宋代の視覚文化（Visual Culture）の一つとして注目し、『大駕鹵簿図巻』(2) の分析を中心として考察している。特にパレードに参加する禁軍兵士たちの服装や旗幟の色彩やコントラストあるいは文字などを検討し、宋朝がいかに王権を象徴させ支配を正統化しようとしたのか丹念に分析している。本章はイーブリー氏が言及していない北宋一五〇年間における行幸の推移や、首都機能との関係を中心に考察をすすめる。以下、本章の視角を簡単に述べてみよう。

首都の空間は、さまざまな首都機能をもった空間の複合体である。政治・文化・経済などの全国的センターとしての建造物や各種の門・障壁が作り出す空間などが整然と配列され、その空間配置そのものが国家の権威や権力を象徴する機能を有することもある。伝統的には、グリッド状に配備されることが原則である中華帝国首都の街路は、首都の空間配置を整然たらしめる（北宋開封の場合は整然としているとは言い難いが、全く首都計画が無かったわけではない）[3]。ただし、空間とは、そのような静的なものだけとは限らない。「空間」とは、意味を付与された「ひろがり」である。人々の「日常的」活動の中では、たえず物理的なひろがりが新たな意味を持つ空間として分節され再生産される。

皇帝が移動し、目的地に赴くことが行幸である。皇帝は周囲の空間を皇帝の存在によって、特別な空間に作り変えながら移動する。本章は行幸を論ずるにあたり、行幸をただ単に目的地での行動をいうのではなく、移動する過程もふくめて行幸とよび、内在する政治的空間性について考察する。なおかつ北宋開封の首都機能の一端として位置づける可能性を考える[4]。

なお、金子泰晴氏[5]と高橋弘臣氏[6]にそれぞれ高宗皇帝の巡幸についての研究がある。しかし、これらは、首都が未定の段階での高宗集団の移動をテーマとしている。行幸を政治空間の問題として取り扱う本章とは、自ずと問題意識を異にしている。

一　北宋皇帝行幸概観

本節では、北宋皇帝の行幸記録を整理した結果を利用して、その特徴を指摘し時代的特質を浮き彫りにする。

a　首都から地方への行幸について

地方への行幸をまとめたものが、表①である。

表①

太祖・・建隆一年（九六〇）　潞州（親征）　北漢
　同年　揚州（親征）　李重進の反乱を鎮圧
　開宝二年（九六九）　太原（親征）　北漢
　開宝九年（九七六）　西京（洛陽）　郊祀（遷都？）
太宗・・太平興国四年（太原・范陽（親征）　北漢・遼
　太平興国五年（九八〇）　大名府
真宗・・咸平二年（九九九）　北京（大名府）
　景徳一年（一〇〇四）　澶州（親征）　遼
　景徳四年（一〇〇七）　鞏県・西京（洛陽）祖宗の陵墓
　大中祥符一年（一〇〇八）　泰山封禅
　大中祥符四年（一〇一一）　西京・汾陰など
　大中祥符七年（一〇一四）　亳州太清宮

※　本表は、『長編』・『宋史』・『宋会要』の関連資料により作成した。

　このように、前半の三帝に、地方への行幸が集中している。これが北宋の行幸の第一の特色である。表から看取されるように、太祖太宗時代の地方行幸の目的の多くは統一のための親征である。やや特異なのは真宗である。真宗は、「行幸を好む」（『涑水記聞』六）と評されているように、地方へも首都空間に対しても行幸の記録がきわめて多く残っている。そこで、本項では、真宗の地方行幸の特異性を浮き彫りにしつつ、歴史的意義を考察する。

　真宗時代は地方への行幸も最も多く、六度を数える。前半の二回は契丹との軍事的緊張からおこなわれた行幸である。澶淵の盟の後は、泰山封禅など儀礼的な行幸が中心となる。まず、景徳四年一月には、鞏県の陵墓を参拝している。その後、二月に西京（洛陽）に至り、竜門石窟などに赴いている。鞏県の陵墓への行幸が決定すると、西京の父老がやってきて、西京まで足を伸ばすことを要請する。[7] また、真宗が西京に到着すると「駐蹕」を懇請する。[8] 真宗は、西京の重要性を再確認するものの、（太祖晩年の西京巡幸と同様）漕運に限りがあるという理由で、予定通りの帰京となった。この間、約二ヶ月間の行程であった。

その年のおわりごろ、泰山封禅が計画された。[9] 蘇轍の『竜川別志』上には、王欽若が真宗と泰山封禅を計画するようすが記されている。そして、李燾は、『長編』六七、景徳四年一一月庚辰の条に、『竜川別志』のこの記事を本文として引用している。それは以下のようなものであった。

初め、王欽若、すでに城下の盟を以って寇準を毀《のぞ》く。上、これより常に怏々たり。他日、欽若に問いて曰く「今、将に奈何せん」と。欽若、上の兵を厭うを度《おしはか》り、即ち繆《いつわ》りて曰く「陛下、兵を以って幽薊を取らば乃ちこの恥を刷《のぞ》くべきなり」と。上、曰く「河朔生霊、始めて、休息をう。吾れ復たこれを死地に駆るに忍びず。卿、盍ぞその次を思わざらん」と。欽若曰く「陛下苟も兵を用いざれば、当に大功業を為すべし。以って四方を鎮服し、戎夷に誇示すべきに庶し」と。上、曰く「何を大功業と謂う」と。欽若曰く「封禅是れのみ。然るに封禅は当に天瑞を得べし。希世絶倫の事なれば、乃ち為《つく》るべし」と。既にしてまた曰く「天瑞安んぞ必ず得べき。前代蓋し人力を以ってこれを為るあらん。若し人主、深く信じてこれを崇奉し、以って天下に明示すれば、則ち天瑞と異なるなきなり。陛下、河図・洛書、果して此れあると謂うや。聖人神道を以って教を設くるのみ」と。上これ久しうし、乃ち可とす。獨だ王旦のみを憚りて曰く「王旦、不可無きをうるや」と。欽若曰く「臣、聖意を以って諭すを請う。且宜く不可無かるべし」と。間に乗じ、旦にたいしこれを言う。（旦、）黽勉《つとめ》て従う。[10]……

この記事は、封禅の目的は澶淵の盟の「恥」を雪ぐためであり、封禅の起点となる「天瑞」は、人為的なものであったことを、真宗と王欽若に語らせている。臨場感に満ちた一節ではある。が、このような文学的な表現をそのまま歴史的事実と考えることは躊躇される。ただし、我々は次の事実に注目したい。

・この記事が、蘇轍によって『竜泉別志』に記録され、（李燾によると）劉邠の寇準伝にも掲載されていたこと。

・李燾が『長編』の本文に、蘇轍の筆記小説の一節をほとんどそのまま引用したこと。

すなわち真宗の泰山封禅が人工の祥瑞に基づく政治的な演出であったことが、両宋の読書人の常識だったのである。このような認識は、いつから始まったと考えられるだろうか。

ところで、徽宗も瑞兆を起点として行幸を行っている。行幸の目的地は開封城内であるので、泰山封禅や汾陰祀、霊芝を視るため亳州の太清宮を訪れた大中祥符七年の行幸と同じ次元の問題ではないように思われるかもしれないが、瑞兆を利用した行幸という点では一致する。霊芝を視るために竜徳宮に行幸する計画（元符三年：一一〇〇）に関する殿中侍御史陳師錫の反対論を検討してみよう。

臣（陳師錫）、恭しんで聞くならく、今月六日、駕、懿親宅蔡王位に幸し、芝草を竜徳宮に観る。聖人の居するところ、明神これを相て、徳気これを覆う、発して禧祥を為し、以って休応を表す。宜しく万乗を屈し以って清視を注ぐべし。臣伏して見るに祖宗、有司祥瑞を奏するを得ず、と詔す。蓋し道未だ備わらざる、徳未だ盛ならざるを慮り、祥図瑞牒史館に溢れ以って美となすべきといえども、終に未だ善となさず。唯うに「賢者在位、能者在職」は朝廷の祥瑞なり。「陰陽気和、風雨時若、日月光華、星辰順度」は天地の祥瑞なり。「百穀順成、万民和楽」は郡県の祥瑞なり。「四夷安靖、五兵不試」は辺境の祥瑞なり。この四瑞にいたりては、仰も陛下道を以って心を治し、徳を以って為政するに頼むのみ。心に道を以って治めれば則ち明なり。政に徳を以って為せば則ち仁なり。故に能く人心に感ぜしめ、而して天下和平なり。「甘露降、醴泉出、麟鳳至、朱草生」は、理の自然、物の遂性のみ。佞人すなわちこれを祥瑞といい、称頌して美に帰し、以って帝王の心を驕ぜしむ。祖宗これを戒むゆえんなり。臣愚狂妄なるも、或いは小補あらん。斧鉞の誅を避けず、天聴を冒聞し、伏して乞うらくは、政事の暇に、曲げて睿聴を賜わらんことを。臣拳拳の至にたえざらん。（『宋朝諸臣奏議』三六、上徽宗論幸潜宮観芝草。元符三年九月上。時為殿中侍御史。）

かれの論点を整理してみよう。

・「祖宗」は、祥瑞を上奏するのを禁じた。
・実のところ、次の四つが瑞祥といえる。①人材が適切なポストに登用されている。②天候や天文が異常でない。③農業生産が順調で百姓が幸せに暮らしている。④異民族が辺境を犯さず、武器は使われない。
・皇帝陛下が、「道を以って心を治し、徳を以って為政する」と瑞が現れる。
・自然界に現れた祥瑞と称するものは、「理の自然、物の遂性のみ。」（単なる自然現象である。）
・佞人がこれらを祥瑞といって大騒ぎして、皇帝の「心」を謙虚でなくしてしまう。
・「祖宗」が祥瑞を戒めたのはこのためである。

かれの主張は、超自然的な祥瑞の権威を否定し、「祖宗」以来の徳治主義を唱道するものであり、蘇轍らの「常識」に通じる。ただし、先に示したように真宗政権は祥瑞を政治的に利用していた。「祖宗」が祥瑞を戒めた、という主張と矛盾するように思える。これはどのように考えたらよいのだろうか。

『宋会要』瑞異一之八には、雍熙二年（九八五）閏九月に防州から一角獣が献上されてきた時の太宗の対応が記録されている。

帝曰く、「時和歳稔して、天下の人安楽たり、此れ上瑞たり。鳥獣草木の異、なんぞ尚ぶに足らんや。…」とあり、さらに、その二年後の端拱二年（九八九）の詔には「およそ両京諸州、今後並びに珍禽異獣を以って貢奉に充つるを得ず。」（『宋会要』瑞異一之八）とあり、その下文には、「時に祥瑞しきりに至る。帝おもえらく、理に於いて益なく、徒事虚名なり、と。故にこれを止む。」とあり、確かに太宗は、祥瑞に対して否定的な見解をもち、その進貢を抑制する詔勅を出している。

一方、『長編』一七〇、皇祐三年（一〇五一）六月丁亥に、

無為軍、芝草三百五十本を献ず。上（仁宗）曰く「朕、豊年を以って瑞となす。賢臣もて宝となす。草木、蟲魚の異に至りては、いずくんぞ尚ぶに足らんや」と。知軍茄孝標は、特に罪を免ずるも、なお、天下に戒め、いまより以って聞するを得ざらしむ。

とあり、真宗の後を嗣いだ、仁宗あるいは仁宗政権においても、再び祥瑞、とくに「草木、蟲魚の異」の権威を否定する方向性が打ち出されている。おなじく仁宗の慶暦三年（一〇四三）一二月には、「およそ祥瑞、進献を許さず」との詔が出されている（『長編』一四五、慶暦三年一二月）。陳師錫の上奏文内にあった「祖宗」の法とは、仁宗の詔勅に符合するが、その趣旨は太宗時代の詔勅に通じる。祥瑞に対する見解は、太宗・仁宗の時代と真宗の時代では、方向性が逆になっていることが注目されよう。北宋では、前者の態度が一般的であったと考えられる。[11]

真宗時代に行われていた国家祭祀を目的とする地方への行幸は、先に実施するための名目として祥瑞が必須なのである（王欽若の発言を参照）。祥瑞の政治利用に関して消極的な北宋政権下では、その他の朝代においては真宗タイプの地方行幸は行われなかったのである。[12]

唐の玄宗も、泰山封禅と汾陰祀を相次いで行っている。[13] 様々な祥瑞が発見され、国家的祭祀の実行を天が求めてい

る、あるいは祝福しているという形式をとったことも、真宗と同様である。(14)　すなわち、国家祭祀を行って国家統合を図る真宗政権の戦略は復古的な方法であり、北宋時代に於いて、特異な政策だったといえよう。この祥瑞や行幸に対する思考の変化の中にも唐宋変革の一側面が存在していたのである。

b　開封への行幸概観

開封の都市空間への行幸を整理したのが表の②である。この表は、行幸がどのような性格であったのかを分析するために用意した。したがって、一日に数カ所を訪れたケースも場所ごとに計算した。

この整理によると、やはり仁宗以前と以降で違いがあることが一目瞭然である。行幸が行われなくなったりその回数が減少したケースは、

・軍事訓練視察
・園（玉津園など）
・官庁訪問
・病気見舞い
・土木工事の視察
・勧農儀礼
・狩猟
・水磑視察

などである。

太祖太宗時代は創業の時代であるから、軍事訓練や戦艦の建造などに皇帝がその身体を露出して、直接、兵士や工匠に賜与をおこない士気を鼓舞している。太祖太宗時代、開封に数カ所あった水碓という施設が行幸の対象となっている。水碓は、麦類を粉にする施設であるが、軍人達の糧食を加工するために重要な施設だったのではないかと推定される。また、太祖太宗は首都の工事現場、官庁の視察も頻繁に行っていることも注目される。

すなわち、軍事面も含めて首都機能といえるものを整備する過程で、皇帝が現場に赴いているのである。

表②　開封への行幸（通算回数）

	太祖	太宗	真宗	仁宗	英宗	神宗	哲宗	徽宗
軍事訓練視察	50	25	11	2	0	0	0	0
園（玉津園など）	56	19	20	18	0	1	0	1
官庁訪問	21	12	13	5	0	2	1	6
病気見舞い	14	5	51	5	0	1	0	0
土木工事の視察	6	4	2	0	0	0	1	0
勧農儀礼	8	5	7	8	0	0	0	0
狩猟	23	9	4	2	0	0	0	0
水碓視察	11	9	0	0	0	0	0	0
臣下を訪問	0	2	0	0	0	0	0	3
宗室を訪問	7	5	22	2	0	1	11	4
景霊宮	0	0	13	15	1	16	34	12
道観	8	6	81	46	1	26	36	24
寺院	34	26	62	47	3	26	11	3
池（金明地など）	1	7	4	1	0	6	8	7
弔問	0	1	2	9	1	2	3	1
南郊	3	5	5	11	1	4	2	8

※本表は、『長編』・『宋史』・『宋会要輯稿』の関連資料により作成した。

皇帝が直接的に軍事行動に関わることが無くなった時代には、親征や軍事訓練の視察などは行われなくなる。また、殺生に対してネガティブな道教思想が尊ばれるなどの理由で狩猟は減少し、狩猟用の鷹が放たれたりする。そして、仁宗を最後として完全に行われなくなる。(15)「園」は、玉津園など、園林への行幸である。園林では宴射という一種の軍事的な遊技が行われることが多かった。すなわち、開封の首都機能の充実、北宋の文治主義体制の確立にともなって、行幸のありようも変化しているといえるようである。

ところで、農業を視察する象徴的な儀礼は毎年行われている。表②の「勧農儀礼」は、玉津園や開封の城南の御荘において、麦刈りや田植えを視察する行事「観稼」「観刈麦」などをカウントしたものである。前半の三帝の時期には、よく行われているが、仁宗時代に二例あるのみである。これは、景祐二年（一〇三五）に、宮城内の後苑に、観稼殿が建てられ、これ以降は行幸せず観稼がおこなわれることになったからである。[16]

以上、回数が減少した行幸目的地を紹介した。それに対して、景霊宮（真宗年間に建立）[17]・道観・寺院・池（金明池など）・南郊などの回数は、目立った変化がみられない。大体のところ、在位年数に比例しているようだ。年中行事的に、毎年、行幸するというパターンが、緩やかにできていたからである。

「毎歳」の行幸と分類できるものを以下にあげておこう。

一月、上元観灯に際して、皇帝は開封城内の仏教寺院や道観を巡って、百姓の幸福を祈る。その後、宮城の正門に御して、首都住民とともに観灯の行事を楽しむ。このような行事は、太祖太宗時代から行われていた。[18]

行幸する地点は、時代により変遷する。真宗時代には、上元に先立って太宗生誕の地に建てられた啓聖院に、行幸し太宗の神御《しょうぞう》を拝することになり、これは「定制」となったという。天禧元年には、玉清昭応宮も毎年一月一五日に「朝拝」することになった。[19]壮麗を極めたと伝えられるこの道観は、仁宗時代に焼失したため、神宗時代には、集禧観・中太一宮・大相国寺をへて宣徳門で観灯している。[20]哲宗時代には、凝祥池・中太一宮・集禧観・醴泉観・大相国寺とまわり、宣徳門で観灯したという。[21]

毎年四月、金明池で「競船之戯」が行われる。その時には、首都住民の参観が許され、皇帝が行幸し、競技の優等者や、観衆のなかの高齢者などに賜与がおこなわれた。またその際にけんかなどが起こりがちであったが、皇帝の「仁徳」をもって、寛大な処分が命じられている。[22]

真宗時代の一時期は、一〇月一五日の下元、聖祖がこの月に下ったと言うことで景霊宮（聖祖を祀るために真宗時代に建てられた。）を朝拝している。[23]

毎歳ではないが、定期的に行われる行幸の一つに郊祀が有る。[24]郊祀は、三年に一度、一一月に行われた。この時は、皇帝は、前日から、太廟・大相国寺・景霊宮でそれぞれ参拝し、南郊近くの青城で斎戒沐浴してのち、郊壇にのぼり親祭した。[25]

その他に、「非時行幸」とよばれる、臨時の行幸がある。宗族・功臣などの葬礼への参加や、天変地異に際して寺観を参拝するなど、様々な理由で、行幸は行われている。

以上、北宋の行幸について概観した。まず、地方への行幸は、前半三代に限られていることが特徴である。真宗時代は、契丹との和議ののち、皇帝権威を回復するために、封禅などの国家祭祀を実施した。そのために利用されたのが天書や芝草などのさまざまな祥瑞であった。

仁宗以降は、地方への大規模な行幸は行われず、もっぱら、開封市内への行幸となった。これは、国内が統一され、また澶淵の盟が契丹と結ばれたことにより、軍事目的の行幸が無くなったことが、要因の一つである。また、真宗政権における祥瑞などを利用した行幸は、祥瑞を余り重視しない北宋の「合理的」な政治文化においては、特異な現象とみなされ、否定的に言及されるようになった。このような変化は、唐代まで重視されていた祥瑞などの超自然的な権威を相対化し、君主ら支配層の個人的な「修徳」を政治の出発点とする宋代士大夫の思想が普及したことと関わっていると考えられる。[26]

首都空間に対する行幸については、太祖太宗時代は、軍事力を含む首都機能の充実と関連した工事現場や新築の官庁の視察が多かった。仁宗以降は、北宋を通じて行われた上元観灯や寺観などを参拝する年中行事的な行幸が中心となる。これらの行幸はどのような意義を有していると考えられていたのであろうか。時人の言説を中心に節をあらため検討してみよう。

二　政治空間としての行幸

年中行事としておこなわれる行幸や非時行幸は、一見すると皇帝の個人的な目的でおこなわれていると見えるケースも少なくない。しかしそこにもやはり政治的な意味が含まれていたようである。行幸の空間的な構造、あるいは行幸のもつ首都機能としての可能性とともにこの問題を論じたい。

a　皇帝と首都住民との空間の共有

まず、哲宗時代の上元観灯に際しての君臣間のやりとりを検討してみよう。『長編』四六九、元祐七年正月丁酉の条には、

疑《ママ》祥池・中太一宮・上清儲祥宮・大相国寺に幸し、宣徳門に還御し、従臣を召して観灯す。他日、三省・枢密院、事を邇英に奏す。呂大防言う、「元夕晴霽し、遊人甚だ楽む」と。上（哲宗）も亦た曰く「且く晴霽をう」と。大防曰く「人主遊幸《ママ》すといえども、本はこれ民の為なり」と。韓忠彦曰く「民の為に福を祈るのみ」。蘇轍曰く「細民のために経紀す」と。

とあり、呂大防・韓忠彦・蘇轍が哲宗皇帝とともに、「游幸」の意義を確認している場面である。呂大防は、上元の

夜は、よく晴れ渡り、遊客が大変楽しんだようです、と述べている。つづけて、「雖人主遊幸《ママ》、本是為民」とあり、皇帝が游幸するのは一見皇帝の自分の楽しみのためのように見えるが、根本的には、民のためなのだという。その後、韓忠彦と蘇轍がそれぞれ百姓の為の「游幸」という言説を敷衍して述べている。

上元観灯をめぐる、このような言説は、『長編』ではいくつかの箇所で見受けられる。次の例は仁宗朝時代のものである。

『長編』一八九、嘉祐四年正月丁酉には、

知開封府欧陽修言う、三元放灯、典礼に出でず。蓋し前世より習俗の伝わる所なり。陛下衆心を俯徇し、民とともに楽しまんと欲し、勉めて臨幸に出づ。嬉遊を為すにあらず。若し乃ち時歳豊和にして、人物康富ならば、以て楽事を為すもまた是れ人情なり。今立春より以来、陰寒雨雪たり。小民失業し、坊市寂蓼たり。寒凍の人、死損少なからず。薪炭食物、その価は増倍す。民、凍餓を憂うるに、何ぞ遨遊する暇あらん。

皇帝は自ら楽しむため観灯するわけではないのである。首都住民の期待に応えて「首都民と一体となって楽し」んでいる「ふり」を見せることが、皇帝の政治活動の一環なのである。すなわち、上元観灯の時に作り出されたハレの空間を首都住民が皇帝と共有することがこの行幸の目的である、と考えられていたのである。徽宗時代には「大観与民同楽万寿」という金字の大牓が綵山（上元の飾り）に掲げられた[27]。このようにして、皇帝と首都住民の一体感が醸成されたのである。

ほかの行幸の場合も、目的地での皇帝の所作にも増して、街路を移動する過程での首都住民とのコミュニケーションに意味があったように思われる。たとえば、

上（真宗）、北郊にて観稼し、含芳園にて宴射す。都人乗輿を望見するに、抃躍して万歳を称す。呂蒙正曰く

「車駕遊幸すれば百姓歓呼することかくのごとし。物情は強致すべからず。けだし陛下、臨御して五年、務めて仁卹を行う。中外感悦する所以なり」と、上曰く「下民但だこれを擾さざれば、自然に快楽たり」と。（『長編』四九、咸平四年八月壬子）

首都住民が行幸の行列や車駕を望見して大変盛り上がっている様子が述べられている。これを語っているのは当時の宰相呂蒙正であり、「百姓」からこれまでの政治が評価されているから、このように首都住民達が行幸の行列を歓迎するのです、という解釈を述べている。行幸は、政治の正しさを民の反応から確認する場としての側面をもっていたのである。

通常の時間では、首都の都市空間は、皇城と庶民の居住する空間に分節されている。それに対して、皇帝の空間と、庶民の空間を隔てていたハードウェアの「障壁」を取り払い、皇帝の身体を可視的なものとして、首都住民に提供する政治的行為が、この場合の行幸の性格である。したがって行幸の場も空間といえる。次にこの行幸の空間の構造を考えてみよう。

この空間は政治権力が制御しなければ、皇帝権威にかかわる。(28)「障壁」を完全に取り払うわけには行かない。そこにはソフトウェアの「障壁」が設定され秩序が保たれる仕組みになっていた。郊祀の行列については、梅原郁氏の論考に詳しい。(29)また、イーブリー氏は服装、旗幟などの色彩などに注目して鹵簿の象徴性を分析している。(30)したがって、パレードについて本章が付け加えることはあまりない。雰囲気を伝える史料を一つだけ引用しておこう。(31)

参知政事宋庠、言う。車駕行幸するに、郊廟の大礼にあらざれば、具さに鹵簿を陳べるの外、それ常日の導従は、唯だ前に駕頭あり、後に繖扇を擁するのみ。殊に前典の載せる所の公卿奉引の盛なし。その侍従および百司官属、下は厮役に至まで、皆な雑りて道中を行く。歩輦の後、但だ親事官百許りの人以って檛《むち》を執りて以って殿すのみ。これを禁衛と謂う。諸班の勁騎は、頗る乗輿と相い遠し。而して士庶の観る者、率ね扈従の人に随い、道を夾んで馳走し喧呼するも禁ぜず。過ぐる所に旗亭市楼あり、皆な垂簾して外を蔽うも、士民高きによりて下瞰《みおろす》。而し邏司・街使、曾って呵止せず。威令弛廢し、習いて以って常となる。…（『長編』一二八、康定元年九月己未）

この史料によると、行列がきちんと整っていなかったり、皇帝の行列を追いかけたり高所から見下ろしたりする庶民を治安当局が、しっかりと取り締まらなかったりと、若干の問題が生じていたようである。参知政事宋庠の主張は以下のように解釈できる。行幸の場では、皇帝を中心として、皇帝を取り巻く階層的な秩序を持った空間を形成し、帝国の秩序を可視化する努力が求められている、と。下文によると、『周礼』等に則って行幸の行列が話し合われ制度が定められたが、それは弛みがちであったらしい。物理的には皇帝と庶民が空間を共有しているから、このポジションを利用して越訴を行う者も絶えなかった。『長編』六八、大中祥符元年正月辛卯には、

これより先、更に登聞鼓院及び検院を置き、民の越訴を禁ず。有司以らく、国家既に受瑞行慶す、上元、車駕の出遊するに会いて、事を訴え恩をねがうもの甚だ衆し、と。有司違制を以って論じ、悉く徒に従いて坐す。上、愚民を憫みて、科禁をしらせず。辛卯、詔すらくは、今より車駕をむかえて越訴する者は、有司をして告諭せしめよ。而してその罰を寛めよ、と。

とある。一方、政府にとっては、通常の時空では許されないこの行為を寛大に許すことによって、皇帝の徳を示す機会だったのである。

ウェクスラー氏は、唐初の三帝の行幸が長安・洛陽を含む人口密集地域で行われることが多かったことに言及して

次のように述べる。「ここに最大多数の人々が天子の荘厳なる移動を直接見物する。少なくとも噂を聞く。天子は移動の中で、人民の不利益を調査したり、祝儀を散じる。そして、かつて同じ道を通って行幸したかつての偉大な支配者を思い起こさせるのである。(32)」と。皇帝と一般人との関係を取り結ぶために地方行幸が行われていたという。北宋では、地方の人々に対して、王の身体の実在性をどのようにして伝えていたのであろうか。

イーブリー氏は、宋代の皇帝は首都から遠く離れて地方巡遊することは大変少なかったことを指摘し地方で皇帝がどのように地方の人々と関係を持ったのか問題にしている。(33)そして、皇帝の誕生日に寺観で焼香をすることを許されたり、下賜された皇帝の書（複製）を鑑賞することによって、地方人は皇帝との関係を実感し、皇帝権威が浸透していったという。(34)この説は文化国家としての宋朝のあり方を反映する卓見と思われる。私はそれに加えて邸報の発達が関係していると考える。皇帝は首都を舞台とした「遊幸」という演出によって、身体を露出し、その情報を首都に備わった進奏院が作成する邸報などの通信手段によって伝えることで、皇帝の実在性を全国にアピールしたのであろう。(35)後述するが、徽宗時代に、邸報により行幸の詳細が伝えられたことが確認できる。首都空間におけるこのような政治的行為としての行幸は、一種の首都機能であるといえよう。宋代より発達した全国的なコミュニケーション手段を使って、首都空間における皇帝行幸の姿をアピールすることによって、全国の統合を図る仕組みになっていたのである。いずれにしても宋王朝に特徴的な皇帝の実在を明確にあるいは隠喩として表現する情報が、首都から地方に発信されていたのである。（たとえば、真宗仁宗時代、中央・地方で盛んに作られた歴代皇帝・皇后の肖像画を奉安した神御殿、(36)徽宗時代に、各州の道観に設置された長生大君＝徽宗像(37)なども、地方へ皇帝の実在を発信するための政治的装置であったと考えられる。）

一方唐代における変化が宋代に受け継がれた側面もある。ウェクスラー氏は唐代前半に於いて、従来は閉鎖的で皇族血縁的な儀礼（郊祀や封禅など）が、開放的で公的な性格になったと指摘している。すなわち、自分たち自身の為に行うものではなく、人々の幸福の為に行うものに変化したという。[38] 妹尾達彦氏は、唐の後半期に、長安城の都市構造が変化するのに即した形で儀礼空間や儀礼内容も変容したという。それまでは皇帝と官僚が参加するものにすぎなかった南郊や廟・道観などへの拝礼が、皇帝と民間がともに参加する儀礼に改編されていった。民間の生活にも影響し、かれらの熱狂的な参加を勝ち取るようになったという。それとともに、「コスモロジカルな国家儀礼の重要性は相対的に低下し始め、…民間から生じた世俗的な儀礼が、皇帝の儀礼のサイクルに組み入れられ、城内各階層住民の社会的結合をはかっていく」ようになった。[39] 本章が検討してきた開封市内各地への行幸は、皇帝の身体を、首都住民に露出する事によって皇帝の実在を意識させ支配の正当性を確保することや、官民の一体感を意識させることが意義であった。とすると、妹尾氏の指摘する唐後半期に生じた首都空間での傾向は北宋に継承されたという見方も可能なのではないか。

b　皇帝即位後、最初の行幸の意義

前項で述べたように、「行幸は王として支配の正当性を主張する場[40]」であったといえよう。ところで、ウェクスラー氏は「新しい王が、彼の主権が王国に受け入れられているかどうか、支配者として天・神々・人々によって承認されているかどうか、テストする方法の一つが巡幸でありつづけたようだ。」と述べている。[41] 北宋においても、皇帝即位後、第一回目の開封城内への行幸が、重要視されている形跡が認められる。

徽宗は、即位から数ヶ月した元符三年九月、初めての行幸を行う。この行幸の目的地は、懿親宅[42]蔡王位（徽宗の弟、

趙似の邸宅）である。しかし、隣にある竜徳宮（徽宗の潜邸）にも立ち寄り、そこに生じた霊芝（万年茸）を見る計画でもあるという噂が広がった。竜徳宮は、もともと懿親宅の一部だったのである。(43) それに対して陳瓘が上奏し問題点を指摘する。

陳瓘言う、伏して聞くならく、（原欠）将に蔡王の外第に幸せんとす。都下の人老幼相い伝え、歓呼鼓舞して天表をみるを願う。人心の帰するところここにおいて見るべし。然るに聞くならく、因りて竜徳宮に幸せんと欲す、と。而して伝うる者は、以って芝草を観んと欲す、と為す。竊かに惟えらく、陛下即位以来、天下豊稔し、慶瑞已に多し。芝草は異といえども、臣知る、以って聖意を動かすにたらざるを。況んや祖宗より以来、乗輿の初めて出づるは、必ずその名を正す。若し民のために祈祷するにあらざれば、即ち因りて宗廟に謁見す。今乗輿の出、固より名あり。因りて潜宮に幸すは、不可たるに似る。然り而して芝をみるの嫌《うたがい》もまた恤《つつし》まざるべからず。かくして恤まざれば則ち流伝してしだいに広がり、天下の人、将に万里を遠しとせずして、芝を献ずる者あらん。と。

殿中侍御史陳師錫もまた以て言を為す。並びに報ぜず。（『九朝備要』二五、元符三年九月、幸竜徳宮観芝）

行幸そのものについては、「都下之人老幼相伝、歓呼鼓舞願瞻天表、人心所帰於此可見。」とあり、首都住民が、皇帝の尊顔を視ることを願っており、この行幸計画を大変歓迎している、という。すなわち、宗室の邸宅を訪問することを目的として行幸して、即位後はじめて百姓に身体を示すことは、大変望ましいこと、という。「祖宗より以来、乗輿の初めて出づるは、必ずその名を正す。若し民のために祈祷するにあらざれば、即ち因りて宗廟に謁見す。」とあり、最初の行幸は伝統的に特別なものとされていたという言説が注目される。すなわち、皇帝即位直後に首都住民に皇帝としての正当性を了解させる通過儀礼的な行幸が歴代行われていたと、北宋末期には見なされていたのである。

しかし、各皇帝の初めての行幸について特徴を確認することができる記事はあまりない。行幸の事実が指摘されているだけである。ただし、英宗の事例は事件性を帯びたものとなったため、多くの関連史料が残されている。以下に検討し、最初の行幸の重要性を確認してみよう。

『長編』二〇一、治平元年（一〇六四）四月丁丑の条には、

権御史中丞王疇、車駕行幸し以って人心を安んぜんと欲す。丁丑、上疏して曰く、陛下、初めて即位するに、祖宗の旧にしたがうを貴び、少しく更改するなし。一動一予に至りては、群心を慰むる所以の者もまた廃すべからざるなり。按ずるに真宗初めて天下を有するに、咸平元年春三月、太宗、小祥畢る。是の歳夏五月、車駕出で雨を祷る、これ皇祖の旧典なり。然らばすなわち喪すでに年をこえ、猶お諒陰中に在るも、亦た嘗て臨幸するところありるも、ただ游燕の事を為さざるのみ。陛下、光《ひろ》く天命を有し、丕《おお》いに海隅を冒《おお》う。ただ都城の人、日月の光を瞻るを願い、羽旄の動くを望むこと久しきのみならず、四方の遠といえども亦た皆な風に嚮いて首を環《めぐ》らし、輿馬の音を聴きて以って自ら慰さめんと想うなり。今日月遷速なり、即ち先帝の小祥過ぐ、聖孝思慕し、未だ游幸に及ぶに忍びずといえども、然るに京師の宮館は真霊を奉じ、福禧を延《みちび》く所以にして、みな列聖、列后の神御の宅なり。臣愚恐らくは宜しく外朝聴断の暇、長楽奉養の隙、中外無事にして、天体康寧の時、或いは享謁請祷するところあれば、以って陛下の尊先奉神の心を表すべし。

王疇は、英宗皇帝に行幸を勧める。その目的は、人心を安定させることにある。即位したばかりの英宗は、病気や、前皇帝にたいする服喪のために、首都住民に身体を見せる機会を得なかった。それゆえ、新皇帝の身体の露出は、首都住民のみならず、天下の大衆が待ちに待っていることであるという。そしてこれは、真宗の故事に則っている。英宗は傍流から入った新皇帝であるので、仁孝に努めることが一つの正当性の表現方法である。もう一つの表現方法が、

首都住民と空間を共有する行幸であった。王疇は、両者の間に矛盾が発生しない方法論を上奏文で提案している。

時の宰相韓琦の墓碑銘[44]（神宗の著作とされる。）は、この行幸をめぐる一連の政治事件を、英宗の親政を実現させた韓琦の功績としてたたえる。「英宗は急に病を得たので、皇太后が垂簾聴政した。英宗が回復すると、韓琦は『乗輿に素杖を具えて出御し雨を祈ったらどうでしょうか。』と述べた。首都住民は、まだ新しい天子のご様子を知らなかったが、この行幸によって皇帝のご尊顔を拝見して、『陛下のお顔は祖宗に似ている。本当の英主である』と噂しあった。皇太后はこのことを聞いて大変お喜びになり、直ぐに英宗に政治をお返しになった。」すなわち、首都住民に身体をさらし、認められて初めて、皇帝としての即位が完成する、と考えられていたようだ。英宗の場合は、容貌が祖宗に似ているという、世論あるいは評判とでも言うものが特に記録され、「帝位継承の正当性の確認が行われ、皇太后もそれを喜んで、垂簾聴政を廃止し親政が開始された」という。

『孫公談圃』中[45]によると、韓琦が皇帝親政を回復しようとしたところ、御宝（皇帝の印章）が太后の御殿にあった。そこで韓琦は、皇帝行幸の時、御宝が車駕に随行するという制度を利用して、御宝を太后のもとから引き離すことに成功したという内容になっている。韓琦は曹太后に対して「開封住民は、皇帝の聖徳を仰ぎ見て、大変感激しております」という報告をする。太后は「あなたがさせたことですね！」と激怒したが、韓琦が粘って、太后は政柄の返還を渋々認めたという。

英宗のこのエピソードには、いくつかのバリエーションがある。その一つによると[46]韓琦は「雨に祈る、あるいは宗室の葬礼」でも目的の如何を問わず、いち早く行幸し、「衆疑を釈け」と主張している。庶民との空間の共有によって、首都住民から皇帝の正当な後継者としての認知を受けるという言説である。

以上のように、徽宗時代、陳瓘が指摘した、「祖宗」からはじまったという、最初の開封市内への行幸は、皇帝の実在を明確に意識させ、支配を正当化するために重要であると考えられていたことが、英宗の事例によっても確認することが可能であろう。また、真宗のケースに関しては、引用した王疇の上奏のはじめの方に前例として述べられており、間接的ながら確認できる。

在位なかばでも予定通り行幸が行われず、皇帝の身体を実感できないでいると首都住民は不安に思ったという。『長編』九六、天禧四年一〇月壬午には、

御正陽門観酺。皇太子侍坐、凡五日。上自不予、罕復臨幸。至是人情歓抃。

とある。真宗が不予となり、しばらく行幸をしなかった、皇帝が皇太子を伴って宮城の正門に五日にわたってお出ましになり、大宴会の様子を御覧になったので、「人情」が「歓抃（大いに喜んだ）」したという。とすると、定期的に行幸を行うことは、政治的安定のために必要不可欠のことだと考えられていたのである。

c　徽宗時代の行幸について――祥瑞の復権など

以上、北宋皇帝の行幸についてその特質を指摘してきたが、それから逸脱しているのが徽宗時代の行幸である（口絵「北宋開封概略図」を参照）。

前項で検討したように陳瓘は、宗室の第宅への行幸のついでに、竜徳宮に行き、「芝」を観ることを強い調子で反対した。「芝」とは、今日で言うところのマンネンタケというキノコのことである。このキノコは「霊芝」とも言い、古来、瑞兆とされたものである。

なお、徽宗は超自然的な権威に関心が強かった。太史局が報告する星変に過敏に反応し、神が降臨したという蔡攸

の上奏によろこび、後に道教の神霄派（徽宗自身を降臨した神とする道教の一派）に傾倒し艮岳を建設させたりした(47)。「徽宗御筆」として伝わる「瑞鶴図巻」(48)（口絵8）は、政和二年（一一一二）上元の日の夕方、宮城の上空に突如「祥雲」がたなびき二〇羽の鶴が飛来した「祥瑞」が出現し、「都民が賞嘆して已まなかった(49)」ことをテーマとしたものである。これも祥瑞によって自らの政治を正当化する、あるいは評価しようと考える徽宗の神秘主義的な性向を象徴しているものと言えよう。徽宗は、兄哲宗の急死のために急遽皇帝となった。皇帝即位の際には、宰相章淳から皇帝不適格という指摘を受けたこともあった(50)。それゆえに自らの統治・在位の正当性を明らかにするために、潜邸での祥瑞の発生を演出した可能性がある。

したがって、陳瓘・陳師錫の上奏は受け入れられなかった。その後も開封城内で「芝」が生じるという報告があると、それを見るため行幸するようになった。たとえば、

時に道徳院にて金芝を生ず。上、幸してこれを観る。（『九朝備要』二八、宣和元年九月、幸道徳院観金芝遂幸蔡京第）

とある。このように皇帝が霊芝の出現を好んだため、陳瓘の恐れたとおり、徽宗時代には、これまでとは桁違いに、数万単位で霊芝が発見されて開封に送られるようになった。有司は数え切れなくなり、上奏するのを止める。開封でも「およそ殿宇・園苑、妃嬪の位、皆これ有り。外は則ち中書・尚書二省太学医学もまた紫芝を産す(51)。」と状況であったという。王黼は、自邸の屏風に「芝」を産したという報告をし、徽宗はそれを見るために行幸した(52)。

従来の行幸のスタイルを逸脱しているのは、祥瑞の問題だけではない。この『九朝備要』の下文には、

遂いで景竜江より舟をうかべ、（蔡）京の第の鳴鑾堂に至る。淑妃、上に従いて曰く、今歳四たび鳴鑾に幸せり、と。京に酒を賜う。ここにおいて京、鳴鑾記を作りて以って進む。初め京、上に侍るに、毎に君臣相悦の説を進む。ここにおいて以って俸は主を尚《めと》る。而して攸は最も親幸たり。上、時に軽車小輦もて京の第に幸し、坐を命

じて酒を賜う。…

とあり、景竜江という運河を利用して、行幸を行っているのである。内城の景竜門の外側に景竜橋がある。その下に景竜江が水を湛えていた。元々は内城の護城河であったが、徽宗時代に改装されて、園林の中を流れる河川となった。そしてどういう仕組みであるか判然としないが、景竜橋を通る一般の人々に観られないで、舟行することが出来たという。[53] となると、皇帝と庶民の一体感を演出する政治空間としての行幸ではない。皇帝自身の娯楽のための行幸となってしまったのである。そのためか蔡京邸への行幸は秘密にされていたらしい。しかし、『九朝備要』二八、宣和元年一二月　竄曹輔の項に、

初め上の微行するや、外人尚お未だ知らず。因りて蔡京、表して曰うあり。「軽車小輦、七たび臨幸を賜う」と。邸報はこれを伝え、四方尽く之を知る。

とあるように、邸報が、蔡京の書いた謝表を掲載し地方でも、このような行幸のありようが知られるようになったという。[54]（ふつうの行幸は積極的に、広報されたと考えられる。）

蔡京の邸宅まで、隠密に行幸するルートは、次の史料から判明する。

（艮）嶽の北、乃ちいわゆる景竜江なり。江の外なればすなわち諸館舎もっとも精なり。その北にまた瑶華宮火《もえ》るによりて、その地を取りて、大池を作り、名づけて曲江池という。中に堂の甚だ雄たるあり。蓬壺と名づく。然るに東は封丘門に尽りて止む。その西は天波門橋より、河水を引きて入る。西して直ぐに殆ど半里、河は乃ち南に折れ、また北に折れる。南に折れるは、閶闔門橋を過ぎ、複道と為り、茂徳帝姫宅に通ず。実は魯公（蔡京）の賜第なり。…北に折れるは、四五里にして、竜徳宮に属《およ》ぶ、上の潜邸なり。（『長編紀事本末』一二八、万歳山、政和五年九月甲辰の条、蔡絛『宮室苑囿編』）

このように、鹵簿を備えず、景竜江と複道を用いて、蔡京邸や、王黼邸、竜徳宮などに行幸した。あるいは景竜門上の複道を通って、上清宝籙宮で林霊素が主催する道教儀礼などに参加することもしばしばあった[55]。広大な屋敷地を開封城内にたまわり、そこに徽宗好みの園林を築いて、臨幸の栄誉を賜った蔡京や王黼と違い、若手の蔡攸[56]は、徽宗を市内への微行に誘った。

攸、嘗って上に勧めて曰く、いわゆる人主は當に四海を以って家となし、太平をもって娯と為すべし。歳月能く幾何ぞ。豈に徒らに自ら労苦せん。上、その言を納れ、遂に都市を微行す。上、方めて期門[57]の事を為す。故に苑囿は皆な江浙に倣いて白屋をつくり五采を施さず、多く村居野店と為す。珍禽異獣を聚め、動もすれば数千百に及ぶ。それを以って中都の下を実す。毎に秋風夜静、禽獣の声四徹し、宛かも山林陂沢の間の若し。識者以って不祥と為す。(『九朝備要』二八、宣和元年九月、幸道徳院観金芝遂幸蔡京第)

身分を隠して「都市」へ行幸することは、漢の武帝の故事にしたがって「期門之事」と呼ばれていた。北宋では徽宗以前には記録されていない。蔡攸が勧めているように、「都市」に行幸することによって、皇帝自らが娯楽とするわけであるから、「祖宗」以来の行幸の意義とは、まったく違うものである。

首都住民とのコミュニケーションを秩序立てて空間的に行い、祥瑞といった超自然的なものの介在を拒否する、それが北宋の仁宗期になって確立した行幸のスタイルだったのである。徽宗の行幸には、むろん、このような行幸も多かったが、それを逸脱する形式の行幸が行われたことが、徽宗時代の一つの特色といえよう。

小　結

北宋の皇帝行幸は、太祖・太宗・真宗の三帝の時代に多かった。しかも首都から地方への長期間にわたる行幸が行われたのは、この三帝の時代だけである。太祖太宗は、もともと武人であり、統一戦争や反乱鎮圧に際し皇帝親征が行われた。真宗時代はさらに地方行幸が多くなる。景徳の役での親征もあるが、澶淵の盟以降、真宗政権は、権威の回復のため、祥瑞を偽造しそれを起点として泰山や汾陰での祭事などを行ったからである。これは北宋においては特殊であるといえる。北宋には、それ以前の朝代とは異なり、祥瑞を重視しない考え方が皇帝や士大夫に広がっていた。そのため、つぎの仁宗時代、真宗のこのような方針を否定する言説が主流となる。また契丹との和平がなったことで親征も無くなった。また、地方でも皇帝の実在性を確認できる仕組みができていった。仁宗時代以降、地方への行幸は記録されていない。

首都の都市空間における行幸はどの朝代においても盛んに行われた。これが北宋の特色である。太祖太宗時代は開封の首都機能――禁軍の軍事力・中央官庁などの整備に関わる行幸が、頻繁に行われている。軍事訓練や戦艦、官庁の建造、水磑の整備などを自ら視察する。それに対し、首都機能をふくめて文治主義体制が整った仁宗時代以降は、寺観等への行幸が中心となり、国家体制の成熟ぶりを感じさせる。

寺観に赴き神仏あるいは先帝の神御を参拝し「民の為に祈る」ことは、北宋を通じて行われている定番の行幸である。また、上元観灯に出御したり金明池の競船を観戦し、民衆とともに行事に参加した。皇帝は一年でかなりの行幸をこなしている。このような首都空間への行幸の意味は、どのようなところに存するのか、時人の言説を中心に考えてみた。それによると、皇帝の娯楽の為ではなく、一定の政治的な意義を有するものと見なされている。すなわち、庶民とのコミュニケーションの空間を設けるためのものだったのである。皇帝の身体の実在を確認しようという庶民たちと、皇帝の身体を、首都住民たちに見せつけることによって、支配の正当性を証明したい政府との間に成立した政治的空間が、首都空間における行幸なのである。行幸の時に行われる越訴は、皇帝と「百姓」の対話ともいえよう。これはもちろん違法であったが、皇帝は寛大に許す。しばしば行幸の際には、金品が賜与され赦免が行われた。「徳治」を表現するためのパフォーマンスとして行幸が行われていたのである。政治的な安定を図るための一つの装置が首都空間における行幸だったのだ。それゆえ、行幸が行われない期間が長期にわたると、首都住民が不安に思うという事態も発生する。また、行幸は邸報などにより地方に伝えられ、地方の人々も間接的に王の身体にふれることが可能になっていた。この一連のシステムは、開封に備わった首都機能の一つだったといえよう。

以上にまとめた北宋における行幸の特色は、唐の後半期におこった変化を受け継いだもののようである。唐の前半期までは、国家儀礼はあくまでも皇帝と貴族が参加するものであったが、後半期から、首都住民が参加する行事へと変化した。宋代の行幸はその流れを発展させ、皇帝と首都住民の一体感を強める機能を有する政治的な装置となったと言えよう。明清になると、首都においてすらも皇帝の身体に直接触れる機会が少なくなる、支配層はより間接的で抽象的ないくつかの方法を用いて、皇帝の存在を民衆に理解させ、秩序形成がはかられたという。(58)すなわち、本章でのべてきた北宋の行幸のあり方はこの時代の特色を考える上で、等閑視できないものといえよう。

皇帝の個性も行幸に反映される。真宗は「行幸を好む」と評された。一方、神宗は、『宋史』の論賛で、行幸を控え政務に精勤したことが称えられている。徽宗の行幸は、本文で詳述したように独特である。とすると、北宋に続く南宋の諸皇帝の行幸がどのようなものであったかなどの問題については、別稿を用意したい。

注

（１）この身体の概念については、飯島洋一『王の身体都市』（青土社、一九九六）を参照。

（２）本図巻は、中国国家博物館（旧歴史博物館）藏。同館のホームページ http://www.nmch.gov.cn/gb/collections/show.jsp で画像をみることができる。また呂樹芝「宋人絵《大駕鹵簿図巻》（部分）」（『歴史教学』一九八四年第五期）に簡単な紹介がある。

（３）本書第九章を参照。

（４）古代天皇権の変化を、都城の都市空間の変化と行幸のあり方の変遷との関係において説明した研究として仁藤敦史氏の一連の論考がある。（仁藤敦史「古代国家における都城と行幸－動く王から動かない王への変質」（『歴史学研究』六一三号、一九九〇。のち『古代王権と都城』吉川弘文館、一九九八に収録）、同「古代王権と都城」（『古代王権と祭儀』吉川弘文館、一九九〇所収）

また、小寺竹久氏には、平安京の空間的変遷を、行幸のルートの変化によって跡づけた研究がある（小寺武久「平安京の空間的変遷に関する考察（１）－行幸路次を中心として－」『日本建築学会論文報告集』一六五号、一九六九）。

（５）金子泰晴「建炎年間における宋金の攻防とその背景－李綱と張浚の巡幸論を中心として－」（『早稲田大学文学研究科紀要別冊』二〇、哲学・史学編、一九九三）

（６）高橋弘臣「南宋初期の巡幸論」（『愛媛大学法文学部論集・人文科学編』一五、二〇〇三）

（７）『長編』六四、景徳三年一二月己卯。

（８）『長編』六五、景徳四年二月乙酉。

（９）詳細については、劉慧『泰山宗教研究』（文物出版社、一九九四）を参照。

（10）これは『長編』の文を書き下したものである。通行する『竜川別志』（中華書局評点本）とは、字句が一部異なる。

（11）祖宗の法については、鄧小南「試論宋朝的祖宗之法」（『国学研究』第七巻、二〇〇〇）鄧小南「趙宋祖宗之法的提出与詮釈」（『中国の歴史世界』東京都立大学出版会、二〇〇二）を参照。唐末五代の混乱を整頓するために宋初に行われた政策一般を後代このように呼んだ。上奏の中で「祖宗の法」を自説の根拠とする論法は、仁宗時代に一般化したという（鄧氏前掲「趙宋祖宗之法的提出与詮釈」二六〇頁）。

（12）泰山封禅の巨大な支出が後代に地方への行幸を躊躇させたという仮説も考えられる。しかしながら、国家財政全体として、あまり問題とはされていなかったようだ。たとえば、仁宗時代に司馬光は「先帝、しばしば大礼を行う。東封西祀し、広く宮観を修す。しかれども、財用余りある者は、用人専にして、これを任ずること久しき故なり。」（『長編』一九六、嘉祐七年五月丁未、司馬光上疏）と述べているのである。ただし、巨額な支出があったことを前提している意見ではある。

（13）金子修一「唐代皇帝祭祀の二つの事例」（『古代中国と古代祭祀』（汲古書院、二〇〇一）を参照。

（14）何平立「宋真宗東封西祀略論」（『学術月刊』二〇〇五年第二期）

（15）『長編』一五七、慶暦五年八月壬戌、『長編』一六〇、慶暦七年三月乙亥の各条を参照。

（16）『玉海』七七、景祐観稼殿、観稲麥の項には「景祐二年五月癸巳、後苑新作観稼殿成。（会要云親稼殿）六月辛未、幸後苑、観穫稲、及賞瑞竹。遂宴太清楼。」とある。

（17）景霊宮については、山内弘一「北宋時代の神御殿と景霊宮」（『東方学』七〇、一九八五）を参照。

（18）『長編』五一、咸平五年正月壬寅。

（19）『長編』九〇、天禧元年一二月乙丑。

（20）『長編』二七二、熙寧九年正月辛未。

（21）『長編』四五四、元祐六年正月甲戌。

（22）『長編』七一、大中祥符二年四月丁亥を参照。

（23）『長編』八八、大中祥符九年一〇月壬申。

（24）郊祀については、山内弘一「北宋時代の郊祀」（『史学雑志』九二一、一九八三）梅原郁「皇帝・祭祀・国都」（中村賢二郎編『歴史の中の都市』ミネルヴァ書房、一九八五）小島毅「郊祀制度の変遷」（『東洋文化研究所紀要』一〇八、一九八九）

を参照。

(25) 太廟については、山内弘一「北宋時代の太廟」(『上智史学』三五、一九九〇)を参照。

(26) 小島毅「宋代天譴論の政治理念」(『東洋文化研究所紀要』一〇七、一九八八)を参照。また、『長編』一四五、慶暦三年一二月是月の条に引かれている欧陽修の上奏は、祥瑞を否定し、修徳を求めており、参考になる。欧陽修の祥瑞説への態度については寺地遵「欧陽修における天人相関説への懐疑」(『広島大学文学部紀要』二八・一、一九六八)を参照。

(27) 『鉄囲山叢談』一の関連記事を参照。

(28) 整然たる行列と立ち会った庶民の空間的関係の意義については、渡辺浩氏が江戸時代の大名行列の問題について興味深い考察を行っている(渡辺浩『東アジアの王権と思想』東京大学出版会一九九七、二三)。

(29) 梅原氏前掲「皇帝・祭祀・国都」

(30) Ebrey氏前掲 "Taking Out the Grand Carriage: Imperial Spectacle and the Visual Culture of Northern Song Kaifeng".

(31) 行列に加わった官僚の範囲については、以下の史料を参照。

・詳定編修閤門儀制所言、按旧制、車駕行幸、文臣侍制以上並随駕。昨自官制後来上、以旧日両制即令随従。看詳典故、両省、常侍、給舎、諫議、正係供奉及備顧問文官、理当随従、今欲乞将上件官於新儀内修入随駕。従之。(『長編』四六四、元祐六年八月甲寅)

・詔、有司毎行幸、翰林学士侍講、侍講枢密直学士、並従、不須臨時取旨。(『宋会要』礼、五二之五、真宗咸平五年七月二一日)

(32) Howard J. Wechsler "Offerings of Jade and Silk" Yale University Press, 1985.(妹尾達彦「書評　ハワード・J・ウェクスラー著『玉と絹のそなえもの－唐王朝の正統化における儀礼と象徴《シンボル》－』『社会文化史学』二六、一九九〇」)

(33) Patricia Ebrey "The Emperor and the Local Community in the Song Period"(『中国の歴史世界』東京都立大学出版会、二〇〇二)

(34) Ebrey 氏前掲 "The Emperor and the Local Community in the Song Period"　四〇一頁。

(35) 邸報は、政府の世論操作にも使われていた形跡がある（游彪「宋朝的邸報与時政」（『中州学刊』二〇〇四年第六期　総一四四期）。

(36) 山内氏前掲「北宋時代の神御殿と景霊宮」

(37) 本書第一〇章を参照。

(38) Wechsler氏前掲論書二二六～二二八頁

(39) 妹尾達彦「唐長安城の儀礼空間」（『東洋文化』七二、一九九二）

(40) 仁藤氏前掲「古代国家における都城と行幸－動く王から動かない王への変質」四一頁。

(41) Wechsler 氏前掲書、一六一頁。この言及は、『詩経』の一節（周頌　清廟之什　時邁）によったものである（「時邁其邦　昊天其子之　実右序有周　薄言震之　莫不震畳　懐柔百神　及河喬嶽　允王維后　明昭有周　式序在位　載戢干戈　載櫜弓矢　我求懿徳　肆于時夏　允王保之」）。堺武夫氏は、「この歌で時邁其邦というが、かならずしも「巡狩して告祭柴望する」（毛詩序・独断）ところの楽歌ではない。しかし、後世の巡狩の典礼の根拠とはなった」と述べている（堺武男『詩経全釈』境教授頌寿記年会、一九八四、七六五頁）。

(42) 『宋史』一八、哲宗本紀、元符元年三月丁巳の条に「五王外第成、賜名懿親宅。」とある。五王とは、神宗の皇子、哲宗の弟たちのことで、端王と呼ばれていた徽宗もその一人である。

(43) 『宋史』一九、徽宗本紀、元符三年二月辛酉の条に「名懿親宅潜邸曰竜徳宮。」とある。

(44) 『琬琰集刪存』一、神宗「両朝顧命定策元勲之碑」には「初英宗暴得疾、皇太后垂簾、権聴軍国事。及皇躬康復、公乃請、乗輿具素杖出祈雨。都人猶未識新天子。至是瞻仰天日之表、乃相与言、君貌類祖宗、真英主也。皇太后聞之、喜即下令還政。」とある。

(45) 曹后称制日、韓琦欲還政天子、而御宝在太后閣。皇帝行幸即随駕。琦因請具素仗祈雨。比乗輿還、御宝更不入太后閣。即於廉前具述、皇帝聖徳都人瞻仰、無不歓慰、且言天下事久煩聖慮。太后怒曰、教做也由相公、不教做也由相公。琦独立廉外不去。及得一言有允意、即再拝。駕起、遂促儀鸞司拆廉。上自此親政。

(46)『名臣碑伝琬琰之集』中四八。李清臣「韓忠献公琦行状」…英宗疾已平。遂請曰、視朝前後殿。整素仗行幸祈雨、幸宗室喪、以釈衆疑。民望見車駕出、咸感涕相賀曰、吾君貌類祖宗、真聖主也。…

(47)板倉聖哲「皇帝の眼差し　徽宗「瑞鶴図巻」をめぐって」（アジア遊学、六四、徽宗とその時代、二〇〇四）ならびに本書第一〇章を参照。

(48)遼寧省博物館蔵。板倉氏は、絵は徽宗の指示によって画院の画家によってかかれたものであり、題詩は徽宗真筆とする。（板倉聖哲氏前掲「皇帝の眼差し　徽宗「瑞鶴図巻」をめぐって」）

(49)徽宗「瑞鶴図題詩」による。（小川裕充「徽宗筆　瑞鶴図巻」『美術史論叢』一二、一九九六）を参照。

(50)『続資治通鑑長編拾補』一七、建中靖国元年二月丁巳の条に引用されている『宋編年通鑑』引の章惇に対する任伯雨の弾劾文によると、章惇は「端王浪子爾」と発言したという。

(51)『文献通考』二九九、物異五、芝草・朱草の項、政和二年二月戊午の記事を参照。

(52)黼専結梁師成。既為相、再賜第於城西。開便門与師成宅対街、以相往来。及燕山告功。黼益得意。乃妄言、家之屏風生五芝、請上臨幸。上既幸黼第。又自便門過師成。復来黼家、駐蹕、因黼自出伝旨、支賜命放散侍従百官。於是禁衛諸班直争願見上始謝恩、不肯散。因大詾詾。師成・譚稹乃扶持上、出撫諭之。猶洶洶不已、已而復入。夜漏上五刻、乃開過竜徳複道小墻所謂鹿塞門者以還。内官者十余人、執兵衛之而去。三衙衛士無一人得入者。是夜諸班禁従、皆集教場備不虞、幾至生変、翌日猶不御殿、殆半日人心始少安、祖宗以来、臨幸未之有也。（『九朝備要』二九、宣和五年一一月、幸王黼第観芝。なお、一つ一つ注記はしないが、宋本は欠落が多いため、四庫本で補った。）

(53)『宋史』八五、地理志、京城。

(54)邸報の機能については、游氏前掲「宋朝的邸報与時政」を参照。

(55)本書第一〇章を参照。

(56)蔡攸の邸宅は、蔡京邸の一角にあった（『朱子語類』一四〇）

(57)漢の武帝が、身分を隠して外出したこと。従者と門で待ち合わせしたところから期門と号された。（『漢書』三五　東方朔伝)。『鉄囲山叢談』一に関連記事あり。

(58) Ebrey 氏前掲 “The Emperor and the Local Community in the Song Period” 三七三〜三七五頁。

付章二　丘剛著「開封宋城考古述略（翻訳）」

解題

本文は、丘剛氏が執筆し、『史学月刊』（河南大学歴史学会）一九九九年第六期に掲載された「開封宋城考古述略」の邦訳である。本書のテーマである宋代開封の発掘作業を概説した論文であるため、著者丘剛氏の許可を得て本書に付録させて頂いた。

丘剛氏は、河南省の鄭州大学考古系を卒業後、開封市の文物部門に配属され、以来、二〇有余年、一貫して、開封市を中心とした考古調査に従事してきた。（丘氏は、二〇〇四年、海南省博物館館長となり、開封を離れた）。氏が指導する開封市文物考古隊（旧称宋城考古隊）は、本文からも伺われるように多くの困難を克服して、宋代の開封を対象とした調査に多大な成果を上げた。それらは、『文物』誌などに随時発表されていたが、先年、既出論文を再録した開封市文物工作隊編『開封考古発現与研究』（中州古籍出版社一九九八）の一書が上梓され、参照が容易になった。これら地下から掘り出された資料に基づくデータは、二〇年前には全くなかったものであり、これを文献史学者も利用して新しい開封像が編み上げられることになろう。該書のダイジェスト、開封考古の里程標とも言うべき論文がここで訳出したものであり、現在の開封考古の到達点が了解できる。

もちろん、考古調査は劉春迎氏(1)が中心となって、継続されている。都市の様々なシステム、特に開封の首都機能などに関わる遺蹟、社会生活の実態を示す遺物など、これからの調査に期待されるものは多い。現在の開封市政府は、「中国優秀旅遊都市」の認定、および観光資源の開発を目指し、都市の再開発に余念がない。それゆえ、現代開封の地下の調査が広範に可能になる条件も生じてくると考える。

なお、口絵に付録した、北宋東京外城平面実測図は、本来は前掲書に附属しているものであるが、丘氏にお願いして、本書に付録させていただいた。加えて、氏のご教示に従い、すでに発見されている部分の汴河の河道を書き入れた。この図に基づいて、私は、口絵に掲載した宋代開封の地図を作成した。（以上久保田）

北宋時期は、中国の歴史発展で重要な段階である。国都開封は、太祖太宗ら九帝一六八年に及ぶ不断の営造を通じて、当時の全国の政治・経済・文化の中心となった。また、「人口上百万、富麗甲天下」とうたわれた国際的な大都会となり、中国古代都城発展史上において、過渡的な役割を果たしたのである。

地理的には、開封は黄河沖積大平原の西部沿辺、河北平原と黄淮平原の境界に位置する。北宋以前には、黄河は開封にとってそれほど脅威ではなかった。しかし、金代明昌年間（一一九〇～一一九五）、河道が変動し、開封の至近を流れるようになったため、常に水害に悩まされることになった。史書の記載によれば、金の大定二〇年（一一八〇）から人民共和国建国前の一九四四年までに、前後七六四年間、併せて三三八カ所で決壊した。市街地が冠水したケースが七、八度もあった①。特に明の崇禎年間と清の道光年間のものは特に大きな水害で、開封は「滅頂之災」(2)を受けた。度重なる戦火も加わり、往年の華麗な都城は破壊され凋落し、地下数メートルの深さに埋没してしまった。その結果、中国古代都城発展史上まれにみる、「城郭に城郭が重なる、門に門が重なる」(3)という奇観が開封の地下に形成されたのである。ただし、一九八〇年代の初めまでは、開封における考古学は空白状態であった。

一九八一年春、開封市の公園緑地部門によって旧城区[4]東北隅に位置する竜亭東湖（潘家湖）[5]湖底の浚渫が行われた。この時、作業員たちは、意外にも宋代の皇城と明の周王府[6]の一部の遺跡を発見したのである。それから宋代開封に対する考古調査が開始された。国家と河南省の文物局の支援を受けて、二〇年にわたる大変な努力を経て、考古学者たちは、厚い土砂の堆積、高い地下水位、深い埋蔵地点などの困難を克服して発掘調査を継続し、北宋開封の外城・内城・皇城の三条の城壁と城門・古州橋・汴河・蔡河・御街・金明池などの多くの宋代の重要な遺跡を発掘した。この調査によって歴史学界・考古学界における北宋開封に関する研究は始めて文献から実物に向かったのである。

一

数次に渉る発掘調査によって判明したところでは、北宋開封は、東西がやや短く、南北がやや長い長方形の城郭であり、外から外城・内城・皇城の三重の城壁を有していた。度重なる兵火と水害によって、今現在は、三重の城壁はすべて地下に埋没してしまっている。初期的な測量によると、北宋開封の遺跡は、地表から平均して深度六〜八メートルに存在する。最も浅いところで深さ〇・三メートル（外城の西側の城壁、新鄭門地点[7]）、最も深いところで地下一一メートル余り（内城の南北の各城壁付近）である。

外城は又の名を新城・羅城とも言い、開封防衛の第一番目の要害である。『五代会要』など文献の記載によると、外城は始め五代後周の世宗の在位期間に建てられた。その周囲は四八里二三三歩であった②。北宋神宗元豊元年（一〇七八）に至り、外城は拡大され五〇里一六五歩となった③。発掘調査を経て外城の輪郭、位置、形状、範囲は、すでにほぼ明らかになった。外城全体は東西がやや短く南北が長い長方形をしており、現在の開封市街地の四周に眠っている。実測に従うと、外城東壁は約七六六〇メートル、西壁は約七五九〇メートル、南壁は約六九九〇メートル、北壁は約六九四〇メートルであり、四壁の総和は二九一二〇メートル、今の五八華里である。宋太府尺[8]を用いて計算すると、五〇里余りに相当する。文献中の「周回五十里一百六十五歩」と大体符合している④。

現在、外城はすべて地下に埋没している。黄河から比較的近いところにある北壁は、度重なる水害の時、常に水流を最初に受けたため、破壊が最も著しい。平均して地表から四〜六メートル下まで掘ると、やっと夯《こう》土[9]に至る。城壁は断続的で、幅もすでに一五メートルに満たない。それに対して、西壁は保存状態が比較的良好で、城壁の幅も、一五〜二〇メートルであり、もっとも広いところで二四メートルに達する。新鄭門遺址付近の夯土は地表からわずか〇、三メートルで発見された。東、南側の城壁は、工場や学校、軍用地、民家などが地上を占有している場所が多い。夯土は地表から三〜五メートルのところから見つかり、城壁の幅は一五から二〇メートルである。考古調査より、保存状態が比較的良好な西側の城壁の南部分に対して、以下のことが明らかになった。城壁は上が狭く下が広い台形をしている。その底部の幅は三四・二メートル、頂上部の残っている部分の幅は四メートル、残高は九メートルである[10]。城壁は版築で作られており堅牢なものである。以上のように、当時の外城は迫力ある、堅固かつ雄壮な要塞だったのである⑤。

記録では、外城には城門と水門があわせて二一カ所あったという。現在すでに調査発見したものは一〇カ所あまりである。それぞれ東・西・南三面の城壁の城門と水門で⑥、いずれも、通路はまっすぐだが門が二重になっているか、屈曲して通路が設置されている甕城門となっている。ここで、新鄭門と新曹門を両者の代表として、それぞれ略述する。

新鄭門は外城の西の正門である。後周の時は、迎秋門と称されていたが、北宋初め順天門と改名された。この門は鄭州に至る街道の起点であり、俗には新鄭門と称された。調査によると、甕城は平面が長方形を呈しており、城門と向かい合っていた。東西一二〇メートル。南北一六五メートルもある。門の形状は『東京夢華録』の「城門皆甕城三層、屈曲開門、唯南薫門・新鄭門・新曹門・封丘門皆直門両重、蓋此係四正門、皆留御街也。」という記述に一致する。この門は、面積二万平方メートル近くに達し、すでに調査済みの諸門の中で最大であり保存状態も非常に良い。規模の大きさは、中国古代都城の門の中でもまれにみるものである。[11]

新曹門は外城東城壁の北側の城門で、「屈曲開門」している門の一つである。調査によれば、甕城の平面は、半円形を呈しており、甕門は甕城の右側に位置し、東西五〇メートル、南北一〇八メートル、面積は、すでに発見されている直門の新鄭門や南薫門の規模よりは遙かに小さい。

北宋時代、外城の四方の周囲には濠が設けられていた。「闊十余丈、濠之内外、皆植楊柳、粉牆朱戸、禁人往来。⑦」とある。近年の都市インフラ整備に平行した調査によって、一部の濠の遺跡が発見された。この濠は、外城から約三〇メートルのところにあり、深さは一一から一三・六メートル、濠の底には鼠色の粘りのある泥の中に、少数のカラス貝の殻や巻き貝の殻などが混じっていて、その下には〇・二から〇・三メートルの粗い砂の層となっている。濠の幅は、約三八メートルであり、『東京夢華録』の記載とほぼ一致する。[12]

内城は裏城・旧城とも呼ばれた。これは唐の汴州城をベースとして修築したものである。その周囲は「二十里一百五十五歩」であったという⑧。

調査によると、内城全体は東西がやや長く南北がやや短い正方形をしており、開封市旧城区に所在している。その南壁は今の大南門[13]から北へ三〇〇メートル付近の東西ライン上に位置している。北壁は、竜亭大殿の北五〇〇メートル付近の東西ラインに位置している。東西の城壁は、現存する明清時代の城壁(14)の東西壁と基本的に重なっている。四周の全長は約一一五五〇メートルほどで、文献に記載されている「二十里一百五十五歩」と基本的には一致する。その周囲の長さは現存の城壁に比べやや短いものだった。

内城は北宋末期靖康年間に比較的大きな破壊を受けたため、金末期、金が開封に奠都した期間（一二一四～一二三四）に、南北方向に城壁は拡張された。ために、内城の遺跡は、外城の遺跡と比べると、破壊の程度がひどいのである。これに加え、内城はちょうど旧城区に属するため、建ち並ぶ建築物と縦横に走っている街路によって、考古調査はきわめて困難である。我々は、内城遺趾の調査に小型の工事用掘削機械を使用したところ、効果があり、わずかに残っていた宋代地面下の南北城壁の基礎部分を発見した。地表から深さ八から九・八メートル、城壁の基礎部分の残高は、〇・六から一・八メートル、幅は三から一〇メートルであった。これは金の宣宗が宋代内城の南北城壁を削平した後、拡張したことを物語っている。したがって宋代の南北城壁は、金代の地表下に基礎部分だけを残している。それに対し東西城壁の方は拡張の影響を被っておらず、比較的保存状態が良い。北城壁西部の考古調査によって明らかになったところでは、金代と明清両代においては宋代内城をベースとして、たびたび修築されている。いくつかの時期を異にする城壁が一所に重なり合い、開封城に特有の「城壁が城壁に重なる」という奇観が形成されたのである。

史書には北宋内城には一〇カ所の門、二カ所の水門があるという⑨。内城の遺跡調査は旧城区の数少ない空き地を利用して行うため、城門の位置を確定することは大変難しい。今までに朱雀門と汴河西角門子の位置は、おおよそ測定できたが、その他の門は未だに手がかりがつかめていない。

朱雀門は、内城の正門である。大南門から北へ三五〇メートル、朱雀広場と泰山廟街にはさまれた中山路(15)の地下に、幅九〇メートルの城壁の開口部が確認されている。その場所は正しく北宋の御街の遺址にあたるので、位置関係からこの開口部は朱雀門の遺跡だと推定される。開口部の西北部には深さ約七・六から八・七メートルのところに、沢山の砕けた煉瓦片や磁器片、白い灰などが出土した。おそらく朱雀門の上にあった城楼の残骸と見られる。

汴河西角門子は、現存する明清城壁の西壁南門（俗称小西門）の北側に埋もれていた。記録によると、宋代内城西壁にある宣秋門の北に汴河西角門子があったという⑩。汴河調査の過程で私たちは城壁外に延びている汴河の故道が現存城壁の西壁を貫いていることを発見した。現存城壁が宋代の内城西壁の上に重なっていることを考えあわせると、この区域が汴河西角門子であると推定される。ただし、ここは解放以降新しく開かれた城壁の開口部で、交通の要地であり、城壁の下には防空地下壕があるため、今のところ西角門子の大体の位置を確認するに止まっている。

皇城は、また宮城・大内と呼ばれる。位置は宋代京城の中央から西北方向にずれていた。今の潘家湖・楊家湖一帯にあたる。一九八一年春、人々が潘家湖の底浚えをしたとき、思いがけず宋明時代の文物が発見され、ここから北宋開封の考古調査が開始された。

実測によると、宋代の皇城は、東西がやや短く、南北がやや長い長方形をしている。東西の城壁はそれぞれ約六九〇メートルである。南北壁は五七〇メートルである。四壁の周囲はおよそ二五二〇メートル程度であり、『宋史』地理志などの「周回五里」という記事とほぼ一致する。今の開封市旧城区の西北隅にある竜亭公園一帯がその遺址である。

さきに述べたように、私たちは以前北宋内城遺跡で「城郭に城郭が重なる」という独特の出土情況を発見したが、このような情況は、皇城の調査発掘でも発見された。皇城北壁の一号トレンチを観察してみると、北宋の皇城北壁と明周王府紫禁城の北壁は相互に重なっている。明周王府紫禁城が宋皇城を基にして建造されたことは明らかである。宋皇城は初めは版築であったが、真宗大中祥符五年（一〇一二）に始めて煉瓦造りに改められている。北宋三城中唯一の磚城である⑪。

北宋内城と皇城の遺跡で見られた「城壁に城壁が重なる」という現象のほかに、北宋皇城遺跡では興味深い「門に門が重なる」という現象が見られた。皇城南壁中部、すなわち午朝門[16]石獅子[17]付近で考古調査を行い、地表から約四メートルまで掘り進んだとき、夯土から成り、多くの煉瓦、瓦、石灰を包含している建造物の遺跡を発見した。ボーリングが夯土層を貫き、七メートルの深さに至ったとき、また一層の厚い煉瓦と瓦を含む地層が見つかった。残念なことにここは地下水位が高く、しかも交通が激しいところでもあるので、発掘を続行することはできなかった。文献の記載と、煉瓦と瓦の地層の位置と深度から考察すると、遺跡の上部の門の跡は明周王府の紫禁城南門（端礼門）であり、下部の地層は北宋時代の門であろうと思われる。我々は北宋皇城の正南門である宣徳門の跡であるとの一応の見通しをしている。ほかに我々はその門の跡から約四〇〇メートルはなれた新街口で、早期の門址を探し出した。地表から八・二メートルの深さの区域で、北宋時代の門址を確認したのである。わずか四〇〇メートルばかりのところで二つの宋代の門祉が見つかったが、結局のところどちらが宣徳門の遺跡なのだろうか。もし宣徳門が皇宮の前で、一種の「闕」[18]の形式を成していたならば、新街口の宋代の門の遺跡が宣徳門の遺址であろう。もし宣徳門が一重の門だったとするならば、午朝門のところに宋代の門址があったはずである。この難題は、後に発掘が可能になって始めて解かれるであろう。

北宋皇城の発掘調査中、我々は皇城の東壁・北壁にそれぞれ一カ所の城壁の開口部を見つけた。開口部の深さと位置から判断して、東壁のそれは明周王府紫禁城の東門（礼文門）、下部は宋皇城の東門（東華門、この開口部の箇所の街路は今東華門街と呼ばれている。）だと思われる。北壁の開口部は明周王府の北門（承智門）、下部は宋皇城北門（拱辰門）であろう。

御街は北宋開封の南北中軸線上の大街である。皇帝が祖先を祭り、南郊の大礼を挙行したり、出遊したりする際、使用する主要な街路である。天街・御路・端礼街の称もある。近二〇年の宋城に関する発掘、特に「倣宋御街」の建設(19)と中山路(20)の拡幅に伴う考古調査の中で、御街をめぐる調査は多くの成果をもたらした。中でも重要なものは、外城正南門（南薫門）、汴河の橋（古州橋）、皇城正南門（宣徳門）及びかつての北宋皇宮だった竜亭であるが、これらの遺址はまるでなにかでつながっているように、みな現開封市旧城区を南北に縦貫する中軸線・中山路に重なっているのである。すべてが中山路下約八メートルに埋まっている。この事実は重要な問題を明らかにしている。すなわち九六〇年に北宋が開封に奠都してから今まで一〇〇〇年余り経過し、開封はしばしば戦災や水害を受けたが、都市の中軸線に大きな変化はなかったのである。この現象は中国古代都城史上、滅多に見られないものである。

二

汴河は、北宋開封を貫流している最大の河川である。汴河は隋の煬帝時代に開かれた通済渠であり有名な京杭大運河の一部である。その源は黄河から分流しており、下流は淮河に通じている。この運河は北宋王朝の生命線であった。今に至るまで、外城汴河西水門から御街古州橋と外城汴河東水門付近、併せて四〇〇〇メートル余りで調査を行った。これは北宋開封城内における汴河故道の半分以上である。すでに汴河は深さ約一二～一四メートル、幅約二〇メートルであったことが判明した。同時に外城の汴河東西水門、内城汴河西角門子と古州橋などの重要遺址に関して基礎的な調査を終えている。

汴河東水門は汴河下流の水門であり今の開封市東南文庄の斎場付近に位置していた。汴河が京城に入る最初の門である。東南方面からの税賦や特産品は、ここから京城に運び込まれた。だから、北宋政府はこの門の防御を特に重視した。文献には「有鉄裏窓門、遭夜如閘垂下水門。」⑫とある。また、水門付近には拐子城が設けられていて、水門を防衛していたという。[21] 考古調査によって、外城東壁の南部にこの門は発見された。門址は上から見ると長方形の甕城である。甕城は東西一〇〇メートル、南北一三〇メートル、面積一三〇〇〇平方メートルであり、外城西門（新鄭門）よりもやや小振りである。甕城と城門は東西方向に直線的に相対している。[22] 同時に甕城外壁にはやはり大量の煉瓦の破片が発見された。これは甕城城壁が煉瓦で覆われていたことを明らかにしている。注目にすべきことは、甕城南側約七〇メートルの所に流れている恵済河が、北宋汴河の遺址ではないかと推測されるのである。汴河東水門の発見は、張択端『清明上河図』が描く所の、人々で賑わい車馬が絶えないこの付近の情景を研究するために、大きな価値を持っている。[23]

州橋、またの名を天漢橋は、京城内で汴河と御街が交差する重要な橋である。『東京夢華録』によると「（州橋）其柱皆青石為之、石梁石笋楯欄、近橋両岸、皆石壁、雕鐫海馬水獣飛雲之状、橋下密排石柱、蓋車駕御路也。[24]」とある。一九八四年秋、考古学者は、中山路中段における市政府の地下管網改造工事に協力中、州橋を発見し、部分的な発掘を実施した。今日までに明らかになったところでは、州橋は、地表から橋板まで約四・三メートルで、煉瓦造りのアーチ橋である。橋板は、加工された石灰岩を敷き詰めてある。[25] その下には、煉瓦が二層にわたって敷かれ、さらにその下には青煉瓦が積まれていた。つまり多層式の約一メートルのアーチを形成している。橋脚には青煉瓦、石板を東西順序よく積んであり、高さは二・八五メートル、橋基底部には、石灰岩の板が敷き詰められていた。石板の下には保存情況良好な角材がしかれていた。実測値によると、州橋の幅は三〇メートル、長さは一七メートルである。中間的推定では、上部の青煉瓦は明代の特徴を良く残しており、地層や文献資料⑬を根拠とすると、明代の造営と思われる。

その下にあった石作りの橋脚と川底の石積みは宋代の建設様式と一致するので、宋代の橋脚だと思われる。明崇禎一五年（一六四二）、開封は黄河の大水害に巻き込まれ、州橋は地下に埋没した。三五〇年余り前のことである。州橋が御街の橋なので、橋の幅は三〇メートルに達していた。このような幅広の橋梁は、中国古代建築史上でも珍しいものである。この発見は御街のこの部分の広さを推定したり北宋開封の都市構造を研究するに際し、確かな根拠と方向性を与えてくれる。特に州橋の底部から発見された木製の「篾基」(26)は、これまで最も古いといわれた南宋の金鶏橋（福建泉州）のものに比べても、さらに早期のものである。したがって、中国古代橋梁にこの技術が使われていた時代は北宋にさかのぼることになった。

さらに現開封市旧城区南部で進行していたインフラ整備に平行した考古調査で、蔡河故道の一部分が約一〇〇〇メートルにわたって発見された。蔡河、又の名を恵民河、閔河ともいう。この運河は北宋開封を流れる二番目に大きな河川である。文献資料には「自陳蔡由西南戴楼門入京城、遼繞自東南陳州門出⑭。」とあり、外城南部をぐるりと貫いて流れていた。数次にわたる調査を経て、現在までのところ北宋開封城内の蔡河故道の方向、位置、河床の深度や幅員などがほぼ判明した。蔡河の底の溜まった泥と地表との距離は約一一・五メートル、濃い鼠色をしており、中には大量のカラス貝や巻き貝の貝殻、少量の粒状になった煉瓦や瓦の破片が含まれていた。川底の広さは二〇メートル近くあった。蔡河は漕運に使用されていたほか、京城内の東西方向に延びている部分は同時に内城南側の濠としての役割も果たしていた。

金明池は、北宋時代の著名な帝室の園林である。太平興国元年（九七六）年に造営が開始された。これは戦国時期の「霊沼」の遺址に、皇帝が三万人強を使役して七年を費やして開削したものである。水を金水河から引いたので金明池と呼ばれた。金明池は「周囲約九里三十歩、池面直径七里許」⑮だったという。『東京夢華録』と張択端『金明池争標図』[27]は、金明池の生き生きとした記述と描写である。ある文献の、金明池の北にあった船舶修理用の人工入江の記録は、史上最初のドックの記事である⑯。

八〇年代の初め外城の西門新鄭門の遺址の発見は、この門外の街路北に存在する金明池遺跡の確定におおよその方向性を与えた。九〇年代に入り、開封の城西経済開発区の建設に平行して、我々は地質調査用の小型掘削機を使用し、金明池遺跡の位置・深さ・範囲をほぼ明らかにした。あわせて金明池臨水殿・心水五殿のおおよその位置を測定した。実測によると金明池の東岸は宋外城西壁の西、約三〇〇メートルのところにあり、池は正方形で南北方向に向いている。東西は約一二四〇メートル、南北は一二三〇メートル、周囲は四九四〇メートル、文献の「九里十三歩」とほぼ一致する。池の底まで、今の地表から一二・五メートルから一三・五メートル、泥の厚さは〇・四から〇・七メートル。池内には多くの小型の烏貝の貝殻や少数の白磁片、藍色の磚片などが含まれていた。池の底は当時の池の岸よりも三～四メートル低かった。調査中には岸に積まれた石は発見できなかった。金明池が廃れた後、取り除かれたのかもしれない。池の中心一帯は、今の地表から大体一〇メートル下にあり、至る所で砕かれた煉瓦の破片が見つかる。その面積はおよそ四〇〇平方メートルほどである。まだ建築物の址は発見されていないが、この区域の土は黄色で、周囲の池底の泥とは異なっており、おそらくここに水心五殿があったと思われる。南岸には臨水殿の遺跡も発見された。この殿閣は『夢華録』によると「車駕臨幸観争標、錫宴於此。」[28]とある場所である。後に金明地の廃棄にしたがって破壊された。今回は基礎部分を発見できただけである。長さ約二〇メートル、幅一五メートル深さ、約九メートルであった。基礎内からは白磁片、腐った木片、炭化した米粒などが出土した。このほかに、史書の記載によると金明地と瓊林苑の間にあったという大路も発見された。実測すると幅二五メートルであり、地表からは七・五メートル、道路の土は比較的硬く、地層もはっきりとしている。

北宋開封は中国古代の重要な都城の一つである。中国古代都城発展史上、過渡的な役割を果たした。このため開封の考古調査作業は重要な意義を有するのである。

原注（原文ではページごとの注だが、ここでは文末にまとめ、通し番号とした。）

①開封市黄河志編輯室『開封市黄河志』一九九一年。
②『五代会要』二六、城郭。
③『宋会要』方域一之一。
④『宋会要』方域一之一。
⑤丘剛・孫新民「北宋東京外城的初歩勘探与試掘」（『文物』一九九二年第一二期）
⑥『宋史』八五、地理志、『東京夢華録』一、旧京城。
⑦『東京夢華録』一、東都外城。『宋東京考』一、旧京城。
⑧『宋会要』方域一之一、『宋史』地理志八五。
⑨『宋史』八五、地理志、『東京夢華録』一、旧京城。
⑩『宋史』八五、地理志、『東京夢華録』一、旧京城。
⑪『長編』七七、大中祥符五年正月。
⑫『東京夢華録』一、東京外城、『宋東京考』一。
⑬『如夢録』街市紀第六。

⑭『東京夢華録』一、河道。
⑮『東京夢華録』七、三月一日、開金明池瓊林苑。
⑯『夢渓筆談・補筆談』二、権智。

注

（1）劉氏は、『北宋東京城研究』（科学出版社　二〇〇四）を出版したが、本書では十分に氏の著作の成果を取り入れることはできなかった。
（2）毛沢東『論持久戦』抗日的政治動員（六六）。
（3）原文では「城摽城、城套城、門圧門」。
（4）現在の開封の行政区画。明清の城郭内と南郊の隴海鉄路以北の地域。
（5）清代に入り明周王府の遺址に貢院が建設されたが、周囲の空地を人々が古器物や煉瓦・瓦などを求めて掘り返した。やがて貢院の周囲は水たまりとなり、貢院は低湿に苦しみ、別の地に移された。乾隆一二年（一七四〇）、城内の積水を溜め込むため、この低湿地が遊水池とされた。これが現在、竜亭公園内にある楊家湖と潘家湖である。開封市地方志編委会弁公室編『開封風物大観』（中州古籍出版社、一九九二）一六一頁を参照。
（6）洪武一一年（一三七八）朱元璋の第五子が周王に封建され、開封に王府を置いた。その王府の中にあった石炭山の上に、清代入り万寿宮が建てられ、清朝皇帝の神位を祭った。のちに道観に改められた。現在は公園として整備され、専ら竜亭と呼ばれている。劉心健他編『竜亭春秋』（河南大学出版社、一九九七）を参照。
（7）北宋の外城は、崇禎一五（一六四二）年と道光二一（一八四一）年に発生した黄河の特大の大洪水によって、あらかた地上から姿を消した。ただし、西側城壁の中央部の一部は、地面に残っていた。しかし、一九五〇年代に、開墾によって残部はすべて削平された。丘剛「北宋東京外城的城牆和城門」（『中原文物』一八八六年第四期、『開封考古発現与研究』中州古戸籍出版社一九九八、再録）を参照。
（8）宋は唐制にならい、太府寺が官尺を作成していた。主に布帛を徴収するために用いていた。そのため三司布帛尺という異称がある。約三一センチメートル。楊寛『中国歴代尺度考』（上海商務印書館一九五五）を参照。なおこの書は序説のみ藪田嘉一郎氏の邦訳がある（『中国古尺集説』綜芸社一九六九）。
（9）版築の際に形成される、堅くつきかためられた城壁の土を言う。
（10）『宋会要』方域一之一六によると、熙寧元豊の大改修後、高さ四丈、幅五丈九尺だった、という。現行単位では、それぞれ一二・六四メートル、一八・六四メートルとなり、やや問題がある。
（11）甕城は、城門に付属する防御施設である。城壁から突き出された障壁であり、攻撃側が直接本門の門扉に到達できないようにガードする。加藤繁『支那学雑草』（生活社一九四四）城郭の話を参照。
（12）『宋会要』方域一之一七には「(元豊）五年十二月十八日、詔、在京新城外四壁城壕開濶五十歩下四十歩、深一丈五尺、地脈不及者至泉止」とあり、『長編』四二八、元祐四年五月丁酉には、范祖禹の上奏を載せて「…臣聞開濠深一丈五尺、闊二百五十一歩、広於汴河三倍、自古未聞有此城池也。…以惜民力、以省国用。不聴。」とあり、『東京夢華録』一、東都外城「十数丈」と合わないが、本文中の考古調査によって、前二者が計画を述べたものであり、『夢華録』の記事が、工事後の濠を測って記録されたことが判明した。
（13）現存城壁の南門。メインストリート中山路が通っている。現在門楼はなく、城壁の開口部となっている。
（14）明清の城壁は、宋代の内城を南北方向に拡大した金代の城壁のプランを踏襲している。明初の洪武年間に煉瓦で表面を覆った城壁として再建されたが、明末の李自成ひきいる農民反乱軍の攻撃に対抗するためにとられた洪水戦術によって、城壁は廃墟となった。康熙元年（一六六二）廃城上に再建された。道光二一年（一八四一）の大洪水によって、また大きな被害を受けた。その後に再建されたものが現存の城壁である。程子良他主編『開封城市史』（社会科学文献出版社、一九九三）参照。
（15）大南門・朱雀広場・泰山廟街は、それぞれ中山路に沿った現在の地名である。
（16）午門は竜亭公園の正南門である。そこから楊家湖と潘家湖に挟まれた堤上の道を行くと朝門がある。万寿宮の正門である。

(17) 石獅子は午門の前に置かれている。東側が雄、西側が雌で、高さは約三メートルである。宋宮城の遺物といわれている。前掲『竜亭春秋』四〇頁を参照。

(18) 闕とは、大門の前に、装飾的な建造物や門が置かれる形式である。劉敦楨主編『中国古代建築史』（中国建築工業出版社、一九八〇）一四・一八頁を参照。

(19) 宋都一条街、宋都御街とも言う。観光客誘致の目的でつくられた四〇〇メートルあまりの宋代風の町並みのこと。竜亭の南門から新街口までの中山路に作られた。礬楼も再現されているが、実際の礬楼の遺址は北書店街付近である。魏振中主編『開封攬勝』（中国国際広播出版社、一九九九）を参照。

(20) 現開封市のメインストリート。

(21) 『東京夢華録』一、東京外城には「両岸各有門。通人行路、出拐子城、夾岸百余丈。」とある。李孝聡「宋代開封的拐子城」（『史学月刊』一九八五年第三期）を参照。

(22) 周宝珠『「清明上河図」と清明上河学』（河南大学出版社一九九七）口絵五「汴河東水門勘探実測図」（開封考古隊提供）を参照。

(23) 丘氏は、『清明上河図』は東水門外の情景を描いていると考えているが、この絵画の描かれた風景については異説が多い。中国人学者の各説は周宝珠氏前掲『「清明上河図」と清明上河学』一七二頁以下を参照。また、木田知生「宋代開封と張択端『清明上河図』」（『史林』六一・五、一九七九）、伊原弘「張択端『清明上河図』と宋都開封の風景」（中央大アジア史研究四、一九八〇）は、実際の開封の地理的関係には一致せず、画家が幾かの風景をつなぎ合わせたものではないかという。

(24) 『東京夢華録』一、河道。

(25) 原文青石。

(26) 軟弱な地盤の上に橋脚を建てるために、先ず穴を掘り、その中に棒状の石材か木材を縦横に積み重ねて基礎とし、その上に橋脚を建設した。これを「籛基」といい、木材のものは「睡木」ともいう。泉州金鶏橋では数十本の五、六メートルの松材を敷き詰めて一層とし、それを縦横交互に一二層にわたって重ねて橋脚の基礎としてあった。以上、丘剛氏のご教示による。また、茅以升主編『中国古橋技術史』（北京出版社一九八六）一八四頁を参照。

(27) 天津市芸術博物館蔵。周宝珠「東京金明池水戯与金明池争標図」（『中州学刊』一九八四年第一期、後に同氏前掲『「清明上河図」与清明上河学』に再録。）を参照。

(28) 『東京夢華録』七、三日一日、開金明池瓊林苑。

まとめ

はじめに

本書は、北宋開封の都市構造や都市社会を理解しようという試みである。そのための切り口として、「首都機能」という概念を用いた。なぜならば、都市開封は首都開封だからである。この都市に生じる諸事件を現象面だけをとらえるのではなく、構造的に理解しようとすると、首都機能が、関連の深いものとして浮かび上がってくる。首都機能が影響して生起した、あるいは推移したと考えると整合的な解釈が可能な事象が多い。

首都機能は私見によると、統治との関わり方から、権威と権力のそれぞれに関係するものに分けられる。一つ目は、国家権威を象徴的に示すものである。国家権威を、たとえば首都の都市景観や都市空間で行われる祭礼や儀礼によって、人々に印象づけ自発的に服従させる。もう一つは、国家が権力を使用し半ば強制的に支配するための機能である。国家の権力を効率的に生じさせるために、首都に施設が設けられる。それぞれの国家で支配の方法は、千差万別であるため、行政・軍事・警察などに代表される権力のための首都機能も多様である。

この二つの機能を備えるため政府は様々な施設・空間を配置する。それら施設・空間には、超自然的なものと結びつくか否かによって、「聖」「俗」の二つの範疇に振り分けることが可能である。首都空間は、権威と権力の二つの首都機能、それを実現するための聖俗の首都施設が複雑に複合して形成され、それが、政治的な動きによって組み合わせが変化していく場なのである。

以上のような論点から、宋代開封の歴史を、便宜上、四つの部分に分けて述べた。第一部では、唐宋間の首都の移動のメカニズムを、首都機能の側面から多面的に考察した。第二部では北宋の禁軍制度の変遷によって生じる、首都の変化を都市空間の諸相と人口問題に於いて論じた。第三部は首都の市民生活に対する国家の統制を論じた。第四部では、新法・旧法の対立を中心として政治闘争が激しく行われた神宗朝以降において、政治的な問題が原因となる首都の変化について考察した。以下、具体的に内容を紹介してみたい。

第一部　五代首都考

第一章

後梁の太祖朱全忠は、唐帝から禅譲を受け、皇帝となった際、汴州を東京開封府とし、首都とした。これより開封が中国の首都として確立したとする論者が多い。しかし、建国時から洛陽に奠都するのが当然だとする官僚らの議論があった。また、朱全忠は、即位満二年目に洛陽で郊祀を行い、そのまま洛陽に遷都する。なお円丘をはじめとする郊祀施設や太廟・社稷などの礼制にかんする聖なる施設・空間は、五代の終わりごろまで、洛陽に置かれたことは注目される。

後晋の太祖、石敬瑭は遷都の際に発出した詔勅のなかで、開封と洛陽を比較して、漕運の利が開封の方にあることを理由としている。後唐の明宗以来、五代中原国家は禁軍（中央軍）の強化を基盤とする集権化を始めている。言うまでもなく、軍事的権力によって、藩鎮体制の克服を狙ったものである。そのため傭兵が首都に集められた。傭兵とその家族の食料が安定して確保されることが首都機能としてより優先度が高くなったのである。だが、礼制にかんする施設・空間は、相変わらず、洛陽にあり、首都機能を果たすべき施設・空間が二つの都市に分かたれた分離首都となる。

開封には洛陽に比べて漕運の利があったという。しかし、五代にあっては宋代のように汴河による南方からの漕運は考えられない。南唐とは非友好的な関係にあるし、汴河も戦乱によって補修されず一部（宿州付近）で淤塞していた。それに対して注目されるのは五丈河である。

五丈河は、現在の山東省と開封など河南省を連絡していた運河である。山東半島には五代中原国家の友好国である呉越や閩からの物資が至る海港があった。また、比較的穀物が豊富に産する地域であり、さらに鉄の生産地としても重要であった。宋初、発運使が五丈河沿岸に設置されていたことは、こうした背景があった。それに加え、蔡河・黄河の漕運も持つ開封は、水量の少ない洛河の流れを遡りようやく到着できる洛陽より、優れていたと言えよう。

後周太祖末年にようやく、洛陽にあった首都機能は開封に統合された。長い時間を経て、開封の首都としての正当性が共通認識となったのである。世宗は、汴河漕運を復活させ、外城を建設する。この時点が開封が首都として確立した時期といえるのである。

宋の太祖は晩年洛陽で郊祀をおこない、そのまま洛陽に遷都しようとしたという記録が『長編』に見える。これに対して、太宗自身を含む太宗周辺は、郊祀を行う以前から激しい反対論を提出し続け、最終的に太祖が妥協する。太宗側の動きは、政治的には洛陽に根付く皇子徳芳派の人脈に警戒したためと思われる。それにしても、開封が十全の首都機能を備えていたこの時期であるので、太祖の主張は奇異に見える。背景には、おそらく太祖と太宗との間にあった首都機能に対する認識の違いがあったと思われる。つまり、太祖は傭兵集団を首都に集中するという首都機能を統一以後は解消しようとした。それに対し太宗は、五代の禁軍集中策が平時にも必要なものと考えていたので開封を首都とするよう主張したのである。それは太宗即位後の禁軍政策によって確認できる。

第二章

唐末五代の洛陽は、都市景観や都市構造の変遷が判然とする史料が残されている。盛唐では、区々として坊牆が整備されていた。しかし晩唐の首都洛陽の治安制度に関する史料によると、人々が自由に夜間外出していることが問題化しており、政府は禁軍兵士の巡回により禁止しようとしている。これは坊制による治安システムが行われていないことを示している。

五代後梁の洛陽の都市空間には、農地が一面に広がっていた。すなわち坊牆が倒壊していたため、そのような景観が見られるのである。後唐の首都洛陽では、首都としての体面、すなわち権威の象徴性を現出するために、農地の存在を首都内には許さない政策が採られた。訪問者が行き交う大街に面した農地には、建造物を建て込め、首都の「壮観」示すように命令が出されている。交通の障害にならない限り侵街を許容するという政策も取られている。これは、権威のための景観整備を坊制に基づかない形で行うことを表明したものといえる。

五代において洛陽と開封が対抗関係にあったというわけではない。むしろ洛陽の宮殿建築や太廟・郊祀施設は、開封の模範とされている。さらに晩唐洛陽の坊門の閉鎖を伴わない「夜禁」制度や、後唐が洛陽で行った臨街店肆を奨励し侵街を許容する政策は、北宋の開封に継承されたと考えられる。北宋開封の治安制度と、坊制の問題は第三部第五章で詳述した。

第二部　禁軍軍営の変遷と人口数の推移

第三章ではまず、首都としての地位を確立した開封の首都機能に関連深い禁軍制度の推移について検討した。そのうえで、その推移の都市開封への影響を、空間論や景観論の側面から論じた。第四章は、禁軍制度の推移による人口構成の変遷を取り上げた。

第三章

北宋前半、禁軍軍額は拡大を続けた。禁軍中には在京以外の地方に常駐する就糧禁軍も存在するが、仁宗期以前はそれほど多くない。在京禁軍の右肩上がりの増加に従って、開封には、禁軍の軍営が続々と建設されていったのである。太宗時代末年になると、太祖時代末年から比べると、在京禁軍数は二倍となり、軍営地は、外城外にも設けられるようになった。

軍営は指揮（歩軍五〇〇名、馬軍四〇〇名が定額）ごとに配置されており、その形態は一つの門が設けられた方形の障壁に囲まれる閉鎖空間であった。軍営の立地は、禁軍優遇という方針によって、できるだけ水はけの良い場所に設置されていた。その一方で、門では「酒・肉・韮」などの持ち込みが統制され、服装もチェックされた。また、夜間は営門が閉鎖された。すなわち、軍営は、禁軍兵士たちを管理する役割も持っていたのである。

ところで、北宋中期になってくると、厚遇されている禁軍兵士の素質の低下が明らかになってきた。士大夫官僚の間には、在京禁軍の規律の弛緩と彼らの堕落を指摘する声が起こっていた。対西夏戦争が開始されるや、出戍する禁軍兵士ははかばかしい戦果を上げることができず、むしろ郷兵や蕃兵の活躍が目立った。五代宋初に於いて中央集権化の基盤として取られた「強幹弱枝」政策を、北宋中期に至っても墨守し、巨額な国費を浪費して在京禁軍を多数養うことはやめるべきだ、という議論が高まってくる。

新法期に入ると、この禁軍問題に対して、改革が断行される。在京禁軍を減らし、効率的な禁軍配備が行われることになった。さらに王安石は、傭兵を保甲にかえることが、国家財政や防衛能力の面から見て得策とする。さすがに、傭兵の即時廃止は行わなれかったが、漸進的に傭兵を減らし、その替わりとして保甲の導入を試行してゆく。保甲に関しては新旧法の党争の中で徹底さを欠くことになるが、在京禁軍は、これまでの半分の一〇万が定額とされ、その額からも減少する傾向が見られた。

これによって、首都の都市空間に、「廃営」・「空営」などと称される軍営の廃墟が多数現れた。空営の地は、首都内部の再開発の余地として、諸階層から歓迎されたのである。史料をたどってゆくと、はじめは仏寺・道観として使用され、やがて私的な需要にも応えざるを得なくなった。徽宗朝頃にはすでに、大方の廃営は、再開発されていた。寵臣たちが大邸宅を建設する際は、廃営という名目で、民家を徴用したという。

第四章

本章では、宋都開封の人口数と空間構成が、どのように変遷したのか、禁軍の集中という首都機能の変遷に対応して考察した。

北宋中期までの開封には、禁軍とその家族を主とする消費人口が多かった。とくに注目すべきは、太宗時代である。

在京禁軍数は倍増し、それに従って大運河漕運も整備拡大され、軍営用地は城内では不足となり城外にも軍営が設置された。すなわち、都市空間が新城外に拡大した。太宗時代は歴史的な「宋都」（ただし北宋ではあるが）の諸機能とそれにともなう空間配置・景観が完成を見た時代といえるのである。

禁軍を削減し洛陽を遷都しようとした晩年の太祖に対して、開封首都体制を強硬に主張した太宗の集権体制強化の統治プランが、そこには色濃く反映している。この政策は後代に継承され、仁宗時代には、確認できる首都の人口総数は控えめに見積もっても一四〇万強に至る。内三〇～四〇万人程度が城外の都市人口と推定される。

前章で述べたように、王安石の新法政治は、唐末五代を鑑として制定された国家草創期の諸制度を見直し、宋代中期に現れた諸問題を合理的に解決するという側面があった。特に軍制面ではそのような側面が顕著である。いわゆる「強幹弱枝」策を廃し、より実戦的な配備を実施したのである。そのために、在京禁軍は減少していった。

それに対して、民間人口は北宋末まで増加傾向にあった。北宋の軍事財政体制は、商業の全国的な発展を促進したことは、周知のことである。いわゆる遠隔地商業の全国的なシステムの中心となったのが開封である。大運河による南北交通の要地となった。手形取引を発達させた金融業の中心地でもあった。

廃棄された軍営地には寺観が建てられたり、商用地に変わった。ただし、民間人口の増加は、禁軍とその家族数の減少を埋め合わせて、開封の人口を増加させることはなかった。時間の進行に従って、開封の人口は減少していった。私見では、北宋末には一二〇万を下回ったと考えられる。

第三部では、市民生活を統制する都市制度や、都市に関連のある政策を、解明する作業に従い、開封における都市構造の多彩さや、市民生活の一面を浮かび上がらせた。

第五章

本章における考察は、唐以前の都市空間との比較の中で開封の都市空間を論じるという方法を採った。手がかりとしたのが都市区画制度「坊制」である。

北朝から唐代にかけて華北都市を中心として施行された坊制は、元々は五胡十六国時代の後を受け、多様な民族が混淆する都市空間の治安を維持するため、都市内に多数の都市区画：坊を設定し、その周囲を障壁で取り囲み、居住空間を弁別するものであった。首都の坊制は、首都機能として、強制移住させられた異民族など住民を管理するための機能、すなわち首都の治安維持機能と、坊制による空間配置や景観によって国威を象徴する機能と、首都機能の両面を兼ね備えた制度だった。が、異民族の漢族化や国威そのものの衰退によって坊制は現実的でなくなり、唐末には消滅していった。

一方、唐の中期から傭兵という新たに弁別・管理を必要とする集団が形成された。宋初、傭兵を強弱に従って、中央の禁軍と地方の廂軍に分別する政策が採られた。そのため、北宋の為政者が首都の治安上の第一の問題としたのは集められた禁軍たちの暴力である。彼らは、軍営に居住させられ、管理が加えられた。軍営は、四周を障壁に囲まれ、一カ所あけられた門から出入できる小空間である。この軍営の歴史的意義は大きい。唐末五代に地方に偏在していた傭兵集団を精選して首都に集め、外ににらみを利かせると同時に、首都で集中的に管理することによって北宋は秩序を形成したのである。軍営による禁軍管理、これもこの時代特有の権力に関係する首都機能といえよう。

後周の世宗は、軍営用地の不足から外城を建設し都市空間を拡大した。宋の太宗頃にはこの外城からも軍営はあふれだし、城外廂が設置される一因となった。すなわち北宋開封の内部には、都市構造の面では閉鎖空間と位置づけられる軍営が、最大で二百余り設置され、景観の要素の一つとなった。坊制が崩壊し、あるいはもともと存在せず、開放的空間であった市街地とは対照的である。

軍営地と市街地では、管理体制は当然異なった。その一例として夜禁の問題がある。夜間外出の禁令は、三更から始まったが、軍営の禁軍兵士とその家族は、夜間時間開始時（一更）には、軍営に戻っていなければならなかった。これは夜禁がなくなる上元観灯の祭日においても同様であり、禁軍兵士とその家族の参加は制限が加えられていたのである。

ところで、首都は国家にとって権威の象徴である。権力基盤が不安定な国家ほど首都を象徴的建造物で飾りたてる。南北朝時代を統一した隋は国内に様々な不安定要因を持っていた。一例を挙げると支配民族の多様さである。壮大なプランのもとに首都を新築することは、それらの不安定要因を押さえこむためであった。大街の偉容を誇示したり民族や階層別の居住ブロックを形成するため、坊制は大興城のプランの重大な要素となった。それ故、侵街や打牆は国家の象徴の侵害であり国家権力の衰えを示しているのである。

侵街は開封にもあった。しかし、都市問題として取り上げられるのは主として北宋盛時の真仁宗期である。唐と異なり、国家権力の衰退に伴って起こっているとは言えない。私見では、これは、宋政府が坊制に基づく首都プランをもって、国家権力を表現しようとはしなかったからである。

しかし宋も隋と同様、長い間続いた分裂の時代を統一した国家である。やはり、一見して慴伏させられるような国家権威の象徴ともいえるものが首都に備わっていたはずである。私見では、禁軍の軍営が列置されている光景がそれに当たる。それは数十万の軍事力が常に首都に存在していることを示す。

以上の考察によって、開封の都市空間は、市街地と軍営地の構造の異なる二つの部分に分けられることが判明した。禁軍人口と編戸の人口はほぼ拮抗するので、都市空間を占有する面積も、それほど異なったものだった思えない。市街地と軍営地が同じ都市に混在することは、必ずしも水と油といった関係ではなく、都市文化にとっては弁証法的なものだった。たとえば、軍事的歴史的主題（三国時代・五代など）の講史などが、軍人の聴衆を対象として出現し民間文学の発達に寄与したことが、既に文学研究の分野から指摘されている。

ただし、第二章で指摘したように軍営は、神宗期以降、開封から徐々に消えゆき、北宋末には、目立たないものになっていた。『東京夢華録』には軍営の記録があまりないのはそのためである。従来の開封研究は、市街地のみを対象にして、坊制の崩壊や侵街の問題を扱っていた。それは一面的であるといわざるを得ない。一方で都市構造としての軍営地とその消長という現象があったのである。

第六章

いったい軍営と市街地はどのように布置されていたのだろうか。本章では、その分析を試みた。

考察の一つの鍵となったのが、太祖の禁軍統制規定であった。中央軍の勢力が拡大すると、問題となったのは、禁軍司令官によるクーデターである。後漢・後周・北宋、三王朝の交代はそれが成功した結果であった。北宋は、クーデターが再発しないように、さまざまな禁軍統制策をめぐらした。三つに指揮系統を分割し、権力集中を防止した。地方駐留部隊は、絶えず首都の部隊と交代し軍閥化が防止された（更戍制）。兵士たちや家族は、壁門により区画された軍営に居住し、夜の外出が禁止されるなど、さまざまな生活上の規制を受けたのである。軍営とは反対側にある漕運米倉庫から毎月の配給穀物を自ら担いで運ぶという太祖の定めた規定も、その一つである。漕運米倉庫は汴河を遡上してくる漕運船が開封に入る汴河東水門周辺・外城東南部に集中していた。そのため軍営は城内西部に比較的多くの軍営が設置されたと考えられる。

城内の都市化がかなり進行した真宗時代、左軍（東部）と右軍（西部）の編戸数の比率はほぼ２：１である。これは普通に考えると不自然である。が、上述のように西部に編戸数に含まれない軍人の居住が多かったと考えると、疑問は氷解する。

先に触れたように、真・仁宗時代、禁軍関係者は約七〇万人に上っていた。城外人口はこのうち半分だった。それに対し、城内の編戸人口は、五〇万ほどだったと思われる。城内禁軍人口の数値は、編戸数の半数より少し多かった。それが、城内西部に配置されていたので、左軍と右軍人口は、さほどの不均衡はなかった。

軍営が多い地域と、少ない地域は、景観上も生活空間としても対照的な都市空間だった。その違いが、顕著なのが、内城の北部である。内城東北部は、五代以来、五丈河の水運に関係して商業地として栄えはじめた。北宋になって、大運河に水運の中心が移動しても、宮中に対する物資の供給地として、また、五丈河水運と、汴河水運の交点として重要性を維持したのである。それに対して、内城西北部は、軍営が多く編戸数が極端に少なかった。軍営では、上元観灯の際にも祝祭への参加は制限されていた。観灯の盛大な祝祭や夜市がエスカレートしていった東北部とは、景観的に対照的な都市空間だった。

この東西の対照性も、王安石執政時代の禁軍改革によって、在京禁軍が半減したため、それ以降は、顕著ではなくなる。廃営・空営は、やがて都市のきらびやかな側面を彩る、寺観や大邸宅として、再開発され、都市空間が再編成される。こうして現出した都市が、徽宗時代の開封、すなわち『東京夢華録』・『清明上河図』の開封なのである。

第七章

都市居住者の生活は古今東西を問わず、時刻によって支配される。本章では、都市居住者の生活を理解するため、開封での官僚たちの出勤時間と出勤模様を検討した。

そのため、まず宋代の時刻制度の理解が不可欠である。しかし先行研究で時刻制度に触れているものはまれである。そこで、一から検討することになった。宋初から昼間定時法が行われていたとする説も史料読解が誤っており、正確には皇祐年間から昼間定時法が行われるようになったことが明らかになった。夜間時間は、季節によって変化する不定時法（夜間時間を五等分し、一更～五更とした。）によっていた。

官僚の出勤時間は、夜間時間が終了し薄明が始まる時（五更の終わりの時間）である。これに間に合わせ、朝会に参列するため、皇帝も官僚もさらに早く起きなければならなかった。欧陽修の詩によると、五更の始めの時報（鼓）を出勤途上で聞いている。つまり、四更の間に、起床していることになる。四更とは、冬至では一時一九分から三時五八分の間、夏至では零時五〇分から二時三一分の間となる。

開封は皇城を含めると三重の城壁を有していた。内城と外城にはさまれた地区に住んでいる官僚は、内城の門を通過して禁門に至ることになる。内城の門が開かないと、辿り着くことができないのである。内城の門は五更一点に開く。それまでは門に付属する「仗舎」で読書などをしながら待ったという。

禁門外には、待漏院があり、到着した官僚達が五更の終了時（禁門の開門）を待った。待漏院では宰相は決済書類の処理に余念がない。官僚たちには酒などもふるまわれた。待漏院の前では屋台が出て、軽食等が販売されていた。待漏院で灯された大きな蠟燭が燃え尽きた頃、空も白々となり、開門時間となる。皇帝は、未明の一〇刻（二時間二四分）前には起床していた。そのあと身支度を整え、朝会を主催した。一般庶民も、官僚達とほぼ同時に一日をスタートさせるものがいた。注目されるのは、『東京夢華録』に記録されている鬼子市（ゆうれい市）である。五更から始まって、暁には閉じるというのだ。この時間帯の顧客というと、出勤する官僚やその従者だったのであろう。

第四部　北宋後期の政治と首都の変容

第四部では、北宋後期に展開された、激しい政治闘争と首都開封の変化の関係を検討した。第八章では、王安石の都市生活に対する批判と、王安石新法－特に市易法が、首都の都市社会にどのような影響を与えたのか考察を試みた。第九章では神宗時代の改革と城壁工事の関係について考察した。第一〇章では、徽宗と宰相蔡京の政治姿勢と首都の変容の因果関係について取り上げることにした。

第八章

宋代には遠隔地商業が発達し、中心として首都開封は繁栄した。王安石の目から見た市民生活は、奢侈軽薄に流れている上、階層分化のすすんだ極めて不健全なものだった。商業流通においては、次のような問題が、新法派から指摘されていた。開封の市場は、問屋や邸店を経営する在京大商人に支配され、物価の上下や物流の多寡が左右されている。そのため中小の商人や遠隔地商人たちは、その活動が制約され困窮している、と。

王安石および新法派は、この問題点を取り上げ、市易法とよばれる法体系によって、商業活動に積極的に統制を加えた。市易法には、在京大商人抑圧、物価統制、中小商人の保護（低利融資）という三つの柱があったが、王安石執政時代には、大商人抑圧に重点が置かれた。在京市易務によって、日常の生活物資のような商品にいたるまで、物流が統制された。具体的には、遠隔地商人が輸送してきた商品を、市易務が買い上げ、それを中小商人に卸した。その際に当時としては低利での掛け売りも行われた。つまり遠隔地商人と中小商人を保護する体制を取ったのである。やがて、大きな収入を上げたことから市易務の長官は表彰を受ける。おそらく市易務の活動を、掛け売りにより利益を上げることに集中したのである。市易法反対者は、市易務が大商人に取って代わった、と批判している。いわば、民業抑圧だったのである。民間商業活動が停滞し、邸店などの倒産が相次いだ。やがて市民たちが怨嗟の声を上げ始め、政府の内部にも神宗皇帝をはじめとする反対が起こった。さらに新法派内部にも、利益第一主義に陥った在京市易務のあり方について疑問を呈するものが現れるようになった。

かたくなに在京市易務の活動を支持する王安石が桂冠した後、神宗親政期の元豊年間に入ると、熙寧時代のようなすべての商品を対象とするような商業統制はやめられ、市易法の目的は「物価安定」にシフトした。経済統制が緩やかになったため民間経済も回復した。その表れとして、王安石執政時代に進められた、在京禁軍の削減によって現出した「廃営の地」に対する大きな需要があげられる。元豊時代は『東京夢華録』に示される開封の「極盛」を準備した時期であるといえるのではないだろうか。

第九章

開封の外城は、首都防衛のもっとも重要な城郭である。これは元々、後周の世宗が版築を命じたものであり、北宋はそれを踏襲し、修築しながら首都城壁として保ってきた。「我々の宋は、国都の壮麗さによって、四方に覇をとなえていた漢や唐とは違い、道徳や徳化によって周辺を従わせる」という『春秋』に基づく言説が主流であったようだ。神宗時代には『周礼』を引用して、城郭を「高城深池」にすることが必要であるという主張が新法派から唱えられ、王安石引退と前後して、修城工事が始められた。

この城壁工事と、つづく哲宗時代に行われた城濠工事によって、城門は正門をのぞいて甕城となり、反対派が「辺境の要塞のようだ」と批判するような、立派な城郭と広大な城濠が作られた。以前の城郭に比べ、整然とした景観が出現したのである。

この工事の背景は以下のように考えられる。まず、在京禁軍が削減されたことから首都の防衛力が心細くなっていたことと関連していたとも思われる。公式には首都の外貌の壮麗さによって国家権威を表現するという目的が主張された。また神宗の新しい政治の象徴という説明もされた。「元豊官制改革」と並んで、この熙寧末年に始まる城郭工事は、北宋の根本的な改革を行ない「帝国」の再建を目指す神宗の意志というものが反映した政治行動の一環だったのである。とすると、従来の穴だらけの城郭は、積年の矛盾を抱えた北宋の諸制度の表象ということになる。世宗の築いた旧来の外城壁は、新旧両党から正反対の意味が与えられたが、新しい外城壁によって、開封の外貌が一変したことだけはまちがいない。

第一〇章が扱った徽宗時代には、林霊素が主唱した神霄派道教の教説が徽宗皇帝に尊崇され、国教的な扱いを受けたことがよく知られている。この時代の首都における大土木建築は皇帝の道教崇拝と関係が深い。神霄説では、徽宗は、天子であると同時に、長生帝君という道教神であり、外国の宗教（仏教）が広まっている中国に道教を広めるため下降して来たとされた。政府は、仏寺を道観に変更するなど、廃仏政策を実施すると同時に道教による徽宗の神格化が進められた。それによって、皇帝の権威の強化をねらったのである。

各州には、神霄玉清万寿宮が設けられ、長生大帝君（徽宗）とその弟青華帝君の像が奉安され、組織の中心として首都に上清宝籙宮が建設された。上清宝籙宮は、東華門外を夾んだ宮城の東隣にあったが、両者は、景竜門の門楼に設けられた複道によって結びつけられ、徽宗は俗界と聖界を容易に行き来できるようになっていた。さらに、上清宝籙宮の北隣には、神々が降臨する空間として緑豊かな景勝の地、艮岳（万歳山）が造営された。この景竜門は、徽宗朝時代、もう一つ重要な役割を果たすことになる。上元観灯の日には、皇帝は、宮城の正門や、東華門に出御して、大衆に身体をみせ、「民と与に楽しむ」。この時代になると、景竜門が主要な上元観灯の舞台となる。そして、東華門から景竜門までのあいだは、夜間外出禁止令が一ヶ月あまりも解除され続けた。皇帝や官僚たちは、市民のにぎわいを観て、自らの政治の正当性を確認したという。なお、金が占領した後、景竜門から、上元観灯の飾り物が占領軍によって運び出され、それを使用して金の本営で上元観灯を実施したという。このことからも、徽宗時代におけるこの門の地位が伺われる。

景竜門をこえて外城域にはいると、まず景竜江の橋がある。それを渡って北へ進むと、徽宗の皇子たちの第宅がたちならぶ。景竜江を西に向かって舟行すると、金水河に合流する、河流は南北二股に分岐しており、北に向かうと徽宗の旧宅である竜徳宮があり、南に向かうと、蔡京一族の大邸宅や、王黼の豪邸に行くことができる。これらは、みな、皇帝が恩賞として賜った土地に建てられたものである。徽宗はこの景竜江などを利用してお忍びで、彼らの邸宅に、たびたび行幸していた。

以上のように、徽宗時代の開封には、神霄派道教をイデオロギーとする支配原理に基づき、聖の施設・空間が整備され、皇帝権威のための首都機能の増強がはかられた。整備されていったといえる。この時代には、神々の降臨が、たびたび上奏され、歴史書に書き込まれた。とくに、旧城の東北部の変貌が注目される。

徽宗をふくめた支配者集団と首都の庶民達は、上清宝籙宮で行われる道教の祭典や、「預賞」とよばれた新しい上元観灯の行事に、ともに参加することによって、「太平豊盛」を意識し、徽宗と北宋政権の権威を納得する仕組みだったのである。初めに述べたように北宋の開封は、軍事力の中心としての首都機能が、空間や景観を支配したといえよう。すなわち俗の首都機能が卓越した首都であった。しかし、その中心であった禁軍軍営が、王安石の軍政改革のなかで半減してしまった。徽宗時代になると、超自然的な聖の首都機能が整備され、空間や景観を再編成するような役割を担うようになった。

付章一は、皇帝の政治行為として行幸を考え、首都空間との関連を追究した。

まず、北宋の皇帝行幸は、太祖・太宗・真宗の三帝の時代が量が多く、しかも首都から離れた地点への行幸が見られる。これは、草創期の統一戦争や、契丹との国際問題の不安定な時代を象徴している。それ以降の皇帝は、首都から離れず、行幸は、首都空間に限定された。開封の中での行幸の意識はどんなものであったのかというと、まさに、首都住民とのコミュニケーションといえる。皇帝の身体の実在を確認しようという、首都住民たちの願いと、皇帝の身体を、市民たちに見せつけることによって、支配の正当性を証明したい政府との関わりが、行幸なのである。そして、皇帝は市民達の反応によって政治の行為を行う空間として、開封の首都空間が機能したのである。

徽宗は、祥瑞の出現を利用したり、道教神の生まれ変わりを自称したりと、超自然的な方法で支配の正当性を主張した。これは、いわゆる「祖宗」の行幸あり方とは異なるものと、旧法系の士大夫からは見えたようである。行幸においても、祥瑞などの観察が優先され、北宋の伝統的な遊幸の論理とは離れた形態が取られることになる。すなわち、百姓から身体を隠しての行幸である。さらに、自らの娯楽のための行幸が中心となった。

付章二には、最近の開封発掘のあらましが記録されており、開封独特の作業の困難さが了解される。外城・内城の位置が判明し、主要な河川の位置もわかりつつある。我々文献史学者の側が、巨大な成果をいかに多くの場面で生かして行くか、考えなければならない。

おわりに

以上、四部一〇章（二付章）にわたって、二〇〇年余りのこの都市をめぐる多岐にわたる問題に関して考察してきた。権威のための首都機能と権力のための首都機能が、様々な形で首都の選定や、首都空間の景観や構造、人口や治安制度などに影響を及ぼし、開封という都市を揺り動かしていたことが確認できた。

開封は、北宋の初めは、数十万に上る禁軍の駐屯地として出発した。軍糧輸送を行う汴河とそれを貯蔵する倉庫群、軍人の居住地である軍営が首都機能を果たす施設であった。これは繰り返し指摘しているように、北宋政権の中央集権の求心力の源泉である。この禁軍の存在は、権力としてだけでなく、軍営の連なる景観が、一種象徴的な権威をも表すようになっていったと考えられる。一方で首都の平面プランや、城郭の壮麗さなど、他の中国王朝の首都で強調される首都機能は、不必要なものと見なされる傾向にあった。

しかし、神宗時代になって、北宋の従来の法制度（祖宗の制）の全面的な見直しの中で、禁軍の首都集中は、廃止され、軍営の連なる景観は、廃営の景観となった。祖宗の制の見直しは、首都のプランにも及んだのである。その結果として、後周の世宗の築造以来、踏襲されてきた外城壁が、作り直され、防衛のためというより、国家権威の象徴として大きな役割を果たすことが期待されることになった。禁軍軍営は、寺観や民生用の用地として、再開発される。この神宗時代は、開封の歴史にとって大きな転機である。

徽宗時代には、皇帝の権威を道教神霄派の教説によって強化する試みが行われたため、その根本的な寺観：上清宝籙宮や、それに付属する艮岳などの道教施設が、あらたな首都機能を担う施設として建設されることになった。宮城と上清宝籙宮に挟まれた景竜門という内城の門は、徽宗の行幸の通路（複道）とされたために、最重要の門となった。上元観灯の行事も、この門を中心として行われるようになった。徽宗はこの門の上で宴を張り、下では百姓が、観灯を皇帝と与に楽しむ喜びに浴したのである。

以上のように、首都開封は、さまざまな首都機能を持っていたが、首都機能は、伝統的なものをのぞけば、時の政治権力よって色々な変化をしてきた。その変化は時に、首都の都市空間の再構成を引き起こしたのである。

あとがき

本書の完成によって、私の宋代開封への旅も一段落を迎える。大学在学中から数えると、ほぼ二〇年間、この都市とつきあっている。小学生の頃に開封の名を知ってから、三十年以上になろうか。お互いにもう飽き飽きしているはずであるが、なぜか、史料を集め始めると、この都市に関連する資料が集まってしまう。次に書く論文もやはり開封に関わったものになりそうだ。

私の学生時代は、ちょうど日本がバブル景気に浮き立っていた時期である。都市東京に住んでいた私は研究テーマを定めるに当たって、都市研究を選択した。宋代開封に焦点をあてた研究をするきっかけは、『水滸伝』の舞台の一つとなっていたことにあったようだ。小学生高学年であった私は、日本の某テレビ局が制作したドラマ『水滸伝』(一九七三年)を熱心に視聴した。その時に、とりわけ耳に残ったのが、なぜか「近衛八十万禁軍の総帥高俅は・・・」というナレーションのフレーズであった。国交回復した当時、中国でのロケは限られたものだった(最終回で、水谷豊演じる徽宗が天壇公園を徘徊するシーンがあり)。したがって、開封の宮殿は、湯島の聖堂を借りて撮影され、華北平原は鳥取砂丘だった。なお、禁軍の存在は、禅寺の石段の映像で象徴的に表現されていた。本書の主要部分は首都社会の変遷と禁軍制度の推移を結びつけた数章である。禁軍を研究の材料とすることが多かったため、子供心に得たイメージの残像がいまだに残っている。

開封に、一〇ヶ月ほど暮らしたことがある（二〇〇〇年、文部省在外研究員）。華北平原に位置し、周囲に山岳地帯が皆無の開封の気候は厳かった。特に春先の黄砂を含んだ強風には閉口した。窓を固く閉じても部屋の中まで砂まみれである。徽宗らが江南風の庭園建設に熱中したのも分かる気がした。また、すでに開封の研究を始めて年月がたっていたにもかかわらず、改めて、なぜこのようなところに奠都したのかとあきれた。太祖は洛陽の風致を好み開封から遷都しようとした。しかし、大方はそれに反対し、遷都を思いとどまることになった。開封が首都となったことには、住みやすさとはちがった理由があったわけである。本書はその問題にたいする適切な解答となったであろうか。

宋代の開封は地下数メートルにある。現在地上に痕跡をほとんど残していない。鉄塔と繁塔だけである。したがって、史料を解析することによって脳内で復元することがこの町へのアプローチの手段なのである。現在考古調査も進められているが、宋代の開封の上に金・明・清の開封の町が埋没しており、その上には六〇万人の現代の開封市民が実生活を営んでいる。発掘作業は城郭・運河などの位置を確定するなど巨大な成果は上げているものの、北宋開封住民の息吹は、文献資料によって感じなければならない。私がこの研究を志した目的の一つは、北宋首都市民の息吹を感じたいと思ったことだった。

『東京夢華録』『清明上河図』に市民の息吹が感じられるといわれる。私が研究を始めた頃、入矢義高・梅原郁両氏による『東京夢華録』の訳注が出版され、『清明上河図』も複製品が安価で購入できるようになっていた。そのため北宋開封への距離は非常に近くなったとおもわれた。しかし、開封の研究を継続する過程で分かったことは『東京夢華録』や『清明上河図』だけが開封ではないということである。この場をかりて、両史料に関する、現時点での私の見解を簡単に触れておきたい。

『東京夢華録』は序文によれば南宋で失われた帝都を懐旧するために書かれた書である。ただし、徽宗時代の象徴的な巨大建造物については沈黙している。したがって徽宗時代の開封の記録という意味では、欠陥商品と言える。ところで、現在は佚してしまっているが、北宋時代に開封に居住していた士大夫が書いた二種の都市記録が存在していた。神宗時代に宋敏求が著したのが、『東京記』三巻である。『東京記』は、佚文が少々残っている。その内容から推して、神宗時代の開封の変化を記録することを目的として描かれたもののようだ。さらに、徽宗時代（宣和末）に、『長安志』に倣って、『東京記』の欠を補い、徽宗時代の「京邑之盛」を記録するために、編纂されたのが『汴都志』である（『清波雑志　別志』三）。これは、徽宗の詔勅にしたがって国家的な事業として編纂されたものである（巻数などは不詳）。したがって、おそらくは、『東京夢華録』が欠いている、徽宗時代の権威の演出のためや皇帝の趣味によってつくられた巨大建造物や園林の記述が中心であったであろう。皇帝と国家の意思が反映したものだったはずである。『東京夢華録』の著者孟元老は、当然、これらの著作の存在を知っていただろうし、読んでいた可能性は高い。特に徽宗勅撰の『汴都志』と、『夢華録』の執筆された時代は近い。なぜ改めて『夢華録』が書かれなければならなかったのか。それは、『汴都志』の記述は、徽宗の治世のすばらしさを主張する開封の一面を中心とするものだったからであろう。開封からの避難を強いられた難民孟元老にとっては理想の首都を懐旧したり南宋生まれの人々に語り次ぐには不適当な内容と感じられたに違いない。

とにかくも、『東京夢華録』を含めて三つの書が執筆された年代は興味深い。拙著の読者はおわかりのように、開封に大きな変化があった時期と符合しているのである。変化があったからこそ、記録を作成する動機が生じたのである。

『東京夢華録』が記述を欠いているのは、開封の西部・北部である。開封は、地形上、西北が高く、東南が低い。西北は高燥であり、東南は低湿である。汴河の河道をみればそれが明らかである。したがって、西部北部は高級住宅地であり、東南部は庶民の住居となる。拙著で縷々触れてきたように、宋初の高級住宅用地の居住者は、禁軍兵士であった。宋末には、徽宗の潛邸や諸王と徽宗の皇子たちの御殿、蔡京・王黼・梁師成・高俅らのお屋敷が、市内北部西部に建設された。

一方東南部の低湿地は庶民の世界であり、商業の世界である。汴河をまたぐ御街の橋（州橋）と相国寺橋が平らな橋だったためもあり、大相国寺より下流一帯は、五代後周以来、港湾施設が設けられ、一大商業地帯となっていた。南方の富が首都に吸い上げられていたのである。『東京夢華録』には、西部や北部の記録は少なく、東南部の商業地帯の記録が多いのはそのためではないか。

大相国寺と太平興国寺は、北宋開封を代表する二大寺院である。西部に位置する太平興国寺は、後周世宗による廃仏で一旦、廃寺となり倉庫として使用されていたが、北宋太祖が仏寺として再建し、太宗期には、大蔵経を翻訳するセンターが置かれるなど、北宋仏教の中心地となっていった。それに対し、大相国寺は、民間に親しまれ、一種の商業センターとして機能していたことはよく知られている。この両寺院の対照性は今後追究するテーマとなるが、上述したような開封の都市構造と関連したものといえそうである。

張択端が『清明上河図』に描いた場所がどこであるか判然としない。議論百出である。描かれている運河が汴河であり、汴河が開封から流出する開封東南部を描いたものであるというのが、大方の意見であろうか。この絵画については、史料が少なく、その由来についても、不明な点も多いようだが、一つの学説に因れば、北宋末期の画院に所属

して た張択端が徽宗に命じられて描いたものだという。とすると、徽宗の意図が、この絵画の謎を解く鍵である。私見では、徽宗は、この絵に自分の「太平豊盛」の王国を描かせたのである。この絵の作成は、本書の第一〇章で述べたような、国家繁盛の演出に近い政治的な行為だといえよう。瑞兆が現れたことを画像化した徽宗作『瑞鶴図巻』について、板倉聖哲氏は、徽宗の意をうけた画院の画家が代筆したものではないかと述べている（「皇帝の眼差し　徽宗「瑞鶴図巻」をめぐって」『アジア遊学』六四、二〇〇四）。『清明上河図』の成立事情もそれに近いものがあるのではないか。（口絵8）

管見の限り、研究者によって等閑視されている図巻の部分がある。アーチ型の橋、運河を通航する船舶、門楼、商店、食堂、そこを行き交う人々など、都市的な要素が専ら議論の対象となっている。しかし、図巻の四分の一を占める部分は、運河下流の農村部なのである。この部分が描き込まれている意味はどう解釈できるだろうか。

図巻の冒頭、江南的なクリークが描かれており、次には、水田が展開する。さらに運河沿岸での、農産物の集散作業が描かれ、都会に運搬されることが示唆されている。さしずめ、集散作業が行われているのは、地方の鎮となろう。次のテーマは運河である。運河船が、堂々と遡上する様が描かれ、そのハイライトが、虹橋の場面である。城門をくぐり、都会に着いた物資は、そこで消費され、図巻はおわる。この絵を眺めていると、精密に書き込まれた人々の十人十色の姿態に驚嘆するが、一旦物資に関心を持ってしまうと、今度は描き込まれている商品の量や多様さ、雑多な運搬手段に圧倒される。この図巻の主人公は、実は、流通する商品群なのではないか。徽宗が主題として、画家に示したのは、北宋の江南で生産された物資が商品となって汴河によって開封に運ばれ消費されるという「太平豊盛」のドラマだったと思えてならない。

さらに徽宗はこの絵によって、まだその目で見たことのない蕭々たる江南の風景と生き生きとした漕運の情景と、徽行によって熟知している開封の繁華街とを同時に俯瞰するという欲求を果たしたと、私には感じられるのである。蕭々とした江南の風景は、徽宗にとっては、あこがれのものであった。したがって、艮岳をはじめとする、仮山・園林が開封に作られたことは本文で指摘したことである（かれは治世の間は、偽物しか見ることができなかった）。

『清明上河図』の風景は、いくつかの景観をつなぎ合わせたものであるという議論は、伊原弘氏らが指摘している（「張択端『清明上河図』と宋都開封の風景」中央大学『アジア史研究』四、一九八〇）。いわゆる「胸中丘壑」ではないかという指摘である。私は基本的に賛成である。鼓楼ではないかという議論がある城門についても、位置関係は別として開封に実在する門をモデルとして描いたものであろう（本書の後半でふれたように、外城の城門は、すべて甕城となっているので、張択端の描いた城門は、内城の門をモデルとしたものと考えられる。そして、城門の場面に描かれている、崩れかけたような城壁は、北宋末期の内城の記事に一致するのである（本文二四九頁を参照））。ただし以上に述べたような意味での、「胸中丘壑」である。『清明上河図』には、徽宗の政治性的意志や美的感性が色濃く反映していると拙著の仕事を終えた段階では指摘したい。だからといって、北宋末期に生きた天才画家によって描かれた開封住民の息吹は、いささかもその価値を損ずるものではない。

以上、本書完成時に感じたことである。まさに「あとがき」として、高名な両資料に関する見解を吐露させて頂いた。今後、機会があれば、これらの問題について、議論を深めてみたい。

本書は、私のこれまでの研究活動のささやかなまとめである。多くの方々のご助言や励ましによって研究を続けた結果である。学恩を賜った諸先生には厚く感謝の念を表明したい。

早稲田大学在学中のある時から、近藤一成先生の研究室を頻繁に訪問し、研究の手ほどきを受けるようになった。近藤先生は、お忙しい中わざわざ時間を割いて、私の生硬な研究報告に耳を傾け、適切な指導をしてくださった。拙い原稿には根気強く朱を入れられた。近くは本書の元となった博士論文の主査を引き受けて頂いた。心から御礼を申し上げたい。

首都開封の社会や都市構造を研究対象として、本格的に考えるようになったのは、修士課程に入学してからである。修士課程では古賀登先生の研究指導の末席につらなり、宋代開封に関する報告を毎週のように聞いて頂き、貴重なアドバイスを頂戴した。先生独自な研究の方法論にも影響を受けた。その時期に、五代の首都が開封に定まった時、依然として、汴河が荒廃していた史料を発見し、その史料が定説を批判する根拠になることに気付いた。それを手がかりとして五代の首都問題に対する定説を批判する報告を古賀・近藤両先生に聞いていただいた。それが最初の論文「五代国都新考」となった。

修士課程修了後、高校教員として就職した。しかしながら開封の社会を解明したい気持ちは断ちがたく、長澤和俊先生をはじめとする早稲田大学東洋史専修の諸先生や、勤務校駒込学園の歴代校長、同僚の方々のご理解、ご協力により、教職の傍ら研究活動を継続した。週に一度の夕方より近藤先生が主催される自主ゼミが研究活動の主な場となった。川村康氏、金子泰晴氏、中島楽章氏らと、『名公書判清明集』『慶元條法事類』などに取り組み、文献読解の経験を積み研究方法を学んだ。参加された諸氏の勉強ぶりに舌を巻きながら、何とか校務の合間を縫って出席をした日々であった。

唐宋変革期の都市問題に関する論の多くは、坊制の崩壊と商業の発達との密接な関係を指摘するものであった。この問題に関心を深めた私は、先学の意見に対して、なんとか、「一太刀浴びせる」ことはできないものかと、考えを巡らしていた。そんな時に出会ったのが、藤田弘夫氏の『都市と権力』（創文社、一九九一）をはじめとする一連の著作である。都市を権力の結節点としてとらえる氏の議論を読みながら、都市を流通経済の結節点としてとらえることに集中しつつあった中国都市研究に対する批判的研究の可能性を夢想し興奮した。それ以来新都市社会学と称せられる分野の著作を渉猟して、開封を都市としてではなく首都としてとらえるという研究方針を得た。坊制の崩壊や侵街の問題など、先学が論じた諸問題に、独自の見解を持つことができたのである。

その後、国立長野工業高等専門学校に転じたが、その三年目に、在外研究員として河南省開封市に在外研修することが許可された。乗り越えなければならない問題もいくつかあったが、浅黄谷剛寛校長（当時）や関係部署の事務職員の方々、一般科の同僚など多くの学校関係者のご理解とご協力があって実現できた。程民生先生や郭万平先生（現浙江商工大学）をはじめとして河南大学宋史研究室の諸先生には訪問研究に際し多大な便宜を図って頂いた。郭先生には、本書にも所収している二本の拙稿を中国で翻訳発表して頂くなど大変お世話になった。本書の出版に際しても中文提要の作成を快く引き受けて頂いた。また、開封市博物館の丘剛先生（現海南省博物館）の部屋を数度にわたり訪問し、開封の発掘状況について説明をうけた。丘先生の論考を翻訳する許可をいただいたのもこの時である。開封における研修活動で、特にこの研究に貢献しているのは、いわゆる「土地勘」ができたことである。中古の自転車を駆って、現在の地図と宋代の開封想定図を引き比べながら、市内を走り回った。

十年あまりの研究をまとめて、二〇〇三年、早稲田大学に学位請求論文「宋代開封の研究」として提出した。それに、その後発表した数編の関連論文を加え一書にまとめたのが、本書である。したがって、体裁や言い回しを整えたりしたため、初出時とは面貌を一新している部分もある。特に第一部は、行論の都合で、雑誌掲載時とは、章節を大幅に入れ替えている。

各章の内容を口頭発表や個別論文として報告した際には、宋代史研究会の方々を初めとして多くの方からご意見を頂いた。特に都市研究の先達である伊原弘先生には、貴重なご見解をたびたび頂戴した。一つ一つ注記はしなかったが、方々から受けた御意見を参考にして加筆訂正をした部分がある。また史料の誤植なども今回点検し修正を加えている。

汲古書院の坂本健彦氏は、今日のきびしい出版事情にも関わらず、本書を刊行する機会を与えて頂いた。厚く御礼申し上げたい。最後に、私的なことではあるが、研究者としての出発にあたり援助してくれた両親及び長年の研究活動を支えてくれた妻薫に心から感謝したい。

なお、本書は、平成一八年度文部科学省科学研究費補助金「研究成果公開促進費」（一般学術図書）の交付を受けて出版するものである。並びに科学研究費補助金（基盤研究（C））「中国両宋時代の首都と都市に関する基礎的研究」による研究の一部でもある。また、高校教員時代、財団法人私立学校教育振興会から研究奨学金を交付され（平成七年度）、平成九年度には、科学研究費補助金（奨励研究B）の支給を受けることができた。研究費不如意の時期であったため大変有効的であった。その成果は、本書の前半の数章に反映されている。

なお各章の初出を記しておく。

序章　　書き下ろし

第一部

あとがき　394

第一章　五代国都新考　早稲田大学史学会編『史観』一一九冊　一九八八年　九月
第二章　五代宋初の洛陽と国都問題　東方学会編『東方学』九六輯　一九九八年　七月

第二部
第三章　宋都開封と禁軍軍営の変遷　東洋文庫編『東洋学報』七四巻三・四巻　一九九三年　三月
第四章　宋代開封の人口数に関する一試論　東洋文庫編『東洋学報』八二巻二号　二〇〇〇年　九月

第三部
第五章　宋都開封の治安制度と都市構造　史学会編『史学雑誌』一〇四編七号　一九九五年　七月
第六章　宋代の時法と開封の朝　早稲田大学東洋史懇話会編『史滴』一七号　一九九五年一二月
第七章　宋代開封城内の東部と西部　『長野工業専門学校紀要』第三五号　二〇〇二年　七月

第四部
第八章　王安石と開封の都市社会　『駒込学園研究紀要』六集　一九九五年一二月
第九章　北宋東京外城小考──以神宗朝修城為中心──　復旦大学歴史地理研究所編《歴史地理》二〇輯　二〇〇五年一〇月
第一〇章　北宋徽宗時代と首都開封　東洋史研究会編『東洋史研究』六三巻四号　二〇〇五年　三月
付章一　北宋の皇帝行幸について　『宋代社会の空間とコミュニケーション』（汲古書院　二〇〇六）所収

付章二　丘剛著　開封宋城考古述略

早稲田大学東洋史懇話会編『史滴』二三号

二〇〇一年一二月

汲 古 叢 書

1	秦漢財政収入の研究	山田　勝芳著	本体 16505円
2	宋代税政史研究	島居　一康著	12621円
3	中国近代製糸業史の研究	曾田　三郎著	12621円
4	明清華北定期市の研究	山根　幸夫著	7282円
5	明清史論集	中山　八郎著	12621円
6	明朝専制支配の史的構造	檀 上　寛著	13592円
7	唐代両税法研究	船越　泰次著	12621円
8	中国小説史研究－水滸伝を中心として－	中鉢　雅量著	8252円
9	唐宋変革期農業社会史研究	大澤　正昭著	8500円
10	中国古代の家と集落	堀　敏 一著	14000円
11	元代江南政治社会史研究	植 松　正著	13000円
12	明代建文朝史の研究	川越　泰博著	13000円
13	司馬遷の研究	佐藤　武敏著	12000円
14	唐の北方問題と国際秩序	石見　清裕著	14000円
15	宋代兵制史の研究	小岩井弘光著	10000円
16	魏晋南北朝時代の民族問題	川本　芳昭著	14000円
17	秦漢税役体系の研究	重近　啓樹著	8000円
18	清代農業商業化の研究	田 尻　利著	9000円
19	明代異国情報の研究	川越　泰博著	5000円
20	明清江南市鎮社会史研究	川 勝　守著	15000円
21	漢魏晋史の研究	多田　狷介著	9000円
22	春秋戦国秦漢時代出土文字資料の研究	江村　治樹著	22000円
23	明王朝中央統治機構の研究	阪倉　篤秀著	7000円
24	漢帝国の成立と劉邦集団	李　開 元著	9000円
25	宋元仏教文化史研究	竺沙　雅章著	15000円
26	アヘン貿易論争－イギリスと中国－	新村　容子著	8500円
27	明末の流賊反乱と地域社会	吉 尾　寛著	10000円
28	宋代の皇帝権力と士大夫政治	王　瑞 来著	12000円
29	明代北辺防衛体制の研究	松本　隆晴著	6500円
30	中国工業合作運動史の研究	菊池　一隆著	15000円
31	漢代都市機構の研究	佐原　康夫著	13000円
32	中国近代江南の地主制研究	夏井　春喜著	20000円
33	中国古代の聚落と地方行政	池田　雄一著	15000円
34	周代国制の研究	松井　嘉徳著	9000円
35	清代財政史研究	山 本　進著	7000円
36	明代郷村の紛争と秩序	中島　楽章著	10000円

37	明清時代華南地域史研究	松田　吉郎著	15000円
38	明清官僚制の研究	和田　正広著	22000円
39	唐末五代変革期の政治と経済	堀　敏一著	12000円
40	唐史論攷－氏族制と均田制－	池田　温著	近刊
41	清末日中関係史の研究	菅野　正著	8000円
42	宋代中国の法制と社会	高橋　芳郎著	8000円
43	中華民国期農村土地行政史の研究	笹川　裕史著	8000円
44	五四運動在日本	小野　信爾著	8000円
45	清代徽州地域社会史研究	熊　遠報著	8500円
46	明治前期日中学術交流の研究	陳　捷著	16000円
47	明代軍政史研究	奥山　憲夫著	8000円
48	隋唐王言の研究	中村　裕一著	10000円
49	建国大学の研究	山根　幸夫著	8000円
50	魏晋南北朝官僚制研究	窪添　慶文著	14000円
51	「対支文化事業」の研究	阿部　洋著	22000円
52	華中農村経済と近代化	弁納　才一著	9000円
53	元代知識人と地域社会	森田　憲司著	9000円
54	王権の確立と授受	大原　良通著	8500円
55	北京遷都の研究	新宮　学著	12000円
56	唐令逸文の研究	中村　裕一著	17000円
57	近代中国の地方自治と明治日本	黄　東蘭著	11000円
58	徽州商人の研究	臼井佐知子著	10000円
59	清代中日学術交流の研究	王　宝平著	11000円
60	漢代儒教の史的研究	福井　重雅著	12000円
61	大業雑記の研究	中村　裕一著	14000円
62	中国古代国家と郡県社会	藤田　勝久著	12000円
63	近代中国の農村経済と地主制	小島　淑男著	7000円
64	東アジア世界の形成－中国と周辺国家	堀　敏一著	7000円
65	蒙地奉上－「満州国」の土地政策－	広川　佐保著	8000円
66	西域出土文物の基礎的研究	張　娜麗著	10000円
67	宋代官僚社会史研究	衣川　強著	11000円
68	六朝江南地域史研究	中村　圭爾著	15000円
69	中国古代国家形成史論	太田　幸男著	11000円
70	宋代開封の研究	久保田和男著	10000円
71	四川省と近代中国	今井　駿著	15000円
72	近代中国の革命と秘密結社	孫　江著	15000円

（表示価格は2007年３月現在の本体価格）

著者略歴

久保田和男（くぼた　かずお）

1962年　群馬県に生まれる。
1986年　早稲田大学第一文学部史学科東洋史学専修卒業。
1991年　早稲田大学大学院文学研究科博士後期課程（史学東洋史専攻）単位取得満期退学。
駒込学園教諭・早稲田大学文学部非常勤講師を経て，1998年より，長野工業高等専門学校一般科助教授。博士（文学／早稲田大学）。

論文：「宋都開封と禁軍軍営の変遷」（『東洋学報』74巻3・4号，1993），「宋都開封の治安制度と都市構造」（『史学雑誌』104編7号，1995），「唐宋国都の都市構造について」（『史滴』17号），「宋代に於ける制勅の伝達について」（『宋代社会のネットワーク』汲古書院，1998），「五代宋初の洛陽と国都問題」（『東方学』96輯，1998）「風流天子と庶民の都」（『しにか』2002-7），「北宋東京外城小考－以神宗朝修城為中心」（『歴史地理』20輯，2004）「北宋徽宗時代と首都開封」（『東洋史研究』63巻4号，2005），「宋代の畋猟をめぐって－文治政治確立の一側面」（『古代東アジアの社会と文化』汲古書院，2007）など。

汲古叢書70

宋代開封の研究

二〇〇七年二月二十八日　発行

定価一〇〇〇〇円＋税

著　者　久保田和男
発行者　石坂叡志
整版印刷　富士リプロ
発行所　汲古書院
〒102-0072 東京都千代田区飯田橋二－五－四
電　話　〇三（三二六五）九七六四
FAX　〇三（三二二二）一八四五

ISBN978-4-7629-2569-6 C3322

Research on the History of “kaifeng,” the Captal of Song Dynasty

By KUBOTA Kazuo

CONTENTS

宋代开封的研究

久保田和男

引言

本书是对北宋开封的城市构造和城市社会重新理解的一种尝试，作为其切入口，采用了“首都功能”的概念，这是由于开封是首都的缘故。本书并非单从现象层面来把握发生在开封的诸事件，若欲从构造上来理解的话，就不得不关注关系密切的首都功能，许多受首都功能影响而发生或发展变化的现象，均可以得到宏观解释。

笔者认为，根据与统治的关系，首都功能大致可分为权威和权力两种。首先是象征国家权威的功能。通过诸如在首都城市景观、城市空间所进行的祭礼、仪礼，给人造成深刻印象，从而自发地服从于国家权威。其次是国家利用权力而半强制性地进行统治的功能。为了使国家权力有效地发挥作用，在首都设置了各种设施。由于不同国家的统治方法千差万别，行政、军事、警察等代表权力的首都功能也各不相同。

为了具备这两种功能，政府设置了各种各样的设施和空间。根据其是否与超自然物相关联，这些设施和空间可分为“圣”、“俗”两大范畴。为了实现权威、权力两大首都功能，“圣”、“俗”首都设施异常复杂地合成、创立，并根据政治局势而不断地分化组合、发展变化，于是形成了首都空间。

基于以上论点，为方便起见，宋代开封的历史可分为四部分论述：第一部分从首都功能方面，对唐宋间首都变迁的结构进行多方位考察；第二部分讨论伴随着北宋禁军制度的变迁而出现的首都城市空间诸层面和人口问题的变化；第三部分探讨国家对首都市民生活的统制；第四部分以政治斗争激烈的神宗朝以降为中心，探讨因政治性问题而产生的首都的变化。以下介绍具体内容。

第一编　五代、宋初的首都问题

第一章

后梁太祖朱全忠受禅于唐帝而称帝时，改汴州为东京开封府，并定为首都，许多学者以此作为开封成为首都的开端。然而，在建国伊始，也有不少官僚应定都洛阳的议论。朱全忠在即位满二年时，在洛阳进行郊祀，接着迁都洛阳。值得令人关注的是，以圆丘为代表的郊祀设施、太庙、社稷等礼制“圣”设施 、空间，到五代末期一直设置于洛阳。

后晋太祖石敬瑭在迁都之际所发诏敕中，指出：开封与洛阳相比，有漕运之利，故定都开封。后唐明宗以后，五代时期中原国家开始把强化禁军作为集权化的基础，无庸赘言，这是以通过军事权力克服藩镇体制为目标的。因此，募兵集中于首都，稳定和确保募兵及其家属的食品供应，作为首都功能，被优先考虑。然而，礼制相关的设施、空间依然留在洛阳，应该体现首都功能的设施、空间，

被分置在两个城市，成为分离首都。

据说，开封与洛阳相比，开封有漕运之利，然而，在五代时期，并没有象宋代一样的藉汴河来自南方的漕运。因与南唐关系并非友好，汴河也因战乱而失于修补，部分河段（宿州附近）淤塞。与此情形不同的是五丈河。

五丈河是连接今天山东省和河南省（开封）的运河。在山东半岛，有来自五代中原国家的友好国家——吴越和闽的物质可以抵达的海港。这里是盛产谷物的地方，也是铁的重要生产地。宋初发运使设置在五丈河沿岸，便是出于这种背景。此外，拥有蔡河、黄河漕运的开封，比沿着水量较小的洛河溯流而上可以抵达的洛阳，具有优势。

后周太祖末年，开始在开封整合首都功能。经过长时间整治，开封作为首都的正当性得到普遍认同。因此，此时可以视为首都开封的确立期。

宋太祖晚年在洛阳进行郊祀，仍然想迁都洛阳，这样的记载见于《长编》。对此，太宗本人及其周边数人，从郊祀之前便不断提出激烈的反对意见，最后太祖妥协。多数人认为，太宗势力集团的一系列活动，是为了在政治上防止盘踞洛阳的皇子德芳的人脉。尽管如此，因为此时开封已完全具备首都功能，因此太祖的主张很奇怪。所以这样，可能是因为太祖与太宗对于首都功能的认识存在差异的缘故。也就是说，在统一之后，太祖欲解除集中募兵于首都的首都功能，但太宗主张，即使在平时，也有必要采取五代时期禁军集中策略，把开封作为首都，这可以从太宗极即位后采取的禁军政策中得到证实。

第二章

目前残存有反映唐末五代时期洛阳的城市景观和城市构造变迁的史料。在盛唐时期，洛阳大街两侧已设置了坊墙。然而，根据晚唐首都洛阳的治安制度方面的史料可知，因为百姓可以在晚间自由出入，为了有效管理，便令禁军士兵巡回监视，这表明当时并未实施依托坊制的治安制度。

在后梁时代的洛阳的城市空间，农田在逐步扩大，也就是说，随着坊墙的倒塌而出现了这样的景观。在后唐首都洛阳，为了凸显首都的体面即权威的象征性，采取了禁止在首都范围内出现农田的政策。在面向游人往来的街道的农田内，政府命令建造房屋，以显示首都的“壮观”，甚至采取在不影响交通的情况下允许侵街行为的政策，这似乎表明，出于权威的景观整顿，采取了不基于坊制的形式。

在五代时期，洛阳和开封并非处于对抗关系，相反，洛阳的宫殿建筑和郊祀设施，成为开封的模范。此外，晚唐洛阳的不与坊门关闭同步的“夜禁”制度、后唐洛阳实施的奖励临街店肆、允许侵街的政策，均被北宋开封所继承。北宋开封的治安制度、坊制的问题将在第三编第五章详述。

第二编

在第三章，首先探讨了与已确立首都地位的开封的首都功能关系密切的禁军制度的变迁。在此基础上，从空间论、景观论的角度，探讨了这种变迁对首都

开封的影响。第四章论述了随禁军制度变化而出现的人口结构的变迁。

第三章

在北宋前期，禁军数量持续扩大。尽管禁军中也存在常驻于首都之外的就粮禁军，但在仁宗朝之前并不多。然而，随着驻京禁军数量的逐年增加，在京城陆续建成了不少禁军军营。太宗朝末期的在京禁军数量，是太祖朝末期的二倍，甚至在外城以外，也设立了军营地。

军营按照指挥（步军 500 人，马军 400 人为定额）配置，军营形态是有一个门的方形壁障所围成的封闭空间。根据优待禁军的方针，尽可能设置在排水好的地方。但禁止酒、肉、韭菜等带入门口，还有服装督察，同时，晚间关闭营门。总之，军营具有管理禁军士兵的作用。

到了北宋中期，享受优厚待遇的禁军士兵，其素质日渐低下。在官僚士大夫中间，不断有指责在京禁军的纪律涣散和堕落的声音。与在对西夏战争伊始，参战的禁军士兵不能取得进展相比，乡兵和蕃兵显得更活跃。五代、北宋初期所采取的以中央集权为基础的“强干弱支”政策，在北宋中期依然盛行，应该取消花费巨额国费的在京禁军的议论日渐高涨。

到王安石变法时期，禁军改革问题正式实施。他们减少在京禁军数量，进行有效的禁军配置。此外，王安石主张采取改募兵为府兵的策略。很难立即废止募兵制，不过，随着减少募兵，开始逐渐试行保甲制。保甲法在新旧党争中并未得到彻底执行，但在京禁军数量的定额仅为以前的一半即十万，后来甚至减少至十万以下。为此，在首都城市空间中，出现了许多所谓废营、空营的军营废墟。这些空营地作为首都内部再开发的余地，得到各阶层的欢迎。

根据史料记载，空营地开始时为寺院、道观所用，不久，政府也不得不满足私人的需要了。在徽宗朝，大部分废营地得到重新利用。据说，宠臣们修建大邸宅时，曾以废营名义征用民房。

第四章

本章考察了宋都开封的人口数与空间分布的历史变迁，及其与集中禁军的首都功能变迁之间的关联。

在北宋中期之前，禁军及其家属多为首都的消费人口，尤其是太宗朝。在京禁军数量的增加、运河漕运的扩大，使城内军营用地日益不足，于是在城外又设置了军营，也就是说，城市空间扩至新城外。太宗朝是历史性“宋都”（但非北宋）诸功能及其空间配置、景观得以完备的时代。

与打算削减禁军、迁都洛阳的晚年太祖不同的是，太宗主张强化开封首都体制，加强集权统治。太宗的这一政策为后代统治者所继承，到仁宗朝，可以确认的首都人口总数有 140 多万，其中，约有 30－40 万人居住在城外。

如前章所述，王安石新法是调整国家初创时期仿效唐末五代的各种制度，合理地解决宋代中期出现的新问题，其中以军事方面更明显，废除了“强干弱支”政策，实行更实战性的配置，为此，减少了在京禁军数量。

与此同时，民间人口直到北宋末期均呈增加趋势。众所周知，北宋的军事

财政体制，推动了商业的全国性发展，开封成为长途商业的全国体系中心、沿大运河的南北交通要冲和票据交易的全国性金融中心。

在废营地上建成了寺院，或成为商业用地。然而，民间人口的增加，并不能弥补禁军及其家属数量的减少，从而也不能使开封的人口得以增加。随着时间的推移，开封人口开始减少，笔者估计，在北宋末期，已低于120万。

第三编

通过探明限制市民的城市制度及与城市相关的政策，凸显开封城市构造的多样性以及市民生活的诸层面。

第五章

本章采用比较方法，考察了唐以前的城市空间与开封的城市空间，首先是作为城市区划制度的“坊制”。

从北朝到唐代，以华北城市为代表的坊制，原本是在五胡十六国时代为维持多民族混居的城市空间的治安而设置的，城市内有多种城市区划：设立坊，并在其周边以障壁包围，区分出居住空间。首都的坊制作为首都功能，是用来管理被强制移民的异民族的，因此，首都的治安维持功能以及用坊制的空间配置和景观来体现国威的功能，是首都功能的两个方面，而坊制正是具备两种功能的制度。然而，随着异民族的汉化以及国威的衰退，坊制已逐步丧失其现实性，终于在唐末消亡。

到了唐代中期，形成了因识别、管理需要而新出现的募兵集团。在五代十国、北宋初期，政府采取汇聚募兵于禁军的政策。为此，北宋统治者在首都治安方面所面临的首要问题是募兵的暴力行为。他们被安置在军营居住，并被有效管理，而军营是用障壁包围而成的仅有一个大门可以出入的小空间，设置军营具有重大历史。遴选唐末、五代十国时期分布于中国各地的募兵集聚到首都，以此来牵制地方势力。同时，由于集中地管理军队，赵宋王朝形成了自己的统治秩序。藉军营的禁军管理，可以说是北宋时期所特有的（权力的）首都功能。

后周世宗在位时，因军营用地不足而修筑外城，扩大了城市空间。北宋太宗时，军营又从外城开始向外溢出，这是设置城外厢的原因之一。北宋开封内部，从城市构造上说，作为封闭空间的军营，估计最多设置了二百多处，这成为首都景观要素之一。而同时，随着坊制崩溃或者根本就不存在，市街地成为开放的空间，这与军营形成鲜明对比。

市区管理体制当然有别于军营，其中便是夜禁问题。夜间外出的禁令，始于三更。不过，军营内禁军士兵及其家属，到了夜间开始时间（一更），必须返回军营，在上元观灯节日时也如此，禁军士兵及其家属不能在夜间外出。

首都是国家权威的象征，权力基础不稳定的国家常常用象征性建造物来装饰首都。统一南北朝分裂局面的隋朝，其国内存在各种各样的不稳定因素，例如统治民族的多样性，故用庞大计划来修建首都，以控制那些不稳定因素。为了夸示大街的威容，形成区分不同民族、不同阶层的居住群落，坊制成为大兴城修筑计划的重要因素。因此，侵街和打墙表明作为国家象征的国家权力的衰弱。

开封也有侵街行为，不过，这一问题频频发生在北宋全盛时期的真、仁宗朝，但这不同于唐代，不能说是随着国家权力的衰退而出现的。笔者认为，宋政府没有打算基于坊制的首都计划来表现国家权力。

可是，北宋与隋一样，是结束长期分裂局面的统一国家，所以，首都开封应该拥有表现国家权威的象征性建筑，笔者认为，整齐排列的禁军军营，就是这种象征性建筑，它表明数十万军队经常驻守在首都。

通过以上考察可知，开封城市空间分为市区和军营两部分。因禁军数量和编户人口大体相当，二者所占城市空间的面积，大概不会有太大的差异。市区、军营同处一个城市，未必是水和油的关系，对城市文化来说，具有辩证法关系。譬如说，军事性历史性主题(三国时期、五代十国等)的讲史等，以军人为听众对象，促进了民间文学的发发展，文学研究学者已探明了这一点。

不过，第二章笔者已经指出：开封的军营在神宗朝以后慢慢消失，北宋末，已不再显眼，因此，《东京梦华录》作者很少有关于军营的记载。此前的开封研究，只把市区作为对象，并由此来研讨坊制崩溃和侵街问题，这一方法应该说是片面的。军营是城市构成主要因素，其消长也是城市问题之一，不容忽视。

第六章

前章叙述了开封是由开放空间和封闭空间混合组成。本章拟分析军营、市区的布局问题。

考察的突破口之一是太祖约束禁军的规定。随着禁军势力的扩大，禁军首领发动军事政变也逐渐成为问题，后汉、后周、北宋三王朝的更替，均是兵变成功的结果。为了防止军事政变的再次发生，北宋政府制定了各种各样约束禁军的策略，其指挥系统被分割为三个，杜绝权力集中。同时，地方驻留部队也不断与首都部队轮戍，这样就避免了军阀化（这个制度称更戍制）。士兵及其家属居住在用墙门封闭而成的军营内，他们被禁止在夜晚外出等，也有各种各样生活上的限制。此外，宋太祖规定，每月配给谷物的时候，在京禁军士兵必须亲自从位于与军营相反位置的漕运米仓库扛运食物，这一规定的目的是为了促进军士兵锻炼身体，根据史料记载，士兵在扛运粮食时，太祖亲自在宫城正门观望。漕运米仓库集中在汴河东水门附近，外城东南部沿汴河溯上的漕运船可以进入开封的地区。因此，多数军营设置在城内西部。

在城内城市化步伐加快真宗朝，左军（东部）和右军（西部）的编户数比例大概为 2:1，这个比率不太正常。但笔者认为，若考虑到西部编户数中不包含军人的话，则可以解释这一现象。

在真宗、仁宗朝，禁军有关人员增加到约七十万人，城外人口是这一数字的一半，城内编户人口是五十万左右。城内禁军人口数量，略多于编户数的半数。由于军营被配置在城内西部，所以左军、右军人口分布并没有明显地不均衡状况。

军营多的地域与少的地域在景观上有所不同，两个地域作为生活空间也是对比鲜明的城市空间，这一差异最明显地体现在内城北部。五代十国以来，内城东北部因与五丈河水运关系密切，作为商业地开始昌盛起来。到了北宋，不管大运河水运中心如何变化，这个地域作为宫中物资的供给地，还是作为五丈河水运

和汴河水运的汇合点，其重要性维持不变。与此不同的是，内城西北部军营很多，而编户数极少。在军营内，上元观灯时限制士兵参加祝祭活动。在上元观灯时，灯火彻夜通明的开封内城东北部，与限制参加观灯西北部相比，二者在景观上的差别甚大。

由于王安石变法时期的禁军改革，使在京禁军减半，东、西部景观的差异日益减小。废营、空营不久被重新改建为耀眼夺目的寺院和大宅邸，城市空间得以重组。经过这一历史阶段，徽宗时代的开封出现了，就是《东京梦华录》、《清明上河图》所反映的开封。

第七章

城市居住者的生活无论何时何地，随时间不同而被统治着。为了理解城市居住者的生活，本章讨论在开封的官僚们的上班时间和上班情况。

为此，首先需要了解宋代的时刻制度，然而有关时刻制度的先行研究极少。从宋初开始施行的白天定时法一说，存在史料解读上的错误，笔者认为白天定时法始于皇祐年间。夜间时间则采用因季节变化而不同的不定时法(夜间时间被分为五段，即一更～五更)。

官僚上班时间是夜间时间结束的黎明前开始 (五更结束时间)。为了赶时间参加朝会，皇帝与官僚们必须提前起床。根据欧阳修诗作，上班途中听到了五更开始的报时声（鼓声），也就是说，他们必须在四更时起床。所谓四更，冬至时指从 1 点 19 分开始到 3 点 58 分之间，夏至时指从零点 50 分开始到 2 点 31 分之间。

开封包括皇城在内，共有三重城墙。居住在内城与外城之间的官僚，要通过内城城门才能到达皇城。若内城城门关闭，则不能走到禁门，所以内城城门在五更一点打开。据说他们在内城门附近的“仗舍”读书，以等候上朝。

在皇城门外设置有待漏院，官僚们在此等候禁城开门的时间。宰相在待漏院专心地处理文件。官僚们可以喝酒，在待漏院前面也有摆摊出售简单饭菜的小商贩。待漏院内的蜡烛点燃殆尽时，天空泛白，也到了开门时间。皇帝则在黎明前一〇时辰（两个小时 24 分钟）前起床，其后开始洗漱装扮，主持朝会。

普通平民与官僚们几乎在同一时间起床，从而开始一天的生活。引人关注的是《东京梦华录》所记录的鬼子市（鬼市），据说鬼子市从五更开始，拂晓结束，这一时间段的顾客，大约是上班官僚及其随从人员吧。

第四编　北宋后期政治和首都的面貌改变

关于王安石变法以后首都的面貌改变，有以下几点：

・禁军军营减少，成为废营地的区域，被重新开辟。

・禁军人口减少，民间人口增加，不过，总人口呈减少趋向。

第四编主要考察禁军军营以外的首都机能。第八章谈到王安石变法怎样影响首都空间。第九章考察神宗朝政治与城墙工程的关系。第十章提到徽宗与宰相蔡京的政治姿势发动了首都的变貌的问题。

第八章

本章尝试研讨王安石新法尤其是市易法，对首都城市社会所带来的影响。

宋代商业发达，作为政治中心的首都开封也繁荣起来。但在王安石看来，市民生活走向奢侈轻薄，认为在此基础上产生的阶层分化极不健全。新法派指出一个商业流通上的问题：开封市场被经营批发商和邸店的在京大商人垄断，他们控制物价涨落和物流多寡。为此，中小商人们的活动被制约，处于困窘状态。

王安石及新法派针对这一问题，制定市易法的法律体系，积极地调控商业活动。市易法有压制在京大商人、统制物价、保护中小商人（低息贷款）三大目标。不过，在王安石执政时代，将重点放在压制大商人上。设置在京市易务，包括日常生活物资在内的商品，其物流也被统制。具体来说，市易务购买外地商人运来的商品，批发给中小商人，同时也可以用低息赊卖，总之，采取了保护中小商人的体制，不久，由于收入提高，市易务长官得到表扬。因此，市易务活动可能集中在取得赊卖利益上。批评市易法的人说市易务代替大商人，是压制民营事业，民间商业活动停滞，邸店等相继破产。不久，市民们不满之声四起，政府内部也以神宗皇帝为代表，开始反对市易法。而且，新法派内部也有人开始质疑日益陷入利益第一主义的在京市易务的做法。

坚决支持在京市易务活动的王安石下台后，到神宗亲自执政的元丰年间，熙宁年间对全部商品对象进行商业统制的做法被废止，市易法目的变为“物价稳定”，因经济统制变缓，民间经济也开始恢复。熙宁年间王安石推行削减在京禁军数量，出现“废营地”，但到了元丰年间，其需求大大提高，这是经济回复的表征，因此可以说元丰年间是《东京梦华录》所描写“极盛”的开封的准备时期。

第九章

开封外城是在首都防卫上最重要的城郭。开封外城是后周世宗在位时下令修筑的，北宋基本上沿袭其制，又加以修筑，作为首都城墙。“我们的宋，不同于根据国都壮丽控制四方为霸的汉和唐朝，根据道德和德化服从周边的民族”，这种基于《春秋》的言论是当时的主流意识。

但神宗朝，新法派依据《周礼》，主张把城郭建成“高城深池”，在王安石下野前后，开始了修城工程。

这个城墙工程以及哲宗朝继续完成的城壕工程，城门除了正门以外，均改为甕城。正如反对者批评的那样，开封变成“边境要塞”，建成了宏伟的城郭和宽阔的城壕，与以前城郭相比，出现了有条不紊的城市景观。

这一工程背景基于以下认识：首先这与因在京禁军的削减而使首都防卫力量变弱相关，它表明了政府通过首都壮丽的景观来表现国家权威的目的，同时也说明新外城是神宗新政的象征。始于熙宁末年的这一城郭工程，与“元丰官制改革”一样，反映了进行北宋根本性改革并以重建“帝国”为目标的神宗的意志，这是其政治行动之一环。这样，以前千疮百孔的城郭，是积多年矛盾的北宋诸制度的表象。

保守派势力认为世宗以来所建城墙是“祖宗之制”的城墙，反对修筑城墙的计划。尽管外城墙被新旧两党赋予完全相反的意义，但通过外城城墙的修筑，

开封外貌为之一变，则是不争之事实。

第十章

本章探讨徽宗朝的开封。众所周知，林灵素倡导的神霄派道教为徽宗皇帝所尊崇，得到国教般待遇。这个时期首都开封的大土木建筑，多与皇帝崇拜道教关系密切。神霄派认为徽宗既是天子，也是被称作长生帝君的道教神，一度在中国广为传播的外来宗教（佛教）的地位开始下降，政府强制性实施变佛寺为道观的废佛政策，同时通过道教来神化徽宗，并以此来强化皇帝权威。

政府在各州设立神霄玉清万寿宫，祀奉长寿大帝君（徽宗）及其弟青华帝君之像，在开封建成作为其组织中心的上清宝籙宫。上清宝籙宫与皇城之间有东华门，两者之间用景龙门门楼上设置的复道来连接，为此徽宗往返于俗世、圣界之间便十分便利。在上清宝籙宫北侧，又营造了诸神降临的名胜艮岳（万岁山）。景龙门在徽宗朝还有一个重要作用。上元观灯时候，皇帝行幸宫城正门或东华门，亲自出现，“与民同乐”，因此景龙门是徽宗朝上元观灯的主要舞台。此外，从东华门到景龙门之间，在一个月多前便解除夜间外出的禁令，皇帝和臣僚们共同观望市民闹灯的热闹景象，从而确认其政治统治的合法性。金占领开封后，占领军抬出景龙门上元观灯的装饰物，在自己军营里举办上元观灯盛会。由此亦可看出徽宗朝景龙门的地位。

通过景龙门进入外城区域，首先有景龙江桥。渡桥北行，则分布着徽宗诸皇子的第宅。沿景龙江乘船西行，是与金水河合流之处，河流南北分流，北面是徽宗旧宅龙德宫，南面则是蔡京家族大宅邸、王黼豪邸。这些都是在皇帝赏赐的土地上建造起来的。徽宗常常利用景龙江，微服出访他们的宅邸。

徽宗朝的开封，按照神霄派道教作为思想体系的统治原理，建设了“圣”的设施、空间，强调皇帝权威的首都机能得到增强。在这一时期，在历史文献中常常看到有诸神降临、大臣上奏的记载。我们特别关注旧城东北部的变化。

以徽宗为首的统治集团与首都平民们，一起参加在上清宝籙宫道教典礼以及被称为“预赏”的上元观灯仪式，使人意识到“太平丰盛”，理解徽宗和北宋政权的权威。诚如前述，北宋时期的首都机能是以军事力为中心，用以支配空间和景观，即开封是体现“俗”的首都机能的代表性首都。可是，作为其中心的禁军军营，在王安石军政改革中大量减少。到了徽宗时代，开封被建成为超自然的“圣”的首都，对于重构空间和景观发挥很大作用。

付章一

本章探讨了作为皇帝政治行为的行幸与首都空间的关联。

北宋的皇帝行幸，以太祖、太宗、真宗朝最多，而且有离开首都的行幸，这表明在建国伊始的统一战争以及与契丹的国际问题中，国家尚处于不稳定的历史时期。之后的皇帝行幸一般不离开首都，行幸目的地被限定在首都空间。在开封行幸的意义，体现在皇帝与首都居民的交流。皇帝力图使首都居民看到皇帝本人的实际存在，另一方面，则为了体现其统治的合法性，行幸是两种意愿兼备。另外，皇帝也根据市民的反应，来确认其政治的正确性。通过这种政治行为，体

现了开封的首都空间功能。

徽宗利用祥瑞的出现，自称是道教神的再生，用神话等超自然性方法来体现其统治的正当性。对此，保守派势力指出是违反“祖宗之法”而猛烈批评。行幸时，也频频观察祥瑞。这背离了北宋传统游幸的逻辑形态。又有逃脱百姓眼光的行幸，就是以自己娱乐为中心的行幸。

付章二

介绍了近年开封考古发掘的梗概，理解了开封独特的考古工作的困难。目前，外城、内城位置已判明，主要河流的位置亦逐渐探明。作为我们文献史学者，怎样有效地利用考古成果，也是一个新课题。

结语

以上通过四编十章的内容，笔者研讨了存在 200 多年的北宋开封诸问题。为了权威的首都机能、为了权力的首都机能，以各种各样的形式，对首都的选定、首都空间景观和构造、人口和治安制度等产生影响，左右着开封这一城市。

北宋初期，开封成为数十万禁军的驻屯地。用来运输军队粮食的汴河、储藏粮食的仓库群以及作为军人居住地的军营，是实现首都机能的设施，这是笔者反复指出的是北宋政权中央集权凝聚力的源泉。我们可以说，这种禁军的存在，不仅仅是作为权力，军营相连的景观，更是一种象征性权威。另一方面，首都平面计划和壮丽城郭等，是其他中国王朝首都被强调的首都机能，然而，北宋则不同，有逐渐不重视首都壮丽景观的趋势。

然而，到神宗时代，在重新评估北宋“祖宗之制”时，集禁军于首都的措施被废止，军营鳞次栉比的景观变为废营地景观，对祖宗之制的改造，也涉及到首都景观。结果，后周世宗以来修筑的外城城墙，被修筑成在防卫上、象征机能上发挥重大作用的城墙，禁军军营作为寺观和民生用地被重新开辟出来。因此，神宗朝是开封历史上重大转折时期。

徽宗政府根据道教神霄派的教义，尝试强化皇帝权威，修筑艮山等道教设施，作为担负新的首都机能的设施。位于上清宝籙宫与皇宫之间的景龙门，是徽宗行幸通道（复道），成为最重要的城门。上元观灯时，此门作为中心举行各种仪式，徽宗在这个门上设宴待宾，城下则是百姓与皇帝一起享受节日的愉快。

诚如上述，首都开封具有各种各样的首都机能。首都机能除了传统性功能外，根据当时的政治权力，会引起各种各样变化，这一变化会引发首都城市空间结构的重组。

索　　引

事 項 索 引

さ　行

た　行

研究者名索引

あ　行

か　行

さ　行

た　行

な　行

は　行

ま　行

や　行

ら　行

わ　行

欧米人